녹문집

한국고전번역원 한국문집번역총서

녹문집 7

鹿門集

임성주 지음
任聖周

이상현 옮김

일러두기

1. 이 책의 번역 대본은 한국고전번역원에서 간행한 한국문집총간 228집 《녹문집(鹿門集)》으로 하였다. 번역 대본의 원문 텍스트와 원문 이미지는 한국고전종합DB(http://db.itkc.or.kr)에서 확인할 수 있다.
2. 내용이 간단한 역주는 간주(間註)로, 긴 역주는 각주(脚註)로 처리하였다.
3. 한자는 필요한 경우 이해를 돕기 위하여 넣었으며, 운문(韻文)은 원문을 병기하였다.
4. 맞춤법과 띄어쓰기는 한글 맞춤법과 표준어 규정을 따랐다.
5. 이 책에서 사용한 부호는 다음과 같다.

    : : 제시어와 내용 사이에, 각주에서 각주 표제어와 내용을 구분할 때 사용한다.
    ( ) : 번역문과 음이 같은 한자, 이두, 외국어를 묶어서 보일 때 사용한다.
    〔 〕 : 번역문과 뜻은 같으나 음이 다른 한자를 묶어서 보일 때 사용한다.
    " " : 글 안에서 대화를 표시할 때, 남의 말이나 서책 또는 시문 등의 문장을 인용할 때 사용한다.
    ' ' : " " 안의 재인용, 강조 부분을 나타낼 때 사용한다.
    「 」 : ' ' 안의 재인용을 나타낼 때 사용한다.
    『 』 : 「 」 안의 재인용을 나타낼 때 사용한다.
    《 》 : 책명 및 각주의 전거(典據)를 나타낼 때 사용한다.
    〈 〉 : 편명, 작품명, 논문 제목을 나타낼 때 사용한다.
    ~ : 인명의 생년과 몰년 사이에 사용한다.
    …… : 번역문에서 원문의 '云云'을 처리할 때, 각주에서 긴 인용문을 처리할 때, 각주 표제어가 네 어절 이상일 경우 생략되는 말을 처리할 때 사용한다.
    - - : 본문에서 소자(小字) 원문 주(註)의 처음과 끝에 사용한다.

차례

녹문집 제25권

녹문집 제26권

녹문집 부록

녹문집

제24권

묘지명 墓誌銘

표 表

갈 碣

묘지명 墓誌銘

죽은 아내인 숙인 신창 맹씨의 묘지명 병서
亡室淑人新昌孟氏墓誌銘 竝序

풍천(豐川) 사람 임성주(任聖周)의 처인 숙인(淑人) 맹씨(孟氏)는 신창(新昌)의 저명한 성씨로서, 세종조(世宗朝)의 명신인 좌의정 문정공(文貞公) 사성(思誠)의 후예이다. 증대부(曾大父 증조부) 휘(諱) 주서(冑瑞)는 이른 나이에 등제(登第)하여 청현(淸顯)의 관직을 역임하고 한성부 좌윤(漢城府左尹)으로 관직을 마쳤다. 대부(大父 조부) 휘 만석(萬錫)은 안음 현감(安陰縣監)이었다. 고(考) 휘 숙여(淑輿)는 문장과 덕행이 있었으나 일찍 죽었는데, 안음공(安陰公)의 명에 따라 백부(伯父)인 통덕랑(通德郎) 휘 만익(萬益)의 후사(後嗣)가 되었다. 비(妣) 덕수 이씨(德水李氏)는 참의 이자(李嶅)의 딸이요, 좌의정 문충공(文忠公) 이단하(李端夏)의 손녀이다.

숙인은 숙종(肅宗) 경인년(1710, 숙종36) 5월 10일에 태어나 17세에 출가(出嫁)하였다. 그런데 출가는 하였으나 황구(皇舅 시아버지)가 외방의 관직에 있는 관계로 즉시 시집에 오지 못하다가, 이듬해 9월에 이르러 비로소 시부모님을 뵙는 예를 행하였다. 그러고는 몇 달 있다가 황구의 상(喪)을 당하였는데, 미처 상을 마치기도 전에 기유년(1729,

영조5) 12월 23일 홍진(紅疹)에 걸려 일찍 죽으니, 나이가 겨우 20이었다. 자녀는 없었다.

이에 앞서 내가 태부인(太夫人 모친)을 모시고 청주(清州)의 외진 산골로 들어와 거처할 적에, 숙인이 온양(溫陽)에서 와서 회동하였는데, 며칠이 지나지 않아 통증이 찾아왔고 통증이 있은 지 며칠 만에 끝내 죽고 말았다. 이에 친당(親黨)이 한 사람도 남아 있지 않은 상황에서 오직 내가 백씨(伯氏)인 정언공(正言公)과 함께 반함(飯含)하고 염습하고 빈소를 차리는 등의 일을 가까스로 예법에 맞게 하였으나, 빈곤하여 어떻게 해 볼 힘이 없어서 선영(先塋)에 반장(返葬)하지 못하고는 그다음 달에 집 옆에다 임시로 장사 지냈다.

그 뒤 내가 사마시(司馬試)에 입격하고 익위사 세마(翊衛司洗馬)와 종부시 주부와 공조 좌랑을 거쳐 임실현(任實縣)의 수재(守宰)로 나가서는 남은 봉급으로 산을 매입하고 장구(葬具)를 마련하여, 정축년(1757) 4월 문의현(文義縣) 서쪽 덕지리(德芝里) 부축(負丑)의 언덕에 이장(移葬)하였다. 숙인이라는 칭호는 남편의 관직을 따른 것이다.

황구 휘 적(適)은 함흥 판관(咸興判官)이고, 태부인 파평 윤씨(坡平尹氏)는 정랑(正郎) 증(贈) 이조 참판 윤부(尹扶)의 딸이다. 나는 전후로 모두 네 번 장가들었는데, 맨 마지막으로 장가든 창녕 성씨(昌寧成氏)가 1남 1녀를 낳았으나 모두 어리다.

숙인은 유완(柔婉)하고 수결(粹潔)하였으며, 총영(聰穎)하고 근민(勤敏)하였다. 어려서부터 부모가 일을 맡기면 그만두라고 명하지 않는 한 아무리 피곤해도 자리에서 일어나는 법이 없었다. 그러다가 출가해서는 남편을 섬길 때 한결같이 온화하게 하면서도 정도(正道)를 견지하였고 부부간의 사적인 자리에서도 혹 차이를 보이지 않았다. 시부모를 섬김에는 순종하며 공경하였고, 동서(同壻)를 대함에는 친애하며 근신하였다. 부녀의 일에 능하였으며, 필법이 강건하고 미려하며 정절(精絶)하여 사람들이 많이 전하면서 완상(玩賞)하였다.

아, 내가 숙인과 부부가 된 기간이래야 겨우 4년이요, 그사이에 동거한 기간을 헤아려 보아도 몇 달이 채 되지 않으니, 숙인의 덕성과 언행을 어떻게 상세히 알 수 있겠는가. 단지 가정(家庭)에 드러난 것과 이목(耳目)으로 접한 것을 가지고, 그 대략을 이와 같이 기록하여 유당(幽堂)의 지문(誌文)으로 삼는 바이다. 아, 슬프고 슬플 따름이다. 명(銘)은 다음과 같다.

어찌하여 이렇게 만났다가	胡然而合
어찌하여 이렇게 헤어지는가	胡然而離
그래도 위로할 것이 있다면	尙有慰者
이 몸이 장차 죽은 뒤에는	百歲之後
여기에 함께 묻히리라는 것	其將同歸于玆

죽은 아내인 숙인 은진 송씨의 묘지명 병서
亡室淑人恩津宋氏墓誌銘 竝序

숙인(淑人)의 성은 송씨(宋氏)이다. 은진(恩津)의 송씨에서는 대대로 명망 있는 사람이 나왔으나, 이 선생(二先生 송시열(宋時烈)과 송준길(宋浚吉)) 때에 와서 더욱 크게 드러났다. 그 상세(上世)의 족계(族系)는 그분들의 문집에 소상히 기재되어 있으니 굳이 쓰지 않아도 될 것이다.

우암(尤庵 송시열) 선생의 숙부(叔父)인 방조(邦祚)는 호가 습정(習靜)인데, 문장과 절행으로 높은 명성이 있었으며, 관직은 평안 평사(平安評事)였다. 습정은 네 명의 아들을 두었는데, 중자(仲子) 시형(時瑩)은 대군사부(大君師傅)이고, 계자(季子) 시담(時倓)은 통덕랑(通德郎)으로 호가 부훤(負暄)이다. 사부가 낳은 휘(諱) 기항(基恒)이 나가서 부훤의 후사가 되었는데, 이분이 숙인에게 증조가 된다. 우옹(尤翁)이 그의 묘표(墓表)를 지었는데, 습정 이하의 세덕(世德)이 거기에 상세히 나와 있다.

조(祖)는 휘가 경석(慶錫)이다. 고(考)는 휘가 낙원(洛源)으로, 문학(文學)이 있었고 기절(氣節)을 숭상하였는데, 어느 귀척(貴戚)이 자기 자식에게 구혼하자 준열하게 거부하기도 하였다. 비(妣) 삼척 김씨(三陟金氏)는 병조 좌랑 김령(金坽)의 딸이다.

숙인은 숙종(肅宗) 갑오년(1714, 숙종40) 1월 2일에 태어났다. 성격이 단장(端莊)하고 유한(幽閑)하였으며 수려하고 순결하였다. 숙인의 부친은 사람을 감식(鑑識)하는 안목이 있어서 항상 무비무의(無非無儀)[1]할 것이라고 칭찬하곤 하였는데, 나이 20에 출가하여 풍천(豐川)

사람 임성주(任聖周)의 처가 되었다.

이때에 나는 태부인(太夫人)을 모시고 옥화산(玉華山) 속에 들어와 집을 짓고는 여러 형제와 함께 〈사마씨거가의(司馬氏居家儀)〉[2]를 강구(講究)하며 실행하고 있었다. 그런데 숙인은 여러 부녀(婦女) 중에서도 온공하고 완만(婉娩)하며 예의에 어긋남이 없어서 크게 법가(法家)의 풍모가 있었다. 숙인은 매일 반드시 아침 일찍 일어나 자기가 맡은 일을 하며 태부인의 곁에서 시봉하다가 밤이 깊어서야 물러가곤 하였으며, 동서를 대할 적에도 화목하게 해서 부당(夫黨)이 모두 좋게 여겼다.

그리고 나에게는 화순하면서도 경계시키고 은근하면서도 엄격한 태도를 유지하며 시간이 갈수록 더욱 근신하였으므로 내가 지금도 그 일들을 잊지 못하고 있다. 그러다가 금상(今上) 무오년(1738, 영조14) 9월 27일 우연히 병에 걸려 여주(驪州)의 우사(寓舍)에서 죽었는데, 나이는 겨우 25세였고 자식도 없었다.

이듬해 2월 여주 이포(梨浦)에 있는 조고(祖考)의 묘소 남쪽 기슭 규좌(癸坐)의 언덕에 장사 지냈다. 그 뒤 내가 서사(筮仕)하여 임실(任實)의 수재(守宰)가 되고 나서 원배(元配)인 맹씨(孟氏)를 문의(文義)

1 무비무의(無非無儀) : 잘못하는 일도 없고 잘하는 일도 없다는 뜻으로, 자기의 딸이 시집가서 부녀자로서의 법도를 잘 지켜 시부모님에게 걱정을 끼치지 않을 것이라는 말이다. 《시경》 〈소아(小雅) 사간(斯干)〉에 "딸아이를 낳아서는 땅에다 뉘어 놓고, 포대기로 감싸 주며 실패 가지고 놀게 하네. 그른 일도 없고 잘하는 일도 없이, 그저 술과 음식 마련할 의논만 하는지라, 부모님의 걱정을 끼칠 일이 없으리라.〔乃生女子 載寢之地 載衣之裼 載弄之瓦 無非無儀 唯酒食是議 無父母詒罹〕"라고 하였다.

2 사마씨거가의(司馬氏居家儀) : 송(宋)나라 사마광(司馬光)이 집 안에서의 각종 예절에 관하여 서술한 글인데, 주희(朱熹)의 《가례(家禮)》 권1에 〈사마씨거가잡의(司馬氏居家雜儀)〉라는 제목으로 실려 있다.

덕지리(德芝里)로 이장(移葬)하였는데, 이와 함께 앞으로 숙인의 묘소도 이곳으로 옮겨 뒷날 합부(合祔)할 계획이었으나 아직 그렇게 하지 못하고 있다.

우리 임씨(任氏)는 고려 어사대부(御史大夫) 주(澍)의 후예이다. 선고(先考)인 휘 적(適)은 함흥 판관(咸興判官)을 지냈고, 태부인인 파평 윤씨(坡平尹氏)는 정랑(正郞) 증(贈) 이조 참판 윤부(尹扶)의 딸이다. 나는 모두 네 번 장가들었으며, 맨 마지막으로 장가든 성씨(成氏)가 1남 1녀를 낳았는데, 모두 어리다.

기억하건대 내가 여주에 있을 적에 숙인에게 말하기를,

"세상에 나아가 출세하는 것은 나의 뜻이 아니오. 그대는 들밥을 내오고 야채를 가꾸고 소를 먹이고 누에를 치면서 나와 함께 숨어 살 수 있겠소?"

하니, 숙인이 말하기를,

"나의 뜻입니다."

하였다. 내가 지금 벼슬을 그만두고 몸소 밭을 갈면서 옛날에 주고받은 말을 돌이켜 생각해 보니 창연(愴然)한 심정을 금하지 못하겠기에, 이를 함께 기록하여 광지(壙誌)로 삼는 바이다. 명(銘)은 다음과 같다.

순수한 용모에 온순한 그 자태여 粹容婉儀
순종과 받듦을 법도로 삼았었지 順承爲則
어찌 서로 잊으리오 云胡相忘
함께 은거할 그 약속 偕隱之約
명을 지어 보증하노니 銘以爲質
무덤에 같이 묻힐 때까지 用俟同穴

친동생 직중의 묘지명 병서
舍弟直中墓誌銘 竝序

군(君)은 이름이 경주(敬周)이고 자(字)는 직중(直中)이며 풍천(豐川) 사람이니, 선군자(先君子)인 함흥 판관(咸興判官) 휘(諱) 적(適)의 셋째 아들이다. 사람됨이 청결(淸潔)하고 고아(高雅)하여 성색(聲色)과 구마(狗馬) 등 일체의 완호(玩好)에 대해 모두 염담(恬淡)하여 욕심이 없었다. 다만 평소에 고문사(古文詞) 짓기를 유독 좋아하여, 한두 명의 붕우와 함께 날마다 서로 몸에 배게 하고 연마하면서 고금의 문장을 비평하고 시문(詩文)을 창수하는 것을 낙으로 삼았다. 그래서 앞으로 얼마나 발전할지 헤아릴 수가 없었는데, 느닷없이 병에 걸려 28세에 죽고 말았다.

군이 죽고 나서 그의 벗인 원경여 계호(元景輿季浩)가 자기 궤(櫃)를 열어 그 속에서 유문(遺文) 약간과 시 약간을 모은 뒤 3권으로 편집해 놓고는 태사(太史)인 남공 유용(南公有容)에게 서문을 부탁하자 대개 그렇게 하기로 허락했었는데, 계호도 지금은 고인(故人)이 되고 말았다.

군은 숙종(肅宗) 무술년(1718, 숙종44) 7월 15일에 태어났다. 태어난 지 11년이 되는 해에 부친을 여의었고, 그 이듬해에 제형(諸兄)을 따라 옥화산(玉華山)에 들어와서 거하였다. 그때 나에게 시서(詩書)와 논맹(論孟) 및 창려(昌黎 한유(韓愈))의 글을 배웠는데, 처음에는 무디어서 진도가 꽤나 느리다가 어느 날 홀연히 크게 통달하더니 마치 물이 막혔다가 터지는 것처럼 패연(沛然)하여 애체(礙滯)되는 것이 없었다.

그리하여 15세에 이미 제형과 조동계 귀명(趙東谿龜命) 등 여러 사람과 종유(從遊)하며 오언 율시를 곧잘 창화하였는데, 조공(趙公)이 그의 시에는 당시(唐詩)의 곡조가 들어 있다고 칭하였다. 18세에 서쪽으로 한양에 가서 유람할 적에 한 시대의 문사(文士)로서 가령 황경원 대경(黃景源大卿), 이인상 원령(李麟祥元靈), 이보행 이보(李普行易甫) 및 계호 같은 제현(諸賢)이 모두 군을 극구 추켜올려 주며 자신들은 따라가지 못하겠다고 하였다. 군이 지은 글을 보면 청아(淸雅)하고 시문의 법칙에 맞아서 그 사람됨을 보는 것 같았다.

만년에는 모시(毛詩)와 초사(楚辭)와 《태사공서(大史公書《사기(史記)》)》 읽기를 좋아하였다. 이는 대개 침잠하고 저작(咀嚼)하여 융회관통함으로써 이른바 "도와 더불어 하나가 되는 것"[3]을 추구하고자 해서였다. 그 사이에 또 경세제민(經世濟民)에 관심을 두었는데, 일찍이 반계(磻溪) 유형원(柳馨遠)이 지은 《반계수록(磻溪隨錄)》을 살펴보고는 "이분은 왕자(王者)를 보좌할 인재이다."라고 감탄하였으며, 가끔 제형과 함께 당세의 시무(時務)를 담론할 때면 모두 틀림없이 정곡을 짚곤 하였으니, 그 뜻을 살펴보면 대개 장구(章句)나 따지는 소유(小儒) 따위를 자기의 목표로 삼으려 하지 않았음을 알 수 있다.

아, 군의 이러한 재질에 맞추어서 하늘이 수명만 더 빌려줬더라면 높이 날고 크게 울어서 한 세상에 필요한 생용(笙鏞 대종(大鐘))과 보불

3 도(道)와……것 : 후천적인 노력을 통해 선천적으로 품수한 본성처럼 만드는 것을 말한다. 《맹자》 〈진심 상(盡心上)〉에 "요와 순은 본성대로 한 것이요, 탕왕과 무왕은 실천한 것이요, 오패는 빌린 것이다.〔堯舜性之也 湯武身之也 五霸假之也〕"라는 맹자의 말이 나오는데, 이에 대한 윤돈(尹焞)의 해설에 "본성대로 한다는 것은 도와 더불어 하나가 됨을 의미한다.〔性之者 與道一也〕"라고 하였다.

(黼黻)의 수요에 응했을 터이니, 어찌 옛사람보다 아래의 수준에 뒤처졌겠는가. 아, 그런데 애석하게도 그만 이 정도로 그치고 말았다.

군이 어버이를 섬기는 데에는 깊은 애정이 깃들어 있었다. 그리고 사람과 사귈 때에도 외면으로는 무덤덤한 것같이 보여도 내면으로는 정겨움이 스며 있었다. 이 때문에 사람들이 군을 많이 친애하였으며, 군의 죽음을 애도할 때에도 친척을 대하듯 하였다. 필법은 기굴하고 강건(剛健)하고 미려하여 옛날의 명가(名家)와 매우 비슷하였다. 군은 임종 무렵에 두 형을 돌아보며 말하기를 "내가 평생 지은 글이 비록 언급하기에는 부족하지만 그래도 감히 부탁드립니다."라고 하였다. 그래서 지금 계호가 편차한 것을 다시 더 산정(刪定)한 뒤에 군 자신이 일찍이 명명(命名)한 대로 그 이름을 "청천자고(青川子稿)"라고 하여 장차 간행하려고 한다. 아, 이렇게 한다고 해서 어떻게 불후하게 되기를 도모하며 군의 뜻에 맞게 할 수야 있겠는가. 아, 그저 슬플 따름이다.

우리 임씨(任氏)는 고려 어사대부(御史大夫) 휘(諱) 주(澍)로부터 비롯된다. 아조(我朝)에 들어와서는 휘 열(說)이 문장으로 중명(重名)을 이루어 한성부 판윤과 예문관 제학을 역임하였는데, 시호(諡號)는 문정(文靖)이다. 문정으로부터 3대를 전하여 휘 의백(義伯)에 이르는데, 재유(才猷)와 기식(器識)으로 영릉(寧陵 효종(孝宗))의 지우(知遇)를 받아 장차 크게 쓰일 예정이었는데, 얼마 지나지 않아 영릉이 승하하였고 공도 뒤이어 죽어서 벼슬이 평안도 관찰사에 그치고 말았으니, 이분이 군의 고조(高祖)가 된다. 증대부(曾大父)는 휘가 승(陞)이고, 대부(大父)는 휘가 사원(士元)이다. 선비(先妣) 파평 윤씨(坡平尹氏)는 정랑(正郎) 증(贈) 이조 참판 윤부(尹扶)의 딸이다.

군의 배필인 광산 김씨(光山金氏)는 참의 김응복(金應福)의 딸인데,

유순하고 선량하며 부덕(婦德)이 있었다. 군이 병들자 의복과 비녀 귀고리를 죄다 내다 팔아 의약에 필요한 자금을 제공하였으며, 상(喪)을 당하자 울부짖으며 가슴을 치고 발을 굴러 뛰며 몇 번이나 기절하였다. 그리고 3년 동안 야채나 장(醬)도 입에 대지 않은 채 앙상하게 뼈만 남아 그대로 폐질(廢疾)에 걸려 5년 뒤에 역시 죽고 말았다. 자녀가 없다.-뒤에 중씨(仲氏)의 아들인 후(煦)를 후사로 세웠다.-

군은 양주(楊州) 연사동(淵寺洞) 부병(負丙)의 언덕에 장사 지냈다. 김씨의 묘소는 그 동쪽 묘좌(卯坐)의 언덕으로, 나의 처 홍씨(洪氏)의 묘소 위쪽에 있는데, 군의 묘소와는 100여 보(步) 떨어졌다고 한다.-그 뒤 46년이 지난 신해년(1791, 정조15)에 중흥동(重興洞)에 있는 선부군(先府君)의 묘소에서 우측으로 10여 보 떨어진 을좌(乙坐)의 언덕에 이장하였으며, 유인(孺人)은 좌측에 부장(附葬)하였다.- 명(銘)은 다음과 같다.

군의 뜻은 청결하였고	維志之潔
재질 또한 아름다웠나니	維才之美
마치 진흙탕 속의 연꽃처럼	若荷于泥
속진에 전혀 물들지 않았다네	纖塵不滓
문장 역시 이와 같아서	文亦如之
왕도(王道)에 근원하였는데	本以皇王
아 수명이 왜 이리도 짧은지	嗟命之短
저 하늘에 외쳐 묻고 싶어라	欲叫彼蒼
눈물을 훔치고 빗돌에 새기노니	抆涕篆石
혹여 닳아서 없어지지 않기만을	尙不磨泐

친동생 숙문의 묘지명 병서

舍弟叔文墓誌銘 竝序

군(君)의 이름은 병주(秉周)이고 자(字)는 숙문(叔文)이다. 우리 선군자(先君子)인 함흥 판관(咸興判官) 휘(諱) 적(適)의 넷째 아들인데, 계부(季父)인 성균관 생원 휘 형(逈)이 죽고 아들이 없자 군이 나가서 그의 후사(後嗣)가 되었다.

우리 임씨(任氏)의 세계(世系)는 풍천(豐川)에서 나왔다. 비조(鼻祖)는 고려 어사대부(御史大夫) 휘 주(澍)이며, 아조(我朝)에 들어와서도 대대로 현관(顯官)을 배출하였다. 그러다가 휘 의백(義伯)에 이르러서는 효종(孝宗)을 섬기며 지우(知遇)를 받아 이름난 지방을 두루 다스리고는 장차 나라에 크게 쓰일 예정이었는데, 얼마 지나지 않아서 효종이 승하하고 공도 뒤이어 죽어서 벼슬이 평안도 관찰사로 그치고 말았으니, 이분이 군의 고조(高祖)가 된다. 증대부(曾大父) 휘 승(陞)은 통덕랑(通德郎)이다. 대부(大父) 휘 사원(士元)은 은덕(隱德)이 있었고 자호(自號)가 정수자(靜修子)인데, 불행히도 일찍 세상을 떠나 크게 드러나지 못하였다. 선비(先妣)인 숙인(淑人) 파평 윤씨(坡平尹氏)는 호조 정랑 증 이조 참판 윤부(尹扶)의 딸이다. 군이 후사로 나간 집의 모친은 계부(季父)의 계배(繼配)인 흥양 유씨(興陽柳氏)인데, 사인(士人) 유경(柳警)이 그 선고(先考)이다.

군은 자용(姿容)이 아름답고 미목(眉目)이 수려하였으며 피부가 마치 옥설(玉雪) 같았다. 5세에 계부가 무릎 위에 앉혀 놓고는 심(心)이 무슨 물건이냐고 물어보자, 군이 손으로 가슴을 가리키며 "이 속에 꽉차 있습니다."라고 대답하니, 계부가 매우 기특하게 여겼다.

장성해서는 자애(慈愛)롭고 성신(誠信)하고 인서(仁恕)하였으며, 경민(警敏)하고 재예(材藝)가 많았다. 어버이를 섬기는 것이 지성(至性)에서 우러났으며, 유 유인(柳孺人)에 대해서는 더더욱 공경하며 근신하였다. 그리하여 지극히 난처한 일이라도 반드시 곡진하게 받들어 순종하면서 존경하고 효도하는 마음을 일으켰으며 거역하는 일은 일찍이 털끝만큼도 있지 않았다.

형제간에는 화목하게 지냈고, 사람과 사귈 때에는 온공하고 화이(和易)한 가운데 겉과 속이 투명하게 맑았으므로 군을 보는 이들마다 심취(心醉)하였다. 그러나 성격이 청렴하고 강직하여 호오(好惡)를 가림에 엄격한 태도를 취해서 사람들이 또한 무람없게 굴지 못하였다.

어려서부터 나에게 글을 배웠는데, 경전(經傳)의 은미한 말과 오묘한 뜻에 대해서 한번 들으면 쉽게 이해하여 막히는 법이 없었다. 거자(擧子)의 글을 지으면 정밀하고 공교하며 풍부하고 화려하였으나, 평소의 뜻이 염결(恬潔)하여 공명과 부귀에는 마음을 두지 않았으므로, 일찍이 과거를 포기했다고 표방한 적은 없었지만 그냥 심드렁하게 대응할 따름이어서, 이 때문에 끝내 이룬 것이 없었다.

군은 금상(今上 영조) 32년(1756) 3월 12일 느닷없이 병에 걸려 나의 임실현(任實縣) 관사(官舍)에서 죽었으니, 그가 태어난 갑진년(1724, 경종4)으로부터 겨우 33년째 되는 해였다. 그의 처의 조부인 첨추(僉樞) 이장회(李長淮)는 군의 죽음을 곡하면서 "나의 손녀사위는 안자(顏子)였다."라고 평하기도 하였다. 그해 6월 4일 공주(公州)에서 서쪽으로 20리 떨어진 탄곡(炭谷)의 임좌(壬坐)의 언덕에 반장(返葬)하였다.-그 뒤 38년[4]이 지난 계축년(1793, 정조17) 10월 주(州) 동쪽의 구칙면(九則

面) 녹동(鹿洞)에 있는 선비(先妣) 윤 숙인(尹淑人)의 묘소에서 등성이 너머 100여 보 떨어진 간좌(艮坐)의 언덕에 이장하였으며, 이 유인(李孺人)을 부장(附葬)하였다.-

군의 배필인 경주 이씨(慶州李氏)는 이조 참판 초려공(草廬公) 이유태(李惟泰)의 현손(玄孫)으로, 부친은 진사(進士) 이수간(李秀幹)이다. 2녀를 두었으나 모두 어리다.

아, 천지(天地)가 쇠한 지 오래되어, 기운이 맑은 자는 항상 장구(長久)한 면이 부족하고, 순수한 자는 항상 풍후한 면이 부족하다. 안자라는 평가가 어떨지는 모르겠으나, 맑고 순수한 면에서 보면 군이 그러했다는 것을 확인할 수가 있다. 그러나 군이 어찌 이 정도로만 그쳤겠는가. 아, 슬플 따름이요, 애석할 따름이다. 명(銘)은 다음과 같다.

눈 같은 피부에 옥 같은 용모　雪肌玉貌
난초 띠 두르고 향초 옷 입었네　蘭佩蕙裳
이미 빼어난 기운을 품수했으니　旣稟其秀
어떻게 오래 살 수나 있었으랴　云胡能長
차라리 혼탁한 기질을 타고나서　無寧駁濁
나의 슬픔 없도록 장수하지 그랬느냐　莫貽余慽
눈물을 훔치고 명을 들여놓나니　抆涕納銘
마멸되는 일일랑 혹여 없으렷다　其尙不泐

4 38년 : 대본에는 '二十八年'으로 되어 있는데, 문맥에 근거하여 '二'를 '三'으로 바로잡아 번역하였다.

이종사촌 형인 역천 송공의 묘지명 병서

姨兄櫟泉宋公墓誌銘 竝序

숭정(崇禎)의 세 번째 무자년(1768, 영조44) 7월 무술일(戊戌日)에 역천(櫟泉) 선생 송공(宋公)이 집에서 별세하였다. 조정에 있거나 초야에 있거나 서로 조문하지 않는 자가 없었으며, 태학(太學)의 제생(諸生)은 서로 이끌고 거애(擧哀)하면서 모두 말하기를 "사문(斯文)이 망하였다."라고 하였다. 그리고 장례를 행할 때에 미쳐서는 원근의 인사(人士)로서 분주하여 장례를 참관한 자가 500여 인이었으며, 학원(學院)의 제생은 애사(哀詞)를 지어 조곡(弔哭)하고 제전(祭奠)을 올리며 그들 역시 말하기를 "사문이 망하였다."라고 하였다. 아, 많은 사람이 이구동성으로 똑같이 그렇게 말했고 보면, 이는 하늘의 뜻이요, 공론(公論)이라고 해야 할 것이다. 주자(朱子)는 사문의 문(文)을 해석하기를 "도(道)가 드러난 것을 문이라 한다."[5]라고 하였다. 그렇다면 문이 망하면 도가 망하는 것이니, 도가 망하면 국가가 어디에 의지하겠는가.

5 도(道)가……한다 : 《논어》 〈자한(子罕)〉에 공자(孔子)가 일찍이 광(匡) 땅에서 횡포를 부렸던 양호(陽虎)로 오인받은 나머지 그곳 사람들에게 포위되어 위태로웠을 적에 "문왕이 이미 돌아가신 지금에는 문이 나에게 있다고 해야 하지 않겠는가. 하늘이 '사문'을 망칠 작정이라면 나와 같은 자가 사문에 참여하지 못했겠지만, 하늘이 사문을 망치지 않으려 한다면 광 땅 사람들이 나를 어떻게 하겠는가.〔文王旣沒 文不在玆乎 天之將喪斯文也 後死者不得與於斯文也 天之未喪斯文也 匡人其如予何〕"라고 강한 자부심을 표명하였는데, 이에 대해서 주희(朱熹)가 "도가 드러난 것을 문이라 하니, 예악과 제도를 의미한다. 도라고 말하지 않고, 문이라고 한 것은 또한 공자의 겸사이다.〔道之顯者謂之文 蓋禮樂制度之謂 不曰道而曰文 亦謙辭也〕"라고 하였다.

나와 공의 관계를 돌아보건대 정리(情理)로 보면 형제가 되고 의리로 보면 사우(師友)가 된다. 공의 죽음을 곡한 이래로 나는 갈팡질팡하며 의지할 곳이 없이 궁벽한 산골에서 백발의 몸으로 흐르는 눈물을 주체하지 못하였다. 그런데 지금 공의 고자(孤子)인 송시연(宋時淵)이 행장(行狀)을 가지고 찾아와서 말하기를,

"우리 선인(先人)을 아는 분으로는 오직 우리 숙부님만이 계시기에 감히 묘지(墓誌)를 청할까 합니다."

하니, 내가 말하기를,

"그렇다. 내가 아니면 이런 일을 실로 할 수가 없다."

하였다. 그러고는 마침내 행장을 살펴보고 다음과 같이 서술하였다.

공은 휘(諱)가 명흠(明欽)이고 자(字)는 회가(晦可)이다. 그 조선(祖先)은 은진(恩津) 사람이다. 고려 때에 판원사(判院事) 휘 대원(大原)과 집단(執端) 휘 명의(明誼)가 있었고, 우리 태종(太宗) 때에 와서 휘 유(愉)가 있었으니, 호가 쌍청당(雙清堂)이다. 그로부터 또 7세(世)를 내려와서 문정공(文正公) 동춘(同春) 선생 휘 준길(浚吉)이 계셨는데, 그분의 성덕(盛德)과 대업(大業)은 사책(史冊)에 환히 빛나는 만큼 굳이 여기에 쓸 필요가 없다.

문정(文正)이 휘 광식(光栻)을 낳으니 벼슬이 공조 정랑이었으며, 정랑이 휘 병익(炳翼)을 낳으니 벼슬이 상주 목사(尙州牧使)였다. 목사가 휘 요좌(堯佐)를 낳았는데, 출계(出系)하여 숙부인 의금부 도사 휘 병원(炳遠)의 후사(後嗣)가 되었다. 그분은 문학(文學)과 풍재(風裁)로 한 세상을 압도하였으나, 불행히도 일찍 세상을 떠나서 관직이 금산 군수(錦山郡守)에 그쳤는데, 호를 묵옹(默翁)이라 하니 바로 공의 황고(皇考)이다. 비(妣) 파평 윤씨(坡平尹氏)는 정랑 증 이조 판서

휘 윤부(尹扶)의 딸인데, 숙종(肅宗) 을유년(1705, 숙종31) 10월 21일 한양 제생동(濟生洞) 자택에서 공을 낳았다.

공은 용모가 옥처럼 빛나고 맑았으며 보통 아이들과는 완전히 달라서, 태어난 지 여섯 달이 되자 벌써 말할 줄 알았다. 그리고 겨우 1년이 되었을 적에 묵옹공(默翁公)이 무릎 위에 앉혀 놓고 입으로 문자를 알려 주면 번번이 알아듣고 잊지 않았으므로, 내친 김에 경전(經傳)의 구어(句語)를 일러 주다가 점점 이를 늘려서 1절(節) 1장(章)에까지 이르렀다. 이와 같이 5, 6년을 진행하자 《효경(孝經)》, 《논어》, 《시경》의 〈주남(周南)〉과 〈소남(召南)〉, 이전(二典)을 대략 통하였으므로 보는 이들이 놀라워하며 기이하게 여겼다.

조금 장성해서는 성현의 학문에 뜻을 가다듬으면서, 말은 반드시 진실하게 하고 행동은 반드시 예법에 맞게 하여,[6] 위의(威儀)와 행동거지에 모두 여유 있게 일정한 법도가 있었으므로 멀리서 바라다보면 마치 상서로운 기린이나 봉황 같았다.

경종(景宗) 신축년(1721, 경종1)에 사화(士禍)가 일어나자 공이 즉시 과거 공부를 그만두고 묵옹공을 따라 옥천(沃川)의 도곡(塗谷)에 들어가 성리서(性理書)에 마음을 집중하였다. 그리하여 부앙(俯仰) 간에 독서하고 사색하며 낮을 이어 밤까지 공부를 계속하면서 터득한 것이 있을 때마다 바로바로 차록(箚錄)해 두곤 하였는데 그것이 쌓여서 권축(卷軸)을 이루었다.

얼마 있다가 묵옹공 및 조모(祖母) 이 부인(李夫人)의 상을 연이어

6 말은……하여 : 《주역》 〈가인괘(家人卦) 상(象)〉에 "군자는 이 괘상(卦象)을 보고서, 말은 진실하게 하고, 행동은 법도에 맞게 한다.〔君子以言有物而行有恒〕"라고 하였다.

당하였는데, 거상(居喪) 중에 예법을 다하였고 내용과 형식이 모두 지극하였으며, 아침저녁으로 묘소에 올라가 호곡하면서 비바람이 몰아쳐도 피하지 않았다. 그리고 틈날 때마다 유경(遺經 고전(古典))의 뜻을 깊이 생각하여 조예가 더욱 깊어진 결과, 겨우 약관을 넘긴 나이에 벌써 우뚝 자립하여 한 세상의 대유(大儒)가 되었으므로 공을 따라 배우는 자들이 날이 갈수록 늘어났다.

그사이에 두세 명의 붕우와 함께 《대학》을 가지고 산사(山寺)에 들어가서 마음을 가라앉히고 강구(講究)하여 심오한 뜻을 탐색하며 은미한 내용까지 파고들었는데, 그때 소책자를 옆에 비치해 두고는 서로 돌려 가며 기록하기를, 마치 주희(朱熹), 장식(張栻), 여조겸(呂祖謙) 세 분 선생이 〈지언의의(知言疑義)〉에 대해 상호 찬조하며 발명(發明)했던 고사[7]같이 해서 문제가 해결되지 않으면 그만두지 않았으므로, 이로부터 사리를 분석하고 개념을 이해하는 것이 더욱 패연해지면서 막힘이 없게 되었다.

영종(英宗) 기미년(1739)에 상이 동궁(東宮)을 보도할(輔導)할 만한 학행이 있는 사람을 천거하라고 명하자, 대신(大臣)이 맨 먼저 공을

7 주희(朱熹)……고사 : 주희가 호굉(胡宏)의 저술인 《지언(至言)》 중에서 의심나는 부분에 대하여 자신의 논평을 붙여서 〈지언의의〉라는 글을 지은 뒤에, 장식(張栻), 여조겸(呂祖謙)과 서신으로 문답하며 토론한 것을 말한다. 《晦庵集 卷73 胡子知言疑義》《東萊集 別集 卷7 與朱侍講元晦》《南軒集 卷20~21, 答朱元晦秘書》 당시에 이 세 사람은 절친한 벗들로 '동남(東南)의 삼현(三賢)'이라고 일컬어졌다. 호굉은 호안국(胡安國)의 아들로, 장식의 스승이기도 한데, 장식이 스승의 학설이라고 하여 무조건 따르지 않고 공도(公道)에 입각해서 주희의 비평을 일부 수용한 것이 후대에 많은 사람의 입에 오르내렸다.

천거하여 그 명에 응하였다. 그리하여 공에게 공릉 참봉(恭陵參奉)을 제수하였으나 공은 나아가지 않았다. 병인년(1746)에 시강원 자의(侍講院諮議)에 임명하였다. 기사년(1749)에 동궁이 대리청정하면서 별유(別諭)를 내려 공을 불렀으나 응하지 않았다. 경오년(1750)에 익위사 위솔(翊衛司衛率)에서 종부시 주부(宗簿寺主簿)로 옮겼다가 뒤이어 충청 도사(忠淸都事)와 사헌부의 지평 및 장령과 군자감 정(軍資監正)을 제수하였으며, 갑술년(1754)에 서연관(書筵官)을 특별히 설치하여 공을 임명하였으나 모두 응하지 않았다.

을해년(1755) 가을에 옥과 현감(玉果縣監)을 제수하였다. 이때 태부인(太夫人)이, 연세가 팔순에 가까운 데다 공의 계씨(季氏 송문흠(宋文欽))의 신상(新喪)을 당하여 병세가 침중(沈重)해진 상태에서 공이 억지로라도 부임하기를 매우 원하였으므로, 공이 마침내 개연(慨然)히 태부인의 뜻을 받들어 순종하였다. 그리하여 서울에 들어가서 임명을 받자, 동궁이 궁관(宮官)을 보내어 의사를 표명하며 한번 만나 보기를 원하였는데, 공이 사양하였으나 뜻대로 되지 않자 입대(入對)하여 《대학》을 강하였다. 그러고는 이어서 서연관의 면직을 청하였으나 허락하지 않았다.

이해에 팔도에 크게 기근이 들었는데, 그중에서도 호남이 특히 심하였다. 이에 공은 도임하자마자 창름을 열고 봉급을 기부하는 등 조처하는 데에 마음을 다하면서, 진휼하는 도리는 차라리 지나칠지언정 미치지 못하는 곳이 있어서는 안 된다고 생각하였다. 그리하여 기구(飢口)를 뽑은 것이 무려 3000여 호구(戶口)에 이르렀는데, 방백(方伯)이 그 숫자가 많은 것을 혐의하여 줄이려 하였으나 공은 꿈쩍도 하지 않았다. 그리고 유민(流民)이 이산(離散)해서 경내에 들어온 경우에도 주민과 똑같이 대하였으며, 그들이 돌아갈 때에는 원근의 거리를 계산하여 노잣돈을 주어 보냈다. 이 때문에 그 도(道)에 아사한 자가 없이 백성들이 예전처럼 안도하여 정성(政聲)이 널리 소문으로 전해졌으며, 심지어 그 고을에 터를 얻어서 백성으로 살고 싶다는 사람이 나오기까지 하였다.

병자년(1756) 봄에 동궁의 소명(召命)을 사양하는 기회에 생민이 곤고(困苦)한 정상을 덧붙여 진달하면서 정협(鄭俠)의 〈기민도(饑民圖)〉[8]를 인용하여 설명하고, 금년의 공부(貢賦 토공(土貢)과 부세(賦稅))를 우선 정지할 것을 청하자, 후한 비답을 내려 채납(採納)하는 동시에 일도(一道)의 공부를 가을철이 될 때까지 연기하라고 명하였다. 9월 태부인의 상(喪)을 당하여 공주(公州)로 반장(返葬)하였다. 이때 공은 이미 몸이 점점 쇠해져 병이 많았으나, 젊었을 때처럼 예제(禮制)를 고수하며 행하면서 일절 조금도 느슨하게 하지 않았다.

기묘년(1759)에 상이 세손(世孫)을 책봉하고는 공을 강서원 우권독(講書院右勸讀)에 제수하였으며, 뒤이어 집의(執義)에 제수하고 전직

8 정협(鄭俠)의 기민도(饑民圖) : 송 신종 희령(熙寧) 6~7년(1073~1074) 사이에 대기근이 발생하여 수많은 유민들이 걸식하며 떠돌아다닐 적에, 안상문(安上門)의 감독 책임자인 정협이 화공(畫工)을 시켜 유민들의 비참한 정상을 그린 그림을 말한다. 정협이 이 그림과 함께 "가뭄은 왕안석의 신법(新法)이 불러들인 것이니, 왕안석을 제거하면 하늘이 반드시 비를 내려 줄 것입니다.〔旱由安石召致 去安石 天必雨〕"라는 내용으로 주문(奏文)을 올려 시폐(時弊)를 논하였다. 신종이 그 그림을 보고는 밤새 잠을 이루지 못하다가 마침내 정협의 주장대로 왕안석의 신법 18개 조목을 일단 혁파하였으나, 다시 신법을 만든 관원들이 탄핵하여 정협이 하옥되면서 신법이 일체 예전과 같이 행해졌다.《宋史 鄭俠列傳》정협이 그린 이 〈기민도〉를 〈유민도(流民圖)〉, 〈정감도(鄭監圖)〉, 〈정도(鄭圖)〉라고도 한다.

(前職)을 그대로 겸임하게 하였다. 경진년(1760)에 특지(特旨)로 예조 참의에 발탁되었다. 이듬해인 신사년(1761) 봄에 동부승지에 제수되었다가 곧바로 체차되어 예조 참의가 되자 사직 상서를 올리면서 극언하며 진계(進戒)하는 한편, 주자(朱子)의 고사(故事)를 인용하여 첩황(貼黃)[9]을 하고는 유중(留中)하기를 청하였는데, 그 글의 내용이 무려 수천 언(言)에 달하였다. 뒤이어 체차되어 부사직(副司直)에 붙여졌다. 8월 강서원 유선(講書院諭善)의 관직을 별도로 설치하고 특지로 제수하니 상서하여 사직하였다.

임오년(1762) 봄에 고모를 문후하려고 경강(京江)을 건너와 하룻밤을 묵었는데, 유신(儒臣)이 이런 소문을 듣고는 경연(經筵)에서 아뢰자, 상이 사관(史官)을 보내어 구전(口傳)으로 정중히 부르니, 공이 병을 핑계로 사양하고는 곧장 남쪽으로 돌아왔다. 5월 장헌세자(莊獻世子)가 훙(薨)하였다. 8월 왕세손(王世孫)에게 정식으로 제자가 되도록 명하고는 맨 먼저 공을 찬선(贊善)에 임명하자, 공이 상소하여 사직하니, 비답하기를 "오늘날 춘궁(春宮)을 보도(輔導)하는 일을 그대를 놔두고 누구에게 먼저 맡기겠는가."라고 하였는데, 이는 공이 일찍이 동궁에서 《맹자》를 강론한 것이 상의 뜻에 맞았기 때문이었다. 그래서 상이 이때 기뻐하는 낯으로 연신(筵臣)에게 이르기를 "이런 때에 송모(宋某)가 온다면 어찌 다행이 아니겠는가."라고 하고는, 겨울에 재차

9 첩황(貼黃) : 황지(黃紙)를 붙인다는 뜻이다. 당대(唐代)에는 조서(詔書)를 고치는 것을 의미하였고, 송대(宋代)에는 주문(奏文)을 백지(白紙)에 작성하고는 미진하다고 여겨질 때에 그 개요를 다시 황지에 써서 말미에 부착하는 것을 의미하였고, 명(明), 청(淸) 때에는 주소(奏疏) 중의 요점을 뽑아내어 그 후면에 붙이는 것을 의미하였는데, 여기서는 송대에 의미했던 뜻으로 쓰였다.

사관(史官)을 보내어 돈유하며 공과 함께 오라고 명하는 동시에 손수 비답을 써서 의사를 표명하였다. 그리하여 몇 개월 동안 하비하고 전유(傳諭)한 것이 십수 차례나 되었는데, 성의(聖意)가 더욱 도타워질수록 공 역시 아뢰기도 하고 상소하기도 하면서 사직하는 데에 더욱 힘을 기울였다. 그러나 상은 끝내 윤허하지 않고, 심지어 소원대로 해직하여 성의(誠意)를 보이라고 명하기까지 하였으며, 또 하유하기를 "내가 비록 성의는 얕다고 해도, 정중히 권면하는 것은 옛날의 임헌십사(臨軒十使)[10]와 다름이 없으니, 그대는 모쪼록 나의 지극한 뜻을 본받도록 하라."라고 하였다. 이에 공이 스스로 생각해 보건대 '소명에 응하는 것은 벼슬하려고 나아가는 것과 본래 차이가 있다. 비록 엄광(嚴光)과 진단(陳摶)처럼 자취를 감춘 은일(隱逸)이더라도 임금이 부르는데 응하지 않은 적은 없었다. 그리고 이천(伊川)은 「임금이 부르는데 가지 않는다면 거기에 해당하는 나라의 법이 있다.〔召而不來 邦有常刑〕」라고 하였다.[11] 임금의 명이 이와 같이 간절한데도 마음을 바꿀 것을 생각하지

10 임헌십사(臨軒十使) : 임금이 인재를 후대하며 간절히 기다리는 것을 비유하는 말이다. 임헌은 황제가 정전(正殿)에 좌정하지 않고 전(殿) 앞에 나와 임하는 것을 말하는데, 그 전 앞의 당폐(堂陛) 사이의 양쪽 난간이 초헌(軺軒)과 비슷해서 붙여진 이름이다. 진 목제(晉穆帝)가 직접 임헌을 하고는 채모(蔡謨)를 사도(司徒)의 관직으로 부르면서 속히 오라고 사신을 10여 차례나 보냈으나 채모가 끝내 응하지 않았던 고사에서 유래한 것이다. 《晉書 蔡謨列傳》

11 이천(伊川)은……하였다 : 정이(程頤)의 고사는 전거 미상이다. 장식(張栻)이 지은 묘지명 중에 "요행히 공족에 의탁하여 후한 늠료를 받아먹는 처지에서, 임금이 부르는데도 가지 않는다면 거기에 해당하는 나라의 법이 있다.〔幸得托公族 竊厚廩 召而不行 國則有刑〕"라고 하고는, 부축을 받고서 길을 떠났다가 병을 인혐(引嫌)하고 돌아왔다는 기록이 있다. 《南軒集 卷40 訓武郎趙公醇叟墓誌銘》

않는다면 이는 실로 신하의 분수에서 편안하게 여길 일이 아니다.'라고 여겼다. 이에 서계(書啓)를 올리는 기회에 "병이 차도가 있기를 기다려 한번 은명(恩命)에 사은(謝恩)하겠습니다."라는 뜻을 아뢰고, 또 사관을 소환(召還)함으로써 부축을 받으며 조금씩 전진할 수 있게 해 달라고 청하니, 상이 즉시 윤허하였다.

계미년(1763) 2월 마침내 길을 떠났는데, 검담(黔潭)에 있는 문정(文正) 선생의 서원(書院)을 지나갈 적에 글을 지어 떠나는 뜻을 고하면서,

> "은례(恩禮)가 워낙 특별해서 천서(天書)를 열 번이나 선포하였는데, 그때마다 반드시 성조(聖祖)를 일컬으며 선조를 본받으라고 권면하셨습니다. 미천한 충심(衷心)이 이에 감격하여 너무 심하게는 행하고 싶지 않고, 관직을 사양하며 소명(召命)에 응하는 것 역시 근거할 전거(典據)가 있습니다. 지금 시기로 보면 옳지 않습니다만, 그래도 감히 지우(知遇)가 있기만을 바랄 뿐입니다."

하였다. 광진(廣津)에 도착하여 상소하자, 상이 재차 사관을 보내어 다그쳐 불렀다. 공이 마침내 진입하여 흥인문(興仁門) 밖에 이르니, 상이 손수 글을 써서 의관(衣冠)을 가다듬고 기다리겠다는 뜻을 유시(諭示)하였으며, 세 차례나 근시(近侍)를 보내어 등대(登對)하라고 재촉하였다. 그런데 이때 밤이 이미 깊었으므로 공이 사양하면서 아뢰기를,

> "진퇴를 명백히 하는 것은 옛날의 현인(賢人)이 귀하게 여겼던 바였고, 의상(衣裳)을 허둥지둥 입는 것은 시인(詩人)이 기롱한 바였습니다.[12] 신이 비록 불초하다고는 해도, 어찌 감히 조정에 처음 나아

12 의상(衣裳)을……바였습니다 : 《시경》 〈제풍(齊風) 동방미명(東方未明)〉에 "동

가는 때에 먼저 예의를 잃고서 어두컴컴한 시각에 면대를 청함으로써 성명(聖明)에게 부끄러움을 끼쳐서야 되겠습니까."

하니, 상이 촛불에 비춰 읽어 보고는 극구 칭찬하였다. 그러고는 공에게 숙사(肅謝)하지 말고 전함(前銜)의 복색(服色)으로 조강(朝講)하는 시간에 맞춰서 입시하라고 명하였다. 이는 대개 공이 현직(見職)으로 자처하지 않고 장소(章疏)에서 전 현감이라고 칭하였으므로, 연신(筵臣)이 이런 뜻을 상에게 진달했기 때문이었다.

이튿날 공이 제신(諸臣)을 따라 나아가 엎드렸다. 상이 이때 《중용》을 강독하는 중이었는데, 공에게 글의 뜻을 설명하라고 명하니, 공이 아뢰기를,

"《중용》 한 책은 아주 오랜 옛날부터 제왕(帝王)이 서로 전해 온 심법(心法)입니다. 이 장(章)의 지성지도(至誠之道)를 가지고 말해 보건대 지성(至誠)은 엽등하여 이룰 수 없고, 단지 성심(誠心)으로 힘을 들여서 처음부터 끝까지 전일(專一)하게 해야만 지성의 경지에 이르는 것입니다."

하였다. 상이 재앙을 바꿔서 상서(祥瑞)를 이루는 방도에 대해서 하문하자, 공이 대답하기를,

"요얼(妖孼)은 장차 망하려는 나라에 생기는 것이 아니고, 뭔가 해 볼 수 있는 세상에 생기는 것입니다. 전하께서 참으로 성실한 마음으

방이 밝지도 않았는데 허둥지둥 옷을 입는다. 왜 허둥지둥 옷을 입느냐면 임금님 처소에서 나를 불러서.〔東方未明 顚倒衣裳 顚之倒之 自公召之〕"라고 하고, 또 "새벽인지 밤인지도 분간 못한 채, 일찍 부르지 않으면 늦게 또 부르는구나.〔不能晨夜 不夙則莫〕"라고 하였는데, 이는 정해진 조회 시간을 무시하고 임금이 절도 없이 아무 때나 신하들을 불러서 귀찮게 하는 것을 풍자한 것이다.

로 하늘의 뜻에 호응하실 수 있다면 재앙이 변하여 상서로 될 것이니, 전이(轉移)하는 기틀은 오직 전하의 한마음에 달려 있습니다. 전하께서 40년 동안 임어(臨御)하셨는데도 여태껏 지극한 치세(治世)를 보이지 못하는 것은 성의(誠意), 정심(正心)의 공부가 지극하지 못해서요, 이 성의, 정심의 공부가 지극하지 못한 것은 최초의 격물(格物), 치지(致知)의 공부가 아직 진지(眞知)의 경지에 이르지 못해서입니다."

하니, 상이 이르기를,

"경연관의 말이 실로 정문(頂門)의 일침이라고 할 만하다. 모년(暮年)에 한 번 만나 본 것이 마치 밝은 촛불을 얻은 것 같다."

하였다. 공이 사사(辭謝)하고는 이어서 아뢰기를,

"당언(讜言)과 가모(嘉謨)가 날마다 앞에 진달되어 언로가 크게 열리고 온갖 계책이 전부 모여들면 정상이 되는 것이요, 언로가 막히고 성문(城門)이 폐쇄되면 요얼이 되는 것이니, 전후로 말하다가 처벌받은 신하들을 죄다 풀어 주소서."

하였다. 이때에 상이 정사(政事)에 싫증을 내자[13] 신하들이 말하는 것을 꺼렸는데, 공이 항상 세도(世道)의 걱정거리 가운데 이보다 더 큰 것이 없다고 생각했기 때문에 맨 먼저 이를 언급하였다. 이튿날 상이 식물(食物)을 하사하고 어의(御醫)를 보내 간병하게 하였다. 동궁이

13 상이……내자 : 영조가 임금 자리에 오래 있었고 또 나이가 많이 들어서 정사를 행하는 것에 염증을 느낀다는 말이다. 《서경》〈대우모(大禹謨)〉의 "짐이 제위에 있은 지 33년이나 되니, 이제는 늙어서 부지런히 행해야 할 정사에도 싫증이 난다.〔朕宅帝位三十有三載 耄期倦于勤〕"라는 순(舜) 임금의 말에서 유래하였다. 이때 영조는 재위한 기간이 39년이었다.

춘방(春坊)의 관원을 보내 서연(書筵)에 입시하게 하였다. 공이 문정공(文正公)의 고사(故事)를 인용하며 세자와 서로 절하는 예를 극력 사양하였으나 상이 허락하지 않고는, 곧바로 또 사현합(思賢閤)에서 사대(賜對 소견(召見))하였다. 공이 성학(聖學)의 요체에 대해 극력 진달하고 나서, 또 아뢰기를,

"오늘날 국가 재정과 민생 걱정은 실로 망극하다고 말할 만합니다. 하루아침에 흙더미가 무너지듯 수습할 수 없게 되었으니, 비록 지혜로운 자가 있다고 해도 어떻게 도모할 수가 없을 것입니다. 따라서 여러 사람의 지혜를 한데 모아 급급(汲汲)히 강구해서 절용하고 애민(愛民)하는 실효가 있게 해야 합니다."

하니, 상이 옳다고 칭찬하고 많이 채택하여 시행하였다. 공이 그 자리에서 물러난 뒤에 상소하여, 서연에서 좌강(坐講)을 하는 규례를 정함으로써, 시강(侍講)하는 제신(諸臣)이 한갓 높이 떠받드는 것만 일삼아 세자가 교만에 물들거나 아첨을 좋아하는 마음을 조장하지 말게 하라고 청하고, 말미에서 또 주자 및 우리 동방의 제현(諸賢)이 논한바 태자(太子)를 보익(輔翼)하는 방도에 대해서 조목별로 진달하니, 상이 후한 비답을 내려 개납(開納)하였다. 며칠 뒤에 다시 주강(晝講)에 입시하였다. 공이 나아가 아뢰기를,

"《춘추(春秋)》의 의리를 강론하지 않은 지가 오래되었습니다. 이는 성조(聖祖)께서 한두 명의 신하와 함께 분발하여 강마(講磨)했던 것인데, 지금은 완전히 없어져서 '고통을 참아 내며 원통함을 품고 있는〔忍痛含冤〕' 뜻[14]을 다시 볼 수 없으니, 신이 실로 개탄하는 바입

14 고통을……뜻 : 남송(南宋)이 금(金)나라와 화친하는 것에 대해서, 주희가 "지금

니다."

하고, 또 아뢰기를,

"신은 이에 대해서 따로 처연(悽然)하게 느끼는 점이 있습니다. 신주(神州 중국)가 육침(陸沈 청나라가 차지한 것)된 지 120년이 되는 이때에, 참으로 황령(皇靈 명나라 황제의 혼령)이 애틋하게 돌아다보며 강림하는 것이 분명히 우리 동방에 있을 것입니다. 그런데 성상께서 또 지성으로 추모하여, 황단(皇壇 대보단(大報壇))의 의물(儀物)을 모두 갖추고 서계(誓戒)하고 이의(肄儀)하는 모든 것을 직접 행하시니, 보고 듣는 자들로서 그 누가 흠탄하지 않겠습니까.

다만 한 가지 일에 대해서만은 유감스럽게 생각하지 않을 수가 없습니다. 제사를 지내는 예법에서는 관창(灌鬯)을 하는 의절(儀節)이 가장 중요하니, 기취(氣臭)가 교감하는 그 사이에 말로는 표현하기 어려운 묘리가 들어 있습니다. 더구나 단선(壇墠 대보단)에 지내는 예(禮)로 말하면 더더욱 황홀한 경지와 관계되는데, 어떻게 외국(外國 조선)의 금조(禁條)를 가지고 위로 천자의 제례(祭禮)에 적용하여, 사기(思嗜)[15]의 의리와 관헌(灌獻 관창)의 정성을 다하지 않아

나아가 공격하지도 못하고 물러나 지키지도 못하면서, 다만 공손한 말과 후한 예물로 원수에게 동정을 구걸하여 요행히 승낙을 얻기만 하면 또 군신이 서로 경하(慶賀)하며……희희낙락하기만 할 뿐 다시 털끝만큼도 '고통을 참아 내며 원통함을 품은 채 절박하여 어쩔 수 없이 한다.'라는 말을 하여 천하의 마지막 요새를 보존하려는 자가 없다.〔今也進不能攻 退不能守 顧爲卑辭厚禮以乞憐於仇讎 幸而得之 則又君臣相慶……欣欣焉 無復分毫忍痛含冤迫不得已之言 以存天下之防者〕"라고 개탄한 내용 중에서 발췌하여 인용한 것이다.《晦庵集 卷24 與陳侍郎書》

15 사기(思嗜) : 생전에 좋아하던 음식을 생각해서 특별히 정성들여 마련해 제단에 올리는 것을 말한다.

서야 되겠습니까. 신의 생각으로는, 단연코 지금부터는 다시 관창의 의례를 복구하여 태묘(太廟)와 문묘(文廟)에서 차례로 거행하되, 다만 조종(祖宗)의 법전에 의거하여 사적으로 술을 빚어 한데 모여 마시는 것을 금하는 법률을 거듭 밝히면서 하나의 '살(殺)' 자만 제거한다면 백성이 비로소 국법을 믿고서 감히 범하지 않으리라고 여깁니다."

하고, 이 말을 인하여 언급하며 아뢰기를,

"사람을 죽이고 사람에게 형(刑)을 가하는 것은 긍휼히 여겨 신중하게 행해야 합니다. 전하께서 가율(加律)하며 금법(禁法)을 신칙하시던 날에 삼령오신(三令五申)의 법[16]을 세워 놓고서 미처 그 명령을 들을 틈이 없었던 사람이 왕법(王法)에 곧바로 걸려들게 하였으니, 이것이 어찌 죄 없는 사람을 마구 죽이는 것과 비슷하지 않겠습니까."

하고, 또 토지를 떼어 받고 세금을 면제받는 당시의 고질적인 폐단에 대해서 언급하였다. 또 김공 시찬(金公時燦)이 죄도 없는데 견책을 받은 것을 언급하며 아뢰기를,

"성교(聖敎)는 매양 중한 점이 있다고 말씀하시는데, 그 중한 점이 과연 어디에 있는지 모르겠으니, 신은 실로 그런 말씀을 듣고는 당혹스러웠습니다."

하였다. 당시에 상이 매양 구주(口奏)하는 것을 중하게 취급하여 신하

16 삼령오신(三令五申)의 법 : 삼령오신은 세 번 명령하고 다섯 번 신칙한다는 뜻으로, 꼼짝 못하게 철저히 단속하는 법을 말한다. 손무(孫武)가 오왕(吳王) 합려(闔閭) 앞에서 여자들을 부하로 삼아 시범을 보일 적에 "일단 약속을 정하여 선포한 다음에 부월을 설치해 놓고는 곧바로 세 번 명령하고 다섯 번 신칙하였다.〔約束旣布 乃設鈇鉞 卽三令五申之〕"라고 한 말에서 유래하였다.《史記 孫子吳起列傳》

들로 하여금 감히 말을 꺼내지 못하게 하였다. 그래서 공이 이 기회에 진계(陳戒)하려고 하면서 겨우 말머리를 꺼냈을 뿐인데, 상이 갑자기 엄한 목소리로 이르기를,

"경연관의 말이 많이 지나치다. 내가 일찍이 윤봉구(尹鳳九)와 한원진(韓元震)이 말 한마디 잘못한 것을 가지고 그 즉시 엄하게 처벌했었는데, 지금 경연관에 대해서는 특별히 관용을 베푸는 바이니, 아무쪼록 나의 뜻을 알아서 다시는 지나친 말을 하지 말라."

하니, 공이 일어나서 사례하며 아뢰기를,

"인신(人臣)이 진언(進言)하는 것은 각각 자기의 충심(忠心)을 바치는 것입니다. 가령 신의 발언 중에 털끝만큼이라도 협잡(挾雜)하는 것이 있다면 전하께서 당연히 처벌해야 하겠지만, 그렇지 않고 충성심에서 나왔다고 여기신다면 당연히 용서해야 할 것입니다. 용서하거나 처벌하거나 오직 전하께서 담소(談笑)하며 처리하시면 될 일인데, 어찌하여 성심(聖心)을 격동하여 노하기까지 하십니까. 신은 실로 개연(慨然)한 심정이 듭니다."

하였다. 이날 상의 안색이 매우 엄려하고 엄한 분부가 거듭 내려지자 연신(筵臣)들은 모두 벌벌 떨었으나, 공은 행동거지가 평상시와 같고 사기(辭氣)가 옹용(雍容)하였는데, 이에 상이 노한 안색을 거두고 칭찬하면서 하교하기를,

"나의 마음은 이미 풀어졌으니, 경연관도 마음에 두지 말라."

하였다. 공이 물러나고 나서 입시한 제신(諸臣)이 모두 찬탄하며 공을 따라갈 수 없다고 하자, 공이 이 말을 듣고는 웃으며 말하기를,

"산야(山野)의 사람이 처음으로 전석(前席)에 올라서 천위(天威)가 얼마나 무서운지 몰랐기 때문에 그렇게 한 것일 뿐이다."

하였다. 공이 이튿날 도성 밖으로 나가서 머물자, 상이 이 말을 듣고는 즉시 사관을 보내어 유시하며 다시 들어오게 하였다. 그러나 공은 이미 수계(修啓)하여 사사(辭謝)한 상황에서 추연히(愀然)히 즐겁지 않은 기색을 띠고 있다가 시자(侍者)를 돌아보며 말하기를,

"내가 이미 말하다가 상의 뜻을 거스른 나머지 낭패하여 국도(國都)를 떠나게 된 이상에는, 감히 다시 논설해서 어묵(語默)의 의리[17]를 해치지 않는 것이 마땅하다. 다만 연석에서 주달할 때 허둥지둥해서 하고 싶은 말을 모두 하지 못했는데, 지금 또다시 입대하라는 명을 어기고서 어수룩하게 도망치기만 한다면 남다른 은혜를 저버리는 일이 될 뿐만이 아니요, 지하에서 선조를 또 어떻게 뵐 수 있겠는가."

하고는, 상소를 작성하여 올렸는데 그 대략에,

"삼가 생각건대 우리 전하는 총명예지(聰明睿智)가 백왕(百王)보다 훨씬 뛰어나신 위에, 효제(孝悌)가 신명(神明)에까지 통하고 인은(仁恩)이 해우(海宇)에 두루 미쳤으니, 신민(臣民)이라면 그 누가 흠앙하며 찬송하지 않겠습니까. 전하께서도 마음속으로 필시 덕을 이루고 정치를 안정시키는 데에 걱정할 것이 없다고 여기실 것입니다. 하지만 그 실상을 객관적으로 고찰해 보건대 기강은 날이 갈수록 해이해지고, 민생은 날이 갈수록 곤췌(困瘁)해지고, 풍속은 날이 갈수록 괴패(壞敗)해져서, 위망(危亡)의 화(禍)가 장차 아침저녁 사이

17 어묵(語默)의 의리 : 벼슬길에 나아가서는 적극적으로 발언하고, 벼슬에서 물러났을 때에는 침묵을 지키는 것을 말한다. 《주역》〈계사전 상(繫辭傳上)〉에 "군자의 도는 나아가기도 하고 가만히 있기도 하며 침묵하기도 하고 발언하기도 한다.〔君子之道 或出或處 或默或語〕"라고 하였다.

에 박두할 것만 같으니, 이렇게 된 까닭은 무엇이겠습니까. 신이 어리석지만 죽을죄를 무릅쓰고 이에 대해서 감히 말씀드려 볼까 합니다.

전하가 뜻을 세운 것은 저 멀리 당우(唐虞)와 삼대(三代)를 자신의 목표로 삼지 못하였고, 학문하는 것은 순수하게 격물치지(格物致知), 성의정심(誠意正心)을 요체로 삼지 못하였습니다. 그렇지만 천자(天姿)가 워낙 고매하시어 이치를 파악하는 것이 매우 용이하고, 신기(神機)를 독자적으로 운용하는 것이 보통 수준을 멀리 뛰어넘어서, 생각한 것을 명하면 곧바로 정의(精義)가 되고 언어로 발하면 곧바로 성법(成法)이 되곤 합니다. 그래서 일에 응하실 때에 거의 모두 견강부회하기만 할 뿐, 애당초 마음을 비우고 뜻을 낮추어 의리(義利)와 공사(公私)의 구분에 대해서 정밀하게 살펴보는 일이 없이, 그저 전하의 선입견에만 의거하여 기준을 삼고 계십니다. 이렇게 되자 조정에서는 아무도 감히 다른 논의를 내놓지 못하기 때문에, 작환(繳還)하고 복역(覆逆)[18]을 하는 등의 고사(故事)와 같은 것도 다시 볼 수 없게 되었으니, 이쯤 되면 '오직 내가 말하면 사람들이 어기지 않는 것이 즐겁다.'[19]라는 것에 가깝지 않겠습니까.

18 복역(覆逆) : 신민(臣民)이 상서(上書)하여 고청(告請)하는 것을 말한다.

19 오직……즐겁다 : 《논어》 〈자로(子路)〉에 노(魯)나라 정공(定公)이 한마디 말로 나라를 잃는 경우가 있느냐고 공자에게 물어보자, 공자가 "임금이 만약 '나는 임금 된 것이 즐거울 것이 없고, 오직 내가 말하면 사람들이 어기지 않는 것이 즐겁다.'라고 할 경우, 가령 그 말이 선하기 때문에 아무도 어기지 않는다면 그래도 괜찮겠지만, 그 말이 선하지 않은데도 어기는 사람이 없다면 한마디 말로 나라를 잃는 것과 비슷하게 되지 않겠습니까.〔予無樂乎爲君 唯其言而莫予違也 如其善而莫之違也 不亦善乎 如不善而莫之違也 不幾乎一言而喪邦乎〕"라고 하였다.

그리고 왕왕 구주(口奏)하는 하나의 일을 가지고서 따르고 따르지 않는 대절(大節 기본 원칙)로 삼고 계시는데, 이 구주에 관한 거조(擧措)가 물론 선왕을 사모하는 효심에서 나왔다는 것은 알겠습니다만, 그러한 예(禮)는 경전(經傳)에 보이지 않습니다. 한(漢)나라 때에 능침(陵寢)에서 주알(奏謁)했던 것에 대해서도 선유(先儒)가 오히려 독만(瀆慢)하다고 비판하였는데, 하물며 청묘(淸廟)같이 엄숙히 공경해야 할 곳과 연거(燕居)하며 응접하는 즈음에 번번이 이처럼 근거 없는 예를 행함으로써, 장차 천하 후세로 하여금 전하가 사정(私情)에 이끌려 실례하는 결과를 빚게 되었다고 전하를 의심하게 만들고 계시니, 어찌 애석한 일이 아니겠습니까."

하고, 또 아뢰기를,

"천하만사(天下萬事)의 근본은 인주(人主)의 한마음에 달려 있으니, 이 마음이 만약 바르지 못하다면 어떻게 나라를 다스리겠습니까. 마음을 바르게 하는 도리를 한마디 말로 개괄해서 말한다면, 편파적인 사의(私意)를 제거하여 천리(天理)의 공도(公道)를 회복하는 것일 뿐입니다. 대개 이 마음은 본래 한량없이 광대하여 천지(天地)와 그 체(體)를 같이합니다마는, 한번 사의에 국한되면 협소해짐을 면치 못하게 됩니다. 따라서 하루아침에 그 사의를 제거하고 공도를 확충할 수만 있다면 한량없이 광대한 본체가 당연히 내 안에서 다시 온전해져서 천지와 더불어 그 공용(功用)을 같이할 것인데, 이러한 뜻을 가장 분명히 설명해 놓은 것이 바로 〈서명(西銘)〉[20]입니다. 그

20 서명(西銘) : 북송(北宋)의 유학자 장재가 천인합일(天人合一)을 주제로 지은 논문이다.

리고 정자(程子)도 '사람이 공적인 물건으로 이 몸을 내놓고서 만물과 똑같은 예로 간주한다면 얼마나 쾌활하겠는가.'[21]라고 말하였는데, 이 말이 지극히 좋고 의미를 많이 함축하고 있으니, 학자가 이를 가슴속에 보존하면 자연히 진보하는 유익함이 있을 것입니다. 보통 사람도 오히려 그러한데, 하물며 인군(人君)은 하늘을 대신해 만물을 다스리면서 사해(四海)를 일가(一家)로 여기고 나라 안의 사람들을 일인(一人)으로 여기는 분인 데야 더 말할 것이 있겠습니까.

그러나 만약 혹시라도 편파적인 사의를 털끝만큼이라도 두어서 한량없는 본체를 해칠 경우에는 마음속에 불선(不善)의 요소가 생겨나 정사(政事)를 해치며 가는 곳마다 병통을 만들어 낼 것입니다. 만약 부시(婦寺)에게 미련을 두거나 사장(私藏)을 특별히 좋아하게 되면 장차 공가(公家)의 소유가 모조리 사문(私門)에 들어가게 되고 말아, 주자가 '양익(梁益)의 절반을 가지고는 오위(吳魏)의 전체와 맞서기에 부족하다.'[22]라고 말한 격이 될 것이요, 근습(近習)에 사정

21 사람이……쾌활하겠는가 : 정호(程顥)의 "사람이 이 하나의 몸을 내려놓아 공적으로 천지 만물 가운데에 던져 놓고서 똑같이 간주한다면 구애받을 것이 뭐가 있겠는가.〔人能放這一箇身 公共放在天地萬物中 一般看 則有甚妨礙〕"라는 말과 "사람들은 단지 자기의 사유물로 여기고서 자기의 몸이라는 입장에서만 생각을 일으키기 때문에, 만물이 일체라는 도리를 터득하는 것이 부족할 수밖에 없다. 그러나 이 몸을 내던져서 모두 만물 속에 있는 하나의 물건으로 똑같이 간주한다면, 얼마나 쾌활한 경지를 맛보겠는가.〔人只爲自私 將自家軀殼上頭起意 故看得道理小了他底 放這身來 都在萬物中一例看 大小大快活〕"라는 말을 요약해서 인용한 것이다. 《二程遺書 卷2上》《近思錄 卷13 辨異端》

22 양익(梁益)의……부족하다 : 국가 재정의 태반이 왕의 편애(偏愛)로 인하여 사적으로 탕진되는 상황에서는 대국(大國)인 청나라에 과거의 치욕을 씻을 수도 없으리라는 뜻인데, 주희가 송 효종(宋孝宗)에게 올린 봉사(封事)의 내용을 녹문이 다른 말로

(私情)을 두거나 인척(姻戚)을 사사로이 후하게 대한다면 장차 재덕이 있는 자를 임명하는 관작이 모조리 사인(私人)에게 돌아가고 말아, 시인(詩人)이 '자격도 없는 저 소인들이 삼백 명이나 붉은 슬갑을 찼구나. 어리고 예쁜 소녀가 이에 굶주린다네.'[23]라고 기롱한 격이

바꿔서 인용하였다. 주희가 후주(後主) 유선(劉禪)의 무지와 무능으로 인한 총체적 난국을 탄식한 제갈량(諸葛亮)의 심정을 대변하며 올린 봉사(封事)의 내용 중에 "당시의 상황을 보면 소열 부자가 구구한 촉의 땅을 가지고 천하의 10분의 9에 해당하는 오위(吳魏)와 맞서면서 중원을 탈취하여 한나라 왕실을 일으키려 하였다. 그래서 제갈량과 같은 충성과 지혜를 가지고 깊은 모책을 강구했어도 그 모책은 이런 정도에 불과하였으니, 이는 그래도 시무의 요체를 깊이 알았음은 물론 선왕의 법도에도 은연중 들어맞았다고 말할 수 있다. 그러나 촉의 조그마한 땅을 가지고, 그 안에서 또 공사로 자기들끼리 나뉘어 피차 마치 두 나라처럼 되고 말았으니, 그렇다면 이는 장차 양익의 절반을 가지고서 오위의 전체를 도모하려는 것과 같은 격이었다고 하겠다.〔當是之時 昭烈父子以區區之蜀 抗衡天下十分之九 規取中原 以興漢室 以亮忠智 爲之深謀 而其策不過如此 可謂深知時務之要而暗合乎先王之法矣 夫以蜀之小 而於其中 又以公私自分 彼此如兩國 然則是將以梁益之半圖吳魏之全〕"라는 대목이 보인다. 오위는 위나라와 오나라를 말한다. 양익은 촉한(蜀漢)의 양주(梁州)와 익주(益州)의 병칭으로, 보통 촉한의 영토를 뜻하는 말로 쓰인다. 《晦庵集 卷11 戊申封事》

23 자격도……굶주린다네 : 왕이 아무에게나 높은 벼슬을 주어 소인들이 위세를 부리고 군자는 몰락하는 것을 비유한다. 《시경》 〈조풍(曹風) 후인(候人)〉에 "저 후인은 창과 창대를 메었는데, 자격도 없는 저 소인들은 삼백 명이나 붉은 슬갑을 찼구나.〔彼候人兮 何戈與祋 彼其之子 三百赤芾〕"라고 하였고, 또 "울창하고 무성한 남산에 구름 기운이 아침에 피어오르니, 어리고 예쁜 소녀가 이에 굶주린다네.〔薈兮蔚兮 南山朝隮 婉兮孌兮 季女斯飢〕"라고 하였다. 붉은 슬갑은 대부(大夫) 이상이 착용하는 관복(官服)이다. 아침에 운무(雲霧) 같은 구름 기운이 피어오르는 것은 소인들이 득세하여 기염을 토하며 부귀를 누리는 것을, 소녀가 굶주리는 것은 현자(賢者)가 정도를 지키다가 도리어 버려져서 빈천해짐을 비유한 것이다. 이 시구를 인용한 것에 대하여 영조가 격노하여 송명흠을 당인(黨人)으로 단정하고 엄한 처벌을 내렸으며 나중에 아들 송시연(宋時淵)을 제주로 귀양 보내기까지 하였다.

될 것이니, 이런 식으로 미루어 나가면 온갖 일이 모두 그렇게 되고 말 것입니다.

대개 인군은 숭고한 지위에 처하여 억조(億兆) 대중 위에 군림하는 만큼, 하루에 만기(萬幾)를 처리하노라면 별의별 사욕이 눈앞에 교차하게 마련입니다. 따라서 반드시 그 심흉을 넓게 열어 놓고 그 안목을 높고 크게 하되 언제나 이 한량없는 심체를 인식하여 천지와 더불어 유통되게 하면서 경(敬)이라는 한 글자에 잠심하여 힘들여야 할 것입니다. 그리하여 그것이 미발(未發)인 상태에서는 경으로써 보존하여 이 심(心)의 체(體)가 적적성성(寂寂惺惺)하며 소소영령(昭昭靈靈)하게 하고, 그것이 이발(已發)인 상태에서는 경으로써 관찰하여 이 심의 용(用)이 경건 관대하며 정정방방(正正方方)하게 함으로써 나의 방촌(方寸) 사이가 항상 우뚝하게 광명하고 쇄락한 경지에 처하여 털끝만큼이라도 사린(私吝)이나 편계(偏係)하는 뜻이 심목(心目)의 사이에 머물러 있거나 은미한 즈음에 깃드는 일이 없게끔 해야 할 것입니다. 그런 뒤에야 표리가 통철(洞澈)해지고 전체가 소융(昭融)해지면서 사욕이 퇴청(退聽)하고 천리(天理)가 유행하게 되어 널찍하게 천지와 더불어 그 크기를 같이함으로써 요(堯)가 되고 순(舜)이 되는 것이니, 어떤 사람이 이에 대해서 이의(異議)를 제기하겠습니까."

하였다. 처음에 공이 소명(召命)에 응할 적에 일종의 근거 없는 논의가 일어나 "제우(際遇)의 성대함이 이와 같은 만큼, 일단 아는 것이 있으면 말해야 한다."라고 하면서 대훈(大訓)[24]을 언급하지 않으면 안 된다

24 대훈(大訓) : 영조가 즉위 17년인 신유년(1741)에 충역(忠逆)을 천명하며 반포한

고도 하고, 시재(時宰)가 나라를 그르친 죄를 논하지 않으면 안 된다고도 하였는데, 공은 이런 말을 듣고는 웃으면서 말하기를,

"교분이 얕은데도 속 깊은 말을 하는 것은 옛사람이 경계했던 바이니, 우선은 나의 성의(誠意)를 쌓은 뒤에 임금의 마음을 먼저 바로잡는 것이 마땅하다. 어찌 꼭 분의에 대해서는 생각하지 않고 사람들이 말하기 어려워하는 것을 돌연히 말함으로써, 일에는 유익함이 없이 한갓 성명(聲名)만 취하려고 해서야 되겠는가."

하였다.

공이 처음에는 임금의 덕과 관련하여 통렬하게 진달함으로써 은우(恩遇)에 조금이라도 보답하려고 하였으나, 연석에서 주달하는 것만으로는 자신의 의사를 모두 개진하기 어려운 점이 있었으므로, 장차 차자(箚子)를 갖추어서 조정을 떠나는 날에 직접 전달할 예정이었다. 그런데 이때에 와서 조저(朝著 조정)의 사이에 근거 없는 논의가 크게 전파되자, 다시 진대(進對)하는 날에 그만 《논어》를 시강(始講)한 뒤에 퇴거하라는 하교가 있었고, 며칠 안에 급히 《중용》을 마치고는 얼른 입시하라고 명하였다. 그러고 보면 공이 떠나는 일을 더 이상 미룰 수 없게 되었을 뿐 아니라 차자도 미처 올릴 틈이 없었으므로, 공이 어쩔 수 없이 전석(前席)에서 마음속의 생각을 죄다 털어놓으려고 하였는데, 이번에는 또 성심(聖心)이 격노하는 바람에 끝내지 못한 채 물러 나오고 말았다. 이에 말씀드리지 못한 심회가 답답하게 맺혀서

훈언(訓言)인 이른바 신유대훈(辛酉大訓)을 말하는데, 신임옥사(辛壬獄事)는 역모(逆謀)가 아니라 소론 측의 무고(誣告)에 의한 것이었음을 밝히고 다시는 과거의 일을 꺼내어 당쟁을 부추기지 말 것을 당부하는 내용이다.

스스로 그만둘 수 없었으므로 마침내 이 상소를 올리게 된 것이니, 이렇게 하는 것은 실로 공의 본의(本意)가 아니었다.

그렇지만 지금 그 상소문을 읽어 보건대 이 마음의 광대한 체(體)를 끝까지 구명(究明)하고 그 미묘한 작용을 투철하게 천명(闡明)하였으며, 방촌의 유은(幽隱)한 곳까지 그 근본을 미루어 나가고 구체적인 사안을 적절하게 지적하는 등, 그 이치가 순수하면서 언사가 정직하였고 언어는 비근해도 취지는 심원하였으니, 참으로 공력을 들인 것이 깊은 경지에 이르고 체험한 것이 진실하며 절실하지 않았다면 어떻게 이와 같이 언급할 수가 있었겠는가.

공이 상소를 올리고 나서 곧바로 출발했다가 중로(中路)에서 비지(批旨)가 엄절하다는 말을 듣고는 문의현(文義縣)에서 명을 기다렸다. 이에 대신(大臣)과 정원(政院)과 삼사(三司) 및 관학 유생(館學儒生)들이 교차하여 장소(章疏)를 올리며 신구(伸救)하였으나, 상은 모두 들어주지 않고 단지 관례대로 명을 기다리지 말라는 하교만 내렸다. 그 뒤에 옥당(玉堂)에서 윤면헌(尹勉憲)이 쟁론함에 따라 전후의 엄한 하교들을 환수하였고, 갑신년(1764) 1월에 이르러 대신의 말을 수용하여 다시 찬선(贊善)을 제수하였으나 상의 마음은 여전히 풀리지 않았다. 그러다가 11월 신경(申暻)이 소장(疏章)을 올린 것 때문에, 산림(山林)의 제신(諸臣) 모두에게 양반 신분을 박탈하고 서인으로 만들어서 향리로 방축할 것을 명하였다. 그러고는 또 어제(御製)를 내려 공을 비롯해서 김시찬(金時粲)과 신경과 박치륭(朴致隆)을 똑같이 당적(黨籍)의 명단에다 이름을 적어 넣게 하였으며, 이를 송 문정(宋文正)과 권 문순(權文純 권상하(權尙夏)) 두 분 선정(先正)에까지 확대 적용하게 하고는 그 명칭을 '엄제방유후곤록(嚴堤防裕後昆錄)'이라고 하였다.

공이 죄명을 입은 상태에서 비록 귀전(歸田)이라고 칭해지기는 하였으나 태연히 집에 머물러 있기에는 마음속으로 끝내 편치 못하였으므로 옥천(沃川)의 방곡(方谷)으로 거처를 옮겼는데, 이때 '방(方)'이라는 글자를 '방(放)'으로 바꿔서 자정(自靖)[25]하는 뜻을 표명했다가 시간이 한참 지난 뒤에 돌아왔다. 정해년(1767) 1월 태묘(太廟)에 술〔酒〕을 쓰면서 상이 비로소 유명(宥命 사면령)을 내렸다. 무자년(1768)에 온 가족이 도곡(塗谷)의 옛집으로 다시 들어왔다.

공이 죽었을 당시에 술자(術者)의 말에 의하면 하늘의 별이 떨어지는 이적(異蹟)이 있었다고 한다. 정언(正言) 이지승(李祉承)이 상소하여 현묘(顯廟)가 문정공(文正公)을 대했던 고사를 인용하면서 속히 은졸(隱卒)의 명을 내릴 것을 청하자, 상이 그 말을 따르고는 즉시 해당 조로 하여금 그대로 거행하게 하였다. 9월에 금산(錦山) 천내리(川內里) 부을(負乙)의 언덕에 장사 지냈다.

그로부터 5년이 지난 임진년(1772) 가을 상이 무슨 일을 계기로 격노하면서 공의 관작을 추탈하고 아들 송시연(宋時淵)을 탐라(耽羅)에 유배 보내라고 명하였는데, 이는 대개 공이 계미년(1763)에 상소를

25 자정(自靖) : 나라에 대한 충성심을 변치 않으면서 각자 알아서 편안할 도리를 취하는 것을 말한다. '방(放)'이라는 글자 속에는 조정에서 쫓겨나 초야에 은거한다는 뜻이 들어 있다. 상(商)나라가 장차 멸망하여 재앙을 당하게 되었을 때에, 부사(父師)인 기자(箕子)가 왕자(王子)인 미자(微子)에게 "나는 여기에 남아서 그 재앙을 받고 죽겠다. 그러나 그대는 주왕(紂王)이 시기하여 해칠 위험이 있으니, 여기를 떠나가 피해 있는 것이 좋겠다."라는 내용으로 권고하고 나서 "스스로 마음 편한 길을 찾아서, 각자 선왕에게 자기의 뜻을 바쳐야 한다.〔自靖 人自獻于先王〕"라고 말한 고사가 전한다. 《書經 微子》

올려 지적한 일 때문이었다. 갑오년(1774) 5월 상신(相臣) 원인손(元仁孫)의 말을 받아들여 공을 복관하였다. 아, 이상이 공의 출처와 이력으로 공이 시종(始終) 굴신(屈伸)한 대략적인 내용이다.

공은 얼굴이 네모지고 키가 컸으며 이마가 널찍하고 눈빛이 형형(炯炯)한 가운데 풍의(風儀)와 신채(神采)가 보통 사람보다 훨씬 뛰어났는데, 사람들은 문정공을 빼닮았다고 말하였다. 성품은 장중하고 간묵하여 평소에 다급하게 말하거나 당황해하는 기색이 없었으며, 청명(淸明)하고 온수(溫粹)하며 티 없이 맑고 깨끗하였다. 사람을 대하는 태도를 보면 완전히 한 덩어리의 화기(和氣)였으나, 일을 당하여 변론하며 의리에 입각해서 결단할 때에는 정반대로 엄확(嚴確)하고 준정(峻正)하여 맺고 끊음이 칼로 자른 듯해서 범할 수가 없었다.

공이 학문한 것은 일체 주문(朱門)의 성법(成法)을 따라서 지(知)와 행(行)이 나란히 전진하고 동(動)과 정(靜)이 서로 자뢰(資賴)하게 하되, 한결같이 경(敬)을 위주로 하였다. 글을 읽는 것은 차서를 따라서 정독(精讀)하고 마음을 가라앉혀 체험하는 것을 요체로 삼았다. 행동을 제어하는 것은 효우(孝友), 충신(忠信), 온후(溫厚), 이직(易直 평이(平易)와 정직(正直))을 근본으로 삼았다. 그리고 아무 일도 없을 때에는 말없이 앉아서 마음을 고요히 하고 대본(大本)을 체찰(體察)하여 인식하였다. 공은 일찍이 말하기를,

"중인(衆人)은 미발(未發)의 때가 매우 드물다. 그리고 우리들이 고요한 때를 스스로 미발이라고 말하는데, 실제로는 이것도 진정한 미발은 아니다."

하고, 또 말하기를,

"학자의 병통은 대부분 용처(用處)가 미숙한 데에 있다. 나는 어려서

부터 수응(酬應)하는 것이 꽤 많았기 때문에, 이에 대해서는 대략 득력한 곳이 있다."

하고, 또 말하기를,

"사욕을 제어하는 것은 적(敵)을 제어하는 것과 같다. 처음에는 혈전을 벌이면서 이기지 못할까 걱정하였는데, 지금은 힘을 덜 허비하는 듯한 느낌이 든다."

하였으며, 또 누가 마음을 다스리는 요체를 묻자, 답하기를,

"주일(主一)하는 것만 한 것이 없다."

하였다. 이 몇 마디 말을 통해서도 공의 용력이 얼마나 심후했는지를 알 수가 있다. 공은 일찍이 학자를 상대로 심(心)과 기질(氣質)의 차이점을 논하기를,

"사람이 품수한 것은 바로 오행(五行)의 지극히 빼어난 기운인데, 심은 또 그중에서 정영(精英 정화(精華)와 정수(精髓))인 것이다. 그것이 미발할 때에는 이 정영이 본래 담일(湛一)하고 허명(虛明)한 가운데 오성(五性)이 갖추어져 있어서, 비록 그 기질에 약간의 사재(渣滓)가 있다고 해도 원래 이런 상황에서는 범접할 수가 없으니, 이것이 바로 심이 기질에 구애받지 않는 소이이다."

하고, 또 말하기를,

"천지(天地)의 묘용(妙用)과 양능(良能)이 사람에게 내려와서 심이 되었으니, 이것이 바로 이른바 신명(神明)이라고 하는 것이요, 사람이 태어나 기질이 일정하게 된 뒤에 비로소 모여서 심이 된 것이 아니다. 지금 '청기(淸氣)가 모여서 허령(虛靈)이 되기도 하고, 탁기(濁氣)가 모여서 허령이 되기도 한다.'라고 말할 경우에는, 비록 억지로 허령이라는 이름을 붙인다고 하더라도, 참으로 그 내용을 구명

해 본다면 끝내 분수(分數)가 있음을 면치 못하게 된다. 그렇게 되면 명덕(明德) 역시 분수가 있게 됨을 면치 못하니, 그들이 경화(鏡火)를 가지고 심을 비유하며 '밝은 것은 같지 않음이 없다.〔明無不同〕'라고 말하는 것[26]은 단지 허영(虛景 환영(幻影))을 찬탄하는 것일 따름이다."

하였다. 대개 근세(近世)에 심과 성(性)의 논쟁이 호중(湖中)의 제공(諸公)으로부터 시작되었는데, 성인과 범부의 심은 같지 않다는 설이 오도(吾道)에 가장 큰 해가 되기 때문에 공이 이와 같이 변론한 것이다.

공은 선천적으로 재질이 이미 고매한 데다 확충하여 양성하는 방도를 지니고 있었기 때문에 다른 사람들보다 절반만 일해도 갑절의 공을 이루었고 굳이 노력하지 않아도 성과를 거두곤 하였다. 그러다가 만년에 이르러서는 덕이 완성되어 단엄(端嚴)하고 홍의(弘毅)하며 심후하고 완전해져서 안색은 평온하고 정신은 안정되었으며 기운은 화평하고 발언은 엄숙하였다. 그리하여 아무리 바쁘고 위급한 상황이라도 두루 합당하게 대응하여 자연스러운 가운데 준칙이 정연(井然)하게 펼쳐졌으니, 아, 공 같은 자는 이른바 '안락하게 거하면서 완전히 성취한' 경지[27]에 가까웠다고 할 것이다.

26 경화(鏡火)를……것 : 거울〔鏡〕과 불〔火〕을 가지고 심을 비유하는 것을 말한다. 이때 거울의 광(光)과 불의 명(明)은 허령(虛靈)을, 거울의 재료인 쇠〔鐵〕의 정추(精粗)와 불꽃의 미성(微盛)은 기품(氣稟)을 비유한다. 명덕(明德) 역시 기(氣)의 측면에서 본다면 그 품급(品級)이 각기 다를 수밖에 없다는 남당(南塘) 한원진(韓元震)의 이른바 명덕분수설(明德分數說)에 대해서는, 송명흠뿐만이 아니라 녹문 자신도 《녹문집》 권5 〈이백눌에게 답하는 글〔答李伯訥〕〉의 여러 편에서 자세히 논변하고 있다.

27 안락하게……경지 : 정호(程顥)가 소옹(邵雍)의 묘지(墓誌)를 지으면서 그 말미

공은 어버이를 섬기는 것이 지극히 효성스러웠다. 태부인(太夫人)이 만년에 항상 병석에 누워 계셨는데, 좌우에서 시중들며 얼굴과 목소리를 상냥하고 부드럽게 하는 것이 흡사 영아(嬰兒)와 같았으며, 음식과 의약도 정성을 다해 마련하면서 혹시라도 소홀히 빠뜨리는 일이 없었다.

아우인 한정공(閑靜公) 송문흠(宋文欽)과는 우애가 매우 돈독하여, 만년에도 여전히 함께 거하면서 서로 대면하여 강설(講說)하는 것을 즐거움으로 삼았다. 한정공이 익찬(翊贊)을 제수받고 입경(入京)하여 직임을 수행할 적에, 공이 하루는 홀연히 슬픈 감정이 내면으로 밀려오는 것을 느끼고는 밤에 잠을 이루지 못하다가 마침내 두자(杜子)의 〈동곡가(同谷歌)〉[28]에 화운하여 그 시를 부쳐 보내자 한정공이 즉시 관직을 버리고 돌아왔는데, 그로부터 얼마 지나지 않아서 한정공 내외가 모두 세상을 떠났다. 이것이 어쩌면 정애(情愛)가 지극하매 정신이

에서 "선생의 도를 도달한 경지의 측면에서 논한다면, 안락하게 거하면서 완전히 성취했다고 말해도 좋을 것이다.〔若先生之道 就所至而論之 可謂安且成矣〕"라고 결론을 지은 말을 인용한 것이다.《二程文集 卷4 明道文集4 邵堯夫先生墓誌銘》

28 두자(杜子)의 동곡가(同谷歌) : 두보(杜甫)가 동곡현(同谷縣)에 우거할 적에 지은 시 7수를 말한다. 칠언(七言)의 가행체(歌行體)로 된 이 연작시(連作詩)는 보통 〈동곡칠가(同谷七歌)〉라고 칭해지는데, 특히 그 셋째 수에서 아우와 멀리 떨어져 있는 자신의 슬픔을 노래하였다.《杜少陵詩集 卷8 乾元中寓居同谷縣作歌七首》《역천집(櫟泉集)》 권3에 〈내가 곤궁하고 병들어 우수와 적막 속에 지내면서 두자의 〈동곡칠가〉를 읽어 보니……〔余於窮病愁寂之中讀杜子同谷七歌……〕〉라는 제목으로 7수가 실려 있고,《한정당집(閑靜堂集)》 권1에 〈겨울에 경성에서 벼슬살이를 하다가 백씨가 부쳐 준 〈화동곡칠가〉라는 시를 삼가 받고는……〔冬羈宦京城伏蒙伯氏寄示和同谷七歌之作……〕〉"이라는 제목으로 화답한 시가 실려 있다.

감통해서 그렇게 된 것이 아니겠는가. 한정공이 세상을 떠난 뒤에 공이 울부짖고 통곡하며 마치 살고 싶지 않아 하는 것이 시간이 갈수록 더욱 심하였다. 그리고 부친을 여읜 조카들을 자기 소생(所生)처럼 보살폈으며, 장가가고 시집갈 때에는 모두 있는 힘을 다해 마련해 보내면서 뜻에 알맞게 된 뒤에야 그만두곤 하였다.

공은 이를 확대하여 친척들과 이웃 마을에까지 적용해서 각각 그 도리를 극진히 하였다. 빈궁한 자를 주휼할 때에는 자신의 집안 형편을 돌아보지 않았고, 죽었는데도 가난해서 염습하지 못하면 자기 옷을 벗어서 수의(襚衣)로 내주기도 하였다. 향인(鄉人)과 더불어 처할 때에는 유유(由由)하게 지냈으며,[29] 그들이 과실을 저지르면 반복해서 가르쳐 일러 주고 그들이 과실을 고치면 성심(誠心)으로 기뻐하면서 기왕의 잘못은 추궁하지 않았다. 이 때문에 향당(鄉黨)이 공을 사랑하고 공경하여 사납고 포악한 자도 교화되어 심복하였다.

공이 일찍이 섬촌(蟾村) 민공 우수(閔公遇洙)와 함께 병천(甁泉)에서 글을 읽을 적에, 민공이 마침 병에 걸리자 공이 지성으로 구호하며 세세한 일까지 빠짐없이 챙겨 주었다. 이에 민공이 돌아가서 사람들에게 말하기를 "성인도 이와 같이 하는 데에 지나지 않을 것이다."라고 하였으니, 이는 대개 양구산(楊龜山)이 일부(一部)의 《논어》를 설한 것[30]과 같은 뜻이라고 하겠다.

29 향인(鄉人)과……지냈으며 : 시골 사람들이 비루한 행동을 해도 자신의 정도(正道)를 잃지 않고 그들의 곁을 떠나지 않으면서 유유자적하게 지내는 모습이 마치 유하혜(柳下惠) 같았다는 말이다.

30 양구산(楊龜山)이……것 : 성인의 도(道)는 고원(高遠)해서 행하기 어려운 것이 아니라 쇄소응대 같은 비근한 일에서부터 시작하여 위로 천도(天道)에까지 이르는 것

공은 가중(家衆)을 통솔하면서 은혜와 위엄을 병행하였으며, 직사(職事)를 나누어 맡길 적에도 각각 일정한 법도가 있었으므로, 규문(閨門) 내외가 잠잠하여 사람의 소리가 들리지 않는 가운데 모든 일이 저절로 처리되었다. 내가 일찍이 한정공에게 물어보기를,

"백씨(伯氏)가 삼군(三軍)을 지휘하면 어떨 것 같은가?"

하니, 대답하기를,

"반드시 기율(紀律)이 있을 것이다."

하였다. 이는 대개 그 천품(天稟)이 원래 그러했던 것인데, 애석하게도 그 쓰임을 다하지 못하고 말았다.

공은 반드시 정성으로 선조를 받들었다. 매양 어느 지역에 정착할 때마다 《가례(家禮)》에 따라 사당(祠堂)을 세우고는 날마다 아침 일찍 일어나서 자제를 이끌고 참알(參謁)하였다. 향사(享祀)는 반드시 풍성하고 정결하게 하였으며, 재계(齋戒)는 반드시 예법에 맞게 하였고,

이니, 성인의 언행을 기록한 《논어》 한 책을 볼 때에도 일상적인 일을 결코 무시하지 말고 그 중요성을 철저히 인식해야 한다는 말이다. 주진(朱震)이 사양좌(謝良佐)를 찾아가서 가르침을 청했을 적에 "그대와 함께 《논어》를 얘기해 보는 것이 좋겠다."라고 하자, 주진이 얼마 안 되는 시간에 어떻게 책 한 권의 내용을 전부 설명할 수 있을까 하고 마음속으로 놀랐는데, 사양좌가 〈향당(鄕黨)〉 9장의 '공자가 자최를 입은 자를 보면〔子見齊衰者〕'에서부터 '진실로 악사(樂師)를 도와주는 방법이다.〔固相師之道也〕'까지의 대목을 거론하고 나서 "성인의 도는 현미가 따로 없고 내외가 따로 없다. 쇄소응대 진퇴하는 것으로부터 천도에 이르기까지 본말이 하나로 관통되는 것이니, 《논어》도 이렇게 읽어 가면 된다.〔夫聖人之道 無顯無微 無內無外 由灑掃應對進退以至於天道 本末一貫 一部論語只恁地看〕"라고 말한 고사가 전한다. 《上蔡語錄 後跋》 사양좌는 정자(程子) 형제의 제자로, 상채선생(上蔡先生)으로 존칭되었는데, 양시(楊時), 여대림(呂大臨), 유작(游酢)과 함께 정문 사선생(程門四先生)으로 일컬어졌다. 녹문이 양구산, 즉 양시라고 지칭한 것은 착오이다.

기일(忌日)에는 종일토록 슬퍼하면서 애통해하였다.

공은 우리나라의 습속이 사당과 묘소에 대한 경중의 구별을 모르는 것을 병통으로 여겼다. 그리하여 시절(時節)에는 반드시 가묘(家廟)에서 정제(正祭)를 행하였고, 묘소에서는 단지 춘추(春秋)의 성제(盛祭)를 행하였으며, 정조(正朝)와 단오(端午)에는 다만 주과(酒果)를 가지고 성묘만 하였다. 그러나 본종(本宗)의 사사(祀事)가 있을 때에는 또한 반드시 시물(時物)을 찬조(贊助)하고 직접 찾아가서 자신의 역할을 수행하였는데 노년에 이르도록 이 일을 게을리하지 않았다.

우옹(尤翁 송시열(宋時烈))이 지은 문정공(文正公)의 묘지(墓誌)에 "어버이에게 효도하고 아내에게 모범이 되며 자식을 가르치고 아랫사람을 통솔하는 것이 각각 그 도리에 맞았다. 윤리가 지극히 바르고 은의가 지극히 독실해서 모두 후세의 법도로 삼을 만하였다."라는 내용이 있는데, 지금 이 말을 가지고 공의 아름다운 덕을 형용해도 부끄러울 게 없을 것이다.

처음에 문정 선생 문집의 간행을 조정의 명령 때문에 촉박하게 해서 편차(編次)에 잘못된 곳이 많았는데, 공이 이를 가져다가 다시 수정(修訂)하였다. 또 《경연일기(經筵日記)》 중에서 경의(經義)를 드러내 밝힌 곳과 치체(治體)와 관련된 부분들을 가려 뽑아 6권으로 정리하고는 별집(別集)이라는 이름을 붙여서 그 아래에 부록하였다. 이렇게 해서 선생의 전체(全體)와 대용(大用)이 대략 갖추어지게 되었다. 공은 일찍이 말하기를 "선현(先賢) 중에서 침잠하며 독실하게 행하여 온화함과 엄격함이 중도(中道)를 얻은 가운데 이를 안에다 보존하고 밖으로 드러내지 않아 후세에 전해도 손색이 없는 그런 분을 찾는다면 오직 우리 선조(先祖)가 그러하시다."라고 하였으니, 대개 공이 선생에 대해서 열복하고 찬앙하는 것이 이와 같았다. 그래서 마음을 세우고 학문하는 것으로부터 가정에서의 생활과 조정의 벼슬살이에 이르기까지 자신의 주장을 견지하고 일에 대처하는 것이 하나라도 선생의 유규(遺規 후세에 남긴 법도)에 합치되지 않는 것이 거의 없었다.

공은 만년에 《역》 읽기를 좋아하여 나에게 말하기를 "어떡하면 그대와 함께 외지고 조용한 곳을 찾아가서 이 책을 충분히 강론할 수 있을까."라고 하였는데, 이를 통해서도 모년(暮年)에 도덕을 증진해 나가며 부지런히 그만두지 않은 공의 뜻을 또한 상상해 볼 수가 있다. 지금 내가 《주역》 공부를 끝내지 못해 의혹이 산처럼 쌓였는데도 질문할 곳을 찾기가 어려운데, 매양 공이 예전에 말했던 것을 떠올릴 때마다 자신도 모르게 책을 덮고서 장탄식하곤 한다. 아, 공은 저술하는 것을 좋아하지 않았는데, 문집 약간 권이 집 안에 보관되어 있다.

공의 배필인 청풍 김씨(淸風金氏)는 군자감 정(軍資監正) 김도흡(金道洽)의 딸이다. 아들을 키우지 못해서 한정공의 차자(次子)인 시연(時淵)을 데려다가 아들로 삼았는데, 현재 신녕 현감(新寧縣監)이다. 측실(側室) 소생으로 3남 2녀를 두었는데, 아들 희연(希淵)과 약연(躍淵)과 이연(履淵)은 모두 일찍 죽었고, 사위는 조성규(趙成逵)와 김희주(金希柱)이다. 시연의 2남은 계간(啓幹)과 계백(啓栢)이고, 3녀는 홍면섭(洪冕燮)과 김재선(金在璿)과 조만영(趙萬永)에게 출가하였다. 희연과 이연은 각각 1남 1녀를 두었다. 조성규는 3남 1녀를 두었으니, 아들은 조진한(趙鎭翰)과 조진원(趙鎭源)이고 나머지는 어리다. 명(銘)은 다음과 같다.

자태는 증민[31]과 비슷하였고　　　　姿隣曾閔

학문은 가정을 전수하신 분[32]	學傳家庭
남이 백이면 나는 일의 자질로써[33]	人百己一
혼연히 자연스럽게 이루었나니	渾然天成
오래도록 쌓아 광채가 길상(吉祥)해서[34]	積久暉吉
상서로운 채운(彩雲)이요 덕성(德星)이었어라	祥雲景星
하늘의 덕과 왕자(王者)의 도인	天德王道
그 체를 세우고 그 용을 지녀서	體立用藏
베풀면 바로 그렇게 되었으리니	措之則是
어찌 요순의 시대라도 불가능했으랴	曷不虞唐
기린이 출현하여 넘어졌나니	麟見而踣
때는 성왕(聖王)이 다스리던 시대[35]	時則聖世

31 증민(曾閔) : 공자의 제자인 증삼(曾參)과 민자건(閔子騫)의 병칭으로, 모두 효행으로 이름이 났다.

32 학문은……분 : 송명흠이 부조(父祖)의 학맥을 계승했다는 말이다.

33 남이……자질로써 : 남이 한 번에 잘하면 나는 그것을 백 번이라도 해서 열심히 노력할 것이라는 '인일기백(人一己百)'을 뒤집어 말한 것으로, 송명흠의 천재적인 자질을 비유한 말이다.

34 광채가 길상(吉祥)해서 : 《주역》 〈미제괘(未濟卦) 상(象)〉에 "군자의 빛남은 그 광채가 길상한 것이다.〔君子之光 其暉吉也〕"라고 하였다.

35 기린이……시대 : 송명흠 같은 현인이 출현했건만 영조가 제대로 활용하지 못하고 내쳤다는 녹문의 불만 어린 생각을 반어법적으로 풍자한 표현이다. 춘추 시대 노(魯)나라 애공(哀公) 14년에 사냥하다가 기린을 잡아 죽이자, 공자가 이에 감분(感憤)하여 《춘추(春秋)》를 짓다가 "서쪽 들판으로 사냥을 나가서 기린을 붙잡았다.〔西狩獲麟〕"라는 경문(經文)을 끝으로 절필(絶筆)했다는 고사를 인용한 것인데, 두예(杜預)의 주(註)에 "기린은 어진 동물이라서 성왕의 아름다운 상서가 된다. 이때 성명(聖明)한 군주가 없었는데도 기린이 우연히 나왔다가 잡히고 말았으므로, 중니가 주나라의 도가

운명인 것을 어떻게 하랴　其如何命
도가 장차 폐해지려나 보다　道之將廢
현인이 죽어 나라가 병들었으니[36]　人亡國瘁
아 어디에 의지해야 한단 말가　嗚呼曷芘
흰머리로 홀로 쓸쓸히 걷는 발길　白首踽踽
고요히 생각하며 잠 깨어 가슴만 칠 뿐[37]　靜思寤辟
시를 지어 이 심경 토로하면서　詩以宣之
검은 빗돌에 눈물을 뿌리노라　涕濺幽石

일어나지 못하는 것에 상심하고, 아름다운 상서에도 응험이 없는 것에 감분하였다. 이 때문에 노나라 역사를 기초로 해서 중흥의 교화를 수명(修明)해 나가다가, 획린이라는 한 구절에서 절필하였으니, 이는 원래 획린에서 감분하여 짓기 시작한 것인 만큼 획린으로 끝낸 것도 당연한 일이었다고 하겠다.〔麟者仁獸 聖王之嘉瑞也 時無明王出而遇獲 仲尼傷周道之不興 感嘉瑞之無應 故因魯春秋而修中興之教 絶筆於獲麟之一句 所感而作 固所以爲終也〕"라고 하였다.

36 현인이……병들었으니 : 《시경》 〈대아(大雅) 첨앙(瞻卬)〉에 "현인이 이제 사라졌으니, 나라가 장차 병들게 되었도다.〔人之云亡 邦國殄瘁〕"라고 하였다.

37 고요히……뿐 : 《시경》 〈패풍(邶風) 백주(柏舟)〉에 "고요히 이를 생각하며, 잠에서 깨어 가슴을 치노라.〔靜言思之 寤辟有摽〕"라고 하였다.

이종사촌 형인 한정당 송공의 묘지명 병서
姨兄閑靜堂宋公墓誌銘 竝序

나는 어려서부터 좀처럼 남과 마음이 맞지 않았으나, 유독 행운이라고 한다면 이종 형인 역천(櫟泉) 송공(宋公) 형제를 따라 노닐었다는 것이다. 장공(長公)은 나보다 6년 연장이고 소공(少公)은 나보다 1년 연장인데, 장공은 돈중(敦重)하고 홍수(弘粹)한 데에 비해 소공은 청명(淸明)하고 영발(英發)하였다. 돌아보건대 나는 몽루(蒙陋)하여 선후를 따질 자격이 없었음에도 불구하고, 오히려 외람되게 장애(奬愛)를 받고 서로 의기투합하였으니, 이는 대개 정답게 지내는 사이였기 때문이었다.

그런데 불행히도 중년에 소공이 홀연히 먼저 세상을 떠났으므로, 내가 매양 장공과 이야기하다가 그 죽음에 말이 미칠 때면 눈물을 줄줄 흘리면서 울곤 하였다. 지금 장공도 이미 세상을 떠나고 나만 홀로 죽지 않은 채 백수(白首)로 갈 곳 몰라 하면서, 공의 온수(溫粹)한 자태와 초묘(超妙)한 견식을 생각할 때마다 스스로 백신(百身)의 감회를 금하지 못하는데, 또 어떻게 그렇게 할 수가 있겠는가.[38]

옛날에 사마공(司馬公)과 범 촉공(范蜀公)은 나중에 죽는 자가 상대

38 백신(百身)의……있겠는가 : 송문흠(宋文欽)을 살릴 수만 있다면 자기가 대신 백 번이라도 죽으련마는 지금은 어떻게 해 볼 수가 없다는 말이다. 《시경》 〈진풍(秦風) 황조(黃鳥)〉에 "그 대신 누가 죽을 수만 있다면, 사람마다 자기 몸을 백 번이라도 바치련마는.〔如可贖兮 人百其身〕"라고 하였다.

방의 지문(誌文)을 써 주기로 약속하였으니,[39] 지금도 두 분 공의 지업(志業)과 조예(造詣)를 내가 드러내지 않으면 누가 그렇게 하겠는가. 이미 역천의 지문을 짓고 나서 이제 마침내 공의 지문에까지 미쳤으니, 이는 대개 뒤에 죽는 자로서의 슬픈 책임을 메우기 위한 작업이라고 하겠다.

공의 휘(諱)는 문흠(文欽)이고 자(字)는 사행(士行)이며 은진(恩津) 사람이니, 문정공(文正公) 동춘(同春) 선생 휘 준길(浚吉)의 4세손이다. 증조(曾祖) 휘 광식(光栻)은 공조 정랑 증 이조 참판이고, 조(祖) 휘 병원(炳遠)은 의금부 도사이다. 고(考) 휘 요좌(堯佐)는 도사공(都事公)의 아우인 상주 목사(尙州牧使) 휘 병익(炳翼)의 아들로 태어나 도사공의 후사(後嗣)가 되었는데, 금산 군수(錦山郡守)로 관직을 마쳤고 호(號)는 묵옹(默翁)이다. 비(妣) 영인(令人) 파평 윤씨(坡平尹氏)는 호조 정랑 증 이조 판서 휘 윤부(尹扶)의 딸이다. 역천공 휘

39 사마공(司馬公)과……약속하였으니 : 송나라 사마광(司馬光)과 범진(范鎭)의 '범마형제(范馬兄弟)'의 고사가 전한다. 원(元)나라 장광조(張光祖)가 지은 《언행귀감(言行龜鑑)》 권3 〈교제문(交際門)〉에 "사마 온공(司馬溫公)은 범 촉공과 친하게 사귀었다. 희령과 원풍 연간에 사대부가 천하의 현자를 논할 때면 으레 '군실과 경인은 도덕과 풍류로 당세의 사표가 된다.'라고 하였다. 두 사람이 지기(知己)가 된 것을 매우 기뻐하여 서로 상대방의 행장을 지어 주기로 약속하고 나중에 죽는 자는 묘지를 써 주기로 하였다. 군실은 항상 사람들에게 말하기를 '나와 경인은 형제이니, 다만 성이 같지 않을 뿐이다.'라고 하였다.〔公與范蜀公相友善 熙寧元豐間 士大夫論天下賢者 必曰君實景仁 道德風流 師表當世 二公相得歡甚 約更相爲傳 而後死者則誌其墓 君實常謂人曰 吾與景仁 兄弟也 但姓不同耳〕"라는 내용이 보인다. 온공(溫公)은 온국공(溫國公)의 준말로 사마광의 봉호(封號)이고, 군실은 그의 자이다. 촉공은 촉군공(蜀郡公)의 준말로 범진의 봉호이고, 경인은 그의 자이다.

명흠(明欽)은 당세의 유종(儒宗)으로서 관직이 찬선(贊善)에 이르렀는데, 일찍이 상의 부름을 받고 서울에 가서 시사(時事)를 발언하다가 상의 뜻에 거슬려 받아들여지지 않자 그 길로 곧장 조정을 떠났으므로 사림(士林)이 높이 우러러보았다.

공은 숙종(肅宗) 경인년(1710, 숙종36) 12월 11일에 태어났는데, 태어나면서부터 미목(眉目)이 맑고 수려하였으며 정채(精采)가 환히 빛났다. 조금 자라나서는 총명이 절륜하여 무슨 글이든 한번 눈을 스치기만 하면 그 즉시 배송(背誦)하면서 한 글자도 틀리지 않았다. 그래서 역천공이 일찍이 말하기를 "옛날에 일컬어지던 신총(神聰)이 어떠했는지는 알지 못하겠으나, 내가 본 바에 의하면 사행이 거기에 가깝지 않나 싶다."라고 하였다.

공은 백씨(伯氏)와 함께 묵옹에게 배웠는데, 공의 문리(文理)가 숙성(夙成)해서 말을 내놓기만 하면 번번이 사람들을 놀라게 하였으므로 사람들이 송씨(宋氏)의 쌍벽이라고 일컬었다. 그리고 문장을 지으면 청간(淸簡)하고 고고(高古)하여 그 성운(聲韻)이 마치 금석(金石)에서 나오는 것 같았으며, 시 역시 담탕(澹宕)하면서 의취(意趣)가 있었으므로, 한 시대의 문사(文士)로서 가령 홍재 양지(洪梓養之)와 황경원 대경(黃景源大卿)과 이인상 원령(李麟祥元靈) 같은 이들이 모두 공보다 한 걸음 뒤처진다고 자인(自認)하였다.

그사이에 장옥(場屋)에 나가 시험해 보기도 하였으나 그때마다 동배(同輩)에게 꿀리곤 하였다. 그러다가 마침내 영종(英宗) 계축년(1733, 영조9)에 사마시(司馬試)에 우수한 성적으로 입격하였으나, 마음속으로 즐기는 것은 여기에 있지 않았으니, 이는 대개 문정(文正 송준길) 선생 이래로 시례(詩禮)의 가르침[40]이 멀리 연원(淵源)이 있을 뿐만 아니라 여기에 또 현형(賢兄)이 있어서 서로 더불어 훈도하였기 때문이다. 그래서 비록 전심(專心)으로 지향(指向)하여 분연(奮然)히 성현으로 자기의 목표를 삼는 것을 역천공처럼 하지는 못했지만, 그 탁월한 식견과 정묘한 해석이 왕왕 곧바로 조화(造化)의 근원에 나아갔을 뿐만 아니라 필력이 또 정한(精悍)해서 도의 오묘한 경지를 형용할 수 있었으므로, 비록 역천공 같은 분도 스스로 미치지 못한다고 말할 정도였다.

일찍이 백씨를 모시고 한두 명의 동지(同志)와 함께 회덕(懷德)의 비래암(飛來庵)으로 들어가서 《대학》을 강론하며 번갈아 자기 의사를 표명하고 기록으로 남겨 두어 하나의 거편(巨編)을 이루었는데, 공이 논설한 것을 보면 독특하게 정묘한 해석을 내놓곤 하였으므로 제우(諸友)가 이 때문에 쓰던 붓을 손에서 놓곤 하였다. 반면에 공은 또 공평하고 관홍(寬弘)해서 한쪽으로 치우치지 않았으며, 이치를 파악하는 것이 매우 민첩해서 사람들의 말을 듣자마자 그 뜻을 제대로 파악하여 따를 만하면 따르고 조금도 고의로 힐난하지 않았으므로, 이 때문에 사람들 역시 공을 상대로 반복해서 토론하는 것을 즐거워하였다.

공은 특히 예(禮)에 깊은 관심을 보이면서 항상 "예를 행한다면서 《의례(儀禮)》에 근본을 두지 않으면 누추하게 된다."라고 말하곤 하였다. 그리하여 예컨대 〈상복(喪服)〉과 〈사상례(士喪禮)〉 및 관혼생뢰(冠昏牲牢)[41] 등의 편(篇)을 모두 몸에 배게 익혔으며, 두씨(杜氏 두우

40 시례(詩禮)의 가르침 : 가정 교육을 말한다. 공자가 뜰에 혼자 서 있을 때에 아들 리(鯉)가 지나가자 그에게 시(詩)와 예(禮)의 중요성을 일러 주며 공부하라고 훈계한 고사에서 나온 것이다. 《論語 季氏》

41 관혼생뢰(冠昏牲牢) : 《의례》의 편명인 〈사관례(士冠禮)〉, 〈사혼례(士昏禮)〉, 〈특생궤식례(特牲饋食禮)〉, 〈소뢰궤식례(少牢饋食禮)〉를 줄여서 총칭한 것이다.

(杜佑))의 《통전(通典)》에 대해서도 똑같이 그렇게 하였다. 그렇기 때문에 사람들의 질문에 답할 때에도 언제나 명확한 근거가 있어서 의심 없이 행할 수가 있었다. 그 밖에 다른 언의(言議) 역시 대부분 기왕의 전주(箋註)에 구애받지 않고 자기만의 지견(知見)으로 직접 추구하여 전인(前人)이 말하지 못한 것을 드러내어 밝혔다. 지금 유고(遺稿)를 읽어 보건대 가령 〈춘추론(春秋論)〉의 수편(首篇) 같은 것은 제가(諸家)가 천착(穿鑿)한 해설을 일소(一掃)하고 수천 년의 세월을 거슬러 올라가 성인(聖人)의 본의(本意)와 곧바로 계합함으로써 참으로 예전에 볼 수 없던 탁견을 보여 주었으니, 만약 이렇게 일찍 죽지만 않았다면 공이 성취한 것을 어떻게 헤아릴 수 있겠는가. 아, 애석한 일이다.

기미년(1739)에 장릉 참봉(長陵參奉)에 보임되었으나 나아가지 않았다. 얼마 뒤에 익위사 시직(翊衛司侍直)이 되었으나, 그때 마침 적신(賊臣) 조태구(趙泰耉)의 아들인 조현빈(趙顯彬)이 세마(洗馬)였으므로, 공이 의리상 그와 함께 동료가 될 수 없어서 즉시 버리고 떠나갔다. 그리고 얼마 지나지 않아 다시 익위사에 들어가서 부솔(副率)이 되었으나, 조현빈이 여전히 그 직책에 거하였으므로 또 버리고 떠났다. 계해년(1743)에 목곡(牧谷) 이공 기진(李公箕鎭)이 이조 판서로서 전형(銓衡)을 맡자 맨 먼저 공을 천거하여 동몽교관(童蒙教官)으로 삼았는데, 1년여를 그 자리에 거하다가 동몽이 없다는 이유로 사체(辭遞)하였다. 공이 비록 음로(蔭路)로 관계(官界)에 진출했으나, 출처와 진퇴를 반드시 의리에 맞게 하였고 혹시라도 그냥 지나치는 일이 없었으므로, 이 때문에 오래도록 조용(調用)되지 못하였다.

그러다가 정묘년(1747)에 이르러 비로소 시직(侍直)을 거쳐 종부시 주부로 승진한 뒤에 형조 좌랑으로 자리를 옮겼다. 그리고 외방으로 나가서 문의 현령(文義縣令)이 되었는데, 엄격하게 관리를 단속하고 인자하게 백성을 보살핌은 물론이요, 민첩하게 판결을 내리고 종합적으로 치밀하게 다스려서 사람들이 감히 속이지 못했으므로 일 처리가 귀신같다고 일컬어졌다. 방백(方伯)이 열읍(列邑)에 신칙하여, 향(鄕)마다 훈장(訓長)을 배치하고 고강(考講)하여 출척(黜陟)하게 하자, 공이 말하기를 "먹고살게 한 뒤에 가르치고, 가르치고 나서 심사(審査)하는 것이 이치에 맞다. 나는 경솔하게 거꾸로 시행하여 상관(上官)에게 아첨하지는 못하겠다."라고 하고는, 마침내 묵살하고 행하지 않았다. 그러고는 다방면으로 경영하고 주획(籌畫)하다가 경오년(1750)에 이르러서야 비로소 향교(鄕校)에 명령을 반포하여 자제(子弟) 중에 연소하고 자질이 뛰어난 30인을 선발하여 교대로 거재(居齋)하게 하는 한편, 고을 노인 중에 사망(士望)이 있는 자에게 간청하여 재장(齋長)의 신분으로 그들을 가르치게 하였다. 그리하여 그 절목을 이미 갖추었는데, 공이 마침 병환으로 떠나게 되어 실제로 행하지는 못하였으므로 식자(識者)가 한스럽게 여겼다. 그러나 일에 임하여 구차하게 행하지 않고 반드시 직분을 다하려고 노력한 것을 이를 통해서도 알 수가 있다. 신미년(1751)에 익찬(翊贊)을 제수받았다가 체차되었다. 그러고는 이듬해인 임신년(1752) 12월 15일 병으로 죽으니, 향년이 겨우 43세였다.

공은 천부적인 자질이 보통 사람과는 완전히 달랐고, 용모가 마치 다듬어 놓은 옥돌 같았다. 성품은 단정하고 장중하며 평이 솔직하였고, 명백하고 소달(疏達)하였다. 평소에 표치(標致)하는 것을 좋아하지 않고서 마음을 다스리며 사욕(私慾)을 제어하는 데에 항상 묵묵히 공을 들였으니, 여기에는 실로 남이 따라갈 수 없는 점이 있었다. 어버이를 섬기는 것은 천성이 그러하여 좌우에서 봉양하면서 그 정성을 곡진히 하였으니, 옛날에 이른바 “형체 없는 것에서 보고, 소리 없는 것에서 듣는다.”[42]라고 한 것과 “잠시라도 부모님을 잊지 않는다.”라고 한 것을 공의 형제를 통해서 볼 수가 있다.

공이 백씨를 섬기는 것은 부친을 존경하는 것과 같았다. 백씨가 일찍이 약물을 복용할 적에 공이 직접 달여서 올리고는 복용한 뒤에 물러나곤 하였는데, 하루는 약물을 올리기 전에 무슨 일이 있어서 잠깐 일어났다가 돌아와서 곧바로 받들어 올렸다. 이에 백씨가 불쾌한 빛을 띠고 있다가 천천히 말하기를 “어디에 갔었느냐.”라고 하자, 공이 머뭇거리며 감히 대답하지 못한 채 황공해하는 모습을 보였으니, 백씨를 공경하며 근신하는 것이 이와 같았다.

사람들과 교제할 때에는 곡진하게 정성을 다하여, 온공하고 자애(慈愛), 성신(誠信)한 태도로 명랑하게 웃고 말하였으므로, 사람들이 모두 공을 사랑하며 중하게 여겼으나, 실제로는 준절하고 냉담한 면이 있었다. 그래서 사람들이 잘못하는 것을 보면 반드시 대면하여 책망하면서 조금도 용서하지 않았고, 음양과 흑백을 가릴 때에는 더욱 엄격하여 시비(是非)의 소재를 확고히 견지하면서 털끝만큼도 흔들리지 않았다. 계방(桂坊 세자익위사)에는 요원(僚員)이 많아서 취향이 다른 자들이 뒤섞여 나아왔다. 그리하여 입직(入直)할 때마다 상번(上番)과 하번(下番)이 동쪽과 서쪽 사무실에 나뉘어 거하면서 서로들 왕래하곤

42 형체……듣는다 : 《예기》 〈곡례 상(曲禮上)〉의 “소리 없는 것에서 듣고 드러나지 않는 것에서 본다.〔聽於無聲 視於無形〕”라고 한 데서 나온 말로, 어버이의 모습이 보이지 않고 목소리가 들리지 않아도 마음속으로 항상 생각하면서 어버이의 뜻을 미리 알아 봉양하는 것을 말한다.

하였는데, 공만은 홀로 엄하게 계한(界限)을 세워 한 걸음의 땅도 잘못 디디려 하지 않았다.

공은 세상일에 주의를 기울였는데, 일을 당하여 변론하는 것을 보면 확실하게 정곡을 짚는 것이 많았다. 그래서 백씨가 언젠가 농담 삼아 말하기를 "사행(士行)은 가슴속이 항상 달아오르며 시끄러우니, 어쩌면 '황왕제패가 그 속에 자연히 꼬불꼬불 서려 있다.〔皇王帝伯 中自輪囷〕'[43] 라고 하는 그런 자가 아닌가 싶기도 하다."라고 하였다. 공은 천하의 일을 논하다가 병정(丙丁)과 갑신(甲申)의 일[44]에 이르면 문득 강개하

43 황왕제패(皇王帝伯)가……있다 : 소옹(邵雍)의 《격양집(擊壤集)》 권9 〈안락와중일부서(安樂窩中一部書)〉에 "일월성신이 높이 떠서 밝게 비추듯, 황왕제패가 땅에 출현해 크게 펼쳐졌네.〔日月星辰高照耀 皇王帝伯大鋪舒〕"라는 시가 나온다. 황왕제패는 삼황(三皇), 오제(五帝), 삼왕(三王), 오패(五伯)를 말한다. 《격양집》 권13에 〈삼황음(三皇吟)〉과 〈오제〉와 〈삼왕〉과 〈오패〉라는 제목의 시가 나오는데, 여기에서 삼황을 "초봄의 천기가 새벽인 시절〔初春天氣早晨時〕"이라 하고, 오제를 "오제의 시절은 흡사 해가 중천인 때〔五帝之時似日中〕"라고 하고, 삼왕을 "삼왕의 세상은 바로 가을 같다 할까.〔三王之世正如秋〕"라고 하고, 오패를 "오패의 시절은 정녕 겨울 같기만.〔五伯之時正似冬〕"이라고 하였다. 주희(朱熹)가 소옹의 사람됨에 대한 질문을 받고는 이 일월성신……의 시구를 읊으면서 "인중호걸(人中豪傑)이라고 이를 만하다.〔可謂人豪矣〕"라고 평한 말이 나온다. 《朱子語類 卷100 邵子之書》 그리고 김창흡(金昌翕)이 지은 조성기(趙聖期)의 묘지명에 "황왕제패와 일월성신이 빽빽하게 그 배 속을 가득 채워 자연히 그 속에만 꼬불꼬불 서려 있을 뿐 시원하게 펼쳐 놓을 곳이 없는지라 위로 올라가서 궁창(穹蒼) 위에다 똬리를 틀었다네.〔皇王帝霸 日月星辰 鬱其滿腹 中自輪囷 無地可布 上蟠穹旻〕"라고 표현한 말이 나온다. 《三淵集 卷27 拙修齋趙公墓誌銘》

44 병정(丙丁)과 갑신(甲申)의 일 : 병정은 병자년(1636, 인조14)과 정축년(1637) 사이에 일어난 병자호란(丙子胡亂)을 말하고, 갑신은 명나라 마지막 황제 의종(毅宗)의 숭정(崇禎) 17년인 갑신년(1644)에 이자성(李自成)이 북경을 함락하여 명나라가 멸망한 사건을 말한다.

여 탄식하기를 "우리나라가 황명(皇明)에 대한 군신(君臣)의 의리는 백세(百世)를 하루같이 여겨야 하니, 전대(前代)의 일로 간주해서는 안 될 것이다. 그런데 이현석(李玄錫)의 《명사(明史)》[45]를 보면 그만 감히 강목(綱目)이라고 이름을 붙이고는 멋대로 포폄(褒貶)을 가했으니, 매우 어긋나고 잘못되었다."라고 하면서 언제나 엄하게 배척하였다. 그 뒤에 영묘(英廟)가 사신(詞臣)에게 명하여 명나라 역사를 편찬하게 할 때에는 통감(通鑑)으로 그 책을 명명(命名)하였는데, 이는 대개 공의 이러한 의론이 행해졌기 때문이었다.

공의 문집 약간 권이 집에 소장되어 있다. 그중에 만년에 지은 작품을 보면 거의 도(道)와 합일되었는데, 이민보 백눌(李敏輔伯訥)이 이를 읽고서 "100여 년 이래로 이런 작품은 보지 못했다."라고 하니, 사람들이 식견이 있는 말이라고 하였다.

주자(朱子)의 《주역본의(周易本義)》는 여씨본(呂氏本)에 따라 《고경(古經)》 12편(篇)을 옛날 그대로 되돌려 놓은 것이었는데,[46] 《영락

45 이현석(李玄錫)의 명사(明史) : 이현석이 명나라 역사를 강목(綱目) 체제로 편찬한 《명사강목(明史綱目)》을 말한다. 1728년 그의 아들 이한겸(李漢謙)이 왕에게 30권을 진정(進呈)하였다. 이현석은 실학자 이수광(李晬光)의 증손인데, 《녹문집》 말미에서 "원수에게 크게 복수하고, 도적을 중하게 성토하며, 존왕양이(尊王攘夷)의 법을 엄히 세운다.〔大復仇 重討賊 嚴尊王黜夷之法〕"라고 편찬 목적을 밝히고 있다. 그러나 수도 연경(燕京)이 농민 반란군에게 함락되어 의종이 자살하면서 명나라가 멸망한 뒤에, 남경(南京)으로 피신해 세워져서 20년 동안 이어진 이른바 남명정권(南明政權)의 홍광(弘光), 융무(隆武), 영력(永曆) 등 세 명의 황제를 정통으로 인정하지 않고 윤위(閏位)로 처리한 것이 비평의 대상이 되었고, 또 조선 태조(太祖)의 세계(世系)를 왜곡해서 모독했다는 평을 듣는 청나라 주린(朱璘)의 《명기집략(明紀輯略)》을 다수 인용했다고 하여 수정되는 등, 이 책이 세상에 나온 이후에 많은 우여곡절을 겪었다.

대전(永樂大全)》에서는 그만 왕필본(王弼本)을 써서 전의(傳義《정전(程傳)》과 《본의(本義)》)를 합쳐 하나로 하였으므로, 후학이 주자의 본의(本意)를 다시 알지 못하게 되었다. 공이 이를 병통으로 여기고는, 주자의 제설(諸說)을 참고하여 다시 수정(修訂)하였는데, 뒤에 연본(燕本 북경의 판본)의 《고역》을 얻어 보니 일체 공이 해 놓은 것과 같았다. 또 주자가 《소학(小學)》을 편집하면서 대략 주해(註解)를 가한 것이 하씨(何氏)의 《집성(集成)》에 보이는데,[47] 독자가 모두 대충 보아 넘긴 채 그것이 주주(朱註)인 것을 알지 못하자, 공이 이를 드러내 밝히고 별본(別本)을 만들어 정리해서 옛날 그대로 되돌려 놓고는 세상에 행해지게 하였다. 공이 책을 보고 도를 구하며 가는 곳마다 자신의 새로운 견해를 제시한 것이 대개 이와 같았다.

공은 필법이 정공(精工)하였으며 특히 예서(隸書)에 능하였다. 사람의 집에 있는 금석(金石) 중에는 공의 필적(筆跡)이 많은데, 원령(元

46 주자(朱子)의……것이었는데 : 옛날 최초의 《역》, 즉 《고역(古易)》은 〈상경(上經)〉, 〈하경(下經)〉과 공자(孔子)가 지은 〈십익(十翼)〉이 각자 편을 이루어서 모두 12권이었는데, 그 뒤에 정현(鄭玄)과 왕필(王弼)이 처음으로 이 전(傳)들을 경(經)에다 붙여 갈라놓고는 분류해서 소속시켰다. 그러다가 송대(宋代)에 와서 정이(程頤)는 왕필본을 가지고 《정전(程傳)》을 지었고, 주희는 여씨본(呂氏本), 즉 여조겸(呂祖謙)이 경정(更定)한 《고역》을 가지고 《본의(本義)》를 지었는데, 《영락대전》을 편찬할 적에는 왕필본을 사용하면서 《정전》과 《본의》를 한데 끌어다 붙였다.

47 주자가……보이는데 : 주희가 《소학》을 주해한 것이 원나라 하사신(何士信)의 《소학집성(小學集成)》에 보인다는 사실을 녹문이 송문흠을 통해 알고 나서, 이 주해를 소학주(小學註)라고 이름 붙이고는 여기에 교정(校正)과 변설(辨說)을 가하고 범례(凡例)와 고증(考證) 등 몇 개 조항과 《소학》과 관련된 주문(朱門) 사제(師弟) 간의 문답을 덧붙여 정리했다는 내용이 《녹문집》 권21 〈《소학본주》 발문〔小學本註跋〕〉에 보인다.

靈 이인상(李麟祥))의 전서(篆書)와 더불어 근세(近世) 전례(篆隷)의 종장(宗匠)으로 병칭된다고 한다.

공은 만년에 거처하는 방산(方山) 아래에 하나의 그윽한 공간을 얻어 못을 파고 연꽃을 심어 놓고는 소정(小亭)을 지어 굽어보았다. 그리고 그 집의 이름을 한정(閑靜)이라고 하였으니, 이는 연명(淵明)의 말을 취한 것이다.

공의 배필인 청송 심씨(靑松沈氏)는 이조 참판 심성희(沈聖希)의 딸이다. 단공(端恭)하고 온순하였으며, 황고(皇姑 시어머니)를 섬김이 지극히 효성스러웠고, 역천공(櫟泉公)을 지성(至誠)으로 모셨다. 그 죽음에 이르러 역천공이 글을 지어 애도하였는데, 그 말이 매우 슬펐으며, 종당(宗黨)이 모두 참으로 공의 배필이라고 일컬었다.

장남 치연(致淵)은 현감(縣監)이고, 그다음 시연(時淵)은 역천공의 후사(後嗣)로 나갔는데, 현재 신녕현(新寧縣)을 다스리고 있다. 첫째 사위는 직장(直長) 김녕(金寧)이고, 다음은 감사(監司) 김광묵(金光默)이고, 다음은 참봉(參奉) 황인도(黃仁燾)이다. 치연은 아들을 두지 못해서 시연의 아들 계백(啓栢)을 양자로 들였다. 사위는 이의택(李義宅)과 이광헌(李光憲)과 홍기섭(洪箕燮)이다. 시연은 2남을 두었으니, 장남은 계간(啓幹)이고 다음은 바로 계백이다. 사위는 홍면섭(洪冕燮)과 김재선(金在璿)과 조만영(趙萬永)이다. 김광묵은 3남을 두었으니, 김기긍(金基肯)과 김기서(金基胥)와 김기유(金基有)이며, 사위는 윤후동(尹厚東)과 조진의(趙鎭宜)이다. 황인도는 3남을 두었으니, 황기숙(黃基肅)과 황기남(黃基南)이고, 다음은 어리다. 사위는 김배근(金培根)이고, 딸 하나는 아직 출가하지 않았다.

공의 묘소는 공주(公州) 탄곡면(炭谷面) 장재동(長才洞) 임좌(壬

坐)의 언덕에 있으며, 심 공인(沈恭人)을 부장(附葬)하였다. 명(銘)은 다음과 같다.

뛰어난 지견과 정묘한 해석을 絶知妙解
아름다운 음성으로 드러냈나니 發以韶音
경곡에 대해 누에가 실을 토해 내듯 하며 蠶絲經曲
포정(庖丁)의 칼처럼 능숙히 처리했던 분[48] 庖刀幾深
보불의 문채를 발할 솜씨가 黼黻之手
주묵의 굴욕을 당하다니요[49] 屈之朱墨
아 불운한 시대를 만났음이여 嗟時之舛

48 경곡(經曲)에……분 : 송문흠이 각종 예법(禮法)과 의례(儀禮)에 대하여 아주 손쉽게 정밀한 해답을 제시했다는 말이다. 경곡은 기본적인 대강령의 경례(經禮)와 구체적인 소절목의 곡례(曲禮)를 뜻하는 말로, 예의(禮儀) 일반을 가리키는 말로 쓰였다. 《예기(禮記)》〈예기(禮器)〉에 "경례가 300가지요, 곡례가 3000가지인데, 그 정신은 하나이다.〔經禮三百 曲禮三千 其致一也〕"라는 말이 나오고, 《중용장구》 제27장에도 "크고 넉넉하도다. 예의가 300가지요, 위의가 3000가지로다.〔優優大哉 禮儀三百 威儀三千〕"라는 말이 나온다. 포정의 칼은 아무리 난해한 문제라도 매우 용이하게 처리하는 것을 비유하는 말인데, 《장자(莊子)》〈양생주(養生主)〉의 "지금 내가 칼을 잡은 지 19년이나 되었고 잡은 소만도 수천 마리를 헤아리는데, 칼날이 지금 숫돌에서 금방 꺼낸 것처럼 시퍼렇기만 하다. 소의 마디와 마디 사이에는 틈이 있는 공간이 있고 칼날은 두께가 없으니, 두께가 없는 것을 그 틈 사이에 밀어 넣으면 그 공간이 널찍해서 칼을 놀릴 적에 반드시 여유가 있게 마련이다.〔今臣之刀十九年矣 所解數千牛矣 而刀刃若新發於硎 彼節者有間 而刀刃者無厚 以無厚入有間 恢恢乎其於遊刃 必有餘地矣〕"라는 '포정해우(庖丁解牛)'의 이야기에서 나온 것이다.

49 보불(黼黻)의……당하다니요 : 송문흠이 고위 관원이 되어 국가 정책을 입안하며 왕을 보좌할 자격이 충분한데도, 그저 주필(朱筆)과 묵필(墨筆)을 쥐고서 잡다한 공문(公文)을 처리하는 말단 관원으로 그치고 말았다는 말이다.

수명은 또 왜 그렇게도 인색했는고　齡又何嗇
적요하여라 고기 한 덩어리여　寂寥一臠
그 누가 태형임을 알았으리오[50]　孰知泰鉶
내가 숨은 그 광채를 드러내 밝혀　我發潛光
묘소의 지석(誌石)에 이 글을 새기나니　刻石幽扃
백세가 지난 뒤에라도 여기 이곳에　百世之下
송사행 선생이 계심을 알 것이로다　尙識其有宋士行先生

50 적요(寂寥)하여라……알았으리오 : 지방 고을인 문의현(文義縣)의 수령으로 재직한 송문흠의 자질이 사실은 국가를 경륜할 큰 그릇이었음을 누가 알았겠느냐는 말이다. 고기 한 덩어리, 즉 일련(一臠)은 여기서는 “닭을 잡은 고기 한 덩어리〔割雞一臠〕”라는 뜻으로, 조그마한 고을의 수령을 비유하는 말로 쓰였다. 공자(孔子)의 제자 자유(子游)가 수령으로 있는 무성(武城) 고을에 현가(弦歌)의 소리가 울려 퍼지자, 공자가 흐뭇하여 빙그레 웃으면서 “닭을 잡는 데에 어찌 소 잡는 칼을 쓰랴.〔割雞焉用牛刀〕”라고 농담을 한 고사에서 유래한 것이다. 《論語 陽貨》 태형은 제사 때에 쓰는 커다란 가마솥을 말한다.

처사 신공의 묘지명 병서
處士申公墓誌銘 竝序

북로(北虜 청나라)가 중국에 들어와서 주인 노릇을 한 지 100여 년이 되는데, 천하의 학사(學士)와 대부(大夫) 들은 일상에 안주하며 지난 일이 습관화되어 '고통을 참아 내며 원통함을 품고 있는'의 의리[51]를 다시 알지 못하고 있다. 내가 본 바에 의하면, 단신(單身)으로 대의(大義)를 자임하며 쇠퇴한 세상의 풍조 속에 혼자 우뚝 서서 종신토록 자신을 폐기(廢棄)하면서도 후회하지 않은 자는 오직 신공 성보(申公成父) 한 사람이 있을 뿐이었다. 아, 그는 "독실하게 믿으면서 학문을 좋아할 줄 알고, 죽음으로 지키면서 도를 잘 행할 줄 아는" 그런 자에 가깝다고 해야 할 것이다.

공의 휘(諱)는 소(韶)이니, 성보(成父)는 그의 자(字)이다. 평산(平山)의 신씨(申氏)는 고려의 장절공(壯節公) 휘 숭겸(崇謙)으로부터 비롯된다. 고려 말에 휘 호(浩)가 전리 판서(典理判書)로 있다가 관직을 버리고 평산에 은거하였는데, 우리 태조(太祖)가 미천할 때의 옛 친구라고 하여 누차 불렀으나 응하지 않았다. 아조(我朝)에 들어와서 휘 민일(敏一)이 있었는데, 성균관 대사성을 지냈다. 이분이 휘 상(恦)을 낳았는데, 병자년(1636, 인조14)에 간관(諫官)의 신분으로 상소하여 척화(斥和)를 하고 종성 부사(鍾城府使)로 관직을 마쳤으며 이조 판서의 증직과 충정(忠貞)의 시호(諡號)를 받았으니, 이분이 공의 고조(高

51 고통을……의리 : 청나라에 대한 적개심을 표현한 말이다. 37쪽 주14 참조.

祖)이다. 증조(曾祖) 휘 명규(命奎)는 사헌부 집의이고, 조(祖) 휘 심(鐔)은 이조 참의를 지냈다. 고(考) 휘 사건(思建)은 사헌부 대사헌을 지냈고, 비(妣) 광산 김씨(光山金氏)는 감사(監司) 김진옥(金鎭玉)의 딸이다.

숙종(肅宗) 을미년(1715, 숙종41) 9월 26일 한양(漢陽)의 사직동(社稷洞) 자택에서 공을 낳았는데, 어려서부터 자질이 남달랐다. 10세 때에는 《병자강도록(丙子江都錄)》을 보고는 하루 종일 눈물을 흘리면서 밥을 먹지 않았고, 장성해서는 자유분방하고 호탕하고 걸출하여 말을 치달리고 병법을 얘기하기를 좋아하였으며, 거문고를 연주하고 시를 읊으면서 세상의 법도를 벗어나 자기 뜻대로 살려고 생각하였다.

그러다가 얼마 지나지 않아서 율곡(栗谷 이이(李珥)) 이 선생(李先生)의 《격몽요결(擊蒙要訣)》을 얻어 읽던 중에 혁구습장(革舊習章)에 이르자 그 즉시로 각성하며 감분(感憤)하고는 평일에 잡다하게 좋아하던 것들을 곧장 쓸어버리고 문을 걸어 잠근 채 습관을 완전히 바꾸고서 성현의 학문에 몸을 던졌다. 그러고는 탄식하여 말하기를 "사군자(士君子)가 몸을 세움에는 출처(出處)를 결정하는 것이 중대한 일이다. 지금 천하의 운세가 비색(否塞)하니, 어찌 숨어 살지 않아서야 되겠는가."라고 하고, 마침내 거자(擧子)의 과업을 포기하며 명도(名途 벼슬길)에 진출할 뜻을 끊어 버렸는데, 속으로만 작정하고 밖으로 표현하지 않았기 때문에 사람들은 또한 그런 사실을 알 길이 없었다.

기억하건대 지난 을묘년(1735, 영조11) 가을에 내가 청주(淸州) 산골에서 입경(入京)하여 송형 문흠(宋兄文欽) 사행(士行)의 좌석에서 공을 처음으로 보았다. 그때 빈객과 붕우가 자리를 가득 채우고서 담론이 계속 이어졌는데, 공만은 홀로 뒤로 물러나 단정히 손을 맞잡은 가운데 미목(眉目)에 은은한 빛이 감돌았으니, 한번 보기만 해도 소학동자(小學童子)[52]로 자처함을 알 수 있었다.

그 뒤에 내가 서울에 가게 되면 번번이 사행의 집에 머물곤 하였는데, 그때마다 공도 거기에 있었다. 그래서 서로 더불어 경의(經義)를 강론하며 고금의 일을 비평하는 과정에서, 공의 지기(志氣)가 워낙 고매(高邁)하여 유속(流俗)을 멀리 벗어났고 만물의 저 너머에서 홀로 서 있음을 더욱 확인할 수 있었으니, 대개 이로부터 서로 의기투합하는 것이 날이 갈수록 깊어져 갔다. 그러다가 내가 어버이를 모시고 경구(京口)에 우거할 때에는 공이 30여 세쯤 되었는데, 이때를 당해서는 사행 및 한 시대에 뜻을 같이하는 인사들이 많이 경사(京師)에 모이곤 하였다. 그래서 틈나면 서로 더불어 문회(文會)를 갖고서 도의(道義)와 명절(名節)로써 서로 격려하고 성현의 가르침으로 서로 책망하였는데, 공에 대해서만큼은 모두 따라갈 수 없다고 자인(自認)하였다.

공은 어려서부터 병에 시달리다가 중년에 이르러서는 그 정도가 더욱 심해졌다. 그러다가 기사년(1749)에 모부인(母夫人)의 상(喪)을 당하고 나서는 삭정이처럼 바짝 야위어 병이 더욱 고질화되었으므로 정신을 집중하여 독서할 수가 없었으나, 그래도 혹시라도 태만하지 않고 계속해서 발전해 나가려고 노력하였다. 을해년(1755) 2월 공이 대헌공(大憲公)을 따라 강화부(江華府)의 관아에 있던 중에 병이 마침내 위독해지자 다시는 일어날 수 없으리라고 스스로 판단하였다. 그리하여

52 소학동자(小學童子) : 김굉필(金宏弼)이 김종직(金宗直)에게 《소학(小學)》을 배운 뒤로 깊은 감동을 받고 심취하여 자칭 소학동자라고 불렀으며, 평생토록 독실하게 믿고 그대로 실천하였으므로 《소학》의 화신이라는 평을 받기까지 했다는 고사가 전한다.

가묘(家廟)에 가서 영결(永訣)을 고하려고 묘문(廟門) 밖까지 데려가 달라고 부탁하였는데, 거기에 대헌공이 눈물을 흘린 흔적이 보이자 오열하며 말하기를,

"내가 결코 눈을 감지 못하겠다."

하고는, 유인(孺人)에게 말하기를,

"노인을 봉양하고 선조에게 제사하는 것을 오직 그대만 믿겠소."

하고, 유계(遺戒)를 지어 장자(長子) 광온(光蘊)에게 당부하기를,

"글을 읽고 몸을 단속하여 낳아 주신 분을 욕되게 하지 말라."

하였다. 그리고 좌우의 제인(諸人)으로부터 아래로 복례(僕隷)에 이르기까지 결별하지 않은 사람이 없었는데, 사기(辭氣)가 근엄하고 종용(從容)한 것이 병들지 않았던 때와 같았다. 그리고 수서(手書)를 지어 두루 제우(諸友)와 작별한 뒤에, 또 십수 언(言)의 글을 써서 옆 사람에게 부탁하여 대헌공에게 바치도록 하였는데, 그 내용은 불효해서 근심을 끼쳐 드린 것이 마음 아프다는 말로 시작해서 말미에 또 시의(時義)에 맞게 진퇴해야 할 시기를 권면하는 것이었다.[53] 2월 16일 자력으로 의관을 정제(整齊)하고 시자(侍者)를 재촉하여 자리를 바꾸게 한 뒤에 베개를 바로하고 누워 마침내 숨을 거두니, 향년이 겨우 41세였다.

53 또……것이었다 : 이민보(李敏輔)가 지은 신소(申韶)의 행장에는 이 대목이 "또 종이 한 장에 십수 언을 써서 나에게 부탁하며 염습(斂襲)이 다 끝나면 노친에게 전해 달라고 하였는데, 대개 그가 말한 것을 보면 불효해서 근심을 끼쳐 드려 마음이 아프다는 말로 시작해서, 여러 손자를 보며 위로받으시기 바란다는 것과 마지막으로 시의에 맞게 진퇴해야 할 시기를 권면해 드리는 내용이었다.〔又作一紙十數言 托敏輔俟棺斂訖 獻于老親 蓋其所言 自傷不孝貽戚 冀以諸孫爲寬慰 而卒致勉於時義進退之際者也〕"라고 되어 있다.《豐墅集 卷14 處士申公行狀》

4월 모갑(某甲)에 풍덕현(豐德縣) 구석리(龜石里) 향정(向丁)의 언덕에 장사 지냈다.

공의 배필인 풍산 홍씨(豐山洪氏)는 참판 홍중주(洪重疇)의 딸로, 5남 3녀를 낳았다. 아들 광온은 현재 호조 좌랑이고, 다음은 광직(光直), 광부(光溥), 광손(光遜), 광소(光素)인데, 광부와 광손은 모두 일찍 죽었다. 사위는 김한후(金漢厚)와 송시연(宋時淵)과 유한관(兪漢寬)이다.

공은 신장이 6자가 채 되지 않았으나, 천품(天品)이 월등하게 뛰어난 것이 마치 양금(良金)이나 미옥(美玉)과 같아서 아무 하자 없이 투명하게 빛났다. 용모는 장중하고 기운은 평화로웠으며, 식견은 투철하고 행동은 방정하였다. 사람들과 말할 때에는 온공하고 겸손하여 화기(和氣)가 물씬 풍겨 났으나, 일에 당하여 의리를 논할 때에 이르러서는 흑백을 철저히 변별하며 성색(聲色)을 엄확(嚴確)히 해서, 비록 분육(賁育)[54]이라도 그 뜻을 빼앗을 수 없는 점이 있었다.

공이 학문하는 것은 일체 고정(考亭 주희(朱熹))이 정해 놓은 방법을 따랐으며 "성학(聖學)의 종지(宗旨)는 오로지 사서(四書)에 들어 있으며, 의리가 정밀하고 인도하는 길이 분명한 것으로는 《근사록(近思錄)》만 한 것이 없다."라고 말하였다. 공은 특히 〈태극도해(太極圖解)〉를 애독하여 아침저녁으로 풍송하고 완미(玩味)하면서 항상 말하

54 분육(賁育) : 전국(戰國) 시대 제(齊)나라의 용사인 맹분(孟賁)과 주(周)나라의 역사(力士)인 하육(夏育)의 병칭으로, 맹분은 맨손으로 쇠뿔을 뽑았고, 하육은 천균(千鈞)의 무게를 들어 올렸다고 한다. 한(漢)나라의 충신 급암(汲黯)의 절의(節義)를 칭송하면서 "스스로 분육이라고 생각하는 자들이라고 하더라도 그의 뜻을 뺏을 수 없을 것이다.〔雖自謂賁育 弗能奪也〕"라고 했던 고사가 전한다. 《漢書 汲黯傳》

기를 "하늘이 나에게 준 것 가운데에 하나의 태극(太極)이 있다. 이것을 받들어 온전하게 하는 것 이외에 다른 소원은 없다."라고 하였다.

공은 근세의 학자들이 지나치게 스스로 잘난 체하며 억지로 기상(氣象)을 가파르게 세우는 것을 병통으로 여기고는, 매양 《시》에서 "온유하고 공손한 사람이야말로 바로 덕의 바탕이 된다."라고 말한 것을 거론하며, 유자(儒者)의 궁극의 공부 또한 반드시 이를 통해 나아가야 한다고 하였다.

소싯적에 산꼭대기의 사찰에 거하며 고승(高僧)과 기거를 함께할 적에, 새벽에 문을 열고 속세를 내려다보면 마치 혼돈의 상태에서 천지가 처음 열리는 것과 같았는데, 그때 문득 초연(超然)히 홀로 서 있는 의취(意趣)를 느꼈다고 한다. 공은 매양 당시에 체득한 것이 오래도록 도움이 되었다고 말하곤 하였다.

공은 항상 범 문정(范文正)의 우락천하(憂樂天下)[55]를 마음에 두고는 "선왕의 정치를 반드시 회복할 수 있고, 성인(聖人)의 말씀을 반드시 믿을 수 있다."라고 말하였으며, 정치를 논할 때에는 반드시 임금의 마음을 바로잡고 조정을 바루는 것을 근본으로 삼았다. 그리고 당시 사람들이 조정(調停)을 하려다가 나라를 그르쳐서 충역(忠逆)이 분간되지 않고 음양(陰陽)이 혼란해졌는데도 사류(士類)에 견식(見識)을 지닌 자가 없어서 또 그대로 따라 방조(幫助)한 나머지 반드시 나라를

55 우락천하(憂樂天下) : 송(宋)나라 범중엄(范仲淹)이 〈악양루기(岳陽樓記)〉에서 "천하의 근심은 누구보다도 먼저 근심하고 천하의 즐거움은 모두가 즐거워한 뒤에 즐거워한다.〔先天下之憂而憂 後天下之樂而樂歟〕"라고 말한 내용을 요약한 것으로, 언제나 나라와 백성을 걱정하며 노심초사하는 것을 말한다. 문정은 범중엄의 시호(諡號)이다.

망치고야 말 것이라는 사실을 눈으로 확인하고는, 매양 주자(朱子)의 〈유 승상에게 준 글〔與留丞相書〕〉[56] 및 《어류(語類)》의 제설(諸說)을 인용하여 극력 변론하곤 하였는데, 그럴 때면 기운이 왕성하여 팔뚝까지 걷어붙이고는 자신이 포의(布衣)의 신분이라는 것도 잊어버리곤 하였다. 공은 일찍이 말하기를 "사람을 논할 때에는 먼저 명절(名節)을 살펴야 하니, 그 명절이 일단 무너지면 다른 것들은 말할 가치도 없다."라고 하였다. 공이 자기 몸으로 천하의 강상(綱常)을 자임한 그 사실 하나만으로도 오늘날과 후세에 충분히 할 말이 있다고 할 것이다. 그런데 여기에 또 그 나머지를 미루어 국론(國論)을 결단하고 사(士)의 지향점을 바르게 지시함은 물론, 일용(日用)의 사이에 나아가 옳은 것은 옳다 하고 그른 것은 그르다 하여 사리(私利)를 버리고 공의(公義)를 취하였으니, 대개 어떤 상황에서도 이렇게 하지 않은 적이 없었다고 하겠다.

언젠가 한 시재(時宰)가 구혼하자 공이 임기응변으로 거절하였는데, 그래도 그가 핍박해 오자 공이 안색을 바꾸며 "공은 어찌하여 자신을 돌아볼 줄 모르시오."라고 하였다. 이 말을 들은 자는 모골이 송연해졌으니, 이를 통해서도 그 일단(一端)을 알 수가 있다.

만약 하늘이 수명을 더 빌려주어 그 학문을 더 확충할 수 있게 했더라면 천리(天理)를 밝히고 인심(人心)을 바루어 이 세상을 정화(淨化)하는 임무를 공이 감당할 수 있었을 터인데, 애석하게도 그럴 기회를 갖지 못하였다. 비록 그렇지만 공이 성취한 측면에서 말을 해 본다면,

56 유……글 : 주희가 사대부의 붕당을 걱정한 승상 유정(留正)에게 보낸 글을 말하는데, 군자의 당(黨)을 적극적으로 옹호하는 내용이다. 《晦庵集 卷28》

정학(正學)을 밝히고 속론(俗論)을 축출하며 왕실을 높이고 이적(夷狄)을 배척함으로써, 사람들이 천지 사이에 이런 도리가 있다는 사실을 알게 하였으니, 그 공적이 또 어찌 작다고 하겠는가. 옛날에 사상채(謝上蔡)가 호 강후(胡康侯)를 논하여 말하기를 "비유하건대 엄동설한에 온갖 초목이 시들어 죽을 적에 송백이 홀로 우뚝 서 있는 것과 같다."라고 하였는데,[57] 나도 공에 대해서 그렇게 말하려 하니, 덕을 아는 자[58]는 그래도 여기에서 뭔가 취할 점이 있을 것이다.

공은 지극한 천성에서 우러나 어버이를 섬겼다. 좌우에서 성실히 복무하면서 비록 병들어도 게을리하지 않으며, 어버이에게 타당하지 못한 점이 있을 때에는 반드시 종용(從容)히 간(諫)하여 그만두시게 하였다. 모친상을 당하여서는 예(禮)를 극진히 하면서 곡읍하며 슬퍼하는 것이 시종 하루 같았으므로, 조문하는 이들이 모두 감탄하면서 "거상(居喪)을 이렇게 하는 사람은 우리들이 보지 못하였다."라고 하였다. 묘소가 동쪽 교외 30리 지점에 있었는데, 달마다 반드시 성묘하며

57 사상채(謝上蔡)가……하였는데 : 사상채는 정자(程子)의 문인으로 호가 상채선생(上蔡先生)으로 일컬어졌던 사양좌(謝良佐)를 말한다. 그가 주진(朱震)에게 호안국(胡安國)에 대해 평하면서 "그는 바로 엄동설한에 온갖 초목이 시들어 죽을 적에 송백이 홀로 우뚝 솟아 빼어난 모습을 보이는 것과 같다. 그로 하여금 이러한 곤액을 당하게 하는 것은 하늘이 아마도 그에게 큰 사명을 내려 주기 위함일 것이다.〔正如大冬嚴雪百草萎死 而松栢挺然獨秀也 使其困厄如此 乃天將降大任焉耳〕"라고 말한 고사가 전한다. 《伊洛淵源錄 卷13 胡文定公》 강후는 호안국의 봉호(封號)이다.

58 덕을 아는 자 : 공자가 자로(子路)에게 "덕을 아는 자는 드물다.〔知德者鮮矣〕"라고 하였는데, 이에 대해서 주희가 "덕이란 의리를 자기 몸으로 체득한 것을 말하니, 자기에게 이런 것이 있지 않으면 그것이 실제로 무엇을 의미하는지 알 수가 없다.〔德謂義理之得於己者 非己有之 不能知其意味之實也〕"라고 하였다. 《論語集註 衛靈公》

곡하였고, 상(喪)을 마친 뒤에도 여전히 그렇게 하였다. 기일(忌日)에는 정성을 다해 재계(齋戒)하면서 3일 동안은 외부의 인사와 접촉하지 않았으며, 자리를 깔고 그릇을 씻는 등의 일을 모두 직접 감독하였다. 제사가 끝나면 사실(私室)에 물러나 앉아서 울부짖고 통곡하는 일이 새벽까지 이어졌다. 당시에 대헌공(大憲公)이 제사를 주관하면서 신주(神主)를 아직 정감(正龕)에 들여놓지 않았을 때인데도, 공은 고례(古禮)를 상고해서 거기에 의거하여 시향(時享)을 예법대로 행하였다.

백부(伯父)인 목사공(牧使公)에게는 아들이 없었는데, 공은 친아들과 다름없이 백부를 섬겼다. 자매와 우애가 매우 돈독하여 이해관계를 같이하였으며, 필요한 것이 있으면 반드시 곡진히 부응하였다. 종족(宗族)과도 화목하게 지내며 어떤 일이든지 직분을 극진히 하였다. 그리고 강학하는 절목을 만들어 달마다 두 번씩 제방(諸房)의 자제를 모아 놓고 《소학(小學)》과 《가례(家禮)》와 《격몽요결(擊蒙要訣)》 등 세 책을 강독하였는데, 이에 종당(宗黨)이 흥기하여 비록 귀현(貴顯)한 자라도 머리를 숙이고 책을 잡고서 공근(恭勤)히 하였으므로, 한 세상이 전하면서 이를 아름다운 일로 여겼다.

공은 교제를 중하게 여기며 신의(信義)를 돈독히 하였다. 그리하여 일심(一心)을 견지하고서 변절하여 떠나거나 박하게 대한 적이 없었으며, 옳지 않은 일을 보면 숨김없이 모두 말하고 참된 뜻으로 간절히 대하였다. 그리고 공은 빈궁한 자를 주휼하며 베풀기를 좋아하였다. 혼례나 상례를 제때에 치르지 못하는 자가 있으면 급히 서둘러 구제하였으며, 평소에 알지 못하는 사람이라도 똑같이 그렇게 하였다. 공의 집 안에서의 언행 가운데 세상의 모범이 될 만한 것들이 매우 많은데, 지금 다 기록하지 못한다.

공은 이른 나이에 손오(孫吳)[59]를 좋아하여 대략 그 대지(大旨)를 섭렵하였으나 뒤에는 다시 살펴보지 않았다. 그러나 관방(關防), 성지(城池), 전곡(錢穀), 병농(兵農) 등에 대해서는 항상 유념하며 세밀하게 연구하곤 하였다. 또 우리나라가 경성(京城)을 지키지 않고 오로지 심도(沁都 강화(江華))를 수치(修治)한 것을 잘못된 계책이라고 하였는데, 그 논설이 분명하여 마치 손바닥을 가리키는 것과 같았다. 여기에는 실로 공의 은미한 뜻이 담겨 있는데, 이것 역시 자세히 상고할 수가 없으니, 슬픈 일이다.

공은 저술하는 것을 좋아하지 않았다. 그러나 문장에 대한 식견이 워낙 고매해서 글을 짓기만 하면 반드시 아건(雅健)하여 법도가 있었으며, 특히 간찰(簡札)에 장기를 발휘하여 비록 천백 언(言)의 글이라도 깊이 생각하는 일이 전혀 없이 찬란하게 문채를 이루곤 하였다. 이와 함께 필법 역시 강건하면서도 점잖아서 사람들이 많이 전하며 완상(玩賞)하고 있다. 그리고 의학(醫學)의 이론에 대해서도 두루 이해하여 힘들지 않게 꿰뚫고 있었으니, 대개 공이 영민하여 다방면으로 능통한 것은 타고난 재능이 그러하였다.

내가 일찍이 공 및 사행(士行)과 함께 묵은 적이 있었는데, 그때 공이 나의 맥(脈)을 짚어 보고는 농담 삼아 말하기를 "그대는 반드시 우리보다 뒤에 죽을 것이니, 우리를 위해 전(傳)을 지어 주면 좋겠다."라고 하기에, 서로 더불어 한번 웃고는 자리를 파하였다. 지금 홀연히 수십

59 손오(孫吳) : 춘추 시대 손무(孫武)와 전국 시대 오기(吳起)의 병칭으로 모두 저명한 병법가인데, 손무는 《병법(兵法)》 13편(篇)을 지었고, 오기는 《오자(吳子)》 48편을 지었다.

년의 세월이 지나 공과 사행의 묘목(墓木)이 이미 한 아름이나 되었는데, 나만 홀로 외진 산골에서 백발의 몸으로 온갖 변고를 겪으면서 당일(當日)의 말을 회상할 때마다 가슴을 치며 길게 탄식하였다. 그런데 광온 형제가 묘지의 지문(誌文)을 부탁하기에 마침내 눈물을 훔치고 그를 위해 이와 같이 서술하게 되었다. 명(銘)은 다음과 같다.

하늘이 낸 걸출한 호걸 영웅이 天挺豪英
일변하여 도학의 세계에 들어와 一變至道
멋대로 방탕했던 생활을 접고 斂時跅弛
법도에 맞게 몸을 단속했다네 束之規矩
신을 확신하고 항을 희구하여 允莘希巷
왕자(王者)의 도와 하늘의 덕을 王道天德
완미하고 양성하면서[60] 以玩以養
내 안의 태극을 받들었다네 奉我太極
이에 자기 한 몸을 바쳐 爰以身殉
먼저 큰 것을 확립했나니[61] 先立其大

60 신(莘)을……양성하면서 : 신은 유신(有莘)의 들판에서 농사를 지었다는 이윤(伊尹)을, 항(巷)은 누항(陋巷)에서 안빈낙도(安貧樂道)의 생활을 즐겼다는 안회(顔回)을 가리킨다. 이윤은 왕자의 도에 배대(配對)되고 안연은 하늘의 덕에 배대된다.

61 먼저……확립했나니 : 큰 것은 마음을 말한다. 《맹자》 〈고자 상(告子上)〉에 "먼저 큰 것인 마음에 대해서 확립해 놓으면, 작은 것인 이목의 욕구에 의해서 뺏기는 일이 없을 것이니, 이렇게 하면 바로 대인이 되는 것이다.〔先立乎其大者 則其小者不能奪也 此爲大人而已矣〕"라고 하였다. 이에 대하여 정호(程顥)가 "성선을 알고 충신을 근본으로 삼으면 이것이 먼저 그 큰 것을 확립하는 것이다.〔知性善 以忠信爲本 此先立其大者〕"라고 하였다. 《二程外書 卷2 朱公掞問學拾遺》《近思錄 卷2 爲學》

큰 것이 무엇이냐 하면　其大伊何
존왕양이(尊王攘夷)의 의리였다네　尊攘之義
의심하지도 겁내지도 않고서　弗疑弗慴
자기를 폐기(廢棄)하기로 결심했나니　矢心自廢
대과의 상의 말을　大過之象
군자가 적용하였다네[62]　君子以之
이를 미루어 확대하여　推以擴之
일상의 언행에 이르기까지　日用云爲
손을 대면 두 조각이 나면서　觸手兩片
《춘추》의 의리 아님이 없었다네　孰非春秋
피행(詖行)을 막고 난역(亂逆)을 성토하며　距詖討亂
우리를 위해 말몰이를 법도대로 해 주신 분[63]　範我馳驅
우뚝하도다 올바른 죽음이여　卓矣正終
소리[64]를 징험할 수 있도다　可驗素履

62 대과(大過)의……적용하였다네 : 《주역》 〈대과괘(大過卦) 상(象)〉에 "못 속에 나무가 잠기는 것이 대과이니, 군자는 이를 통하여 홀로 우뚝 서서 두려워하지 않으며, 세상을 떠나 살면서도 근심하지 않는다.〔澤滅木 大過 君子以獨立不懼 遯世無悶〕"라고 하였다.

63 우리를……분 : 신소(申韶)가 솔선수범하여 사람들을 바른길로 이끌었다는 말이다. 말을 잘 모는 왕량(王良)이 조 간자(趙簡子)에게 "내가 폐해(嬖奚)를 위해서 말몰이를 법도대로 하니 종일토록 짐승 한 마리도 잡지 못하였고, 이번에는 그를 위해 부정한 방법으로 사냥감을 만나게 하니 하루아침에 짐승 열 마리를 잡았다.〔吾爲之範我馳驅 終日不獲一 爲之詭遇 一朝而獲十〕"라고 말하며 더 이상 말을 몰지 않겠다고 거절한 고사에서 나왔다. 《孟子 滕文公下》

64 소리(素履) : 꾸민 것이 없는 짚신이라는 뜻으로, 본분을 지키며 질박하고 청백하

하늘은 왜 조금 더 살게 하지 않았는지 胡不少假
그대로 중지해 있는 것을 보지 못했는걸[65] 未見其止
꿈틀꿈틀 별의별 괴이한 생각 속에 蜿蜿百怪
나의 그리움 아득하고 아득하도다 悠悠我思
나의 말은 아부하려는 것이 아니요 我詞匪諛
나의 눈물도 사적인 것이 아니라오 我淚匪私
어찌 공을 소명(昭明)했다 하리이까 豈曰昭之
그저 나의 슬픔 메우려 함일 뿐이외다 聊以塞悲

게 살아가는 것을 말한다. 《주역》 〈이괘(履卦) 초구(初九)〉에 "꾸미지 않은 짚신을 신고 가니, 허물이 없으리라.〔素履往 無咎〕"라는 말이 나온다.

65 그대로……못했는걸 : 《논어》 〈자한(子罕)〉에 공자가 안회(顏回)에 대해서 "나는 그가 계속 발전하는 것만 보았지, 그대로 중지해 있는 것은 보지 못하였다.〔吾見其進也 未見其止也〕"라고 하였다.

병조 좌랑 이공의 묘지명 병서
兵曹佐郎李公墓誌銘 竝序

광해(光海) 계축년(1613, 광해군5)에 청호(淸湖) 이공(李公)이 태학생(太學生)의 신분으로 항장(抗章)을 올려 정조(鄭造)와 윤인(尹訒)과 이위경(李偉卿)의 목을 베라고 청한 정직한 그 발언이 한 시대를 진동하였는데,[66] 지금까지도 사림(士林)에서 이를 외우며 흠모하는 일이 식지 않고 있다. 청호의 증손(曾孫)인 병조 좌랑 휘(諱) 준(畯)은 자(字)가 자치(子治)이니, 지조와 절행이 청호를 그대로 빼닮았다. 그런데 밝은 시대를 만나서 뭔가 큰일을 할 수 있을 것도 같았는데, 당로(當路)에 의해 길이 막혀서 끝내 불우하게 살다 죽고 말았으므로, 사림이 또 애석하게 여겼다.

공이 세상을 떠난 지 70년이 되는 때에 공의 증손인 이현모(李顯模)가 그의 부친의 명으로 가장(家狀) 1통을 가지고 나에게 와서 묘소의 지문(誌文)을 부탁하였다. 내가 나름대로 생각해 보건대 공이 죽은

66 광해(光海)……진동하였는데 : 1613년(광해군5) 영창대군(永昌大君)의 옥사(獄事)와 인목대비(仁穆大妃)에 대한 폐모론(廢母論)이 일어났을 당시에, 성균관의 진사(進士)인 청호 이안진(李安眞)이 관학 유생(館學儒生) 300여 인을 이끌고 궐문에 나아가 상소하며, 폐모론의 주동자인 정조와 윤인과 이위경 등을 참수(斬首)하여 강상(綱常)을 어지럽힌 죄를 바로잡을 것을 주장하였다. 이에 광해군이 크게 노하여 이안진을 유적(儒籍)에서 삭제할 것과 종신토록 금고(禁錮)할 것과 문외 출송(門外黜送)할 것을 명하였는데, 그 뒤 10년이 지나 인조반정(仁祖反正)이 일어나면서 복권(復權)되어 비로소 관계(官界)에 진출하였다.

지 이미 오래되어 사적(事迹)이 점점 희미해지고 있긴 하지만, 광박하고 고명한 언론과 정기(正氣)로써 인륜 기강(人倫紀綱)을 떠받치고 난신적자(亂臣賊子)를 두렵게 하여 가정에까지 침윤(浸潤)하고 이목(耳目)을 환히 비춰 준 것 같은 일은, 참으로 시간이 가면 갈수록 더욱 빛을 발하여 민멸될 수 없는 만큼, 이것을 자료로 설(說)하면 족하겠다고 여기기에 마침내 사양하지 않고 다음과 같이 서술하게 되었다.

공은 숭정(崇禎) 10년 정축년(1637, 인조15) 7월 5일에 태어났다. 숙종 계해년(1683, 숙종9)에 진사에 입격하였는데, 기사년(1689)에 간신(奸臣)들이 권력을 장악하여 중궁(中宮 인현왕후(仁顯王后))이 손위(遜位)하게 되자, 공이 당시에 경성에 있다가 개연(慨然)히 눈물을 흘리며 말하기를 "이런 때를 당하였는데 여전히 포의(布衣)라는 핑계를 대고서 한마디 말도 하지 않아서야 되겠는가."라고 하고는, 마침내 문을 닫아걸고서 상소문을 작성하였다. 그런데 얼마 있다가 중자(仲子)인 이현석(李賢錫)이 와서 밖에서부터 울며 나아와 말하기를,

> "오늘날의 사태야말로 신하 된 자라면 모두 목숨을 걸어야 할 일입니다. 제가 장차 앞장서서 동지(同志)를 이끌고 상장(上章)하여 쟁론하려고 하는데, 감히 허락해 주시기를 청합니다."

하였다. 이에 공이 벌떡 일어나서 역시 흐느껴 울며 말하기를,

> "이 일은 내가 이미 결단을 내렸는데, 너희들이 저지할까 봐 미처 말하지 못하였다."

하고는, 작성한 상소문을 내주며 경계하여 말하기를,

> "힘껏 노력하여 선열(先烈)을 욕되게 하지 말라."

하였다. 이에 이현석이 즉시 소장(疏章)을 가지고 궐하(闕下)에 엎드린 지 3일이 지났으나, 승정원(承政院)이 극력 저지하는 바람에 끝내

위에 통할 수가 없었다. 공이 이로부터 항상 허전한 마음으로 즐거워하지 않으면서 문을 닫고 과거 공부를 폐기한 채 진취(進取)할 뜻을 끊어버린 지 3년이었다. 그러다가 신미년(1691) 가을 상이 태학(太學)에 거둥하여 선비들을 시험하게 되었는데, 한두 명의 친우(親友)가 공을 찾아와서 말하기를 "외인(外人)은 자못 그대 부자(父子)를 지목하고 있으니, 굳이 결백하게 보이는 행동〔皦皦〕[67]을 하지 말라."라고 하였다. 공은 평소에 잘난 척하는 것을 좋아하지 않았으므로, 마침내 애써 응시하여 병과(丙科)에 급제하였으나, 공은 이를 종신토록 유감스럽게 여겼다. 이때 연만(年滿)한 자에 대한 규례(規例)를 적용받아 성균관 전적을 제수받고 나서 형조 좌랑으로 자리를 옮겼는데, 당시에 간당(姦黨)이 조정에 가득하였으므로 공은 고양(高陽)의 서산(西山)에 물러나 거하면서 성인(城闉 도성 내부)과 왕래를 끊었다가 갑술년(1694)의 개기(改紀)[68] 때에 비로소 서울로 돌아왔다.

이때 남구만(南九萬)이 영의정이 되어 역적(逆賊) 장희재(張希載)를 보호하려고 매우 힘썼는데, 재상 등 집권한 중신(重臣)과 대간(臺諫)은 서로 돌아보기만 할 뿐 감히 말하지 못하였다. 그러자 이현석이 다시 관학(館學)의 제생(諸生)을 이끌고 상소하며 그 죄를 극론(極論)하였는데, 그 과정에서 조순(趙盾)의 고사를 인용하여 말하기까지 하였으므로,[69] 이에 대해 다른 사람들의 분노가 불같이 일어나면서 모두

67 결백하게 보이는 행동 : 혼자 고상한 척 뻐긴다고 사람들이 오해하기 쉬운 행동을 말한다. 《후한서(後漢書)》 〈황경열전(黃瓊列傳)〉에 "고고한 것은 허물어지기 쉽고, 결백한 것은 더럽혀지기 쉽다.〔嶢嶢者易缺 皦皦者易汚〕"라고 하였다.

68 갑술년의 개기(改紀) : 갑술환국(甲戌換局)을 말한다. 개기는 기강(紀綱)을 바꿔 바로잡는다는 뜻으로, 환국과 같은 말이다.

공에게 원망을 돌렸다. 이에 공이 말하기를 "내가 어찌 도성에서 배회하며 사람들의 눈 흘김을 당할 것이 있겠는가."라고 하고는, 마침내 가족을 데리고 한산(韓山)의 선묘(先墓) 아래로 돌아와 생을 마칠 계획을 세웠다.

대개 이로부터 공이 몇 년 동안 역임한 관직을 보건대 내직으로는 예조 정랑과 성균관 사예와 병조 좌랑, 외직으로는 경상 도사(慶尙都事)와 만경 현령(萬頃縣令) 등 모두 언제나 한산한 관직에 조용(調用)되곤 하였다. 사람들은 모두 이를 두고 탄식하며 애석하게 여겼지만 공은 태연히 아무런 기미도 보이지 않은 채, 관직에 제수될 때마다 취임하였으며 그러면서도 또 금방 그만두어 오래 재직한 적이 없었다.

69 남구만(南九萬)이……하였으므로 : 장희재는 희빈(禧嬪) 장씨(張氏)의 오빠이다. 소론의 영수인 남구만이 장희재의 사형을 주장하는 노론의 집중 공세에 맞서서, 세자의 외숙인 그를 죽이면 희빈 장씨가 위태로워지고 결과적으로 세자의 지위가 불안해질 것을 우려하여 온건론을 견지하였다. 이 세자가 뒤에 즉위하여 경종이 되는데, 숙빈(淑嬪) 최씨(崔氏)의 소생으로 나중에 영조가 되는 연잉군(延礽君)을 옹립하려는 노론과 치열한 정권 다툼을 벌이게 된 것은 필연적인 일이었다. 춘추 시대 진(晉)나라 영공(靈公)이 조순을 죽이려 하자 조순이 도망갔다가, 조천(趙穿)이 영공을 죽인 뒤에 돌아오니, 진나라 사관(史官)인 동호(董狐)가 "조순이 그 임금을 죽였다.〔趙盾弑其君〕"라고 기록하여 조정에 보였다. 이에 조순이 자기가 죽이지 않았다고 항변하자, 동호가 "그대는 일국의 정경으로 도망하면서 국경을 넘지도 않았고, 돌아와서는 역적을 토벌하지도 않았으니, 그대가 죽인 게 아니면 누가 죽인 것이겠는가.〔子爲正卿 亡不越境 反不討賊 非子而誰〕"라고 하였는데, 이 일과 관련하여 공자가 "동호는 옛날의 훌륭한 사관이었다. 그의 서법은 숨기는 일이 없었다.〔董狐 古之良史也 書法不隱〕"라고 찬양한 고사가 전한다.《春秋左氏傳 宣公2年》 당시에 노론에 속한 이현석은 인현왕후를 폐출한 장본인이 장희재인 만큼 그런 역적을 토벌하려 하지 않는 남구만의 행위는 조순과 다름이 없다는 논리를 내세워 공박한 것인데, 오히려 그런 무리한 주장으로 인해 소론의 반격을 받았다.

신사년(1701)에 장희재가 복주(伏誅)되고 정론(正論)이 펼쳐지게 되었다. 그리하여 수곡(睡谷) 이공 여(李公畬)가 이조 판서가 되고 귀락당(歸樂堂) 이공 만성(李公晩成)이 낭관이 되고 나서, 비로소 공을 재차 대헌(臺憲 사헌부 대사헌)에 의주(擬注)하였으나, 공이 갑자기 그해 8월 11일 세상을 떠나고 말았으니, 향년이 65세였다. 모월(某月) 모일(某日)에 모군(某郡) 모산(某山) 모향(某向)의 언덕에 장사 지냈다.

아, 인신(人臣)이 되었으면 국모(國母)를 위해 목숨을 바치는 것이 대의(大義)이다. 그러나 당시에 직간하다가 죽은 오(吳), 박(朴)[70] 등 몇 분 같은 경우는 모두 출신(出身)으로서 현달(顯達)한 자들이었다. 반면에 공 같은 경우는 포의(布衣)의 신분으로서 언책(言責)이 있는 것도 아니었는데, 그럼에도 부자가 서로 권면하며 분발하여 자신의 몸을 돌아보지 않고서 의연(毅然)히 대궐의 섬돌에 쇄수(碎首)[71]할 계책을 세웠으니, 어찌 더욱 우뚝하게 뛰어난 일이 아니겠는가. 그리고 그 상소가 왕에게 보고되지 않은 것은 운명이라고나 해야 할 것이니, 어찌 이것을 가지고 성패(成敗)를 논할 수 있겠는가.

또 갑술년(1694)에 이현석이 상소문을 올린 것으로 말하더라도 사

70 오(吳), 박(朴) : 오두인(吳斗寅)과 박태보(朴泰輔)를 말한다. 인현왕후의 폐위를 반대하는 상소를 올렸다가 국문(鞫問)을 받은 뒤 고문의 후유증으로 오두인은 의주(義州)로 유배 도중 파주(坡州)에서 죽었고, 박태보는 진도(珍島)로 유배 도중 노량진(鷺梁津)에서 죽었다.

71 쇄수(碎首) : 머리를 짓부순다는 뜻으로, 춘추 시대 진(秦)나라 대부(大夫) 금식(禽息)이 목공(穆公)에게 백리해(百里奚)를 천거했는데도 들어주지 않자 '대문에 머리를 처박아 짓부수고 죽으니〔當門仆頭碎首而死〕', 목공이 애통해하며 백리해를 등용했다는 고사에서 나왔다. 《論衡 卷8 儒增篇》 보통 사간(死諫)의 정신 혹은 그런 행위를 비유하는 말로 쓰인다.

실은 또한 공의 훈도(訓導)에 의한 것이었다. 명예와 권세의 길이 앞에 있는데도 돌아보지 않고 그물과 함정이 뒤에 있는데도 피하지 않은 채, 충분(忠憤)이 격렬하여 곧장 앞으로 나아갔는데, 지금 그 소장(疏章)을 읽어 보아도 여전히 늠름(凜凜)하여 생기(生氣)가 있으니, 참으로 식견이 분명하지 않고 평소에 수양이 되어 있지 않았다면 어떻게 이렇게 할 수가 있겠는가. 그러고 나서 또 몸을 받들고 전원(田園)으로 돌아가 세상과 단절한 채 어렵고 힘들게 부침하면서도 신념을 지키는 것이 더욱 견고하였으니, 공 같은 분이야말로 어찌 참으로 공자(孔子)가 "도랑과 골짜기에 버려질 것을 잊지 않는다."[72]라고 말한 자로서, 청호공(淸湖公)의 후손이 되는 데에도 손색이 없다고 해야 하지 않겠는가. 만약 공이 그렇게 죽지 않고 그 뜻을 펼 수 있었더라면, 발언을 올곧게 하고 안색을 바르게 하고서 전폐(殿陛)에 서서 시비를 다투는 것이 어찌 고인(古人)보다 못하였겠는가. 아, 애석한 일이다.

행장(行狀)에 이르기를,

"공은 총명함이 일찍부터 두드러져서 말을 배울 때쯤에는 벌써 글을 읽을 줄 알았다. 그리고 11세에 증조모(曾祖母) 수석(壽席)의 시를 지었는데, 선배가 이를 보고는 탄복하며 기이하게 여겼다. 그러다가 장성해서는 기위(奇偉)한 용모에 수염이 아름다웠으며 덕기(德器)가 중후하였다. 어버이를 섬길 때는 깊은 애정으로 하였고, 거상(居喪)할 때에는 예를 극진히 하였다. 여러 아우와 우애가 돈독하였고,

72 도랑과……않는다 : 《맹자》 〈등문공 하(滕文公下)〉에 맹자가 "뜻있는 선비는 자기의 시신이 도랑이나 골짜기에 버려지는 한이 있어도 후회하지 않겠다고 항상 생각한다.〔志士不忘在溝壑〕"라는 공자의 말을 인용한 내용이 나온다.

사람들과 사귈 때에는 경계(境界)를 설정하지 않았다. 그리고 관직을 맡으면 직분을 다하였다. 만경(萬頃)에 있을 때 교활한 관리 및 멋대로 위세를 부리는 토호(土豪)들을 호되게 다스려서 백성들이 안정된 생활을 할 수 있게 하였다."

하였다.

이 밖에도 소개할 만한 언행이 많지만, 큰 것을 이미 거론한 만큼 미세한 것은 생략해도 좋을 것이다. 다만 행장의 기록 가운데,

"공은 평소에 공손히 자신을 길렀을 뿐 다른 사람의 장단(長短)을 품평하지 않았으며, 내면이 실로 강직해서 이해득실 때문에 절조를 바꾸지 않았다. 그리고 권세와 돈이 많은 사람을 피하기를 마치 원수를 대하듯 하였으므로, 평소에 친후하게 지낸 자라 할지라도 만약 그의 권세와 지위가 높아지고 귀해지면 그 집을 다시 찾지 않았다. 공은 일찍이 말하기를 '명류(名流)와 교분을 맺어 진출하려고 꾀하는 것을 나는 매우 부끄럽게 여긴다.'라고 하였다."

라는 내용이 들어 있는데, 이 한 가지 일만 가지고도 공의 마음가짐을 알 수 있을 것이다. 아, 이것이 바로 공이 된 소이(所以)일 것이니, 내가 그래서 특별히 여기에 써서 후인(後人)에게 보이는 바이다.

덕수 이씨(德水李氏)는 고려 중랑장(中郎將) 휘(諱) 돈수(敦守)로부터 비롯된다. 고려 말기에 휘 천선(千善)이 기씨(奇氏) 일족을 주벌(誅伐)하여 큰 공훈을 세우고 관작이 사공주국(司空柱國) 낙안백(樂安伯)에 이르렀다. 아조(我朝)에 들어와서는 대대로 현관(顯官)을 배출하다가 좌의정 휘 행(荇)에 이르러 더욱 현달하여 성대하였다. 이분이 휘 원상(元祥)을 낳으니 벼슬은 군자감 주부였다. 주부가 휘 광(洸)을 낳으니 관직은 전라도 도순찰사(全羅道都巡察使)이고 호는 우계(雨

溪)이다. 우계가 휘 안진(安眞)을 낳으니 그가 바로 청호이다. 청호는 인조반정(仁祖反正) 때에 징소되어 현재(縣宰)를 제수받았고 정선 군수(旌善郡守)로 관직을 마쳤으며, 숙묘(肅廟) 때에 와서 이조 참의에 포증(褒贈)되었다. 청호가 휘 휘(楎)를 낳으니 관직은 시강원 필선(侍講院弼善)이다. 필선이 휘 진하(震夏)를 낳았는데 관직은 김제 군수(金堤郡守)이며 족부(族父)인 택당공(澤堂公 이식(李植))에게 배웠고 은덕(隱德)이 있었으니, 이분이 공의 황고(皇考)이다. 비(妣) 풍천 임씨(豐川任氏)는 승지(承旨) 임효달(任孝達)의 딸이다.

공의 배필인 안동 권씨(安東權氏)는 형조 좌랑 증(贈) 이조 참판 권완(權俒)의 딸로서, 2남 3녀를 낳았다. 장남 성석(聖錫)은 효행이 있었으며 지평(持平)을 증직받았고, 다음이 바로 현석(賢錫)이니 종묘서 봉사이고, 장녀는 좌참찬 권업(權㒒)에게 출가하였고, 다음은 심사덕(沈師德)과 변희순(卞熙純)에게 출가하였다.

지평은 2남을 두었으니 숙(潚)과 혼(混)이고, 측출(側出)로 2남 2녀를 두었으니 아들은 집(湒)과 서(湑)이고 사위는 임초(任礎)와 유좌한(柳佐漢)이다. 봉사(奉事)는 2남 3녀를 두었으니, 아들은 우(湡)와 정(渟)이고 사위는 권추(權推)와 군수(郡守) 임이원(任爾元)과 진선(進善) 박필부(朴弼傅)이며, 측출인 2남은 천(濺)과 담(湛)이다. 권업의 1녀는 송필태(宋必泰)가 사위이고, 변희순(卞熙純)의 1남은 변지완(卞至完)이다.

숙(潚)의 1남은 주빈(周彬)이고 1녀는 사위가 권중복(趙重復)이다. 혼(混)은 아들이 없어서 공의 아우인 휘 모(某)의 증손을 취하여 후사로 삼았으니 그가 바로 현모(顯模)로서 문과에 급제하여 현재 승문원 정자로 있고, 측출의 1남은 이름이 동모(東模)이다. 집(湒)의 1남은 철모(哲模)이고, 서(湑)의 3남은 모두 어리다. 우(湡)의 3남은 익모(益模)와 정모(鼎模)와 환모(煥模)이고 2녀는 사위가 유한오(兪漢五)와 구명직(具命稷)이다. 정(涏)은 또한 아들이 없어서 정모를 후사로 삼았으며 1녀는 사위가 최공검(崔公儉)이다. 담(湛)의 3남은 득모(得模)와 성모(成模)와 형모(亨模)이다. 외증손 및 내외 현손은 많아서 다 기록하지 못한다. 명(銘)은 다음과 같다.

담박하게 내면을 길러	恬以養之
밖으로 의리를 발했나니	義以發之
선조로부터 받은 것을	曰有所受
아들에게 일러 주었도다	以詔其兒
웅어를 이미 결판냈으니	熊魚旣判
거확이 어떻게 빼앗으랴[73]	鋸鑊難奪
어떤 고통과 고난도 감수하면서	以屯以蹇
죽을 때까지 오래오래 깨끗했나니	之死彌潔
어찌 다른 행실이 없으랴마는	豈無細行

73 웅어(熊魚)를……빼앗으랴 : 이욕(利慾)을 버리고 의리를 확고히 택한 사람이기 때문에 도거(刀鉅)나 정확(鼎鑊) 같은 무시무시한 형구(刑具)도 그의 마음을 바꾸게 할 수 없었다는 말이다. 웅어는 곰 발바닥 요리와 생선 요리라는 뜻으로, 의리와 이욕을 비유하는 말로 쓰인다. 《맹자》 〈고자 상(告子上)〉의 "생선 요리도 내가 원하는 것이요, 곰 발바닥 요리도 내가 원하는 것이다. 그러나 두 가지를 동시에 얻을 수 없다면, 나는 생선을 버리고 곰 발바닥을 택하겠다. 삶도 내가 원하는 것이요, 의리도 내가 원하는 것이다. 그러나 두 가지를 동시에 얻을 수 없다면, 나는 삶을 버리고 의리를 택하겠다. 〔魚我所欲也 熊掌亦我所欲也 二者不可得兼 舍魚而取熊掌者也 生亦我所欲也 義亦我所欲也 二者不可得兼 舍生而取義者也〕"라는 말에서 나왔다.

이 큰 절조가 특히 우뚝했도다	卓此大節
하늘은 어째서 일찍 데려갔는지	胡不假年
진실로 왕신[74]이 되었을 것을	展也王臣
이에 내가 명을 지어 밝히노니	銘以昭之
청호 어른의 증손이라는 것을	湖老之孫

74 왕신(王臣) : 왕의 신하라는 뜻으로, 자신의 몸을 돌보지 않고 오직 나라를 위해 충성을 바치는 신하를 말한다. 《주역》〈건괘(蹇卦) 육이(六二)〉의 "왕의 신하가 절뚝거리며 충성을 다 바치려 하는 것은 자기 몸 때문이 아니라 바로 나라의 일 때문에 그런 것이다.〔王臣蹇蹇 匪躬之故〕"라는 말에서 나왔다.

통덕랑 맹공의 묘지명 병서

通德郎孟公墓誌銘 竝序

연기현(燕岐縣)에서 북쪽으로 20리 떨어진 복동(福洞)의 언덕에 있는 자좌오향(子坐午向)의 무덤은 바로 고(故) 통덕랑(通德郎) 맹공(孟公)의 묘소인데, 여기에는 공인(恭人) 송씨(宋氏)가 부장(附葬)되어 있다.

공이 일찍 죽어서 지금 죽은 지 90여 년이 지났으니 현재 살아 있는 자손들은 모두 그 뒤에 태어난 사람들이고, 가승(家乘) 역시 결략(缺略)되어 그 언행의 시종(始終)을 상세히 알아볼 길이 없었다. 지금 임씨(任氏) 가문에 출가한 공의 장손녀는 나의 종수(從嫂)인데, 고로(故老)에게 널리 물어서 공의 한두 가지 사적(事跡) 및 공인의 미덕을 간략히 기록한 뒤에, 나에게 묘소의 지문(誌文)을 부탁하며 말하기를 "이 기록이 비록 적지만 그래도 근거할 수는 있을 것입니다."라고 하였다. 그 말이 매우 슬프고 그 뜻이 매우 간절해서 내가 감히 사양하지 못하겠기에, 마침내 그 기록을 참고하여 다음과 같이 서술하게 되었다.

기록에 의하면, 공의 휘(諱)는 만익(萬益)이고 자(字)는 덕겸(德謙)이니 신창(新昌) 사람이다. 고려 수문전 제학(修文殿提學) 휘 희도(希道)와 우리 세종조(世宗朝)의 명신(名臣)인 좌의정 문정공(文貞公) 휘 사성(思誠)이 바로 공의 원조(遠祖)이다. 증조(曾祖) 휘 희(喜)는 증(贈) 승지(承旨)이고, 조(祖) 휘 세형(世衡)은 안동 부사(安東府使) 증 이조 참판이다. 고(考) 휘 주서(冑瑞)는 이른 나이에 등과하여 청현직(淸顯職)을 역임하고 한성부 좌윤으로 관직을 마쳤다. 비(妣) 정부인(貞夫人) 남양 홍씨(南陽洪氏)는 첨정(僉正) 홍처심(洪處深)의 딸이다.

공은 효종(孝宗) 갑오년(1654, 효종5) 모월 모일에 태어났다. 어려서부터 웅준(雄俊) 호매(豪邁)하고 기백(氣魄)과 풍도(風度)가 있었으며, 겨우 약관의 나이에 벌써 문학으로 이름나면서 우뚝하게 두각을 나타낼 수 있었다. 성품이 지극히 효성스러웠는데, 19세에 홍 부인(洪夫人)의 상(喪)을 당하여 너무 슬퍼하다가 몸을 훼손한 나머지 삭정이처럼 말라 뼈만 앙상한 상태로 상을 마치자마자 병으로 죽고 말았으니, 겨우 21세였다.

공인은 세계(世系)가 진천(鎭川)에서 나왔으니, 좌참찬 송창(宋昌)이 그녀의 부친이다. 성품이 관대하고 엄정(嚴正)하였으며, 구고(舅姑)를 지성으로 섬겨 구고가 매우 중하게 여겼다. 시집온 지 4년 만에 황고(皇姑)가 죽자, 공인이 대신 주식(酒食)에 관한 일을 주관하였다. 그리고 좌윤공(左尹公)에게 연하게 조리한 음식을 직접 올리면서 더욱 공경히 하고 신중히 하였다. 좌윤공이 돈목하게 지내는 것을 좋아하여 종족 및 여러 자매가 밤낮을 가리지 않고 한집에 모였으므로, 의식과 주효(酒肴)의 공급에 소요되는 물품이 다양하여 끝이 없었다. 그럼에도 공인은 의젓하고 여유 있게 처리하며 온화한 낯빛으로 받들어 행하였을 뿐 싫어하는 기색을 털끝만큼도 보이지 않았으므로, 종당(宗黨)이 모두 열복하며 칭송하는 소리가 자자하였다.

그 뒤에 공과 좌윤공이 서로 잇따라 별세하자, 공인이 너무 슬퍼하여 몸이 상한 나머지 거의 보전하지 못할 지경이 되었다. 그러나 얼마 지나지 않아서 문호(門戶)를 떠받치는 것이 자기에게 달려 있음을 자각하고는, 집안의 일을 총괄하면서 엄격하게 제사 음식을 장만하고 관대하게 노복(奴僕)을 통어(統御)하였다. 그리고 시누이 섬기기를 모친처럼 하였고, 어린 시동생 보호하기를 자식처럼 하였으며, 친척을 돈후히 대하고 고독하고 곤궁한 사람을 돌보기를 일체 좌윤공이 남긴 법도에 따랐으므로, 가도(家道)가 더욱 정숙해졌다. 공인은 공보다 49년 뒤에 죽었는데, 향년이 71세였다. 내외의 친당(親黨)이 모두 달려와 서로 조문하였으며, 이씨(李氏) 집안에 출가한 시누이는 공인의 부고를 듣고는 통곡하면서 "하늘이 나를 망쳤다."라고 하였는데 그녀도 얼마 지나지 않아서 죽고 말았다.

공은 아들이 없어서 막내아우인 좌랑(佐郎) 만석(萬錫)의 아들 숙여(淑輿)를 아들로 삼았는데, 그도 또한 일찍 죽어 아들이 없었으므로 종제(從弟)인 교관(教官) 숙주(淑周)의 아들 이대(以大)를 데려와 후사로 삼았다. 2녀 중에 첫째는 직장(直長) 임찬주(任贊周)에게 출가하였으니 그녀가 바로 묘지명을 부탁한 자이고, 둘째는 위솔(衛率) 임성주(任聖周)에게 출가하였다. 이대는 진사과(進士科)에 입격하였으나 그 역시 일찍 죽었다. 이대는 2남 1녀를 두었는데, 아들은 계원(啓遠)과 적원(迪遠)이고, 사위는 이극감(李克鑑)이다.

내가 처음 공의 가문에 장가들었을 때 공인이 죽은 지 몇 년밖에 되지 않아서 후세에 끼친 그분의 향기가 여전히 사람들 사이에 묻어났으므로, 이를 통해서도 공이 얼마나 훌륭했는지 또한 상상해 볼 수가 있었다. 대저 효는 백행(百行)의 근원이 되는 것이다. 공이 이미 효성을 바치다가 그 몸을 죽음에까지 이르게 하였고 보면, 그 마음에서 우러나온 효성이 평소에 쌓여서 이를 백행에 그대로 적용했던 만큼, 규곤(閨壼 내실(內室))의 안에까지 그 정성(精誠)이 감통된 것도 당연한 일이라고 할 것이니, 주자(朱子)가 〈갈담(葛覃)〉과 〈규목(樛木)〉

의 근본을 문왕(文王)에게 돌린 것[75]이 어찌 또한 미덥지 아니한가. 아, 공경해야 할지로다. 명(銘)은 다음과 같다.

여기는 효자가 잠든 곳이요	孝子之宅
숙녀가 함께 묻힌 곳임을	淑女之祔
내가 명을 지어서 밝히노니	銘以昭之
부디 백세토록 견고하기를	尙百世以固

75 주자(朱子)가……것 : 《시경》 〈주남(周南) 갈담〉은 후비(后妃)가 부도(婦道)로 천하를 교화하는 근본을 읊은 시이고, 〈규목〉은 후비의 은덕이 아래에 미침을 읊은 시로 평가되는데, 주희(朱熹)가 〈주남〉을 총평하면서 "그 표현은 비록 후비를 위주로 했더라도, 그 실제는 모두 문왕의 수신제가의 효험을 드러내 밝힌 것이다.……지금 시를 말하는 자가 혹 후비만 전적으로 찬미하고 문왕에게 근본하지 않기도 하는데, 이렇게 하는 것은 또한 잘못이다.〔其詞雖主於后妃 然其實則皆所以著明文王身修家齊之效也……今言詩者 或乃專美后妃 而不本於文王 其亦誤矣〕"라고 하였다. 《詩經集傳 周南 麟之趾》

외구 통덕랑 맹공의 묘지명 병서

外舅通德郎孟公墓誌銘 竝序

공의 휘(諱)는 숙여(淑輿)이고 자(字)는 자경(子敬)이며, 성은 맹씨(孟氏)이니 신창(新昌) 사람이다. 상세(上世)에 휘 희도(希道)가 고려에서 벼슬하여 수문전 제학(修文殿提學)이 되었는데, 호(號)가 동포(東浦)이다. 이분이 휘 사성(思誠)을 낳았는데, 청렴한 명성과 올곧은 절조로 우리 영릉(英陵 세종)의 지우(知遇)를 받아 벼슬이 좌의정에 이르렀고 죽어서 문정(文貞)의 시호를 받았으니, 공에게 11세조가 된다.

증대부(曾大父) 휘 세형(世衡)은 안동 부사(安東府使) 증(贈) 이조 참판이고, 대부(大父) 휘 주서(胄瑞)는 한성부 좌윤이다. 좌윤공이 낳은 아들 셋 중에서 맏아들은 만익(萬益)이라 하니 통덕랑(通德郎)이고, 막내는 만석(萬錫)이라 하니 안음 현감(安陰縣監)이다. 통덕공이 일찍 죽어 후사가 없자, 공이 안음공의 장자(長子)로서 그의 후사가 되었다. 안음공에게는 전배(前配)와 후배(後配)가 있는데, 공은 바로 전배인 심씨(沈氏)의 소생이니, 심씨는 영의정 심지원(沈之源)과 목사(牧使) 심익상(沈益相)이 바로 그 조부와 부친이다. 통덕공의 배필인 진천 송씨(鎭川宋氏)는 좌참찬 송창(宋昌)의 딸이다.

공은 태어나면서부터 영특하고 우수하여 보통 아이와 달랐다. 3세에 유모(乳母)가 보듬고 정원에 가서 나무에 달린 과일을 따 주었으나 곧장 받으려 하지 않자 유모가 기이하게 여기고는 다시 보듬고 집에 들어가서 그 과일을 씻어서 그릇에 담고 다시 소반에 받쳐서 무릎 꿇고 올리니 그때에야 비로소 받아먹었다고 한다. 장성해서는 관후(寬厚)

하고 인서(仁恕)하였으며 염아(恬雅)하고 개제(愷悌)하였다. 그리고 비록 비천한 노복(奴僕)이더라도 성기(聲氣)를 가한 적이 있지 않았으며, 날마다 문을 닫고 조용히 앉아서 오직 글을 읽고 몸단속하는 것을 일로 삼았다.

송 부인(宋夫人)을 지성으로 섬기면서 크고 작은 일을 막론하고 반드시 여쭌 뒤에 행하였다. 송 부인은 평소에 병을 안고 살면서 침석(枕席)을 떠나지 않았는데, 공이 밤낮으로 애태우고 걱정하면서 옷에서 허리띠를 풀지 않았고, 비록 병세가 조금 호전되어도 여전히 그렇게 하였으므로 송 부인이 매우 의롭게 여겼다. 그러다가 공이 죽자 송 부인이 주야로 호곡하는 일이 시간이 가도 식을 줄을 몰랐는데, 마침내는 이 때문에 병이 더쳐서 결국 일어나지 못했으니, 이를 통해서도 모자간의 자애와 효성이 차이가 없었음을 알 수 있다.

공은 문학을 일찍 이루어 공거(公車 과거)의 공부에 정통하였으므로 사람들이 모두 크게 성공하리라고 기대하였는데, 불행히도 단명하여 32세에 죽고 말았으니, 애석한 일이다. 공은 숙종(肅宗) 무진년(1688, 숙종14) 2월 30일에 태어나 기해년(1719) 1월 11일에 죽었다.

공의 배필인 덕수 이씨(德水李氏)는 참의 이자(李鎡)의 딸이요, 좌의정 문충공(文忠公) 이단하(李端夏)의 손녀요, 이조 판서 택당(澤堂) 이식(李植)의 증손녀로서, 성격이 유완(柔婉)하고 정정(貞靜)하였으며 덕용(德容)이 온화하고 순수하였다. 17세에 구가(舅家)에 들어와 소심(小心)한 자세로 공경하고 근신하면서 옷 무게를 이기지 못하듯 하였으며,[76] 종일토록 황고(皇姑)의 옆에서 시봉하며 물러가라고 명하

76 옷……하였으며 : 겸손하고 공경하는 모양을 형용한 것이다. 진(晉)나라의 현인

지 않으면 감히 물러가지 않았으므로 보는 이들이 너나 할 것 없이 모두 칭찬하였다. 그러다가 공의 상(喪)을 당해서는 몸이 상할 정도로 매우 슬퍼하여 비록 비첩(婢妾)이라도 그 얼굴을 보기가 힘들었다. 만년에는 가족을 이끌고 온양(溫陽)의 장사(莊舍 별장)에 돌아와 거하면서, 제사를 정성껏 모시고 종족(宗族)을 은혜로 대하며 비복(婢僕)을 관대하게 통어(統御)하였다. 이와 같이 집안을 다스림이 질서정연하여 가법(家法)으로 이루어진 것이 많았는데, 공보다 32년 뒤에 죽으니 향년이 65세였다.

1남 3녀를 낳았으나, 아들은 일찍 죽어서 종제(從弟)인 교관(敎官) 숙주(淑周)의 아들 이대(以大)를 데려와 후사로 삼았으니, 그는 바로 좌윤공(左尹公)의 중자(中子)인 대사간 휘(諱) 만택(萬澤)의 손자이다. 그는 학행이 있어서 이른 나이에 태학(太學 성균관)에 들어갔으나 불행히도 일찍 죽었다. 장녀는 직장(直長) 임찬주(任贊周)에게 출가하였고, 다음은 위솔(衛率) 임성주(任聖周)에게 출가하였으며, 막내딸은 출가하지 못하고 일찍 죽었다. 상사(上舍 태학생)의 두 아들은 계원(啓遠)과 적원(迪遠)이며, 1녀는 이극감(李克鑑)에게 출가하였다. 직장의 1녀는 수찬 김이헌(金履獻)의 처이다.

공은 처음에 연기(燕岐) 복동(福洞) 자좌(子坐)의 언덕에 장사 지냈다가, 정축년(1757, 영조33) 가을에 복동 부계(負癸)의 언덕으로 옮겼으며, 공인(恭人)과 합묘(合墓)하였다.

(賢人)인 조문자(趙文子)에 대해서 "몸가짐이 겸손하여 마치 옷 무게를 이기지 못하는 듯하였으며, 말은 낮고 느려서 마치 입으로 말을 내놓지 못하는 것 같았다.〔其中退然如不勝衣 其言吶吶然 如不出諸其口〕"라고 칭찬하였다.《禮記 檀弓下》

나는 16세에 공의 가문에 장가들었는데, 그때는 공이 별세한 지 이미 오래되었다. 그러나 이 공인(李恭人)의 장려와 사랑을 매우 후하게 받으면서 수십 년을 모시는 동안 공의 평일의 일에 대해서 대개 한두 가지는 더불어 들은 적이 있었다. 그리고 일찍이 안음공(安陰公)에게 가르침을 받을 적에 매양 공의 풍의(風儀)와 재행(才行)이 남보다 뛰어나다고 일컬으며 칭찬하는 말이 입에서 끊이지 않았는데, 안음공은 탄이(坦夷)하고 소간(疎簡)하여 털끝만큼도 진속(塵俗)의 기미(氣味)가 없는 분인 만큼 부자간의 애정 때문에 지나치게 칭찬하지는 않았을 것이다. 내가 이런 점 때문에 비록 공을 직접 뵙지는 못했지만, 공이 분명히 훌륭했다고 믿고서 깊이 심복했던 것이다.

지금 공의 장녀는 나의 종수(從嫂)이다. 공의 유사(遺事) 몇 조목을 손수 기록해서 편지로 나에게 고하기를 "나의 부친이 별세했을 적에 나는 아직 어렸습니다. 그래서 그분의 사적(事跡) 중에서 징험할 수 있는 것은 오직 이것밖에 없습니다. 그렇긴 하지만 혹시라도 부자(夫子 남편)가 주원(廚院)에 있는 때에 맞춰서 묘지(墓誌)를 찬술(撰述)하여 구울 수 있게 해 준다면 다행이겠습니다."라고 하였다. 이는 대개 종형(從兄)이 현재 사옹원 직장(司饔院直長)의 신분으로 굽는 일을 주관하기 때문에 그렇게 말한 것인데, 그 말이 너무도 서글프기에 의리상 차마 사양할 수가 없었다. 그리고 말미에서 또 안음공이 "내가 일찍이 나의 아들을 보고 사표(師表)로 삼았다."라고 말한 사실을 나에게 들려주었는데, 이것 역시 내가 듣지 못했던 일이기에 마침내 이 사실도 함께 여기에 의거해서 이와 같이 서술하고 다음과 같이 명(銘)을 덧붙이는 바이다.

명문의 준재가 애석하게 명이 짧음이여	名門雋才嗟命短
꽃피우고 결실을 맺지 못함을 성인도 탄식했지[77]	秀而不實聖攸歎
어진 후사의 죽음이 또 왜 참독했는지	賢嗣云亡又何毒
묘지명 새기면서 거듭 애석히 여기노라	刻銘幽宮重致惜

77 꽃피우고……탄식했지 : 《논어》 〈자한(子罕)〉에 "싹을 틔우고는 꽃을 피우지 못하는 경우도 있고, 꽃은 피웠건만 열매를 맺지 못하는 경우도 있다.〔苗而不秀者有矣夫 秀而不實者有矣夫〕"라는 공자의 말이 나온다. 이에 대해서 형병(邢昺)은 공자의 제자 안회(顔回)가 대성(大成)하지 못한 채 일찍 죽은 것을 탄식한 것이라고 하였다.

맹군 심원의 묘지명 병서

孟君心遠墓誌銘 竝序

신창(新昌)의 맹군 심원(孟君心遠)은 자(字)가 유재(幼宰)이니, 지금 승문원 정자로 있는 맹지대(孟至大) 양여(養汝)의 맏아들이다. 금상(今上) 경오년(1750, 영조26)에 태어나 26년을 살다가 갑자기 병에 걸려 죽었다. 이에 양여가 지나칠 정도로 슬퍼하면서 그의 평일의 언행을 손수 기록하여 뇌문(誄文)을 지은 뒤에, 나에게 급히 글을 보내어 묘명(墓銘)을 부탁하였는데, 그 말이 너무도 서글퍼서 내가 받아서 읽어 보고는 눈물이 방울져 뚝뚝 떨어졌다.

생각건대 옛날에 군이 관례(冠禮)를 행할 적에 내가 과분하게 빈계(賓階 빈객이 서는 서쪽 섬돌)에서 축(祝)의 역할을 맡았는데, 그때 미목(眉目)이 청수(淸秀)하고 예의(禮儀)에 어긋남이 없음을 보고는 내가 혼자서 마음속으로 기억하며 잊지 못하였다. 게다가 나는 군의 집안과 몇 세대에 걸쳐서 인친(姻親)의 우호 관계를 유지해 왔고, 군의 백부(伯父)인 진사공(進士公)과는 막역한 벗이었다. 그래서 양여도 어려서부터 나를 따라 노닐었던 만큼, 정애(情愛)의 돈독함이 주친(周親)과 다름이 없으니, 양여의 슬픔은 곧 나의 슬픔이라고 해야 할 것이다. 그러니 내가 어떻게 차마 사양할 수가 있겠는가.

뇌문(誄文)에 이르기를,

"내 아들은 사람됨이 인후하고 평화롭고 느긋하며 탄이(坦易)하고 정직(正直)하였다. 그리고 호승(好勝)하고 시기하는 마음이나 부정(不正)하고 사곡(邪曲)하는 말이 없어서 흉중의 생각이 어떠한지 사람들이 모두 알 수 있었다. 평소에는 침묵하고 있어서 말을 못 하는 것 같았으나, 일을 만나 처리할 때에는 문득 호용(豪勇)하고 뇌락(磊落)한 자세로 시비를 분석하는 것이 분명하여 정곡을 짚었다.

어버이를 섬기는 것은 선천적인 성품에서 우러나왔다. 어려서부터 부모가 노여워하면 색기(色氣 안색과 성기(聲氣))를 감히 드러내지 않았고, 부모가 병들면 마음이 황급해서 편히 잠들지 못하였다. 그리고 밖에 나가서 맛좋은 음식을 접할 때면 반드시 싸 가지고 돌아와서 부모에게 맛보여 드렸고, 신물(新物 시절에 따른 새 식물(食物))을 만나면 자기 입에 먼저 집어넣지 않았다. 15세에 경사(京師)에 유학(遊學)하고 있던 중에 모친의 병이 위중하다는 말을 듣고 돌아와 보니 이미 임종한 뒤였으므로, 이를 종신토록 비통하게 여기면서 기일(忌日)이 될 때마다 울부짖으며 통곡하곤 하였는데 사람들이 그 소리를 차마 듣지 못하였다. 부친의 궤안과 서책을 날마다 반드시 털고 닦으면서 가지런히 정돈하였고, 무슨 물건을 맡기면 반드시 신중하게 간수하여 시간이 오래 지나도 감히 사적으로 사용하지 않았으며, 비록 타인의 물건이라도 똑같이 그렇게 하였다. 대개 그가 근신(謹愼)하고 염담(恬淡)하여 외물(外物)을 욕심낼 줄 몰랐던 것은 천성적으로 그러하였다.

그리고 부친이 뭔가 하고자 하는 일이 있으면 반드시 먼저 헤아려 그 뜻을 받들어 따랐고 감히 어기는 법이 없었다. 그러나 마음속으로 이해되지 않는 점이 있으면 그때마다 틈을 타서 말씀드리곤 하였는데 그 사리(詞理)가 명백하였으므로 부친도 수긍하였다. 형제와 우애하였으며, 한집에 사는 형제자매들이 매우 많았지만 모두 차별 없이 대하였다. 고모의 아들 중에 일찍 고아가 되어 집에 와서 양육을 받는 자가 있었는데, 그에 대해서는 더욱 관심을 기울여 돌보았다.

또 남에게 베풀기를 좋아하여 급한 사정이 있는 사람을 보면 자기가 가진 것을 몽땅 털어서 아낌없이 주고, 춥고 배고픈 사람을 보면 자기가 그 괴로움을 당하는 것처럼 대하였다. 7, 8세 때에 문밖으로 나갔다가 구걸하는 자를 만나자 그를 불러서 함께 집으로 돌아와 자기 밥을 먹이기도 하였다. 평소에 남의 장단(長短)을 말하지 않았으며, 남이 잘못한 것을 보더라도 항상 마음속에 담아 두고는 드러내지 않고서 그저 넌지시 귀띔해 줄 따름이었다. 성품이 유자(儒者)를 좋아하여 성심(誠心)으로 애모(愛慕)하였다. 문장에서는 재사(才思)가 매우 더디었으나 열심히 글을 읽어서 바야흐로 계속 발전해 나가는 중이었다. 그리고 임서(臨書)하기를 좋아하여 왕왕 고인(古人)의 필법의 의취를 얻었다."

하였다.

아, 내가 비록 군을 보지 못한 지가 오래되었으나, 사우(士友)가 전하는 말을 통해서 그가 훌륭한 자제(子弟)라는 것을 익히 들었는데, 지금 뇌문을 읽어 보니 더욱 상세히 알겠다. 양여는 명신(明信)하고 강과(剛果)하여 구차하게 훼예(毁譽)하지 않는 사람인 만큼, 필시 부자의 애정 때문에 지나치게 칭찬하지는 않았을 것이니, 그의 말에 대해서 그 누가 이의(異議)를 제기하겠는가.

군의 선조 중에 좌의정 문정공(文貞公) 휘(諱) 사성(思誠)은 우리 세종(世宗)을 섬긴 명신(名臣)이다. 고조(高祖) 휘 주서(冑瑞)는 한성부 좌윤이고, 증조(曾祖) 휘 만택(萬澤)은 대사간이고, 조(祖) 휘 숙주(淑周)는 내시교관(內侍敎官)으로서, 대대로 명망과 덕행이 있었으며, 양여 역시 문학으로 과거에 우수한 성적으로 급제하여 앞길이 바야흐로 활짝 열렸다. 비(妣) 연안 김씨(延安金氏)는 통덕랑(通德郎) 김엽(金燁)의 딸이요, 홍문관 교리 김상윤(金相尹)의 손녀이다.

군은 장신(長身)에 어깨가 솟구치고 귀가 높이 달리고 얼굴색이 희었으며, 정신(精神)이 안으로 온축되고 지기(志氣)가 웅준(雄俊) 호매(豪邁)하였으니, 요절할 관상에 속하지는 않을 듯싶다. 따라서 그가 가문의 전통을 제대로 이어받아 문호(門戶)를 크게 빛내야 마땅한데도, 끝내 여기에서 끝나고 말았다. 아, 인의(仁義)가 천하에 행해지지 않은 지 이미 오래되었으니, 옛날에 이른바 "아버지가 자식의 죽음을 곡하지 않고, 늙은이가 어린아이의 죽음을 곡하지 않는 것"[78] 같은 것이야 실로 바랄 수 없다고 하더라도, 군처럼 현능(賢能)한데도 단명한 것 같은 것은 또한 너무 심했다고 하겠다. 이것이 무슨 이치란 말인가. 아, 정말 슬퍼할 만한 일이다.

군은 을미년(1775) 2월 14일에 죽어, 그해 4월 모일에 천안군(天安郡) 남쪽 광치(廣峙)의 정향(丁向) 언덕에 장사 지냈다. 진사(進士) 이수간(李秀榦)의 딸에게 장가들어 아들 하나를 낳았는데, 현재 3세이다. 명(銘)은 다음과 같다.

마음에서 우러나와 효를 행하며	因心則孝
돈후 관대하고 탄이(坦易) 정직했나니	敦大易直

78 아버지가……것 : 구양수(歐陽脩)의 〈채군산묘지명(蔡君山墓誌銘)〉에 "내가 듣건대 인의가 천하에 행해지면 아버지가 자식의 죽음을 곡하지 않게 하고, 늙은이가 어린아이의 죽음을 곡하지 않게 할 수 있다고 하였다.〔吾聞仁義之行於天下也 可使父不哭子老不哭幼〕"라고 하였다. 《文忠集 卷28》

복을 크게 받아야 마땅하거늘	宜受之大
하늘은 왜 그렇게 야박했는가	云胡其椓
어진 부친이 지은 글을 근거로	賢父之述
내가 묘지명을 이렇게 지었나니	用作銘詩
드러내 보이려는 것만이 아니라	匪直也昭
내 슬픔도 함께 메우려 함이라오	聊以塞悲

표 表

유자 이규식의 묘표

李孺子奎軾墓表

아, 여기는 첨추(僉樞) 이자야(李子野)의 넷째 아들인 유자(孺子) 규식(奎軾)의 묘소이다. 유자는 14년을 살다가 요절하였으니 중상(中殤)에 속한다. 그런데 상(殤)인데도 즐주(堲周)[79]를 하는 대신에 묘소를 만들고 비석을 세우고 지문(誌文)을 짓기를 성인(成人)같이 한 것은 그 재질을 슬피 여겨서 상으로 취급하지 않은 것이다.

유자의 소자(小字)는 성상(星祥)이니, 그의 모친이 품 안으로 장경(長庚)이 들어오는 꿈을 꾸고 나서 임신했기 때문에 그렇게 칭한 것이다. 태어난 뒤에는 수발(秀拔)하고 형철한 것이 보통 아이들과 완전히 달라서 1년도 못 되어 말하였고 말이 이루어지기도 전에 글을 보았는

79 즐주(堲周) : 관곽(棺槨)을 쓰지 않고 흙을 구워 만든 벽돌로 구덩이 주위를 둘러싼 뒤 봉분을 만들지 않은 채 시신을 매장하는 것을 말한다. 토주(土周)라고도 한다. 미성년의 죽음, 혹은 그 당사자를 상(殤)이라고 하는데, 19세에서 16세까지는 장상(長殤), 15세에서 12세까지는 중상(中殤), 11세에서 8세까지는 하상(下殤)이라고 한다. 《예기(禮記)》 〈단궁 상(檀弓上)〉에 "주나라 사람은 하후씨가 쓰던 즐주의 방식으로 중상과 하상을 장사 지냈다.〔以夏后氏之堲周葬中殤下殤〕"라는 말이 나온다.

데, 그럴 때면 흔연히 젖 먹는 것도 잊곤 하였으므로, 자야가 마음속으로 기이하게 여겼다. 그래서 시험 삼아 글 속에 나오는 글자를 손으로 가리켜 가르쳐 주고 나서 다시 물어보면, 그 즉시 손가락으로 하나하나 짚으며 응대하는 것이 맞지 않음이 없었다. 그러다가 말할 수 있을 때쯤에는 몇 달 지나지 않아 천자문을 죄다 통하였고, 점점 자라나면서 더욱 영이(靈異)하여 말하기만 하면 번번이 사람을 놀라게 하곤 하였다.

10세에 문리(文理)가 크게 발전하더니 몇 년 만에 사서(四書)와 이경(二經 《시경》과 《서경》)을 완독하였다. 어떤 책을 보든, 매끄럽지 못하게 난삽하게 써서 사람들이 구두(句讀)를 떼지 못하는 글을 접해도 용이하게 읽어 냈으며, 문장이 험난할수록 정신은 더욱 발랄하여 마치 잘 드는 칼로 썩은 대나무를 쪼개는 것 같았다. 그리고 소리 내어 읽으면서 낮추고 올리는 그 운율이 마치 금석에서 나오는 것 같았으므로, 듣는 자들의 정서가 고무되었다.

13세에 어떤 사람이 《역》 읽는 것을 보고는 마음속으로 희열을 느껴 배우겠다고 청하였는데, 자야가 너무 이르다고 하여 거절하였지만 유자는 그럴수록 더욱 강력히 청하였다. 그리하여 일단 허락을 얻고 나서는 즉시 용약(踊躍)하며 읽는 법을 배워 한 달 남짓 만에 모조리 끝냈으며, 그 은미한 말과 오묘한 뜻에 대해서도 말없이 인식한 것들이 많았다. 복서(卜筮)에 관한 여러 책을 널리 고찰하되 과거의 일정한 방법에 구애받지 않고 자기 생각을 곁들여서 해석하였는데, 장난삼아서 사람들과 사복(射覆)[80]을 하면 왕왕 기막히게 맞추곤 하였다.

80 사복(射覆) : 은폐(隱蔽)한 물건을 추측해서 알아맞히는 놀이로, 곧잘 점복(占卜)에 쓰이곤 하였다. 시물(猜物)이라고도 한다.

자야가 일찍이 "역상해(易象解)"를 짓다가 미처 끝내지 못했는데, 유자가 그 일을 계속해 보겠다고 자원하였다. 그러다가 유자가 죽고 나서 책 보따리를 풀어 보니 "역해(易解)"라고 이름을 붙인 소책자가 나왔는데, 거기에는 가인괘(家人卦)에서부터 쾌괘(夬卦)까지의 해설이 들어 있었고, 또 계사(繫辭)와 설괘(說卦)의 몇 조목을 논한 내용도 기록되어 있었다. 이는 대개 기초(起草)만 해 놓고 미처 완성하지 못한 것이었는데, 임종할 때에도 평일처럼 낭랑하게 건괘(乾卦)의 여섯 효(爻)를 너끈히 암송하였으니, 생각하면 슬픈 일이다.

유자는 사람됨이 청명(淸明)하고 순일(純一)하여 한 점의 잡념도 없었다. 또 효우(孝友)에 독실하여, 부모에게 질환이 있으면 흐느껴 울며 잠들지 못하였고, 하나의 맛 좋은 음식을 얻으면 부모 형제가 먹기 이전에는 먹지 않았다.

그리고 총명이 남보다 월등해서 대여섯 번 정도 글을 읽으면 종신토록 잊지 않았다. 또 제가(諸家)의 잡학(雜學)을 두루 섭렵하였는데, 육서(六書 6종의 자체(字體))나 음운(音韻) 같은 것은 더욱 정밀하게 꿰뚫었다. 그의 성근(性根)이 영롱해서 무슨 일을 만나든 재기가 발랄하게 드러나는 것이 대개 이와 같았다.

글을 지을 때에는 붓을 잡고 곧장 써 내려갔는데, 그중에서도 특히 시(詩)에 장기(長技)를 발휘해서 고시(古詩)와 율시(律詩)와 절구(絶句)와 과체(科體 과거 시험 문체)로 지은 것들이 도합 1000여 수(首)나 되었다. 자야가 그중에서 100여 편을 뽑아내어 "역해"와 함께 보관해 두고는, 유자가 일찍이 자호(自號)한 대로 명명(命名)하여 그 이름을 "낙재고(樂齋稿)"라고 하였다.

옛날에 율곡(栗谷 이이(李珥)) 선생이 〈김시습전(金時習傳)〉을 지으면서, 문(文)에서는 생지(生知)라고 그를 일컬었는데, 지금 유자를 보건대 그도 생지와 가깝지 않을까 싶기도 하다. 그런데 동봉(東峯 김시습)도 열서너 살 때에 유자처럼 《역》에 능통했을지 어떨지 모르겠다.

유자는 네모진 얼굴에 입이 컸고 이마가 널찍하고 코가 우뚝했으며, 피부는 마치 옥설(玉雪) 같았고 두 눈동자는 번쩍거려 광채가 사람을 쏘았다. 그가 이런 기운을 품수하고 태어난 것이 우연이 아닌 것 같기도 한데 끝내 이런 정도로 그치고 말았다. 하늘이 이미 그를 세상에 내놓고서 또 뺏어 가는 것이 마치 희극 같았으니, 이것은 유독 어떻게 된 일인가. 아, 슬프다.

유자는 한산(韓山) 사람이니, 고려의 충신(忠臣) 목은(牧隱) 휘(諱) 색(穡)의 후예이다. 고조(高祖) 휘 태연(泰淵)은 평안도 관찰사이고, 증조 휘 형직(亨稷)은 호조 정랑이고, 조부 휘 수번(秀蕃)은 순릉 참봉(順陵參奉)이다. 자야는 이름이 사질(思質)이고, 모친 안동 권씨(安東權氏)는 현감(縣監) 권응(權膺)의 딸이요, 부제학(副提學) 권변(權忭)의 손녀이다. 유자는 금상(今上) 기미년(1739, 영조15)에 태어나 임신년(1752) 10월 모일에 죽었다. 묘소는 공주(公州) 요당면(要堂面) 선영(先塋)의 향손(向巽) 언덕에 있다.

갈 碣

권공 득의의 묘갈명 병서
權公得誼墓碣銘 竝序

우리 현묘(顯廟)와 숙묘(肅廟)의 시대에 호남의 담양부(潭陽府)에 독행(篤行)하는 군자인 권공(權公)이 있었으니, 휘(諱)는 득의(得誼)이고 자(字)는 의백(宜伯)이다. 향당(鄕黨)이 그 효성에 감복하고 인리(隣里)가 그 인덕(仁德)에 감화되어, 그가 죽은 날에 원근(遠近)의 남녀가 눈물을 흘리며 서로 애도하여 말하기를 "인인(仁人)이 돌아가셨다."라고 하였다. 그리고 장례를 행할 때에는 향촌의 늙은이나 어린아이 가운데 미처 부역(赴役)하지 못한 자들이 모두 서로 이끌고 망곡하였으며, 가까운 사찰의 승도(僧徒) 역시 주찬(酒饌)을 마련하여 산에 올라가서 망제(望祭)를 올리고 곡하며 애통한 심정을 다하였다. 군자가 "덕이 사람을 감동시키는 것이 깊다.〔德之感人深〕"[81]라고 말한 것이

81 덕이……깊다 : 맹자(孟子)의 "어진 말을 해 주는 것도 좋지만, 그보다는 어질다는 성가(聲價)가 사람들을 깊이 감동시키는 것이 더 나을 것이다.〔仁言不如仁聲之入人深也〕"라는 말에 대해서, 정이(程頤)가 "인성이란 사람들에게 들린다는 뜻이니, 어진 실체가 있어서 사람들에게 칭송받는 것을 의미한다. 이렇게 되면 인덕이 환히 드러남을 더욱 확인할 수 있으니, 그래서 사람을 감동시키는 것이 더욱 깊은 것이다.〔仁聲謂仁聞

이와 같은 경우에 해당할 것이다.

공의 조상은 본래 신라의 국성(國姓 왕족)이었는데, 신라 말에 휘 행(幸)이 고창군(古昌郡)을 고려 태조에게 바쳐 귀의하고는 견훤(甄萱)을 토벌하여 공을 세우자, 태조가 "기미를 잘 알고 권도에 통했다."라는 뜻으로 권(權)이라는 성씨와 함께 삼한벽상삼중대광(三韓壁上三重大匡) 아부(亞父) 태사(太師)라는 지위를 내렸다. 그리고 고창의 명호(名號)를 안동부(安東府)로 바꾸고 그에게 식읍(食邑)으로 내림으로써 마침내 안동(安東) 사람이 되었다.

태사의 뒤에 대대로 관직과 품위가 이어지다가 11세(世)를 전하여 복계군(福溪君) 휘 정(貞)에 이른다. 그리고 이로부터 또 고위 관직을 세습하다가 13세를 거쳐 장례원 판결사(掌隷院判決事) 휘 윤정(允正)에 이르는데, 이분이 바로 공의 증조(曾祖)이다. 조(祖)의 휘는 회(繪)이고, 고(考)의 휘는 경종(慶宗)이다. 비(妣) 문경 전씨(聞慶錢氏)는 사인(士人) 전용천(錢用天)의 딸이요, 직장(直長) 전의민(錢宜民)의 손녀이다.

공은 숭정(崇禎) 4년 신미년(1631, 인조9) 4월 14일에 태어났다. 태어나면서부터 특이한 기질을 지녔는데, 어려서 다른 아이들과 놀 적에도 다투거나 싸운 적이 없었다. 13세에 모친상을 당하였는데, 집상(執喪)을 성인(成人)처럼 하였으며 곡읍하는 소리가 입에서 끊이지 않았으므로 사람들이 효동(孝童)이라고 칭찬하였다. 부친을 섬김에 정성을 다하여 직접 불을 때어 밥을 지어서 올리곤 하였다.

謂有仁之實而爲衆所稱道者也 此尤見仁德之昭著 故其感人尤深也]"라고 하였다.《孟子集註 盡心上》

서모(庶母)는 성질이 사납고 흉악해서 항상 공을 해치려 하였다. 그런데 남이 이런 사실을 알려 주면 공이 돌연히 안색을 바꾸며 말하기를 "이미 모자(母子)의 의리가 있는데, 어찌 그럴 리가 있겠는가."라고 하고는 마침내 다른 말을 주고받지 않았으므로, 알려 준 자도 부끄러워하며 물러갔다. 그 뒤에 서모가 병에 걸려 위중해지자 공이 날마다 목욕재계하고 하늘에 빌었는데 그 말이 매우 슬프고 간절하였으며, 병중에 먹고 싶어 하는 음식이 있으면 있는 힘을 다해 마련해 바치면서 한껏 입맛을 돋우게 하였다. 이에 서모가 병이 조금 뜸해지자 눈물을 흘리며 말하기를 "공의 지극한 정성이 이와 같으니, 천인(賤人)이 아무리 완악하고 어리석다 해도 감동하지 않을 수 있으리오."라고 하고는, 마침내 공의 침실 밖으로 나아가 예전에 파묻어 놓은 더러운 물건을 파내어 없애 버렸는데, 이때 공의 나이가 17세였다. 이를 듣는 자들마다 모두 경탄(驚歎)하며 탄식해 마지않았다.

일찍이 매를 길러서 어버이를 즐겁게 해 드렸는데, 홀연히 어느 날 그 매를 잃어버렸으므로 매우 걱정하였다. 그런데 마침 팔뚝 위에 매를 앉혀 놓고 앞 들판을 지나가는 사람이 있자, 공이 달려가서 그 매를 팔도록 요청하였는데, 그 사기(辭氣)가 성실하고 진지하였으므로 그 사람이 즉시 그 매를 내주고는 돈 받는 것을 사양하였으니, 이는 대개 공의 성효(誠孝)가 그를 감동시켰기 때문이었다. 그리고 황고(皇考)의 상(喪)을 당해서는 예법을 뛰어넘어 너무 슬퍼해 몸을 훼손하면서 3년 내내 죽만 먹었는데, 어떤 노복(奴僕)이 공을 따라 죽을 먹자 공이 그만두라고 타일렀으나 끝내 듣지 않았다.

공은 두 아우와 한집에서 같이 살며 화목하게 지냈다. 그러다가 만년에 분가하며 재산을 나눌 때에는 제전(祭田)을 별도로 떼어 놓지 않고

통융(通融)하여 고르게 분배하였으며, 또 두 아우가 연소하여 현실 사정에 어두운 것을 염려하여 양전(良田)을 골라 그들에게 더 내주었다. 규문(閨門) 안에는 질서 정연하게 법도가 있어서, 제부(弟婦)에게는 사적인 재물이 없었고 동복(僮僕)은 재물을 훔치지 않았으며, 남녀, 장유(長幼), 상하가 일체 화경(和敬)의 자세로 서로들 권면하였다.

공은 성품이 베풀어 주는 것을 좋아하여 남이 춥고 배고픈 것을 보면 혹시라도 미치지 못할까 걱정하며 구제하였다. 일찍이 추운 겨울철에 한 승려가 거적때기를 덮어쓰고 구걸하는 것을 보고는 즉시 자기가 입고 있던 새 비단옷을 벗어서 입혀 주기도 하였다. 신해년(1671, 현종12)에 크게 기근이 들고 역병이 돌았을 적에, 향촌의 사람들이 병에 걸려 별도의 막사에 격리되었다가 잇따라 사망하자, 공이 여종으로 하여금 죽을 가지고 그 막사에 가서 차례로 먹이면서 날마다 그렇게 일상적으로 하게 하였는데, 집안사람들이 돌아가며 충고하자 공이 의연(毅然)히 말하기를 "죽고 사는 것은 명(命)이 있다. 어찌 세속의 금기(禁忌)에 구애되어 굶어 죽는 것을 좌시하고 구하지 않아서야 되겠는가."라고 하였다. 이에 병든 사람들 중에 온전히 살아난 자가 매우 많았고, 공도 끝내 아무 탈이 없었으므로, 부로(父老)들이 모두 탄식하며 유곤(庾袞)의 일[82]보다도 훨씬 더 하기 어려웠다고 평하였다.

공이 일찍이 일이 있어서 흥덕(興德) 지역을 지나갈 적에, 도로 옆에

82 유곤(庾袞)의 일 : 진 무제(晉武帝) 때 역질이 크게 유행하여 가족 모두가 떠난 집에 유곤이 홀로 남아서 병든 형을 간호하고 죽은 형들의 영구를 보살피며 100여 일 동안 지냈는데, 형의 병도 완쾌되고 자신도 아무 탈이 없었던 고사가 전한다. 《晉書 孝友列傳 庾袞》《小學 善行》

상하(上下)의 수전(水田)이 있었는데, 상전(上田)의 주인이 강퍅해서 물 터 주는 것을 불허했으므로, 큰 가뭄을 당한 그때에 하전(下田)의 묘(苗)가 모두 말라 죽었다. 이에 공이 그 사람을 불러 온유한 말로 타이르자 그 사람이 한참 동안 공을 쳐다보더니 곧바로 부끄러워하며 말을 들었다. 그리고 이튿날 새벽에 생선을 싸 들고 공이 묵는 곳에 찾아와서 사과하였는데, 이웃 향리에서 이 말을 전하며 미담으로 여겼다.

공은 이른 나이에 과거 공부를 그만두고 경사(經史)에 마음을 집중하였다. 하지만 일찍이 학문한다고 자칭하지 않고서 항상 말하기를,

"실지(實地)에 발을 내딛는 것이 바로 학문하는 것이다. 이름은 학문한다고 하면서 그 실제 내용이 없는 것을 나는 매우 부끄럽게 여긴다."

하고, 또 말하기를,

"사람이 사람답게 되는 까닭은 바로 인륜(人倫)이 있기 때문이다. 인륜을 돈독히 행하지 못한다면 큰 근본을 이미 잃어버린 것이니, 다시 무슨 일을 하겠는가."

하고, 또 말하기를,

"사무사(思無邪)와 무불경(毋不敬)[83]이 바로 내가 일생 동안 공부해야 할 것들이다."

83 사무사(思無邪)와 무불경(毋不敬) : 사무사는 생각에 삿됨이 없다는 뜻으로, 《논어》 〈위정(爲政)〉에 "《시경》에 나오는 300편의 시를 한마디로 결론짓는다면, 그것은 바로 생각에 삿됨이 없다고 하는 것이다.〔詩三百 一言以蔽之 曰思無邪〕"라는 공자(孔子)의 말이 나온다. 무불경은 공경하는 마음이 없으면 안 된다는 뜻으로, 《예기》 〈곡례 상(曲禮上)〉의 "언제 어디서나 공경하는 마음이 없어서는 안 된다. 그리하여 항상 뭔가 깊이 생각하는 것처럼 진지한 자세를 취하고 말은 안정되게 해야 한다.〔毋不敬 儼若思 安定辭〕"라는 말에서 나왔다.

하였다. 이 몇 마디 말만 보더라도 공이 수양한 정도가 어떠했는지 알 수 있으니, 아, 이것이 바로 공 같은 인물이 된 소이라고 할 것이다.

공은 숙종(肅宗) 신미년(1691, 숙종17) 7월 26일 61세의 나이로 별세하였다. 임종할 때에 자제들에게 말하기를 "너희들이 효성스러운 마음으로 선조에게 제사를 올리고 참된 마음으로 종족(宗族)들과 화목해서 집안의 명성을 떨어뜨리지 않을 수만 있다면 내가 죽어도 눈을 감을 것이다."라고 하고, 집안일에 대한 질문에는 대답하지 않았다. 이해 10월 담양부(潭陽府) 북쪽 20리 지점의 장항촌(獐項村) 뒤쪽에 있는 선영(先塋)의 미향(未向) 언덕에 장사 지냈다. 성빈(成殯)하는 날에 기이한 기운이 감돌며 하늘을 밝혔으므로 사람들이 바라보고는 불이 났다고 여겨 불을 끄려고 달려가 보니 불이 난 것이 아니었다. 그리고 장례를 행할 때에도 이와 똑같은 현상이 벌어졌다.

금상(今上) 무인년(1758, 영조34)에 조정에서 주군(州郡)에 명하여 읍지(邑誌)를 개수하도록 하였다. 이에 향리의 현사 대부(賢士大夫)들이 공의 행의(行義)를 부(府)에 진술하여 공의 이름을 읍지에 기재하게끔 하였다. 아, 삼대(三代)의 일이야 오래되었다고 하더라도, 한대(漢代)의 효렴(孝廉)[84]은 그래도 근고(近古)에 속하는 일이니, 그 법이 아직도 행해지고 있다면 공 같은 이가 어찌 계리(計吏)[85]와 함께 가는

84 효렴(孝廉) : 효제(孝悌)와 청렴(淸廉)의 뜻으로, 인재를 천거하는 과목(科目), 혹은 거기에 선발된 사람을 뜻한다. 서한(西漢)에서 처음 시작할 때에는 효와 염을 구분하여 천거하였는데, 동한(東漢) 때에 와서는 왕왕 그 둘을 합쳐서 1과(科)로 시행하곤 하였다. 《한서(漢書)》 〈무제기(武帝紀)〉에 "원광 1년 11월에 처음으로 군국에 명하여 효와 염에 해당하는 자를 1인씩 천거하게 하였다.〔元光元年冬十一月 初令郡國擧孝廉各一人〕"라는 말이 나온다.

대열에 끼이지 않았겠는가. 그런데 성대한 시대에 태어났는데도 봉필(蓬蓽)[86]로 늙어 갔을 뿐, 조정에 천거하는 일도 하지 않고 징벽(徵辟)도 이르지 않아서, 그저 그 집 문 앞을 지나가는 후인들로 하여금 지난 일을 떠올리며 장탄식을 발하게 할 뿐이니, 아, 정말 개탄할 만한 일이라고 하겠다.

공의 배필인 태인 박씨(泰仁朴氏)는 사인(士人) 박취제(朴就悌)의 딸로, 군자의 배필이 되기에 손색없는 덕성을 갖췄는데, 공보다 20년 뒤에 죽어 공의 묘소 좌측에 부장(祔葬)되었다. 2남 2녀를 낳았는데, 장남 필상(必常)은 선인(先人)의 가르침을 제대로 이어받아 효근(孝謹)하다고 칭해졌고, 차남은 이름이 필경(必經)이며, 장녀는 사인(士人) 김팔기(金八驥)에게 출가하였고, 차녀는 사인 김중오(金重五)에게 출가하였다. 필상은 6남을 두었는데, 덕미(德美), 덕관(德觀), 덕서(德瑞), 덕옥(德玉), 덕환(德煥), 덕희(德熙)이고, 사위는 사인 설세

85 계리(計吏) : 각 지방 관서(官署)에서 해마다 회계장부를 조정에 가지고 와서 업무를 보고하던 관리를 가리킨다. 옛날에 각 지방 장관들이 그 지방에서 인재가 될 만한 사람들을 조사하여 뽑은 다음에 계리가 도성에 가는 편에 함께 올려 보내 중앙 정부의 과거 시험에 응시하도록 했던 고사가 있다. 《사기(史記)》 〈유림열전(儒林列傳)〉에 한나라 공손홍(公孫弘)이 학관(學官) 제도를 만들면서, 지방의 인재들을 "계리와 동행하게 해서 태상으로 보내 박사 제자(博士弟子)들처럼 수업받게 해야 한다.〔當與計偕詣太常 得受業如弟子〕"라고 건의한 말이 나온다. 그래서 우리나라에서 향시(鄕試)에 합격한 뒤에 중국이나 중앙 정부의 시험에 응시할 때에 수계(隨計), 해계(偕計) 혹은 계해(計偕)라는 표현을 썼다.

86 봉필(蓬蓽) : 오두막의 사립문을 뜻하는 봉문필호(蓬門蓽戶)의 준말인데, 여기서는 여건이 너무나 열악해서 과거에 급제하기가 무척 어려운 지방 출신이라는 뜻으로 쓰였다.

맹(薛世孟)이다. 필경은 아들이 없어서 덕관을 양자로 들였으며, 사위는 사인 이형정(李衡正)이다. 김팔기는 3남을 두었는데, 김덕홍(金德洪)은 현감(縣監)이고, 다음은 김덕수(金德洙)와 김덕함(金德涵)이다. 김중오(金重五)의 1남은 김태일(金兌一)이다.

내외(內外)의 증손과 현손으로 남녀가 모두 60여 인인데, 많아서 모두 기록하지 못한다. 그중에 덕옥의 아들 경(炅)은 일찍이 역천(櫟泉 송명흠(宋明欽)) 송공(宋公)을 따라 노닐었는데, 문학이 있어서 그 집안을 제대로 계승하였다. 그가 박신극(朴新克)이 지은 행장(行狀)을 가지고 나를 찾아와서 묘명(墓銘)을 부탁하였는데, 내가 사양할 수 없기에 삼가 그 행장을 상고하여 대략적으로 간추려서 위와 같이 서술하고, 다음과 같이 명(銘)을 붙였다.

효도와 우애에 근본을 두고	本以孝弟
이를 통해 도를 확충하여	道由是充
집안은 물론 향리에까지 퍼져 나가	而家而鄉
흉포한 자도 감화받고 심복했다오	化服暴凶
이를 숨겨 두고 드러내지 않는다면	幽而不揚
밝은 시대의 아쉬움이 되겠기에	明時之嗟
내가 명을 지어 밝혀 말하노니	銘以昭之
부디 백세토록 마멸되지 않기만을	尙百世不磨

녹문집

제25권

行狀(행장)

遺事(유사)

公移(공이)

행장 行狀

백부 명릉 참봉 부군의 행장 신유년(1741, 영조17)
伯父明陵參奉府君行狀 辛酉

증조고(曾祖考) 휘(諱) 의백(義伯)은 평안도 관찰사 증(贈) 이조 판서이고, 증조비(曾祖妣)인 정부인(貞夫人) 상산 김씨(商山金氏)는 충청 감사 김상(金尙)의 딸이다. 조고(祖考) 휘 승(陞)은 통덕랑(通德郞)이고, 조비(祖妣)인 공인(恭人) 남양 홍씨(南陽洪氏)는 우의정 홍중보(洪重普)의 딸이다. 고(考) 휘 사원(士元)은 학생(學生)이고, 비(妣)인 유인(孺人) 전주 이씨(全州李氏)는 예조 판서 이정영(李正英)의 딸이다.

공은 휘가 선(選)이고 자(字)는 택부(擇夫)이다. 우리 임씨(任氏)는 본래 중국 사람이었는데, 고려 때에 휘 온(溫)이 은자광록대부(銀紫光祿大夫)의 신분으로 동방에 왔으니, 이로부터 풍천(豐川)의 관적(貫籍)이 시작된다. 그 뒤에 휘 주(澍)가 고려 조정에서 벼슬하여 어사대부(御史大夫) 감문위 대장군(監門衛大將軍)이 되었고, 휘 자송(子松)이 충혜왕(忠惠王) 때에 난적(亂賊)을 주벌(誅伐)하여 서하부원군(西河府院君)에 봉해지고 시중(侍中), 판삼사사(判三司事)가 되었는데,

이와 같이 2세에 걸쳐 훈업이 혁혁(赫赫)해서 마침내 우리 동방의 저명한 성씨가 되었다.

시중이 휘 덕유(德儒)를 낳았으니 벼슬은 판도 판서(版圖判書)이고 봉호는 풍산군(豐山君)이며 시호는 문간(文簡)이다. 문간이 휘 구(球)를 낳았는데, 아조(我朝)에 들어와서 참지문하부사(參知門下府事)가 되었다. 이로부터 관면(冠冕)을 세습하다가 휘 열(說)에 이르는데, 문학(文學)으로 중한 명성을 이루어 중종(中宗), 인종(仁宗), 명종(明宗), 선조(宣祖) 네 조정을 차례로 섬기면서, 벼슬이 한성부 판윤과 예문관 제학에 이르렀으니, 시호는 문정(文靖)이고 호는 죽애(竹崖)이다. 이분이 판서공(判書公 임의백(任義伯))의 증조가 되고, 중시(重試)를 거쳐 종부시 정(宗簿寺正) 증(贈) 승정원 도승지 휘 영로(榮老)와 좌승지 증 이조 참판 휘 연(兗)이 또 판서공의 조부와 부친이 된다.

판서공은 호가 금시당(今是堂)이다. 당시에 효묘(孝廟)가 천하에 큰 뜻을 품고서 한두 명의 신하와 긴밀하게 기밀(機密)을 논의하였다. 이때를 당하여 공이 재지(材智)와 기국(器局)으로 크게 상하의 신임을 중하게 받아 누차 방백(方伯)의 직분에 응하였는데, 굉장하고 대단했던 그 모략(謨略)은 지금까지도 사람들의 이목(耳目)에 비치고 있다. 통덕랑공은 통민(通敏)하고 재학(才學)이 있어서 사우(士友)의 기대를 듬뿍 받았는데 불행히도 일찍 세상을 떠났다. 이 유인(李孺人)은 일찍부터 가정의 교훈을 받아서 장숙(莊肅)하고 인혜하였으며, 자신을 단속하고 집안을 통어(統御)함에 넉넉히 법도가 있었는데, 4남을 낳았으니 공이 바로 그 맏아들이다.

공은 계해년(1683, 숙종9) 2월 16일 한양(漢陽) 반송리(盤松里)의 자택에서 태어났다. 어려서부터 재질이 워낙 뛰어나서 보통 아이들과 달랐으며, 장성해서는 기우(器宇)가 헌걸차고 활달하였다. 거자(擧子)의 학업을 닦음에 그 글의 내용이 풍부하고 시원스러우며 법도에 들어맞아서 사람들 모두가 크게 이름이 드러나리라고 기대하였음에도 불구하고, 누차 응시해도 낙방하다가 경종(景宗) 1년(1721)에 39세의 나이로 비로소 사마시(司馬試)에 입격하였다. 그리고 그해 겨울 공이 성균관 유생의 논의를 주도하였다.

옛날에 판서공은 김 문원(金文元 김장생(金長生)) 선생의 문하에 노닐면서 언의(言議)와 출처의 대절(大節)에 대해서 얻어 들었고, 통덕랑공은 또 동춘(同春) 송 선생(宋先生 송준길(宋浚吉))에게 수업하였으니, 그 가학(家學)의 연원이 본래 심원(深遠)하였다고 하겠다. 그런데 공이 또 누차 수암(遂庵) 권 문순공(權文純公 권상하(權尙夏))을 찾아뵙자, 문순이 우암(尤庵 송시열(宋時烈)) 선생이 임종할 때에 교시한 내용을 손수 써서 주며 말하기를 "천지가 만물을 낳고 성인(聖人)이 만사(萬事)에 응하는 것은 오직 직(直)일 따름이다."라고 하자, 공이 공경히 받들어 마음에 새겼다. 그러므로 공은 결심하거나 주장할 적에 정대하고 엄밀하게 하며 털끝만큼도 주저하는 태도가 없었다.

병신년(1716)에 사문(斯文)이 액운(厄運)을 당했을 때[1]에, 공이 개

1 사문(斯文)이……때 : 《가례원류(家禮源流)》의 발간을 둘러싸고 노론과 소론 사이에 분쟁이 일어난 것을 말한다. 《가례원류》는 《가례》의 내용에 대한 이해를 돕기 위하여 《의례(儀禮)》, 《주례(周禮)》, 《예기(禮記)》 등의 본문과 각종 해설을 뽑아 엮은 책으로, 유계(兪棨)가 윤선거(尹宣擧) 및 윤증(尹拯)의 도움을 받아 편찬하였는데, 유계의 손자인 유상기(兪相基)가 유계의 단독 저술이라고 고집한 것과 권상하(權尙夏)가 그 책의 서문(序文)에서 윤증이 스승 유계를 배신했다고 서술한 것과 노론이 윤선거의 문집에 효종(孝宗)을 비난한 내용이 들어 있다고 고발한 사건 등이 빌미가 되어

연(慨然)히 선정(先正)의 억울함을 해명하며 변론하는 것을 자신의 임무로 삼고는 크게 의논할 때마다 손뼉을 치고 담론하며 변론하는 탁월한 솜씨를 계속 발휘해서 사람들이 공을 굴복시킬 수 없었으므로 사론(士論)이 흡연(翕然)히 추중하였다. 당시 관학(館學)의 제소(諸疏)를 보면 명백하고 통절(痛切)하면서도 그때의 실정에 모두 합당하게 작성해서 후세에 할 말이 있게 하였는데, 여기에는 공의 힘이 실로 많이 작용하였다. 그러다가 공이 태학(太學)의 논의를 주도할 때는 더욱 공론(公論)을 확장하고 퇴속(頹俗)을 격려하는 것을 자신의 임무로 삼았다.

이에 앞서 태학생(太學生)인 윤공 지술(尹公志述)이 명릉(明陵)의 지문(誌文)에 대한 일을 말하여 크게 시휘(時諱)를 촉범하였다.[2] 그런데 이해 12월에 이르러 간흉들이 상의 건강이 좋지 않은 틈을 타서 내부의 응원 세력과 결탁하여 권세를 휘두르며 장차 사류(士類)를 전멸시키려 하였는데, 이때에 윤공(尹公)이 맨 먼저 체포되었다. 공이 비분(悲憤)을 스스로 가누지 못한 나머지, 장차 제생(諸生)을 규합하

당쟁이 격화되었다. 이에 숙종이 그동안 이른바 회니시비(懷尼是非) 이후 정쟁(政爭)의 원인이 되었던 문건들을 직접 열람하고는 노론의 주장이 옳다고 판정을 내린 뒤에, 병신년(1716) 8월 윤선거의 문집을 훼판(毁板)하도록 명하고, 10월과 12월에 각각 윤선거와 그 아들 윤증에 대한 선정(先正)의 칭호를 금하도록 하였다. 유계는 노론이고, 윤선거와 윤증은 소론이며, 녹문의 집안은 정통 노론에 속한다.

2 태학생(太學生)인……촉범하였다 : 1720년(경종 즉위년) 성균관 유생 윤지술이, 명릉, 즉 숙종의 묘지문(墓誌文)에 희빈(禧嬪) 장씨(張氏)를 사사(賜死)한 사실이나 윤선거와 윤증에 대한 선정의 호칭을 금한 내용이 누락되는 등 편파적으로 기록되었다고 상소하였는데, 처음에는 노론의 두둔을 받아서 처벌을 면했으나 신임옥사(辛壬獄事)가 일어나면서 소론이 집권하자 끝내 사형에 처해졌다.

여 소장을 올려 윤공을 신구(伸救)하려 하면서, 한 사우(士友)와 소두(疏頭)가 될 것을 약속하였는데, 기일이 되자 사우가, 어버이가 늙었다는 핑계를 대고는 달아나서 나오지 않았다. 이에 공이 마침내 반궁(泮宮 성균관)으로 달려 들어가 관사(館舍)를 지키고 있던 제생을 격려하며 한 사람을 소두로 추대하려 하였으나 끝내 응하는 자가 없었으며, 유생 재회(齋會)의 같은 임원인 조영시(趙榮時)도 자기 이름을 삭제하고 나가 버렸다.

이때 날은 이미 저물고 윤공은 다음날 사형을 받게 되었으므로, 공이 더욱 통분하여 눈물을 흘리면서 밤새도록 사우의 집으로 뛰어다녔으나, 결국은 뜻을 이루지 못하여 윤공이 화를 면하지 못하게 되고 말았다. 공이 마침내 사형장으로 급히 달려가니 그때는 화색(禍色)이 하늘에 가득한 상황에서 아무도 감히 물어보는 자가 없이 오직 공과 한두 사람만이 현장에 임하여 살펴보았다. 그러고는 공이 자청하여 명정(銘旌)을 쓰기를 '태학생윤공지구(太學生尹公之柩)'라고 하였다.

아, 이때를 당하여 밖에서는 김일경(金一鏡)과 박필몽(朴弼夢)이 주동하고 안에서는 환관(宦官) 박상검(朴尙儉)과 궁녀 석렬(石烈)이 작당하여 서로 결탁하고 선동하였으므로, 작상(爵賞)과 형륙(刑戮) 등 상의 뜻이라고 칭해지는 것들은 거의 모두가 흉적들의 손에서 나오는 실정이었다. 그러니 가령 공이 뜻을 이룰 수 있었다고 하더라도 간흉의 화를 돋우어 그 예봉(銳鋒)을 건드리는 데에 불과했을 것이니, 어찌 털끝만큼이라도 힘쓸 수 있었겠는가. 공 역시 어찌 그런 사실을 알지 못했겠는가마는, 공의 뜻은 단지 '태학생을 형살하는 것은 고금의 큰 변고이다. 수선(首善 태학(太學))의 지역에 거하면서 한마디 말도 하지 못한다면, 어떻게 한 줄기 사기(士氣)를 일으켜 세워 흉적들의 간악한 싹을 없앰으로써 천하 후세에 모범을 보여 주겠는가.'라고 생각하였을 것이요, 성패와 화복(禍福) 따위는 논할 바도 아니었을 터이니, 그 뜻이 정말 장했다고 말할 수 있다. 비록 그 일이 마음먹은 것과 어긋나서 끝내 이루어지지는 못했지만, 그 늠름한 의기(義氣)만큼은 그래도 나약한 유자(儒者)들을 떨쳐 일으키기에 충분하였으니, 어찌 기위(奇偉)하지 않겠는가.

윤공이 죽은 뒤에 공은 과거 공부를 폐기하고 문을 걸어 잠근 채 시사(時事)에 대해서는 입을 닫고 말하지 않았다. 그러나 흉도(兇徒)가 공에 대해서 끝없이 으르렁대는 가운데 박필몽이 국청(鞫廳) 자리에서 "임모(任某)가 이 옥사(獄事)를 사화(士禍)라고 한다."라는 등 창언(倡言 공언(公言))하며 불측한 뜻을 두었으나, 그때 마침 공을 구해 주는 자가 있어서 화를 면하였다. 금상(今上 영조)이 즉위하여 조정이 청명해지자, 공이 다시 자력으로 과거에 응시하였으나 끝내 합격하지 못하였으므로, 누차 음직으로 벼슬길에 나아가려고 하였다. 그리하여 전후로 모두 16년 사이에 재랑(齋郎)과 교관(教官)과 금오랑(金吾郎)에 의주(擬注)되는 등 그냥 헛되이 지나간 해가 거의 없었다.

그러다가 경신년(1740, 영조16) 3월에 이르러 처음으로 명릉 참봉(明陵參奉)에 임명되었는데, 이때는 공이 이미 병이 깊은 상태였다. 당초에 공과 함께 의주(擬注)되었던 자들은 대부분 주목(州牧)의 대리(大吏 방백)에까지 이르렀는데, 공은 높은 재질과 명망이 있는데도 백발이 되도록 불우한 데다가 심히 곤궁하여 스스로 생존할 수도 없었다. 그래서 사람들이 모두 공을 위해 차탄하였으나 공은 태연히 지내면서 날마다 마을 사람들과 가영(歌詠)하고 담소하면서 전혀 기미를 보이지 않았으며, 급기야 관직을 얻게 되었을 때에도 기뻐하는 기색이 없었다.

그렇지만 깨끗한 척하는 행동을 취하려 하지도 않고 또 "벼슬하지 않는 것은 의가 없다.〔不仕無義〕"[3]라고 하면서 억지로 힘을 내어 직책에 나아가며 말하기를 "내가 오두미(五斗米)[4] 때문에 허리를 굽히다니, 나의 처지가 너무 곤고(困苦)하지 아니한가."라고 하였다. 그러고는 마침내 이해 9월 5일 반송리(盤松里)의 옛 저택에서 세상을 떠나니, 향년이 58세였다. 그해 11월 9일 여주(驪州) 이포리(梨浦里) 좌경(坐庚)의 언덕에 장사 지내니, 이곳은 선영(先塋)이다.

공의 배필인 풍산 홍씨(豐山洪氏)는 좌랑(佐郎) 홍중석(洪重錫)의 딸이고, 영안위(永安尉) 홍주원(洪柱元)의 증손녀이며, 우의정 민공진장(閔公鎭長)의 외손녀이다. 아들 3인은 찬주(贊周)와 면주(冕周)와 건주(健周)이고, 딸 2인은 이근(李瑾)과 이영철(李英哲)에게 출가하였다. 찬주는 사인(士人) 맹숙여(孟淑輿)의 딸에게 장가들어 1녀를 낳았는데 김이헌(金履獻)에게 출가하였다. 면주는 현감(縣監) 심사만(沈師晩)의 딸에게 장가들어 2녀 1남을 낳았는데 모두 어리다. 건주는 현감 이정천(李挺天)의 딸에게 장가들었는데 자식을 키워 보지 못하고 일찍 죽었다. 이영철은 2녀 1남을 낳았는데 모두 어리다.

3 벼슬하지……없다 : 공자의 제자 자로(子路)가 은자(隱者)인 하조장인(荷蓧丈人)을 만나 평한 말이다.《論語 微子》

4 오두미(五斗米) : 다섯 말 쌀이라는 뜻으로, 박봉(薄俸)을 말한다. 진(晉)나라 도잠(陶潛)이 팽택 현령(彭澤縣令)으로 있을 적에, 군(郡)에서 파견한 독우(督郵)의 시찰을 받게 되었는데, 아전이 도잠에게 의관(衣冠)을 갖추고 독우에게 인사해야 한다고 하자, 도잠이 탄식하면서 "내가 오두미 때문에 허리를 꺾어 향리의 어린아이에게 굽신거릴 수는 없다.〔我不能爲五斗米折腰 拳拳事鄕里小兒邪〕"라고 하고는, 즉시 수령의 인끈을 풀어 놓고 고향으로 돌아갔던 고사가 전한다.《晉書 隱逸列傳 陶潛》

공은 사람됨이 명백 직절(直截)하고 준상(峻爽)하였으며 기개가 있었다. 사람들과 일을 논할 때마다 호기 있게 입에서 나오는 대로 말하되 마치 대나무를 쪼개듯 당부(當否)와 성패(成敗)를 판별하며 해학(諧謔)과 욕설을 뒤섞었으므로 사람들이 감히 한마디 말도 끼어들지 못하였다. 그리고 사람들의 옳지 못한 점을 보면 일찍이 용인한 적이 없이 왕왕 면전에서 질책하며 배척하였으므로, 옆에서 보는 자들이 너무 올곧게 하고 일절 돌아보지 않는 것을 병통으로 여기기도 하였다. 이 때문에 좋아하지 않는 자들도 많았으나, 공을 깊이 아는 붕우들은 특별히 이 점을 중하게 여겨 심복하였다.

그러나 공은 실제로는 충후하고 관대(寬大)하여 흉차(胸次)가 툭 터져서 경계(境界)를 두는 일이 없었다. 그리하여 사람들과 말할 때에 친소를 가리지 않고 마음속의 생각을 토로하였으며, 비록 집안의 번잡하고 자질구레한 일이라도 일찍이 기피하며 은폐한 적이 없었다. 소자(小子)들이 혹 이런 점에 대해서 말씀드리기라도 하면, 공은 책망하기를 "사대부의 마음가짐은 마땅히 광명하고 쇄락해야 한다. 어찌 속일 필요가 있겠느냐."라고 하였다. 공은 일을 당할 때마다 일체 의리와 대체(大體)에 입각하여 재결(裁決)하였을 뿐, 소소한 이해에 얽매이지 않았으며, 세상에서 둘러대어 변명하고 잔달게 굴면서 협잡을 하고 사람을 속이는 자를 보면 으레 개돼지만도 못하게 여겼다. 그래서 김퇴어 진상(金退漁鎭商)이 소자에게 말하기를 "내가 자네의 백부와 비록 교분을 늦게 맺었지만, 질직(質直)하여 마음을 속이지 않은 것은 실로 남이 따라가기 어려운 것이었다."라고 하면서, 매번 이에 대해 흠탄하곤 하였다.

공은 음양과 흑백을 구분할 때면 처음부터 여지없이 논파하면서 확연하여 흔들림이 없었다. 그리하여 일단 사설(邪說)을 강력히 공격하여 사문(斯文)을 보위하고 나서는, 또 전후의 소장(疏章) 및 숙묘(肅廟)의 처분을 비롯해서 회니(懷尼)[5]의 본 사안에 이르기까지 그 시종과 본말을 하나도 빠뜨리지 않고 손수 무려 십수 권을 기록해 놓았으며, 신임(辛壬)의 일[6]에 대해서도 이와 똑같이 기록해 놓음으로써 후세에 검증할 수 있게끔 하였다. 공은 일찍이 소자들에게 이르기를 "선비가 되어서 시비(是非)에 현혹되어 취향이 바르지 못하다면 어떻게 선비라고 할 수 있겠느냐. 너희들 중에 혹시라도 사론(邪論)에 의해 그르친 자가 있으면 나의 사당에 들어오지 말도록 하라."라고 하였다. 그러다가 정미년(1727) 이후로 소인(小人)이 조정(調停)하려다가 나라를 그르치자 공이 충역(忠逆)이 한데 뒤섞여 군부(君父)에 대한 무함이 날로 깊어지는 것을 목격하고는, 놀라고 분개하고 걱정하고 탄식하면서 노기충천(怒氣衝天)하여 누차 언어로 드러내곤 하였는데, 그럴 때면 자신이 포의(布衣)의 신분이라는 것도 잊어버리곤 하였다.

공은 어버이를 섬기는 것이 지극히 효성스러웠다. 전후로 두 번의 상(喪)을 당하여서는 내용과 형식이 완전히 갖추어진 가운데 3년 동안 내외를 통하지 않았다. 그리고 숙부와 우리 선군(先君)이 일찍 세상을 떠나자 공이 고아가 된 여러 조카를 지성으로 보살폈다. 비록 집에 양식 한 섬이 없어도 장가들고 시집갈 때에는 반드시 있는 힘을 다해

5 회니(懷尼) : 회니시비(懷尼是非)의 준말이다. 회니는 송시열이 살던 회덕(懷德)과 윤선거, 윤증 부자가 살던 이성(尼城)의 병칭으로, 그들 사이의 불화로 인해 서인(西人) 세력이 노론과 소론으로 나뉘어 치열한 당쟁을 벌이게 되었다.

6 신임(辛壬)의 일 : 신임옥사(辛壬獄事)를 말한다.

물자를 도와주었으며, 크고 작은 일이 있을 때마다 반드시 직접 주간하면서 자기의 일과 다름없이 하였다.

무오년(1738) 겨울에 소자가 처상(妻喪)을 당하여 이포(梨浦)의 촌사(村舍)에 초빈(草殯)하고는 장차 시기를 기다려 장사 지내려 하였는데, 공이 그때 가족을 이끌고 분암(墳庵)에 우거하고 있다가 마음을 다해 이 일을 주선해 주었다. 그리고 장례를 행하는 날짜가 누차 연기되면서 돈을 써야 할 일이 끝없이 생겨 내가 망연히 어떻게 해야 할지 몰랐을 때에는, 공이 또 이리저리 헤아려 자금을 모아 주기도 하고 남에게 돈을 꾸었다가 스스로 갚아 줌으로써, 소자로 하여금 그 수고(愁苦)를 잊고 대사(大事)를 끝낼 수 있게 해 주었다. 이에 이 일을 목격한 이들이 탄복(歎服)하며 하기 어려운 일이라고 하였는데, 소자가 지금까지도 감격하여 마음속에 새기고서 감히 잊지 못하고 있다. 이는 실로 공의 사소한 행실에 속하지만, 그래도 이를 통해서 그 덕의 한 단면을 엿볼 수 있을 것이다.

공은 평소에 아침 일찍 일어나 세면하고 의대(衣帶)를 반드시 가다듬었다. 집안일은 일체 안에 위임하고 유무를 묻지 않았다. 공은 성품이 남에게 베풀어 주기를 좋아하였다. 어려서부터 바지와 저고리를 벗어서 빈궁한 자가 염상(斂喪)할 수 있도록 도와준 것이 매우 많았으며, 친우(親友)의 딸 중에 나이가 찼는데도 시집 못 간 자가 있으면, 공이 서간(書簡)을 띄워 재물을 모으되 자신이 먼저 그렇게 함으로써 제때에 혼례를 치를 수 있게 해 주었다. 향리에 거할 때에는 조용히 지내면서 법을 두려워하였고, 비복(婢僕)이 아니면 함부로 회초리나 매를 든 적이 없었다.

아, 소자가 늦게 태어난 데다 또 근년 이래로 멀리 떨어져 있어서 옆에서 모신 지 오래되지 않기 때문에, 공의 시종과 언행에 대해서는 실로 만분의 일도 기억하지 못한다. 그러나 나름대로 혼자 생각해 보건대 사람을 논할 때에는 먼저 그 대체(大體)를 살펴보아야 마땅하니, 그 대체가 얻어지면 작은 것들은 생략할 수도 있다고 여긴다.

지금 공의 일생에 걸친 대절(大節)은 전적으로 언의(言議) 한 조목에 있다. 대개 공이 명신(明信)하고 강과(剛果)한 것은 물론 천부적으로 얻었다고 하겠지만, 일생에 걸쳐 받아서 쓴 것은 또 우옹(尤翁 송시열)의 '직(直)' 자의 가르침에 있다고 할 것이다. 또 일찍이 중조(仲祖)인 참찬공(參贊公 임방(任埅))에게 가르침을 청하자, 참찬공이 판서공(判書公 임방의 부친)이 문원(文元 김장생) 선생에게서 들은 "마음으로 스승을 삼는다.〔以心爲師〕"라는 한 구절을 써 주면서 말하기를 "이것이 우리 집안의 청전(青氈)[7]이다."라고 하였는데, 공이 여기에다 수암(遂庵 권상하)이 써 준 것을 덧붙여서 하나의 첩(帖)을 만들고는 그 전면(前面)에다 제목을 달기를 '이로명훈(二老明訓)'이라고 하여 큰 구슬과 큰 거북처럼 받들어 모셨다. 이것이 바로 퇴폐한 세상 물결 속에 우뚝 혼자 서서 미혹되지 않고 동요되지 않을 수 있었던 소이이니, 하나의 동정(動靜)과 어묵(語默)이 여기에서 인출(印出)되지 않은 것이 없다고 하겠다.

아, 세상의 학자들이 성현의 말씀을 널리 외우면서 혼자 잘났다고

7 청전(青氈) : 푸른 모포라는 뜻으로, 선대로부터 전해진 귀한 유물이나 가문의 전통을 비유하는 말이다. 진(晉)나라 왕헌지(王獻之)가 누워 있는 방에 도둑이 들어 와서 물건을 모조리 훔쳐 가려 할 적에, 그가 "도둑이여, 그 푸른 모포는 우리 집안의 유물이니, 그것만은 놓고 가는 것이 좋겠다.〔偸兒 青氈 我家舊物 可特置之〕"라고 하자, 도둑이 질겁하고 도망쳤다는 고사에서 유래한 것이다. 《晉書 王羲之列傳 王獻之》

으스대며 한세상을 내려다볼 수 있다고 말들을 하지만, 그 행동을 고찰하여 성현의 말씀 중의 한 구절과 근사한 점을 찾아보려 해도 찾을 수가 없으니, 공과 비교해 보면 그 허실이 어떻다고 하겠는가. 공을 알려고 하는 자는 단지 여기에서 살펴보면 족할 것이다. 소자들이 장차 글을 지어 줄 군자에게 부탁하여 그 숨겨진 덕과 빛을 발휘해 주도록 기대하는 것도 여기에 있을 뿐이니, 언행 중에 혹 빠뜨리고서 전하지 못한 것이 있다고 하더라도 아쉽게 여길 것이 또 뭐가 있겠는가.

선고 함흥부 판관 부군의 행장 병인년(1746, 영조22)
先考咸興府判官府君行狀 丙寅

공의 휘(諱)는 적(適)이고, 자(字)는 도언(道彦)이며, 성은 임씨(任氏)이다. 임씨는 본래 중국 사람이었다. 고려 때에 휘 온(溫)이 은자광록대부(銀紫光祿大夫)의 신분으로 동방에 와서 풍천(豐川)에 관적(貫籍)을 두면서부터 마침내 풍천 사람이 되었다. 여기에서 5세(世)를 내려와 어사대부(御史大夫) 휘 주(澍)가 되는데, 이분의 소생인 휘 자송(子松)이 충혜왕(忠惠王) 때에 조적(曺頔)을 주벌(誅伐)하여 서하부원군(西河府院君)에 봉해지고 시중(侍中), 판삼사사(判三司事)의 지위에 올랐으니, 그 행적이 《고려사(高麗史)》에 드러나 있다. 시중이 휘 덕유(德儒)를 낳았으니 벼슬은 판도 판서(版圖判書)이고 봉호(封號)는 풍산군(豐山君)이며 시호(諡號)는 문간(文簡)이다. 문간이 휘 구(球)를 낳았는데, 아조(我朝)에 들어와서 참지문하부사(參知門下府事)가 되었다.

이로부터 후손이 더욱 크게 현달(顯達)하여 끊이지 않고 계속 이어져 오다가, 휘 열(說)에 이르러 문학으로 발영시(拔英試)에서 크게 이름을 드러내어 화요(華要)의 직책을 두루 거치고 벼슬이 한성부 판윤과 예문관 제학에 이르렀으며 시호는 문정(文靖)이니, 이분이 공에게 6세조가 된다.

고조(高祖) 휘 연(兗)은 좌승지 증 이조 참판이다. 증조(曾祖) 휘 의백(義伯)은 호(號)가 금시당(今是堂)인데, 재지(材智)와 기국(器局)으로 크게 효묘(孝廟)의 신임을 받았다. 그리고 한 시대의 명현(名

賢)인, 두 분의 송 문정공(宋文正公 송시열(宋時烈)과 송준길(宋浚吉)) 같은 분들도 마음을 기울여 추앙하지 않음이 없었는데, 관직은 평안도 관찰사로 마쳤고 이조 판서에 추증되었다. 조(祖)는 휘가 승(陞)이고, 고(考)는 휘가 사원(士元)인데, 모두 일찍 세상을 떠나 벼슬하지 못하였다. 비(妣) 전주 이씨(全州李氏)는 판돈녕부사 예조 판서 이정영(李正英)의 딸이요, 호조 판서 이경직(李景稷)의 손녀인데, 을축년(1685, 숙종11) 6월 11일 한양(漢陽) 반송리(盤松里)의 저택에서 공을 낳았다.

공은 어려서부터 총명하고 수발(秀發)하여 말하면 번번이 사람을 놀라게 하였으며, 장성해서는 더욱 각고면려(刻苦勉勵)하여 손에서 서권(書卷)을 놓지 않았다. 그리고 한 시대의 명사들과 두루 사귀었는데, 그중에서도 이형(姨兄)인 내재(耐齋) 홍공 태유(洪公泰猷)와 더욱 마음이 맞아서, 서로 더불어 문회(文會)의 규약을 약정하기도 하였다. 그리하여 강독하는 규정을 마련하고 저술하는 일정을 세워서 상호 책려하며 절차탁마하였는데, 이렇게 해서 문사(文辭)의 공부가 크게 발전하였다. 홍공은 문장과 재학(才學)을 스스로 평가하는 것이 매우 엄중하였는데, 공에 대해서는 매양 칭찬하며 따라갈 수 없다고 하였다.

공이 상서(庠序)에 나아가 노닐 때면 번번이 동배(同輩)를 압도하여 그 명성이 우뚝 드러났는데, 그러다가 마침내는 숙종 경인년(1710)의 사마시(司馬試)에 응시하여 입격하였다. 그러나 세도(世道)가 날마다 어긋나서 뜻대로 행할 수 없음을 목격하고는, 마침내 청풍(淸風)의 노은곡(老隱谷)에 거처를 정하고 진취(進取)할 뜻을 끊어 버린 채 날마다 경적(經籍)을 가지고 스스로 즐겼다. 공은 일찍이 내재를 상대로 자기의 뜻을 논하기를 "감히 유자(儒者)같이 한가히 거하며 자기 뜻대로 즐기려 함도 아니요, 감히 저닉(沮溺)[8]같이 자신만 깨끗이 하며 윤기(倫紀)를 어지럽히려 함도 아니다."라고 하였는데, 이는 대개 그 의도가 원래 따로 있었지만 숨기고 발동하지 않음을 말하였다. 그리하여 일단 감개하며 불평(不平)한 심정을 토로하거나 우수(憂愁)에 잠기며 격앙(激仰)을 할 때면 이를 모두 시의 형태로 드러내곤 하였다. 그러다가 뒤에는 어버이의 당부 때문에 자신의 뜻대로만 할 수 없어서 간간이 또 억지로 과거에 응시하기도 하였지만, 이는 공의 뜻이 아니었다.

당시에 권 문순공 상하(權文純公尙夏)가 황강(黃江)에 있었는데, 그 거리가 은곡(隱谷)과 매우 가까웠으므로 공이 왕래하며 강질(講質)을 하여 계발(啓發)을 받은 것이 많았다. 이에 문순이 누차 과분하게 칭찬해 주었으며, 그 아우인 판서 권상유(權尙游)는 더욱더 공의 기국을 중히 여겨서 일이 있을 때마다 반드시 찾아와 묻곤 하였다. 병신년(1716)에 영남(嶺南)의 유생(儒生) 양명하(梁命夏) 등이 소(疏)를 올려 사계(沙溪) 김 문원공(金文元公 김장생(金長生))을 헐뜯으면서 율우(栗牛 율곡 이이와 우계 성혼) 두 분 선생까지 근거 없이 무함해 마지않았으므로, 관학(館學)에서 장차 상소하여 변론하려 하였는데, 이때 권공(權公)이 말하기를 "이 소(疏)는 체모(體貌)가 중대하니, 모름지기 임모(任某)의 손에 맡겨야만 쓸 수 있을 것이다."라고 하고는 마침내 공에게 부탁하였다. 이에 공이 본말(本末)을 고사(考査)하여 증거로 제시하고 조목별로 해명하며 사실을 밝혔는데, 그 언사(言辭)가 분명하고 그 의리가 정대하였으므로 사설(邪說)이 멋대로 행해질 수가 없었다.

8 저닉(沮溺) : 춘추 시대 초(楚)나라 장저(長沮)와 걸닉(桀溺)의 병칭으로, 세상일에는 아예 관여하지 않고 숨어 사는 은자(隱者)를 가리키는데, 《논어》〈미자(微子)〉에 이들에 대한 이야기가 나온다.

무술년(1718)에 장녕전 참봉(長寧殿參奉)을 제수받고 나서 자리를 옮겨 의금부 도사(義禁府都事)가 되었다. 경자년(1720)에 숙종이 승하하자, 동몽교관(童蒙敎官)의 신분으로 산릉(山陵)의 역(役)을 감동(監董)한 노고를 인정받아서 6품으로 승진한 뒤에 장원서 별제(掌苑署別提)에 임명되었다.

신축년(1721, 경종1)에 외방으로 나가 양성 현감(陽城縣監)이 되었는데, 정사를 행하는 것이 강명(剛明)하고 인서(仁恕)하였으며 대체(大體)를 견지하려고 힘썼으므로, 재직한 5년 동안에 백성들이 관리를 볼 수 없었다.[9] 그동안의 관례에 의하면 청나라 사신이 올 때마다 열읍(列邑)이 으레 백성에게 돈을 거두어 지공(支供)하는 비용으로 삼곤 하였는데, 공은 이를 적절히 처리하는 한편, 더러 자기 봉록을 내놓아 충당하기도 하였다. 당시에는 사신이 더욱 뻔질나게 나와서 한 해에 한두 번이 될 때도 있었으나 백성들은 이런 사실을 전혀 알지 못하였다.

몇 년 동안 크게 기근이 들자 공이 심사(心思)를 다하여 다방면으로 조치하였다. 그리고 기민(飢民)들을 현아(縣衙)의 뜰에 모아 놓고 진휼하는가 하면, 또 죽반(粥飯)을 지어서 더욱 사정이 딱해 빈사(瀕死)

9 백성들이……없었다 : 지방 장관이 선정을 베푼 것을 비유한 말이다. 후한(後漢)의 유총(劉寵)이 회계 태수(會稽太守)로 선정을 베풀고 나서 조정의 대신(大臣)으로 들어갈 즈음에, 산음현(山陰縣)의 노인 5, 6인이 "다른 태수 때에는 관리들이 백성을 갈취하는 일이 밤이 되도록 끊이지 않아서 개들이 밤새도록 짖어댔고 백성들이 안정을 취할 수 없었는데, 명부께서 부임하신 뒤로는 개들도 밤에 짖지 않고 백성들도 관리를 볼 수 없었다.〔它守時 吏發求民間 至夜不絶 或狗吠竟夕 民不得安 自明府下車以來 狗不夜吠 民不見吏〕"라고 찬미하며 각각 100전을 송별금(送別金)으로 주었는데, 유총이 성의를 무시하기 어려워 단지 1전씩 받아서 가지고 갔으므로 일전태수(一錢太守)라고 칭했다는 고사가 전한다. 《後漢書 循吏列傳 劉寵》

지경에 이른 자들을 구제하였으므로 백성들이 온전히 살아날 수 있었다. 공은 청송(聽訟 소송 심판)을 분명히 처리하였다. 비록 원고와 피고의 변쟁(辨爭)이 분분해서 끝까지 캐물어 규명할 수 없는 것처럼 보이는 것도 공이 찬찬히 살펴 한마디 말로 결론을 내리면 심복하지 않는 경우가 없었다. 이 때문에 한 도(道) 안에서 판결하지 못하는 의옥(疑獄)이 있을 경우에는, 영문(營門)에서 반드시 공에게 위촉하곤 하였다.

을사년(1725, 영조1)에 함흥 판관(咸興判官)에 이배(移拜)되었는데, 함흥은 그 지역이 거대하고 물산이 풍부한 북관(北關)의 웅읍(雄邑)으로, 평소에 업무가 지극히 번다하기로 이름이 났다. 그래서 이전에 수령으로 재직한 자들이 옥송(獄訟)을 처결하느라 혹 밤에도 쉬지를 못했는데, 공은 부임하자마자 중문(重門)을 활짝 열어젖히고서 문리(門吏)에게 주의를 주기를 "백성이 도착하면 곧바로 보고하고 지체하지 않도록 하라."라고 하고는 이를 어길 경우에는 반드시 처벌하였다. 이에 백성들이 소송 문서를 지니고 곧장 섬돌 앞에 이르러 고소하기를, 마치 자기 집에 들어와서 부형에게 명을 듣는 것처럼 하였으므로 저지를 받거나 지체되는 일이 없었다.

공은 또 번거로운 정무(政務)를 처리하는 데에 능하여 손으로 쓰고 귀로 들으면서 물이 흘러가듯 처결하였다. 이 때문에 인시(寅時)[10]에 좌정(坐定)해서 유시(酉時)에 퇴근하였으며, 아직 퇴근하지 않았을 때에도 일에만 파묻히지 않고 간혹 틈을 내어 글을 읽거나 시를 읊기도 하고 투호(投壺)하거나 습사(習射)하는 등 여유롭게 지냈다.

10 인시(寅時) : 묘시(卯時)의 오류인 듯하다. 옛날 관리들이 묘시에 출근했다가 유시에 퇴근하는 것을 묘사유파(卯仕酉罷)라고 하였다.

하루는 방백(方伯)인 조공 상경(趙公尙絅)이 와서 얘기하다가 돌아갈 즈음에 공과 동행할 것을 청하였는데, 공이 관청의 업무가 많이 지체되었다면서 결재(決裁)를 끝내야 갈 수 있다고 말하였다. 그때 날은 이미 저물었고 대청(大廳)의 좌우에 있는 문권(文券)은 산처럼 쌓였으며 관리 10여 인이 줄을 나누어 기다리고 있었으므로, 조공(趙公)이 입으로는 그러자고 응하면서도 마음으로는 믿지를 않았는데, 몇 식경(食頃)이 지나는 사이에 공이 벌써 결재를 모두 마치고는 곧바로 모임에 나아가니, 조공이 크게 놀라면서 한참 동안 차탄하였다. 그래서 사람들이 이 일을 금시공(今是公 임의백(任義伯))이 감옥을 텅 비운 것이 거의 40일이나 되어 칭송하는 소리가 자자했던 것에 비유하며, 관부(官府)를 개설한 이래로 없던 일이라고 평하였다.

함주(咸州)는 대해(大海)에 인접하였는데, 고사(故事)에 의하면 조개와 복어 등속을 모두 갯마을 사람들에게 공물을 책임 지웠으므로 백성들이 괴로워하였는데, 공이 이를 모두 혁파하고 맛이 좋은 음식을 바치는 것은 모두 사서 쓰도록 하였다. 그리고 방백이 성 안에 진창이 많다는 이유로 백성들로 하여금 조개껍데기를 운반해서 땅바닥에 깔게 하자, 공이 극력 반대하면서 자신의 거취를 내걸고 쟁집하기까지 하였다. 공이 백성을 진정으로 사랑하여 털끝만큼도 동요시키지 않은 것이 대부분 이와 같았다.

공은 또 무비(武備)를 닦고 조련(操鍊)하였다. 정사에 틈이 날 때마다 열무당(閱武堂)에 나아가 기사(騎射)와 격구(擊毬)를 살펴보았으며, 왕왕 활을 직접 쥐고서 모범을 보이기도 하였다. 공은 유술(儒術)에 의한 교화를 더욱 중하게 여겨, 학교를 새롭게 하고 향사례(鄕射禮)를 행하였다. 그리고 유생(儒生)들을 친근하게 대하면서 학업을 권면하고 정사(政事)를 순문(詢問)하였으며, 자주 관부의 뜰에 과장(科場)을 열어 과시(課試)를 행함으로써 장려하고 징계하는 뜻을 보였다. 이에 온 경내가 흥기하며 사풍(士風)이 크게 변하였으므로 이웃 고을에서 이를 취해 본받기도 하였다.

어떤 기녀(妓女)가 사적으로 관아의 일을 사성(使星 사자(使者))에게 일러바치자 공이 노하여 매질하였는데, 이 사성이 앙심을 품고는 대관(臺官)을 사주(使嗾)해서 다른 일로 공을 무함해 탄핵하는 논계를 올리게 하였다. 이에 공이 "사대부는 염치를 중히 여기는 만큼 상이 윤허하지 않았다고 해서 구차하게 자리에 있을 수는 없다."라고 하며 마침내 벼슬을 버리고 돌아왔으니, 이것이 정미년(1727, 영조3) 8월의 일이었다. 그러자 주민들이 상하(上下) 노장(老壯) 할 것 없이 모두 5, 6백 인이나 연명(連名)으로 소장(疏章)을 작성하여 감영(監營)에 호소하는 일이 끊이지 않았는데, 그래도 공을 머물러 있게 할 수 없자 이번에는 또 서로 더불어 발을 싸매고 식량을 싸들고 가서 장차 조정에 호소하려고 하였으나, 공이 이 소문을 듣고는 급히 뒤따라가서 돌아오게끔 하였다. 처음 대론(臺論)이 발동했을 때에 조정의 경(卿)과 사대부 중에서 그것이 무함인 줄 아는 자들은 모두 놀라고 분개하였으며, 심지어는 글을 보내 대관을 꾸짖는 자가 나오기까지 하였다. 그리고 어떤 대신(大臣)은 상 앞에서 이 일을 진달하려고 하였으나 실행에 옮기지 못했다고도 한다.

그런데 이때에 시사(時事)가 또 크게 변하자 공은 더더욱 세상에 대한 뜻이 없어졌다. 이에 앞서서 청주(淸州)의 옥화대(玉華臺)에다 집터를 잡아 놓았었는데, 그곳은 산이 에워싸고 물이 맑아서 거주할 만하였다. 그리하여 마침내 전원(田園)으로 돌아갈 결심을 하고는, 무신년(1728) 봄에 가족을 이끌고 남쪽으로 내려가려 하였는데, 그해 1월에 우연히 병에 걸려서 한성(漢城) 송현(松峴)의 우사(寓舍)에서 생을 마쳤으니, 향년이 겨우 44세였다. 공은 병중에도 누차 돌아갈 계획을 이루지 못한 것을 탄식하였으며, 병이 위독해진 상황에서도 여전히 되뇌며 아쉬워하였으니, 아, 비통한 일이다.

공의 배필인 파평 윤씨(坡平尹氏)는 호조 정랑 윤부(尹扶)의 딸인데, 5남 2녀를 낳았다. 장남 명주(命周)는 직장(直長)으로서 5녀를 두었으나 모두 아직 출가하지 않았다. 다음 성주(聖周)는 생원이고, 다음은 경주(敬周)이고, 다음 병주(秉周)는 계부(季父)의 후사(後嗣)로 나갔으며, 정주(靖周)는 아들 하나를 두었으나 어리다. 장녀는 참봉(參奉) 원경여(元景輿)에게 출가하여 3녀를 두었으며, 다음은 신광유(申光裕)에게 출가하였다.

공은 천부적인 자질이 고매(高邁)하고 성정(性情)과 도량(度量)이 관대하고 넓었으며, 단아하면서 엄격하고 고고하면서 온화하였다. 사람들과 담론할 때에는 고금의 인물과 치란 및 성쇠를 두루 거론하며 당세의 일까지 언급하는 등 종횡으로 분석하고 변별하여 신채(神采)가 환히 드러났으며, 그 말이 또 모두 확실하게 정곡을 짚고 시비를 분명히 밝혀냄으로써 듣는 자들로 하여금 피곤함을 모르게 하였다. 그러나 막상 가부좌하고 앉아 있을 때는 적연부동(寂然不動)한 모습을 보여서, 비록 자제들이라 할지라도 감히 입을 열어 기거(起居)를 여쭤보지도 못하였다.

공은 16, 7세 때부터 벌써 세속에서 말하는 영명(榮名)이나 이록(利祿) 같은 것에 염증을 내고는, 우뚝하게 문장과 경술을 자신의 목표로 삼았다. 그리하여 서실에 조용히 들어앉아 글을 읽고 사색하면서, 육경

(六經)과 사서(四書)는 물론이요 염락관민(濂洛關閩)의 글에 이르기까지 모두 연구하고 궁리하며 스스로 터득한 것이 많았으며, 그러고 나서는 또 제사(諸史)와 작가(作家)의 글을 널리 섭렵하였는데 그중에서도 좌씨(左氏 《춘추좌전(春秋左傳)》)와 마반(馬班 《사기(史記)》와 《한서(漢書)》)과 팔대가(八大家)의 글에 더욱 친숙하였다.

이러한 까닭에 그 글이 웅혼하고 광대하여 마치 날랜 수레가 평소에 잘 다니던 길로 치달리는 것 같았으며, 굽이굽이 꺾이고 반복하며 서서히 반전하고 강개하여 일창삼탄(一唱三歎)의 홍취가 있었다. 그 글을 보는 자들은 모두 구공(歐公 구양수(歐陽脩))과 너무도 비슷하다고 평하였으나, 사실은 유가의 글에서 얻은 것이 많았다.

시(詩)는 전적으로 두보(杜甫)를 본받으면서도 간재(簡齋)[11]의 시를 함께 취했는데, 전아(典雅)하고 담탕(澹宕)하면서 격조와 기세가 있고 유한(悠閑)하고 자연스러운 운치가 있었다. 그래서 삼연자(三淵子 김창흡(金昌翕))가 보고는 재삼 감탄하였는가 하면, 전배(前輩)로서 시를 잘 짓는다고 이름난 자들이 더러 그 작자가 누구인지 보고 싶다는 말을 하기도 하였다. 그리고 내재공(耐齋公 홍태유(洪泰猷))은 곧장 고문장(古文章)의 출현을 기대하면서 한 편이 나올 때마다 번번이 고인(古人)과 비교하며 평하고 나서야 그만두곤 하였다.

공이 거자(擧子)의 글을 지은 것을 보아도 청신(淸新)하고 화창(華暢)하여 근세(近世)의 자질구레하고 진부한 작태를 전혀 볼 수 없었으

11 간재(簡齋) : 남송 고종(南宋高宗) 때 한림학사(翰林學士)와 참지정사(參知政事)를 지낸 진여의(陳與義)의 호이다. 그의 시는 한 시대를 가슴 아파하며 세상일에 비분강개한 작품들이 많다.

며, 손에 붓을 쥐기만 하면 수천 언을 그 자리에서 곧장 써 내려갔다. 공이 장옥(場屋)에 나아가 노닐 때면 원고를 손에 쥐고서 고쳐 주기를 바라는 자가 좌우에 모여들어서, 옆에서 보는 자들도 바야흐로 현기증이 나고 정신을 뺏길 정도였지만, 공은 오히려 종용(從容)히 한가하게 담소하며 부응하기를 마치 소매 속의 물건을 꺼내 주듯 하였으므로, 당시에 사림(詞林)의 영재(英才)들도 눈을 휘둥그렇게 뜨고 멀찌감치 뒤로 물러서지 않는 이가 없었다.

공은 글에 대해서 열람하지 않은 것이 없었고, 일에 대해서도 배우지 않은 것이 없었으며, 나아가 음양(陰陽), 복서(卜筮), 상수(象數)와 참위(讖緯), 감여(堪輿), 의방(醫方), 지지(地志)와 역대의 명칭, 용어의 변천에 이르기까지 연구하고 조사하여 그 개략을 통하지 않음이 없었다.

양성 현감(陽城縣監)으로 있을 적에 중국 복건성(福建省)의 주민이 표류하여 남해(南海)에 상륙했는데, 공이 명령을 받고 경사(京師)로 인솔하는 도중에 글로 써서 서로 문답을 나누었다. 이때 그 나라의 공거(貢擧)의 규정과 병농(兵農)의 제도를 비롯해서 산천의 형승(形勝)과 도리(道里)의 원근 및 민풍과 토산(土産)에 대해서 모두 차례로 물어보며 마치 조석으로 보고 들은 사람처럼 하였고, 그 글이 또 멋진 운치가 있어서 볼만하였으므로 그 표류해 온 사람이 크게 경복(驚服)하였다. 그러나 공은 일찍이 이런 것을 가지고 스스로 기뻐하지 않으면서 항상 말하기를 "선비가 이 세상에 태어나서 도술(道術)과 경론(經綸)을 가슴속에 온축하여 스스로 드러내 보이지 못한다면, 어떻게 선비라는 이름에 걸맞을 수 있겠는가."라고 하였다. 이 때문에 비록 신분이 포의라고 할지라도 국가 정책과 민중의 고통과 병식(兵食) 등 중요한 일에 대해서 모두 탐구하고 두루 꿰뚫어 절목(節目)마다 조리있게 해서 직접 사업에 적용할 수 있게끔 하였으니, 쓸모 있는 학문을 한 것이 마치 가생(賈生)[12]과 육지(陸贄)[13]가 한 일을 연상케 하였다. 그리고 조정에서 하나의 정책을 발표하고 한 사람을 중용할 적에 좋지 못한 점을 보게 되면, 그때마다 감정이 격앙되어 혹 먹는 것을 잊기까지 하였다. 이를 통해 공의 포부가 원대하고 스스로 기필한 것이 중대해서 사장(詞章)만 가지고는 공을 평가할 수 없음을 알 수 있다.

공은 음양과 흑백을 구분하는 데에 더욱 엄격한 태도를 보였다. 신임(辛壬)의 화(禍)[14]를 당하여 선류(善類)가 모두 패망할 적에 중조(仲祖)인 참찬공(參贊公 임방(任埅))이 서쪽 변방으로 유배되었다. 공이 당시에 양성(陽城)에 있다가 비통한 심정으로 고통스럽게 울부짖어 거의 목이 잠겼는가 하면, 왕왕 분기(憤氣)가 치솟아 꾸짖고 욕하는 소리가 입에서 끊이지 않았으며, 사류(士類) 중에 유배된 자에 대해서는 반드시 정성을 다하여 돌아보며 도와주었다. 그러다가 정미년(1727)[15]에 이르러서는 더욱 경탄(驚歎)하여 관면(冠冕)을 부수고 찢

12 가생(賈生) : 한 문제(漢文帝) 때의 청년 정치가인 가의(賈誼)를 말한다. 가 태부(賈太傅)라고도 한다. 시대의 폐단을 바로잡아 보려는 충정에서 몇 차례나 치안책(治安策)을 진달하여 부분적으로 시행되기도 하였으나, 주위의 시기로 인하여 양왕(梁王)의 태부(太傅)로 좌천되어 울분의 세월을 보내다가 33세의 나이로 요절하였다. 《신서(新書)》와 《가장사집(賈長沙集)》이 전한다. 《漢書 賈誼傳》

13 육지(陸贄) : 당 덕종(唐德宗) 때의 한림학사(翰林學士)로, 국정에 직접 참여하여 정승처럼 국사(國事)를 좌우하였으므로, 내상(內相)이라고 일컬어지기까지 하였다. 그가 황제에게 건의한 글을 모아 놓은 《육선공주의(陸宣公奏議)》는 당 태종(唐太宗)의 《정관정요(貞觀政要)》와 함께 정치가의 필독서로 꼽혀 왔다. 《新唐書 陸贄列傳》

14 신임(辛壬)의 화(禍) : 신임옥사(辛壬獄事)를 말한다.

어 버리려는 뜻[16]을 지녔다.

이에 앞서 공이 제생(諸生)의 신분으로 있으면서 사장으로 한 세상을 압도하자, 당시의 명공(名公) 대인(大人)들이 원대하게 성취할 것이라고 허여하였다. 그리고 만년에 정적(政績)이 뚜렷이 드러나게 되자 또 모두 그 재지(才智)를 칭송하였으며, 공을 깊이 아는 붕우들은 또 경세제민의 사업을 공에게 기대하지 않음이 없었다. 하지만 공은 때를 헤아리고 기미를 미리 알아서 영화(榮華)의 길에 나아갈 뜻을 끊어 버렸으니, 비록 집안이 가난하고 어버이가 연로한 관계로 현읍(縣邑)에 부임하여 그 뜻을 굽히긴 하였지만, 정작 그 마음은 처음부터 물러나는 것을 하루도 잊은 적이 없었다. 그리하여 끝내는 가슴속에 쌓인 포부를 조금도 시험해 보지 못하였는데, 하늘이 또 수명을 빌려주지도 않아서 홀연히 죽고 말았으니, 아, 어찌 가슴 아픈 일이 아니겠는가.

공이 어버이를 섬기는 것은 천성에서 우러났다. 18세에 황고(皇考)의 병이 위독해지자 향을 피우고 꼿꼿이 앉아서 상제(上帝)와 귀신에게 기도드리며 사흘 낮밤을 지새우면서도 자세가 전혀 흐트러지지 않았다. 그러다가 상(喪)을 당해서는 몇 차례나 갑자기 혼절하여 인사불성이 되었는가 하면, 너무도 슬퍼한 나머지 뼈만 앙상하게 남은 채 거의 몸을 보전하지 못할 정도가 된 상태로 거상(居喪)하며 극진하게 예(禮)를 행했으며, 3년 동안 내외(內外 부부 관계)를 통하지 않았다.

15 정미년 : 1727년 10월 김창집(金昌集) 등의 관작을 추탈하고 서원(書院)을 훼철하였다.

16 관면(冠冕)을……뜻 : 왕실을 부정하고 왕위를 탈취하거나, 벼슬하려는 뜻을 완전히 끊어 버리는 것을 비유하는 말인데, 여기서는 후자의 뜻으로 쓰였다.

모부인(母夫人)을 섬길 때에는 양지(養志)[17]를 근본으로 삼았다. 매양 모시고 앉아 있을 때면 화열(和悅)한 안색과 화순(和順)한 의용(儀容)으로 끊임없이 웃고 대화하며 뜻을 어기지 않았다. 함흥 판관(咸興判官)으로 있을 적에는 술자리를 베풀어 축수(祝壽)하고 성대히 연향(宴享)을 하면서 노래하고 춤추었으며, 또 경내의 기로(耆老)들을 초청하여 별도로 잔치를 마련함으로써 노인을 노인으로 대접하는 뜻을 다하였다. 그리고 형제들과 우애하며 화목하게 지냈다. 숙제(叔弟)가 일찍 죽자 지성(至誠)으로 그의 자녀들을 보살폈으며, 그들이 시집가고 장가들 때면 혼수와 의복 등을 자기 자식과 조금도 다르지 않게 해 주었다. 종족(宗族)을 대할 적에도 곡진하게 은의(恩義)를 다하였는데, 함주(咸州)에 있을 적에는 본토에 거하는 동성(同姓)들을 한데 모아 놓고 함께 앉아 술잔을 주고받는가 하면, 군적(軍籍)에 명단이 편입된 자를 면제해 주기도 하였다.

공은 성품이 남에게 베풀기를 좋아하여, 어려서부터 의금(衣衾)을 벗어서 가난한 자가 염상(斂喪)을 하도록 도와준 경우가 매우 많았다. 집 안에 거할 때에는 가정 형편이 어떠한지 묻지를 않았고, 관직에 거할 때에는 청검(淸儉)으로 자신을 단속하여 털끝만큼도 자신의 이익을 도모한 적이 없었다. 그리고 상(喪)을 당해서는 빈렴(殯斂)의 도구를 모두 빚을 내어 마련하였는데, 당시에 함주에서 돌아온 지가 몇 달밖에 되지 않았으므로 보는 이들이 하기 어려운 일이라고 차탄(嗟

17 양지(養志) : 어버이의 뜻을 받들어 봉양하는 효도라는 말로, 의식(衣食)을 풍족하게 하는 등 물질적으로 불편함이 없게 하는 구체(口體)의 봉양, 즉 양체(養體)와 상대되는 말이다.

歎)하였다.

공은 자제들을 상대로 말하는 일이 드물었는데, 말하면 반드시 고인(古人)을 일컬었으며 또 반드시 법도에 의거하였다. 공의 병세가 위중할 적에 불초가 옆에 모시고 앉아 있었는데, 공이 말씀하다가 세상에서 선현(先賢)을 능모하는 자에게 말이 미치자 말하기를 "우리는 단지 정주(程朱)가 제정한 법도를 삼가 지켜야 할 것이요, 나아가 아조(我朝)의 정암(靜菴) 조광조(趙光祖), 퇴계(退溪) 이황(李滉), 율곡(栗谷) 이이(李珥), 우암(尤菴) 송시열(宋時烈) 등 여러 선생에 이르기까지 한마음으로 존신해야 할 것이니, 함부로 기의(譏議)를 가하면 안 될 것이다."라고 하였다. 아, 이것이 바로 속광(屬纊)하기 며칠 전의 일이었는데, 불초가 이 말씀을 듣고서 뼈에 새겼다.

세상에서 공을 논하는 자들은 왕왕 그 문장(文章)과 재조(才調)가 호매하고 절륜한 것만을 알아볼 뿐, 그 규모와 기상이 이와 같이 근후(謹厚)한 것에 대해서는 인식하지 못하고 있으니, 아, 이것이 어찌 공을 안다고 할 수 있겠는가. 공의 문집 몇 권이 집에 보관되어 있다. 처음에 공을 한성(漢城)의 서쪽 교외에 장사 지냈다가, 을축년(1745) 9월 양주(楊州) 서면(西面) 중흥동(重興洞) 을좌(乙坐)의 언덕으로 이장(移葬)하였다.

삼가 이와 같이 공이 역임한 관직과 일을 행한 기록을 갖추어, 대군자(大君子)께서 한마디 말씀을 내려 주어 묘혈을 빛내 주시기를 삼가 청하는 바이다. 그런데 생각해 보면 불초배(不肖輩)가 늦게 세상에 태어난 탓으로 공에 대해서는 아는 것이 별로 없다. 소싯적의 일이야 물론 상세히 알 수 없지만, 그 만년의 언행과 사적(事績) 가운데 기념할 만하고 전할 만한 것들도 모두 열에 여덟아홉은 빠뜨린 채 죄다 기록하지 못하였으니, 불효를 범한 죄를 스스로 면할 수가 없다. 그러나 여기에 기록한 것들은 거의 모두 귀로 듣고 눈으로 본 것이요, 문자로 드러나고 가정에 전해진 것들로, 감히 털끝만큼도 과장을 하여 "과분하게 찬미하지 말라."라는 고인의 경계를 범하지는 않았으니, 모쪼록 군자께서 사(私)가 개입되었다고 생각하지 않으시면 다행이겠다.

유인 신씨의 행장
孺人申氏行狀

유인(孺人) 신씨(申氏)는 평산(平山) 사람으로, 상주(尙州)에서 대대로 살았다. 인묘(仁廟)와 효묘(孝廟) 때에 석무(碩茂)와 석번(碩蕃)과 석형(碩亨)이 있었는데, 석무는 호조 좌랑이고, 석번은 유학(儒學)으로 세자시강원 진선(世子侍講院進善)이 되었고, 석형은 태학생(太學生)의 신분으로 제생(諸生)을 대표해서 율곡(栗谷) 이이(李珥)와 우계(牛溪) 성혼(成渾) 두 선생이 무함받은 것을 변박하였다. 이로써 삼형제가 모두 세상에 알려졌는데, 유인은 바로 석무의 현손(玄孫)이다.

증대부(曾大父)는 휘(諱)가 식(烒)이고, 대부(大父) 휘 명일(命一)은 제용감 봉사(濟用監奉事)이고, 부친은 휘가 진후(鎭垕)인데, 모두 문헌(文獻)의 가통(家統)을 제대로 계승하였다. 모친 전의 이씨(全義李氏)는 선략장군(宣略將軍) 이행휘(李行徽)의 딸이요, 참판 이명준(李命俊)의 증손녀이다.

유인은 어려서부터 정직하고 온순하였으며 아무 때나 울지 않았고, 조금 장성해서는 행동거지가 성인(成人) 같아서 장난치며 놀기를 좋아하지 않았으며, 종일토록 단정히 앉아 있을 뿐 문 바깥을 엿본 적이 없었다. 13세에 무신(戊申)의 난(亂)[18]을 만나 수로(水路)를 통해 여주(驪州)로 피신하였는데, 비록 정신없이 매우 다급한 와중에서도 의젓하기가 평소 거처할 때와 같았다. 당시에 함께 온 친지들이 모두 4, 5가구

18 무신(戊申)의 난(亂) : 이인좌(李麟佐)의 변란을 말한다.

나 되었는데 그중에 어떤 사람도 유인의 말소리와 얼굴을 접하지 못하였으므로 모두 탄복하면서 그렇게 하기가 어려운 일이라고 평하였다.

유인은 천성이 지극히 효성스러웠다. 3세에 부친을 잃은 것을 항상 종신(終身)의 한(恨)으로 여겼으며 사람들이 얘기하다가 그 일에 말이 미치면 번번이 눈물을 줄줄 흘리면서 울곤 하였는데, 그러면서도 모씨(母氏)가 알지 못하게 하였으니 이는 그 마음을 상하게 할까 염려해서였다. 그리고 모씨를 지성(至誠)으로 섬기면서 잠시도 그 옆을 떠난 적이 없었으며, 상(喪)을 당해서는 너무도 슬퍼하다가 몸을 훼손하여 뼈만 앙상해서 하루도 버틸 수 없을 것처럼 보였다.

상복을 벗은 뒤에 출가하여 달성(達城)의 서군 명호(徐君命浩) 사직(士直)의 처(妻)가 되었다. 유인은 이미 조실부모(早失父母)한 데다 출가해서도 시아버지가 또 세상에 계시지 않자, 이에 부모와 시아버지에게 못해 드린 점까지 미루어 정성을 다해서 시어머니를 섬겼다. 그리하여 좌우에서 봉양함에 예의에 어긋나게 하는 일이 없었으며, 음식과 의복을 얻기라도 하면 반드시 먼저 바치곤 하였는데, 비록 다른 곳에 있을 때라도 그렇게 하였다. 몸이 편찮다는 말을 들으면 애태우며 매우 걱정하였는데, 비록 안색과 말에 드러난 것은 다른 사람과 별로 다른 점이 없는 것 같아도, 자신이 먹고 마시는 것을 현저히 줄이다가 건강이 회복되었다는 소식을 들은 뒤에야 그만두곤 하였다. 그 성효(誠孝)가 지극히 독실하여 다른 일에 신경을 쓰지 않는 것이 이와 같았다.

무오년(1738, 영조14) 여름에 유인이 임신하여 산월(産月)이 다가오자 시어머니가 와서 보살폈는데, 유인이 있는 힘을 다하여 옆에서 모시면서 비록 무더위에 매우 괴로워도 종일토록 모시고 앉아서 조금도 몸을 비스듬히 기대지 않았으며 물러가라고 명해도 물러가지 않았다. 혹 군핍할 때를 당해도 몰래 돈을 꾸어서 처리하고는 시어머니가 알지 못하게끔 가인(家人)에게 주의를 주었다. 병이 위독해져서 시어머니가 노천(露天)에서 지내며 간호하자 유인이 걱정하는 빛이 언어에 드러났는데, 비록 정신이 혼미하고 기식(氣息)이 막혔을 때라도 재삼재사 그런 말이 입에서 끊이지 않았으며, 시어머니가 죽이나 마실 것을 권하면 구역질하면서도 반드시 맛보곤 하였다. 그러다가 끝내는 이 병으로 죽자 동리(洞里)의 노유(老幼)들이 모두 탄식하며 애석히 여겨 말하기를 "숙녀(淑女)가 세상을 떠났다."라고 하였다.

유인은 성품이 순정(純正)하고 욕심이 적어서 전리(錢利)를 보기를 분토(糞土)처럼 여겼다. 평소에 종용(從容)하고 화완(和婉)하였으며 기모(氣貌)가 수연(粹然)해서 사람들이 희로(喜怒)와 우수(憂愁)의 기색을 엿보지 못하였다. 일찍이 남의 과실을 말하지 않았으며 비록 비복(婢僕)이라도 악언을 가한 적이 없었으나 사람들의 옳지 않은 점을 보면 또한 구차하게 용납하지 않았다. 남편를 섬기는 것은 온순(溫順)함으로 일관하였으며, 아침저녁의 밥상은 비록 병들었어도 반드시 직접 챙겼다. 빈객이 있어서 주식(酒食)을 차리게 되면, 언제나 어려운 기색이 없이 마음을 다하였다. 사직(士直)의 집안이 원래 빈한했으나, 의식(衣食)을 신경 쓰지 않을 수 있었던 것은 오직 유인이 애쓴 덕분이었다. 유인에게는 오빠가 하나 있었는데 매우 서로 사랑하여 털끝만큼도 그의 마음을 상하게 한 적이 없었다. 유인의 병이 위중할 적에 옆에 있던 사람이 그 정신이 어떠한지 시험해 보려고 오빠의 편지가 왔다고 고하자, 문득 손을 들어 그 편지를 찾는 시늉을 하였다.

유인은 병신년(1716, 숙종42) 모월 모일에 태어나서 무오년(1738) 모월 모일에 죽었으니, 그때 겨우 23세였다. 모년 모월 모일에 이천(梨

川) 모향(某向)의 언덕에 장사 지냈다.

나는 사직과 사귄 지 오래되지 않았다. 그러나 평소에 그 동네 사람들을 통해서 유인의 덕과 품행이 평소에 그러함을 자주 얻어들었다. 그런데 지금 사직이 또 유사(遺事)를 써 가지고 나를 찾아와서 행장을 지어 주기를 청하므로, 내가 들은 것이 잘못되지 않았음을 이에 더욱 믿게 되었다.

아, 규문(閨門)의 행실은 외부에 드러나지 않는 법이다. 삼백편(三百篇《시경》)은 시대가 워낙 멀어서 차치한다고 하더라도, 가령 유향(劉向)이 찬미한 것과 반씨(班氏)가 서술한 것[19]을 보아도 그 내용이 사실인지 고찰해 볼 수가 없다. 다 하나 이천(伊川) 선생이 지은 정 효녀(程孝女)의 묘지명(墓誌銘)[20]만이 마침내 혁혁(赫赫)하게 사람의 이목(耳目)을 비추며 천백 년이 지나도록 마멸되지 않고 있는데, 유인의 덕과 품행 같은 것도 정 효녀에게 비교해서 부끄러울 것이 뭐가 있다고 하겠는가. 세상에 크게 영향을 미칠 수 있는 거인(巨人)의 한마디 말을 빌려서 유인을 표창하게 한다면, 세속의 모범이 되어 풍화(風化)를 도와주는 것을 정 효녀와 견줄 수 있을 것인데, 나 같은 자가 또 어떻게 그런 일을 해낼 수 있겠는가. 그래서 내가 사양했지만 허락을 받지 못했기에 우선 위와 같이 지어 놓고서 입론하는 군자가 채택할 자료로 제공하는 바이다.

19 유향(劉向)이……것 : 전한(前漢)의 유향이 지은《열녀전(列女傳)》과 후한(後漢)의 반소(班昭)가 지은《여계(女誡)》를 말한다.

20 정 효녀(程孝女)의 묘지명(墓誌銘) : 정이(程頤)가 25세로 요절한 자기 질녀(姪女)의 효성과 특출한 재능에 대해서 서술한 효녀정씨묘지(孝女程氏墓誌)를 가리킨다.《二程文集 卷12 伊川文集》

유사 遺事

선고의 유사
先考遺事

부군(府君)이 금오랑(金吾郎)일 적에 판서 민진후(閔鎭厚)가 판의금부사(判義禁府事)였다. 당시에 무변(武弁) 노흡(盧熻)이라는 자가 무슨 일로 구속되어 사형을 당하게 되었는데, 부군이 그의 억울함을 살펴보고는 회의할 때마다 반드시 극력 변호하였으며, 심지어는 자신의 거취를 걸고 다투기까지 하였다. 이와 같이 하기를 4, 5차례나 계속해서 멈추지 않자, 민공(閔公)이 결국 자기의 뜻을 굽히고 부군의 말을 따름으로써 노흡이 죽지 않을 수 있었다.

민공은 성품이 민첩하였다. 초계(草啓)를 작성할 때마다 반드시 부군에게 붓을 잡게 하고는 입으로 계속해서 급히 불러댔는데, 혹 몇십 줄이 될 때까지 잠시 멈추지 않을 때도 있었지만, 부군은 부르는 대로 써 내려가면서 필한(筆翰)이 마치 날아가듯 조금도 애체(礙滯)되지 않았으므로, 상국(相國) 이관명(李觀命)과 판서 이만성(李晩成)이 옆에서 살펴보고는 크게 경탄(驚歎)하며 서로 말하기를 "이는 참으로 한림(翰林)과 주서(注書)의 재질인데, 여태 하료(下僚) 자리에 멈춰 있다니, 애석한 일이다."라고 하였으며, 민공 역시 부군을 칭찬해 마지않았다.

황고(皇考)의 상(喪)을 당하여 너무 슬퍼하다가 몸을 상한 나머지 뼈만 앙상해져서 거의 죽을 뻔하다가 겨우 살아났다. 3년 동안 내외를 통하지 않았는데, 비록 제전(祭奠)을 행할 때라도 반드시 장막을 쳐서 가리고 서로 대면하지 않았다.

일찍이 옛날의 교훈들을 수집하여 규범(閨範) 1편을 짓고는, 이를 방언(方言)으로 번역하여 부녀(婦女)들을 가르쳤다.

부군은 마음가짐이 정대하여, 세리(勢利)를 피하기를 마치 원수 보듯 하면서 흔들림 없이 확고하게 이 원칙을 지켰다. 사마시(司馬試)에 입격하고 나서 장차 이모(姨母)인 이 부인(李夫人)을 찾아뵈려 하였는데, 그때 상이 미리 사람으로 하여금 이 부인의 집에 당부하여 우희(優戲 광대놀이)를 설행하게 하고는 후원(後苑)에 거둥하여 바라보려 하였으니, 이는 대개 이 부인이 바로 청평위(青平尉)의 자부(子婦)[21]로서 그 집이 대내(大內)와 가까웠기 때문이었다. 그런데 부군이 이 말을 듣고는 즉시 창부(倡夫)를 물리치고 갔으니, 이를 통해서도 부군의

21 이 부인이……자부(子婦) : 청평위(青平尉)는 심익현(沈益顯, 1641~1683)의 봉호(封號)이다. 본관은 청송(青松)으로, 이조 참판 심지원(沈之源)의 아들이다. 1652년(효종3) 효종의 둘째 딸로 인선왕후(仁宣王后) 소생인 숙명공주(淑明公主)에게 장가들었다. 이 부인은 바로 심익현의 아들 심정보(沈廷輔)의 부인인 전주 이씨(全州李氏)이다.

마음가짐의 일단(一端)을 엿볼 수 있다.

부군은 재물을 가볍게 여기고 의리를 중하게 여겨, 항상 남을 구제하고 이롭게 해 주려는 마음을 견지하였다. 궁핍한 자 및 지구(知舊) 가운데 사망한 자를 보면 반드시 있는 힘을 다해 도와주었으며, 알고 지내는 어떤 무변이 겨울철에 입직하며 이불도 없이 지내자 즉시 자기가 덮는 새 이불을 가져다가 아낌없이 그에게 주었다. 우리 모씨(母氏)는 항상 말하기를 "평생에 걸쳐 바지와 저고리를 벗어서 가난한 자의 염상(斂喪)을 도와준 것이 이루 헤아릴 수 없이 많다."라고 하였다.

선비의 유사

先妣遺事

선비(先妣)는 단결(端潔)하고 유순하였으며 온공하고 정상(精詳)하였다. 황고(皇姑)인 이 유인(李孺人)을 섬길 적에 그 뜻을 먼저 알아채어 떠받들며 성실하고 전일하게 행하였다. 명하는 일이 있으면 오직 근실하게 봉행하였으며, 혹 처리하기 어려운 일이 있더라도 반드시 위곡(委曲)하게 주선(周旋)하여 기필코 행한 뒤에 그만두었다. 이 유인은 성품이 장엄해서 인가(認可)하는 일이 드물었으나, 선비에 대해서는 마음속으로 흐뭇하게 여겨 일마다 잘한다고 칭찬하였으며, 여러 손부(孫婦)를 훈계할 적에도 반드시 선비의 일을 거론함으로써 그들이 보고 느끼며 본받는 점이 있게끔 하였다.

선비는 매일 동트면 일어나서 세수하고 빗질한 뒤에 바느질 도구를 들고 황고의 곁에 나아가서 물러가라고 명하지 않으면 감히 물러나지 않고 곧장 날이 저물 때까지 있다가 잠자리를 보살펴 드린 뒤에야 물러나와 잠자리에 들곤 하였다. 대저 하루 사이에 사실(私室)에 물러 나와 휴식하는 시간은 한두 차례 식사할 때뿐이었는데, 만년에 이르러서도 그렇게 하였다.

소싯적에 황고의 잠자리를 모시면서 밤낮으로 그 곁을 몇 년이나 떠나지 않았으며, 혹한기와 혹서기에는 그 수고로움이 또한 지대하였는데도 한마음으로 엄숙하게 근신하며 감히 조금도 소홀히 하지 않았음은 물론이요 어떤 기미도 안색이나 언사(言辭)에 드러내지 않았으므로, 종당(宗黨)의 장로(長老)들이 이를 보고는 모두 칭찬해 마지않았다.

선고(先考)를 섬김에 마음을 다해 그 뜻을 받들어 따랐을 뿐, 혹시라도 거역하거나 대드는 일이 없었으며, 전후 수십 년 동안에 걸쳐 불순(不順)한 기색이나 불손한 언사를 드러낸 적이 한 번도 있지 않았다.

무신년(1728, 영조4) 1월에 선고가 병들어 누워 위독할 때에 선비도 질환에 감염되어 다른 곳에 나가 우거하고 있었다. 그런데 마음속으로 혹시나 하고 회의(懷疑)를 하다가 밤이 되면 시비(侍婢)로 하여금 뜰 가운데까지 부축하게 하고는 하늘을 우러러 기도를 드리곤 하였는데, 이렇게 한 것이 며칠이나 되었다.

여러 아들과 며느리에 대해서는 지극히 귀여워하고 사랑하였으며, 혹 과실을 범했을 경우에도 으레 온화한 말로 훈계하였을 뿐, 성내는 기색이나 가혹한 언사를 가한 적이 없었다. 대저 '순(順)'이라는 한 글자야말로 선비가 일생 동안 실천해 온 것이었으니, 집에 있을 때부터 며느리가 되고 어머니가 될 때까지 모두 이 도(道)로써 일관하였다. 예(禮)에서 "삼종(三從)의 도리만이 있고 독자적으로 행하는 도리는 없다."라고 말한 이것을 선비가 실제로 몸으로 보여 주었다고 하겠다.

정묘년(1747) 겨울에 선형(先兄 임명주(任命周))이 지평(持平)이 되어 10개 항목의 대계(臺啓)를 발론할 적에 말한 내용 가운데 시휘(時諱)를 범촉(犯觸)한 것이 많아서 집안이 두려움 속에서 불안해하였다.

선형이 장차 예대(詣臺)[22]하려 할 적에 선비를 뵙고 여쭈니, 선비가 이르기를 "이는 네가 응당 해야 할 일인데, 어째서 나 같은 부인(婦人)에게 묻느냐."라고 하였다. 이에 선형이 나와서 사람들에게 말하기를 "우리 모씨(母氏)의 마음가짐이나 수양하신 것은 물론 세속의 부녀(婦女)들이 미칠 수 있는 바가 아니지만, 우리 집안의 유풍(遺風)을 또한 여기에서 볼 수 있다."라고 하였다.

갑술년(1754)에 불초가 임실현(任實縣)의 수재(守宰)로 나갈 적에 선비를 모시고 부임하였는데, 정사(政事)의 득실에 대해서 털끝만큼도 간여하지 않으면서 말하기를 "나는 부인이니 바깥일은 알 바가 아니다."라고 하였다. 이는 대개 조비(祖妣)가 남겨 준 법도였는데, 선비가 이를 준행하였다.

22 예대(詣臺) : 예대 전계(詣臺傳啓), 즉 대간(臺諫)이 대청(臺廳)에 나아가 전계(傳啓)하는 것을 말한다. 대청 전계(臺廳傳啓)라고도 한다. 직접 입시(入侍)하여 어전(御前)에서 전계하는 것은 입시 전계(入侍傳啓) 혹은 탑전 전계(榻前傳啓)라고 한다. 예대 전계의 경우에는 승지(承旨)와 주서(注書)도 대청에 참석하는데, 대간이 초본(草本)을 주서에게 주면 주서가 정서(正書)하여 승전색(承傳色)을 통해서 입계(入啓)하였다. 입시 전계의 경우에는 대간이 홀기(笏記)에 적은 계사(啓辭)를 왕에게 직접 아뢰었다. 《銀臺便攷 刑房攷 臺諫》

공이 公移

임실현의 양후진과 관련하여 전령한 글 갑술년(1754, 영조30) 10월

任實縣量後陳傳令 甲戌十月

본관(本官)은 조정에 있을 때부터 외읍(外邑)에서 양후진(量後陳)을 백징(白徵)하는 억울한 일[23]에 대해서 줄곧 들어 왔다. 그래서 도임한 뒤에 민중의 질고(疾苦)를 채취해 보니, 본현(本縣) 역시 기사년(1749, 영조25)에 개량(改量)할 때 일시적으로 기경(起耕)해서 실결(實結)로 잡혔으나 그 뒤에 곧바로 묵밭으로 버려진 것이 무려 8, 9십 결(結)이나 되어 현재 백징하고 있었다.

23 양후진(量後陳)을……일 : 개량(改量), 즉 토지를 새로 측량할 때에는 수확이 있는 실결로 파악되었으나, 실제로는 그 뒤에 여러 가지 사정에 의해서 농사짓지 못하고 진전(陳田)에 대해서 무턱대고 세금을 부과하여 징수하는 일을 말한다. 백징은 백지징세(白地徵稅)의 준말로, 농사를 망쳐 수확할 것이 없어서 납세의 의무가 없는 땅에 강제로 세금을 매겨 거두는 것을 말한다. 백세(白稅) 혹은 생징(生徵)이라고도 한다. 진전은 과세 대상인 실결과 달리 과세의 등급에서 제외하는 것이 원칙인데, 세율(稅率)을 적용하기 위해 토지를 조사할 때에 아전의 일종인 서원(書員)들이 묵밭으로 버려진 것을 확인하여 감면하려 하지 않고 그냥 경작하는 토지의 실결로 잡아서 납세하게 하는 폐단이 만연하였다.

이를 듣고는 놀라움과 참혹한 심정을 금하지 못하였다마는, 본현은 또한 연분(年分)이 초실(稍實) 가운데에 들어 있어서 답고(畓庫)가 전재(全災)를 당한 곳도 일일이 몽탈(蒙頉)을 얻지 못하고 있으니,[24] 더군다나 이 양후진이야 당초에 거론할 대상에도 끼이지 못하는 데야 더 말할 것이 있겠는가. 밤낮으로 걱정하고 탄식하며 잠자거나 밥 먹거나 마음이 편치 못해서 백방으로 사량(思量)해 보았지만 시행해 볼 계책이 보이지 않았는데, 이 몸이 목민관(牧民官)이 되었으니 또 차마 우리 백성이 백지납세(白地納稅)하는 것을 앉아서 보고만 있을 수는 없는 일이다.

24 연분(年分)이……있으니 : 연분은 매해 농사의 풍흉의 정도에 따라 토지에 매기는 세율을 말하는데, 전재(全災)를 기준으로 1등에서 9등까지 재상(災傷)의 정도를 구분하여 분수재(分數災)의 세액(稅額)을 결정하였다. 전재는 전혀 수확할 수 없게 재상을 입어서 1결의 토지 전부를 재결(災結)로 올리는 것으로, 이에 대해서는 세금을 전액 감면하는데〔全減〕, 이를 속칭 혹재(酷災)라고도 한다. 반면에 토지의 전부가 아닌 일부가 재상을 입은 것을 분수재라고 하는데, 내재(內災) 혹은 경재(輕災)라고도 한다. 초실(稍實)은 흉년에 유독 풍년이 든 것을 말한다. 각 고을 수령이 방백에게 재실(災實)의 상황을 보고하면, 방백은 초실, 지차(之次), 우심재(尤甚災)로 등급을 판정하여 급재결수(給災結數)를 결정한 뒤에 연분 장계를 올려 호조에 보고하였고, 호조로부터 조세 감면 대상의 토지를 배정받으면 방백이 다시 각 고을에 비율에 따라 조세의 감면을 할당하였는데, 이를 표재(俵災)라고 하였다. 답고는 논의 사투리인 논꼬의 한문 표기이다. 몽탈은 탈이 났다고 인정받는 것을 말한다. 탈이 나서 조세를 덜어 주는 것을 탈감(頉減)이라 하고, 해당 대상에서 빼 주는 것을 탈하(頉下)라고 하고, 의무나 책임을 면제하는 것을 탈면(頉免)이라고 하고, 탈이 있어서 면세할 때 그 사유를 장부에 등록한 것을 현탈(懸頉)이라 하고, 새로 생긴 탈을 신탈(新頉)이라 하고, 예전부터의 탈을 구탈(舊頉)이라 하고, 서원(書員)이 탈의 유무와 그 정도를 간심하여 기록해 놓은 장부를 탈책(頉冊)이라고 하였는데, 이 과정에서 서원이 허위로 기재하는 위탈(僞頉) 등의 농간을 부려 농민의 고통을 가중시키는 사례가 비일비재하였다.

그래서 반복하여 강구하고 어렵사리 변통해 가면서 늠료를 덜어서 보태어 자체적으로 마련하기도 하고 다른 곳에서 취집(聚集)하기도 하였다. 비록 답고마다 모두 탈로 처리할 수는 없어도, 그 진전(陳田)의 결수(結數)의 다소에 따라 혹은 절반 혹은 분수(分數)를 나눠서 감해 줄 계획이다.

각 면(面)의 서원(書員) 등이 간심(看審)한 상지(裳紙)[25] 안에 진전으로 현록(懸錄)한 것을 준신(準信)하기 어려운 점이 있기에, 진지(陳地)의 전부(佃夫 실제 경작자)로부터 단자(單子)를 받은 뒤에 본관이 직접 답고마다 적간(摘奸)하려 하여, 이와 같이 소상하게 밝히며 풍약(風約)[26] 및 전부 등에게 전령(傳令)하게 되었으니, 모름지기 근간(懃懇)의 뜻을 다하여 사실대로 단자를 적어서 바치도록 하라.

만약 관가(官家)의 지극한 뜻을 체득하지 못하고서 혹 실결을 진전으로 처리하는 것이 있으면, 이와 같은 사람은 그야말로 사람의 마음이 전혀 없는 자이니, 응당 사실이 드러나 밝혀지는 대로 면임(面任) 및 전부 등을 전정률(田政律)에 의거하여 각별히 엄히 형추해 징치할 것이요 단연코 용서하지 않을 것이다.

25 상지(裳紙) : 서원이 전결(田結)을 답사(踏査)하여 양안(量案)에다 부록(附錄)하는 종이쪽지를 말한다. 양안은 농지 측량 대장을 말하는데, 여기에는 주소, 자호(字號), 등급, 형상, 면적, 소유주 등이 기록되어 있다. 서원은 재결을 확인하여 상지에 기록하고 탈이 난 그 상황을 일기(日記)로 보고하는데, 이때 허위로 기록하는 위탈이 실제의 몇 배나 되곤 하였다.

26 풍약(風約) : 면임(面任), 즉 향리의 임원인 풍헌(風憲)과 약정(約正)의 병칭이다.

동짓날에 인리청[27]에 게시한 글 11월

冬至日揭示人吏廳 十一月

하늘이 사람을 낼 때에 똑같이 인의(仁義)를 부여하였으니, 비록 그대들 서리(胥吏)라고 할지라도 어찌 유독 다르다고 하겠는가. 근래에 수재(守宰)가 된 이들이 교화하지 못할 자들로 서리를 대하면서, 권모술수를 써서 우롱하지 않으면 반드시 형장(刑杖)을 써서 모질게 대했으니, 이는 실로 그대들에게 수치스러운 일이다.

나는 성신(誠信)으로써 서로 대하고 염치로써 서로 면려하려 하니, 그대들은 각자 과거에 물들었던 오염을 스스로 깨끗이 씻어 내고, 새로 알아준 것에 발분(發奮)하여 자기 몸단속하기를 사군자(士君子)처럼 해야 할 것이요, 기만할 마음을 품거나 뇌물로 이익을 챙길 생각을 하지 말고서, 진심(盡心)으로 봉공하여 밤낮으로 경계하며 두려워해야 할 것이다. 그러면 상하가 서로 신임하여 함께 대도(大道)에 나아갈 수 있는 희망이 생길 것이니, 이 또한 아름답지 않겠는가.

그렇게 하지 않고서 예전대로 농간을 부리며 행동을 바꿀 줄을 알지 못한 채, 한갓 자기만 살찌우려고 애써서 생민에게 피해를 끼칠 경우에는 권모술수야 내가 원래 잘 알지 못하지만, 형장은 형세상 반드시 쓰게 될 것이니, 노력하고 조심해야 할 것이다. 일간(日間)에 행할 것들을 조목별로 아래에 열거한다.-조목들은 기록하지 않는다.-

27 인리청(人吏廳) : 서리가 근무하는 곳을 말한다. 연청(椽廳), 작청(作廳), 길청(吉廳), 질청(秩廳)이라고도 한다.

향교와 서원에 내린 체문 12월

校院下帖 十二月

하늘이 사람을 낸 소이(所以)와 사람이 사람으로 된 소이로 말하면 그 근본 주체는 인(仁)이라고 하는 것에 지나지 않으니, 사람으로 태어났어도 불인(不仁)하다면 사람이 되기에 부족하다. 그래서 성문(聖門)의 가르침을 보면 반드시 인을 구하는 것을 종지(宗旨)로 삼곤 하는데, 인을 구하는 방도를 말한다면 이 학문을 놔두고서 또 무엇으로 하겠는가.

학문하는 일은 물론 한 가지가 아니겠지만, 그 요체는 독서보다 우선하는 것이 없는데, 독서하는 방법은 주자(朱子)의 〈행궁차(行宮箚)〉에 자세히 나와 있고,[28] 독서하는 순서는 율옹(栗翁 이이(李珥))의 《격몽서(擊蒙書 《격몽요결(擊蒙要訣)》)》에 갖추어져 있다.

나는 어릴 때부터 나름대로 인을 구하는 공부에 뜻을 두고 성현의 글을 읽으면서, 성현이 학문한 것을 배워 보려고 소망한 것이 어언

28 독서하는……있고 : 주희(朱熹)가 송 영종(宋寧宗) 즉위년(1194)에 황제에게 5회에 걸쳐 이른바 〈갑인행궁편전주차(甲寅行宮便殿奏箚)〉라는 글을 올렸는데, 그중 두 번째의 주차에서 자신의 독서법을 제시하고 있다. 《회암집(晦庵集)》 권14에 수록되어 있다. 1752년(영조28) 경연관(經筵官) 홍계희(洪啓禧)가 〈주문공선생 행궁편전 제이주차(朱文公先生行宮便殿第二奏箚)〉라는 제목으로 대본을 만들어 조목별로 자세히 해설하면서, 그 내용에 의거하여 첫째, 기질(氣質)을 변화시켜야 하고, 둘째, 그러기 위해서는 학문해야 하는데 그 방법은 궁리(窮理)보다 앞서는 것이 없고, 셋째, 궁리의 요체는 필연적으로 독서하는 데에 있고, 넷째, 독서하는 방법은 순서에 따라 정독(精讀)을 해야 하고, 다섯째, 정독의 근본은 거경(居敬)과 지지(持志)에 있다고 밝힌 뒤에, 여러 송유(宋儒)의 설과 이이의 설을 인용하여 설명하였다.

30년이나 되었다. 그러나 실행에 힘쓰지 못한 탓으로 나이를 먹어도 세상에 들리는 일이 없으니, 지금 외람되게 이 지역의 수재(守宰)가 되어서도 본받을 만한 내용이 없는 것이 부끄럽기만 하다.

삼가 생각건대 사람은 하루라도 불인하면 안 되고, 또 하루라도 학문하지 않으면 안 되고 보면, 참으로 하루라도 독서를 그만두고 강독하지 않을 수는 없는 일이다. 내 처지에서는 비록 궁행(躬行)하며 심득(心得)했다고 말할 만한 것이 없더라도 내가 읽은 글이야말로 성현의 글인 만큼 이 글을 가지고 이 고을의 사대부를 위하여 강독한다면 뒷날 궁행하며 심득하는 선비가 이 계기를 통해서 성대히 배출되지 않을 줄 어찌 알겠는가.

이 고을의 재주가 뛰어난 선비들을 살펴보건대 거의 모두 과거 공부에 마음을 뺏긴 나머지, 날마다 열심히 종사하는 것은 멋진 문구를 뽑아내어 간추리는 기술에 불과하고, 부형(父兄)이 당부하는 것이나 붕우가 권면하는 것을 보아도 모두 이런 것만을 중하게 여기고 있는 실정이다.

대저 우리 조정에서 인재를 뽑는 것이 전적으로 과거에 의지하고 있고 보면, 과거에 물론 응시하지 않을 수 없다고도 하겠다. 여력이 있을 때에 겸하여 공부하면서 당락을 오직 천명(天命)에 따른다면 괜찮겠지만 혹 근본을 저버리고 말단을 좇으면서 급제하지 못하면 죽겠다는 마음을 먹는다면, 부지불각(不知不覺) 중에 하늘에서 품수한 이 근본 주체를 여지없이 망실할 것은 물론이요, 결국에는 승패의 술수(術數)에도 아무런 유익함이 없게 될 것이니, 어찌 깊이 개탄하며 분개할 일이 아니겠는가.

이에 감히 참람하고 망녕됨을 헤아리지 않고서 한 고을의 연소자

중에 뜻이 있는 선비를 뽑아 모아 놓고, 일체 주자의 법지(法旨)와 율옹의 요결(要訣)을 준수하여 과정(課程)을 엄히 세우고 숙독하며 자세히 강론함으로써, 동안(同安)과 석담(石潭)[29]이 남긴 발자취를 뒤따라 밟아 보고자 한다.

다만 염려되는 것은 학궁(學宮)이 퇴락하여 학업을 닦을 곳이 없다는 사실이다. 이에 어쩔 수 없이 하책(下策)을 내어, 도암(陶菴) 이 선생(李先生 이재(李縡))의 도봉강규(道峯講規)에 따라 매달 한두 번씩 향교와 서원의 사이에 모여 강독해 볼까 하는데, 이것 역시 허명만 있고 실효(實效)는 없어서 사림(士林)에 비난을 끼칠까 두렵기만 하다.

먼저 경내(境內)의 여러 군자(君子)와 한번 만나 의논한 뒤에 대중의 의견을 참작하여 절목(節目)을 재정(裁定)함으로써 영구히 시행하는 방도로 삼고자 하니, 간절히 바라건대 교원의 양사재(養士齋)의 여러 임장(任掌) 및 그 밖에 다른 의견이 있어서 충고해 주고 싶은 분들은 모두 이달 모월 모일에 향교(鄕校)의 재실(齋室)에 다 같이 모여 주셨으면 한다.

29 동안(同安)과 석담(石潭) : 주희와 이이를 말한다. 주희가 복건성(福建省) 동안현(同安縣)의 주부(主簿)로 있을 적에 책을 기증받고 선생을 초빙하고 학생들을 모아 과거 공부가 아닌 진정한 인재 교육에 힘쓴 고사가 전한다. 이이가 황해도 해주(海州) 석담에 은병정사(隱屛精舍)를 짓고 강학하였는데, 이때 도학의 입문서라 할 《격몽요결》을 저술하였다. 은병정사는 나중에 소현서원(紹賢書院)으로 사액되었다. 석담은 이이의 별호이기도 하다.

제생에게 체문을 내려 유시한 글 을해년(1755, 영조31) 1월
帖諭諸生 乙亥正月

지난번에 모여서 의논한 뒤에 즉시 강독했어야 마땅한데, 강장(講長)이 나오지 않은 탓으로 지금까지 지연되었으므로 마음속으로 항상 안타깝고 답답하게 여겨 왔다. 그런데 지금은 두 명의 강장이 모두 이미 공무를 집행하였으므로, 장차 2월 20일에 당직이 직접 향교에 가서 개강하려 하니, 여러 강생은 모름지기 당일에 서둘러 나와 다 같이 모여야 할 것이다. 강규는 조목별로 아래에 열거한다.-강규는 기록하지 않는다.-

율곡(栗谷) 선생이 저술한 《격몽요결(擊蒙要訣)》은 학자가 뜻을 세우고 실행에 옮기는 기본적인 방법과 집안에 거하고 세상에 처하는 중요한 도리에 대해 구비해 놓지 않음이 없어서 학자에게 무엇보다도 절실한 책이니, 맨 먼저 익히 강구해서 취향(趣向)을 정하지 않으면 안 된다. 그래서 도봉강규(道峯講規)에서도 《소학》의 앞에다 이 과목을 배정했던 만큼 지금 역시 이를 준용(遵用)하려 하는데, 다만 염려되는 것은 깊은 산골이라 이 책을 보관한 곳이 드물어서 학자들이 얻기 어렵다고 불평할까 하는 점이다. 그러나 이 책은 판수(板數)가 많지 않아서 중봉(重峯) 조 선생(趙先生 조헌(趙憲))이 역려(逆旅)에서 밤에 등불을 켜고 붓으로 써서 어떤 사람에게 주었던 고사도 있고 보면, 이 책을 전사(傳寫)하는 것이 어렵지 않다는 것을 알 수 있다. 학자가 성의가 없는 것을 걱정할지언정 참으로 성의만 있다면야 책이 없다고 걱정할 것이 뭐가 있겠는가. 제생은 이 뜻을 잘 알아야 할 것이다.

각 면의 도유사에게 내린 체문 12월

下帖各面都有司 十二月

지금 민심이 어찌할 줄 몰라 불안해하는 것은 차마 눈뜨고 보지 못할 점이 있다. 내년의 봄이 오는 것도 머지않아서 진휼 정사를 행하는 것이 바야흐로 급해졌기에, 순영(巡營)의 관문(關文)에 의거하여 절목을 작성해서 각 면(面)의 존위(尊位)에게 출부(出付)하게 되었다.

삼가 생각건대 진휼하는 하나의 일은, 곡식을 모으는 것이 적을까봐 걱정하기보다는 정밀하게 기민(飢民)을 조사해 선별하지 못할까봐 걱정해야 하니, 정밀하게 기민을 조사해 선별하지 못하면 곡물이 비록 많더라도 백성이 실질적인 혜택을 받지 못하고, 정밀하게 기민을 조사해 선별하면 곡물이 비록 적더라도 백성이 모두 죽음을 면할 수 있기 때문이다. 이는 그 이치가 매우 분명하니 이해하기 어렵지 않다.

그러나 기민을 조사해 선별하는 일을 관아에서 직접 행할 수가 없기 때문에, 각 면의 임장(任掌)들에게 맡길 수밖에 없는데, 각 면의 임장들로 말하면 그들 중에 물론 충신(忠信)해서 의지할 만한 자도 많겠지만, 사의(私意)를 품고서 의리를 망각하는 무리가 또 어찌 없다고 하겠는가.

대저 진휼하는 것에 백성의 사생(死生)이 걸려 있고 국가의 안위가 결부되어 있으니, 그 중대함이 또 어떻다고 하겠는가. 그럼에도 불구하고 이 일을 온통 이와 같은 무리에게 위임하고서, 그들을 검찰(檢察)할 도리를 생각하지 않는다면 일이 또한 소홀하게 되지 않겠는가. 이것이 바로 어쩔 수 없이 필삭을 주관하는 소임을 번거롭지만 유림(儒林)의 제현(諸賢)이 맡아 달라고 부탁하게 된 이유이다.

대저 이와 같은 일을 범연(泛然)히 생각한다면 사자(士子)와는 상관없는 일 같기도 하지만, 실제로는 백성을 살리고 백성을 안정시키는 일이야말로 유자(儒者)의 일이니, 이는 주자(朱子)의 사창(社倉)에 대한 일[30]을 살펴보아도 알 수가 있다.

간절히 바라건대 여러 군자가 남에게 미루려는 생각을 내지 말고 의연(毅然)히 이 일을 떠맡아 준다면 다행이겠다. 그리하여 그 절목을 가져다가 조목별로 고열하고 각 존위의 별유사(別有司) 등을 초치하여 각별히 신칙함으로써 십분 정밀하게 선별하게 함은 물론이요, 이와 함께 정성을 다하고 지력(智力)을 다하여 친히 스스로 사실을 조사함으로써 털끝만큼이라도 허실(虛實)이 뒤섞이는 폐단이 없게끔 하되, 첫 번째 진휼 대상에 들어갈 자들에 대해서는 더더욱 선별하고 또 선별하여 정밀하고 또 정밀하게 하지 않으면 안 될 것이다. 이 뜻을 모두 양찰해 주기 바란다.

30 주자(朱子)의……일 : 주희가 남송 효종(南宋孝宗) 건도(乾道) 7년(1171)에 건녕부(建寧府) 숭안현(崇安縣) 오부리(五夫里) 적계방(籍溪坊)에서 자신이 그동안 시험해 본 진대(賑貸)의 방법을 오부사창(五夫社倉)이라고 명명하고, 순희(淳熙) 8년(1181) 연화전(延和殿)에서 효종에게 건의하여 제군(諸郡)에 실시하게 한 일을 말한다. 나중에 고을 사람들이 주희의 은혜를 잊지 않기 위해 원래의 이름인 오부사창 대신 주자사창(朱子社倉)이라고 이름을 바꿨다. 주희는 건도 4년 본부(本府)에 신청해서 상평미(常平米) 600섬을 확보한 뒤에, 풍흉의 정도에 따라 적절히 이식(利息)을 거두어 사창의 곡식을 점차 불려 나가다가, 나중에는 이식은 일절 거두지 않고 모미(耗米) 3되만 받았는데, 《회암집(晦庵集)》 권13 〈신축연화주차(辛丑延和奏箚) 4〉에 이 내용이 자세히 나온다. 관 대신 민간 주도로 운영되는 이 사창법은 조선조에서 진대하는 방식을 논할 때마다 환곡(還穀) 운영상의 문제점을 극복하기 위한 하나의 방안으로 인용되면서 크게 영향을 미쳤고, 실제로 율곡 이이 등 많은 인사에 의해 시행되기도 하였다.

순영에 보고한 글 병자년(1756, 영조32) 5월

報巡營 丙子五月

본현(本縣)에서 진휼곡을 분급한 것을 성책(成冊)하여 순영(巡營)에 보고해야 할 서목(書目) 가운데, 11일 종순(終巡 마지막 차례)의 진휼곡의 분급에 대한 부분을 보면, 본현에서 가장 사정이 딱한 자를 초출(抄出)하여 간략히 분급(分給)하고 그 나머지는 모두 환자(還上)의 예(例)를 적용하여 분급하도록 본현에 제송(題送)하였습니다.

본현이 진휼곡의 분곡을 10일부터 나눠 주기 시작하였는데, 지금 이 장제(狀題)는 이미 나눠 준 뒤인 10일 저녁에 도착하였습니다. 이미 나눠 준 뒤이니 비록 분부한 대로 다시 초출하려 해도, 이미 나눠 준 면(面)은 어떻게 해 볼 수가 없고, 아직 나눠 주지 않은 면이라 하더라도 이미 명령을 내려서 취집(聚集)하게 한 이상에는 형세로 볼 때 구별하여 취사(取捨)하기가 어렵습니다.

진휼 정사가 마무리되고 보리농사도 장차 수확할 때가 되어서 초췌해져 거의 죽어 가던 기민(飢民)들이 이제 바야흐로 안심하며 살아날 수 있겠다는 희망을 갖고는 기뻐하는 기색으로 들뜬 가운데 너도나도 두 손을 모으고 굽실거리면서 고마워하는 정상을 뭉클한 심정으로 확인할 수가 있는데, 진휼을 그만두고 위로해 보내는 날에 홀연히 계교(計較)하여 점퇴(點退)하는 일을 만들어 낸다면 군정(群情)이 경악하며 당황할 것은 참으로 말할 것도 없고 사리(事理)를 가지고 따져 보아도 매우 타당하지 못한 점이 있을 듯싶기에 제지(題旨)를 떠받들고서 선포하려 해도 차마 그렇게는 하지 못하겠습니다. 이에 어쩔 수 없이 사정을 모두 털어놓고 다시 논보하게 되었으니, 환자의 예를 적용해서 분급하라는 한 조목은 특별히 명령을 내려 도로 거두어 주셨으면 합니다.

순영에 보고한 글 6월

報巡營 六月

지금 이 두 분의 송 문정공(宋文正公 송시열(宋時烈)과 송준길(宋浚吉))을 성묘(聖廟)에 종향해야 할 날짜가 벌써 박두하였는데, 열읍(列邑)의 묘우(廟宇)가 협착하여 상탁(床卓)을 배열하기 어려운 관계로 논의가 다방면으로 지극히 분분한 상태입니다. 그런데 처마의 기둥을 옮겨서 공간을 확장하려니 시절이 어려운 이때에 시급하지 않은 공사를 하면 졸지에 이루기 어려운 점이 있고, 그렇다고 상탁을 깎아서 축소하려니 일의 체모가 구차해질 뿐만이 아니라 상탁이 너무 작아져서 조두(俎豆)를 담기 어려운 염려가 있습니다. 이 때문에 지금까지 논의만 분분할 뿐 어떻게 거행해야 할지 모르고 있는데, 구구하나마 과루(寡陋)한 나의 소견으로는, 마침 알맞게 변통해서 처리할 방도가 따로 있다고 여겨지기에, 감히 사유(事由)를 갖추어 품달합니다.

대개 아조(我朝)는 이미 황조(皇朝)의 유제(遺制)를 준행하여 송조(宋朝) 육현(六賢)을 정전(正殿)에 올려 배향하였으니,[31] 이는 참으로 예전의 성현들에게 질정해도 의심할 것이 없고 백세(百世) 뒤를 기다

31 아조(我朝)는……배향하였으니 : 조선조의 문묘(文廟), 즉 공자(孔子)의 사당은 정전(正殿)인 대성전(大成殿)과 동서(東西)의 양무(兩廡)로 되어 있는데, 대성전에는 정위(正位)의 공자를 중심으로 하여 사성(四聖), 십철(十哲) 및 송조 육현의 위패를 좌우에 모셨고, 동서의 양무에는 공자의 다른 제자 60여 명을 비롯하여 조선과 중국의 선유(先儒) 110위(位)를 배향하였다. 송조 육현은 주돈이(周敦頤), 정호(程顥), 정이(程頤), 소옹(邵雍), 장재(張載), 주희(朱熹)를 가리킨다.

려도 의혹될 것이 없다고 말할 수 있습니다. 그렇다면 외읍(外邑)의 향교(鄕校) 역시 일체 국학(國學)의 예에 의거하여 바로잡았어야 마땅한데, 무슨 연고로 주(周), 정(程), 주(朱)의 4부자(夫子)를 아직까지도 양무(兩廡)의 반열에 두어 홍유(弘儒 설총(薛聰))나 문창(文昌 최치원(崔致遠))의 등속과 어깨를 나란히 하게 했는지 모르겠으니, 이는 정말 이해할 수 없는 일입니다.

지금 만약 이번의 기회를 이용하여 다시 새롭게 정돈하되, 4부자를 앞의 반열에 배치해서 자사(子思)와 맹자(孟子)의 뒤에 자리하게 한다면 건물을 확장하거나 상탁을 축소할 필요도 없이 자연히 여유작작하게 될 것인데, 이렇게 하면 예(禮)로 보아도 실로 타당하고 일로 보아도 매우 편하게 될 것입니다. 이 밖에는 또 달리 해 볼 도리가 없으니, 열읍에 널리 물어보고 사우(士友)와 두루 상의하여 조속히 변통해서 사문(斯文)의 일이 잘되게 했으면 합니다.

각 면의 도유사에게 내린 체문 6월
下帖各面都有司 六月

본관(本官)이 도임한 이후로 남토(南土) 사람들의 습속을 묵묵히 관찰해 보건대 기호(畿湖) 이북과 비교해 볼 때 크게 서로 같지 않았다. 순근(醇謹)하고 장후(長厚)한 자태는 전혀 찾아볼 수 없이, 그저 쟁송하는 것을 능사(能事)로 알거나 사람을 속이는 것을 장기(長技)로 삼았으며, 심지어는 형제가 서로 용납하지 못하여 상호 소장(訴狀)을 올리거나 숙질(叔姪)이 작은 이익을 다투어 함께 송정(訟庭)에 들어오기까지 하였다. 그 밖에 아내가 남편을 구타하고 손자가 조부를 매도(罵倒)하는가 하면 아들이 모친을 봉양하지 않고 노복(奴僕)이 주인을 욕보이는 등 갖가지로 해괴망측하여 경악하고 통탄할 만한 일들이 달마다 발생하는데도 어떻게 바로잡아 고칠 수가 없었다.

본관이 평소에 이를 걱정하며 개탄한 나머지 향약(鄕約)의 방법을 강구하여 이를 시행해서 조금이라도 도움이 되게 시험해 보려고도 하였다. 그러나 불민(不敏)한 본관이 먼 고을에 새로 부임하여, 재덕과 학행이 남을 감복시키기에 부족하고, 언론(言論)과 풍지(風旨)가 남을 용동시키기에 부족한 터수에, 느닷없이 구구한 약조를 가지고 고인(古人)이 남긴 규범을 본떠 흉내 내면서 풍속을 바꿔 바로잡을 계책으로 삼고자 한다면, 혹 우원하다고 비웃음을 받아 일에는 아무 도움도 되지 않고 기롱만 받을까 두렵기도 하였다.

게다가 시운(時運)이 불행하여 연달아 흉년을 만난 탓에 백성들이 모두 죽음을 면하느라 여념이 없고 본관 역시 일에 파묻혀 지내느라 틈을 낼 수 없어서, 지금까지 미적거리며 뜻만 지니고 있었을 뿐 여태 착수하지 못하였다. 그런데 지금은 세월이 꽤 오래되어 관(官)과 민(民)이 서로 친숙하게 되었고, 농사도 제법 풍년이 들어 곤고한 상황에서 조금 소생하게 되었으니, 이 일을 끝내 그만두려고 한다면 모르지만 그렇지 않고 한번 가능한지 시험해 보려고 한다면 이때를 놓치면 다시 해 볼 수가 없을 것이다.

이에 율곡(栗谷) 이 선생(李先生)의 서원향약(西原鄕約)[32]을 가져다가 약간 보태고 줄여서 절목(節目) 1통을 만든 다음에, 계장(契長)은 지금 각 면(面)의 도유사(都有司)가 그대로 겸임하도록 하였는데, 여러 군자도 필시 이 말을 듣고 기뻐하며 기꺼이 도와주리라고 생각하는 바이다. 거행하는 조건은 절목 안에 상세히 나와 있으니, 여러 군자는 각기 마음을 다하여 공근(恭謹)한 자세로 준행(遵行)해 주기 바란다. 그리고 절목 가운데에 혹 미비한 점이 있으면 상의하여 증보하고, 긴요하지 않은 것이 있으면 상의하여 삭제해서 지극히 타당한 방향으로 귀결될 수 있도록 노력해야 할 것이다.

그런데 내가 일찍이 듣건대 백성을 교화하는 근본은 몸을 닦는 데에 있고 몸을 닦는 근본은 또 마음을 바루는 데에 있는데, 마음을 바루고 몸을 닦아서 백성을 교화하는 소이(所以)로 말하면, 그 요체가 실로 '성(誠)'이라는 한 글자에서 벗어나지 않는다고 하였다. 그래서 《중용》

32 서원향약(西原鄕約) : 이이(李珥)가 1571년(선조4) 청주 목사(淸州牧使)로 재직할 당시에 전임 목사인 이증영(李增榮)이 창안하고 이공린(李公遴)이 가감한 기존의 향약을 바탕으로, 송(宋)나라의 여씨향약(呂氏鄕約)을 참조하여 만들었는데, 《율곡전서(栗谷全書)》 권16 〈잡저(雜著) 3 서원향약〉에 입의(立議), 조목(條目), 향회독약법(鄕會讀約法)의 순서로 그 내용이 자세히 나와 있다. 서원은 청주(淸州)의 옛 이름이다.

에서 말하기를 "성이 아니면 이루어질 물이 없다."라고 하고, 주자(朱子)가 말하기를 "양기가 발하는 곳이면 쇠와 돌도 뚫어지나니, 정신이 한곳에 모이면 무슨 일인들 이룰 수 없겠는가."라고 하였다.

대저 지극히 어리석으면서도 신령스러운 자가 백성이니, 나에게 성심(誠心)도 없으면서 한갓 십수 건(件)의 약조만으로 두세 번 정도 친목 모임을 갖고는 그들을 속박하며 독책(督責)하고자 한다면, 그들이 어찌 그동안 좋아하던 것을 따르지 않고 그 규정을 따르려고 하겠는가. 이 이치가 매우 명확하니, 여러 군자와 함께 노력했으면 하는 것이 나의 바람이다. 오직 여러 군자는 이 점을 염두하여야 할 것이다.-절목은 기록하지 않는다.-

보민청의 절목 무인년(1758, 영조34)

補民廳節目 戊寅

민역(民役)을 보조하려고 청(廳)을 만들었으니, 당초에 설립한 그 뜻이 아름답지 않은 것이 아니었다. 그런데 중엽 이후로 용도는 날로 늘어나는 데 비하여 이에 책응(策應)할 길이 없었기 때문에, 통호(統戶)[33]에서 거두는 조세(租稅)를 늘린 것이 1, 2말에서 시작하여 3, 4말에까지 이르렀고, 또 이에 따라서 그 미곡(米穀)을 더 납부할 수밖에 없었다. 지금 백성이 곤궁하고 부세(賦稅)가 과중한 날을 당하여 또 이처럼 추가로 무겁게 거두게 되었으니, 백성들이 이를 어떻게 감당해 낼 수 있겠는가.

그러나 그 액수가 여전히 용도에 부족하게 되자 환곡(還穀)을 대출(貸出)해서 쓰지 않을 수 없었고, 대출한 액수가 점점 많아지면서 이를 보충할 방법이 없게 되자 해가 갈수록 부채(負債)를 갚지 못한 나머지 계속해서 허위로 문서를 작성하지 않을 수 없었다. 그런데 해당 서리(胥吏)는 이를 오래된 관례라고 칭탁하며 응하(應下 경상 지출(經常支出))하는 물건처럼 여겼고, 관장(官長)은 어떻게 해 볼 수가 없자 통상 행해 온 일로 간주하였으니, 이것만으로도 벌써 천 번 만 번 온당치

33 통호(統戶) : 1통(統)에 소속된 5호(戶)를 말한다. 조선조에서 세금 징수와 부역 동원과 범죄자 색출 등 다목적 기능을 수행하기 위해 오가작통법(五家作統法)이라는 호적 제도를 만들어 다섯 집을 1통으로 묶고 통마다 통주(統主)를 두었으며 연대 책임을 지웠다. 통이 모여 이(里)가 되고, 이가 모여 지방은 면(面)이 되고 서울은 방(坊)이 되었다.

못한 일이라고 해야 할 것이다. 환곡은 필경 갚지 않으면 안 되는 것인데 청에서 이에 대한 재원(財源)을 졸지에 넉넉히 마련할 수 없게 되어서는 형세로 볼 때 또 장차 백성에게 더 부과하지 않을 수 없었다. 이렇게 되어서는 백성이 어떻게 백성 노릇을 할 수가 있겠으며 관원이 어떻게 관원 노릇을 할 수가 있겠는가.

본관(本官)이 도임하고 나서부터 이런 현상을 목격하고는 밤낮으로 궁리하며 개혁할 방도를 생각하여, 어렵사리 주선하고 쪼들리는 가운데 모아들인 결과, 간신히 미곡 100섬을 얻어 400냥의 돈으로 바꾸고, 여기에 또 200냥을 더 마련하여 모두 600냥의 재원을 확보하였다. 그러고는 이것으로 이식(利息)을 내며 경영할 방도로 삼으려 하였는데, 다만 법령을 제정하는 것이 완선하지 못하고 후환을 염려하는 것이 심원하지 못할 경우에는 비록 인심(仁心)을 지니고 있다 하더라도 백성이 그 혜택을 입지 못하리라는 것이 염려되었다.

그래서 마침내 각 면(面)의 별유사(別有司)와 상의하여, 각 면의 민호(民戶)의 다과(多寡)에 따라 분배하여 나눠 주고는 이를 그대로 본면(本面)에 놔두고서 매년 나눠 주고 거두어들이며 토지를 매입하여 구획할 계책을 세웠다. 그리하여 대체로 병자년(1756, 영조32)부터 분급(分給)하기 시작하였는데, 금년에 와서는 가을에 받아들일 액수가 이식을 합쳐서 2025냥이 될 예정이다.

대저 재물이란 얻기도 물론 어렵지만, 얻고 나서 제대로 쓰기도 어려운 법이다. 재물이 있어도 잘 쓰지 못한다면 재물이 없는 것과 매한가지인데, 재물을 잘 쓰는 방도로는 백성들과 함께 쓰는 것보다 나은 것이 없다. 지금 이 자금이 비록 관청에서 나오기는 했지만, 이를 나눠 주어 백성의 돈으로 만든 뒤에, 백성들로 하여금 이 돈으로 이자를 내게 하고 백성들로 하여금 토지를 사들이게 하는 한편, 백성들로 하여금 또 스스로 그 민역을 보조하게 하여 백성들 자신이 이 일을 염려하게 한다면 장차 자기 집안의 일을 염려하는 것과 다름없이 할 수 있게 될 것이다. 또 더군다나 각 면의 별유사는 모두 한 고을의 성망(聲望)을 지니고 있는 분들이니, 각기 그들의 본보기가 되어 이 일을 주관하면서 향약(鄕約)을 거듭 밝히고 지성(至誠)으로 이루어 나간다면 어찌 다른 걱정거리가 또 있겠는가.

내년 가을에 받아들일 액수는 응당 3000여 냥이 될 것인데, 그중에서 1000여 냥을 나누어 각자의 면 안에서 기름진 논을 사들이고, 그 나머지 2000냥으로 밑천을 만들어서 다시 분급해야 할 것이니, 매년 이와 같이 하며 이를 상식(常式)으로 정하면 해마다 사들이는 것이 130여 섬의 세금을 거두는 땅의 면적을 밑돌지 않을 것이다. 이런 식으로 대략 계산해 보면 신사년(1761) 가을에는 통조(統租 1통에 부과하는 조세)에서 1말을 감면할 수 있고, 임오년(1762) 가을에는 또 1말을 감면할 수 있을 것인데, 이로부터 몇 년이 지나서 토지를 매입하는 것이 더욱 많아지고 세금을 거둬들이는 액수가 점점 넉넉해지면 통조를 완전히 감면하게 될 뿐만이 아니라 경내의 갖가지 민역도 점차 감면해 나가게 될 것이니, 이 어찌 만세토록 읍민(邑民)을 위한 요지부동의 기업(基業)이 되지 않겠는가.

다만 토지를 매입할 즈음에 혹시라도 잘못되는 점이 있으면 이름만 있고 실제는 없게 되며 시작만 있고 끝은 없게 되어, 가까이로는 사방 이웃의 비웃음을 살 것이요, 멀리로는 경외(京外)의 비방을 초래할 것이니, 여러 유사(有司)는 각별히 유의하여 지성으로 검찰(撿察)함으로써 털끝만큼이라도 소루한 점이 없게 해야 할 것이다.

그리고 이른바 종자조(種子租 종자로 꾸어 주는 벼)로 말하면, 바로 병자년(1756)에 진휼을 설행할 때에 경내의 부민(富民)에게 빌려서 백성들에게 종자로 지급한 것이었는데, 그해 가을에 도로 받아들여서 본주(本主)에게 갚으려 하니, 본주들이 모두 사양하면서 고청(雇廳)에 맡겨서 만분의 일이라도 도움이 되기를 바란다고 하였다. 그들의 뜻이 가상하게 여겨지기에 그 말대로 시행하기로 하고, 이것 역시 각 면의 유사들에게 분속(分屬)하여 전(錢)과 똑같이 염산하되 10분의 3의 이식을 취하게 하였는데, 지금 그 액수가 모두 480여 섬이 되었고, 가을에 받아들인 뒤에는 또 600여 섬으로 불어날 예정이다.

따라서 금년부터 시작하여 그 가운데에서 200여 섬을 덜어 내어 청에서 사용하고 통미(統米)는 영구히 혁파할 것이요, 다시 나머지 400섬을 밑천으로 삼아 매년 이자를 취해서 통미의 대용으로 할 것이니, 이렇게 하면 참으로 이른바 무용(無用)한 것을 전환하여 유용한 것으로 만드는 것[34]이 될 것이다. 그리하여 전(錢)과 조(租)가 서로 표리(表裏)가 되어 해마다 생식(生殖)을 하면 그 이익이 끝이 없을 것이요, 최종적으로는 답세(畓稅)가 더욱 증가하여 청의 쓰임이 넉넉해질 것이

34 무용(無用)한……것 : 쓸모없이 허비하는 것을 바꿔서 유익하게 사용하는 것을 말한다. 《율곡전서(栗谷全書)》 권15 〈동호문답(東湖問答)〉에 이이(李珥)가 각 관사에서 속포(贖布)와 작지(作紙) 등으로 받아들이는 수입을 모두 무용한 곳에 흩어 버리는 따위를 '헛되이 버리는 것〔虛棄〕'이라고 규정한 뒤에, 이렇게 헛되이 버리는 것들을 가지고 국가의 경비를 보충하게 한다면 "이는 백성들에게 부세(賦稅) 말고 따로 거두는 것이 아니라 단지 무용한 것을 전환하여 유용한 것으로 만드는 것이다.〔此非賦外別科也 只是轉無用爲有用矣〕"라고 말한 내용이 나오는데, 녹문이 혹 이 말을 떠올리고서 이렇게 인용한 듯하다.

니, 그때에 가서는 이 400섬을 향약계(鄕約契)에 속하는 곡식으로 유치(留置)한다 해도 안 될 것이 없을 것이다.

본관은 머지않아 돌아가게 되었기에 이 하나의 일을 전적으로 여러 유사에게 믿고 맡기는 바이니, 오직 여러 유사는 힘써 주기 바란다. 거행하는 절목(節目)을 다음과 같이 조목별로 열거한다.-절목은 기록하지 않는다.-

고청의 절목
雇廳節目

향중(鄕中)에 전조(錢租 돈과 미곡)를 분급(分給)하는 절목(節目)을 이미 세워서 장차 통조(統租 1통에 부과하는 조세)를 수렴하는 폐해를 영구히 제거하게 되었으니, 백성들에게 실로 큰 다행이라고 하겠다. 그런데 다만 마부배(馬夫輩)가 특히 조잔해서 지탱해 낼 수 없는 점은 실로 본청(本廳)의 근본적인 걱정거리로 각별히 돌아보며 보호하지 않으면 안 되는데, 통조 이외에는 달리 청(廳)의 재정이 없어서 형세상 어떻게 해 볼 수가 없으니 실로 안타까운 일이다.

신임 수재(守宰)와 전임 수재를 영송(迎送)하는 비용으로 말하면 또 백성에게 다시 거두지 않을 수 없는데, 수렴하는 폐단을 제거하려고 하면서 간혹 또 수렴하지 않을 수 없다고 한다면 폐단을 개혁하려는 그 뜻이 어디에 있다고 하겠는가. 본관(本官)이 이에 대해서 항상 우려하며 밤낮으로 생각하다가 다행히 하나의 계책을 얻었다.

대개 영문(營門)이 떼어 주는 진상첨가전(進上添價錢)으로 매년 받는 것이 120냥인데, 이것은 일단 본관이 이리저리 계속 궁리하여 본청을 위해서 어렵사리 성취해 낸 것인 만큼, 범연히 내버려 두어 아무데나 허비하게 하면 절대로 안 될 일이다. 그리고 매년 생물을 진상(進上)하며 말을 교체하여 전달할 즈음에 매번 백성을 귀찮게 하는 일이야말로 읍리(邑里)에서 감당하기 어려운 고질적인 폐단이기에, 대략 경기(經紀)하여 전(錢) 60여 냥을 마련하고는 이것으로 본전(本錢)은 놔두고 이식(利息)을 취해서 말을 세내어 짐을 실어 운반할 계책으로 삼았다.

이제 영문에서 받는 첨가전을 이것과 합쳐서 해마다 이것을 분급하고 원리금을 받게 하되, 매번 가을에 받아들인 뒤에 본청의 1년 동안의 지출 비용의 액수를 적당히 헤아려 덜어 내고는 다시 그 나머지 액수를 가지고 이듬해 영문에서 받을 첨가전과 합쳐서 이자를 낼 것이니, 해마다 이와 같이 하는 것을 영구히 행할 정식(定式)으로 삼으면, 4, 5년이 지나지 않아서 그 액수가 장차 1000여 냥에 이를 것이다. 그러면 이것으로 마부(馬夫)를 보살펴 주고 이것으로 신임 수재와 전임 수재를 영송함은 물론이요, 또 이것으로 민역(民役)의 비용[35]을 대신 치르게 하여 민폐(民弊)를 제거하는 일에도 모두 여유작작하게 될 것이다.

그러나 이것도 향중에 분급한 것과 별다른 두 개로 나눌 것이 아니라 내외를 따지지 말고 공동으로 관리하여 피차가 서로 견제하면서 사(私)를 용납하지 말아야 한다. 절목을 준수하기를 금석같이 하고 공의(公議)를 두려워하기를 형륙같이 한 뒤에야 비로소 영구히 행해져서 백성들이 실질적인 혜택을 받을 수 있을 것이다. 거행하는 절목을 조목별로 아래에 나열한다.-절목은 기록하지 않는다.-

35 민역(民役)의 비용 : 부역(賦役) 대신에 돈이나 곡식을 바치는 것을 말하는데, 그 돈과 곡식을 각각 방역전(防役錢), 방역조(防役租)라고 한다.

읍의 세 가지 폐단을 개혁한 절목
邑三弊釐革節目

읍(邑)의 세 가지 폐단은 무엇인가?

첫 번째는 빙정(氷丁)[36]이다. 대개 빙정은 읍의 대역(大役)으로, 구례(舊例)에 의하면 경내(境內)를 통틀어 통호(統戶)를 대상으로 분정(分定)하였다. 그런데 결역청(結役廳)이 설립된 뒤로부터 통호의 부역(賦役)을 혁파하고, 읍촌(邑村) 및 신평면(新平面)과 상북면(上北面)의 물가 마을에 이 일을 맡겼으며, 얼음이 얼 때마다 1정(丁)당 읍촌은 가미(價米)로 1되를 지급하고, 신평과 상북은 가미로 1되 5홉을 지급하였다. 그러나 이름은 급가(給價 값을 치러 줌)라고 해도 실제로는 백징(白徵)과 다름없었기 때문에, 백성들이 그 고통을 이겨 내지 못하였는데, 그중에서도 읍촌의 경우는 더더욱 버텨 낼 수가 없었다.

두 번째는 생물을 진상(進上)할 때의 담역(擔役)이다. 대개 매년 겨울 생물을 진상하기 위해 교체하여 운반할 때에 고마(雇馬)가 부족한 관계로, 어쩔 수 없이 읍의 삼동(三洞)의 민정(民丁)이 돌아가며 짊어지고 운반하는데, 이 때문에 민간의 고노(雇奴)들이 그 고역(苦役)을 싫어해서 피하려고 도산(逃散)하는 일이 계속 일어남에 따라

36 빙정(氷丁) : 얼음을 채취하고 운반하는 인부를 말하는데, 빙부(氷夫)라고도 하며, 이들에게 품삯으로 지급하는 가미를 빙정가(氷丁價)라고 한다. 그냥 얼음이라는 뜻으로 쓰이는 때도 있는데, 이는 매를 응련(鷹連)이라고 하고, 쌀을 미섬(米石)이라고 하는 경우와 같다. 여기서는 얼음과 관련한 민역(民役)이라는 뜻으로 사용하였다.

폐농(廢農)을 걱정하는 일이 많이 발생하고 있다.

세 번째는 사성(使星 사자(使者))이 행차할 때에 역졸(驛卒)을 공궤하는 일이다. 대개 사성이 현(縣)에 들어오면 역졸들은 기거(寄居)할 곳이 없는데, 그들을 공궤하는 일은 으레 읍리(邑里)에서 가장 쇠잔한 가호(家戶)가 돌아가며 담당하게 하고 있다. 비록 관청에서 그 양미(糧米)를 계산해 준다고 해도 항상 부족한 걱정이 있고, 그 밖에 찬물(饌物)이나 기명(器皿) 등속을 모두 그들 자신이 마련해서 쓰도록 하기 때문에, 한번 이 역(役)을 겪고 나면 번번이 모두 결딴나서 살 곳을 잃고 떠돌아다니는 실정이다.

이 세 가지는 실로 본현(本縣)의 읍촌에 전해 내려오는 가장 큰 고질적 폐단인데, 그대로 따르기만 하고 방치한 채 여태 개혁하지 않은 탓으로, 이번 달에 1구(口)가 도망치고 다음 달에 1호(戶)가 이산(離散)하는 결과를 빚음으로써, 촌려(村閭)가 절반이나 텅 비어 경색(景色)이 쓸쓸하기만 하다. 이런 현상이 계속된다면 장차 읍이 없어지고야 말겠기에, 마침내 삼동의 부로(父老)들과 다음과 같이 상의하기에 이르렀다.

빙정의 경우는, 결역미(結役米) 12섬을 가지고 복호미(復戶米)를 정급(定給)해 주되, 매번 당해 봄에 미리 호장(戶長)에게 출급하여 10분의 5의 이식(利息)을 취하게 하고, 또 관청에서 60냥의 전(錢)을 조달(調達)해 주어, 본전은 놔두고 이자를 취하게 해서 보태 쓰도록 한다. 그리하여 얼음이 얼 때마다 1정의 값은 미(米) 5되 전 5푼씩을 정식(定式)으로 삼아서 값을 치르게 하되, 읍촌 및 구화(仇火)와 삼리(三里)에서 그 역을 담당하게 하고, 양면(兩面 신평과 상북)의 물가 마을에서 얼음을 떠내어 바치는 규정은 영구히 혁파하기로 한다. 이는 대개 값을 넉넉히 지급하면 백성들이 그 일을 많이 원하는 만큼 자연히 인부를 고용해서 얼음을 떠낼 수 있기 때문이다.

생물을 진상하는 일은, 전 65냥 남짓을 마련하여 고청(雇廳)의 전색(錢色)에 붙여 주고 이를 청전(廳錢)과 똑같이 생식(生殖)하게 해서 그 일을 행할 때에 말을 세내어 짐을 운반하게 한다.

역졸에 대해서는 삼동의 존위(尊位)가 재물을 모으고 사람을 모집하게 하는 동시에 관청에서도 보조하여 하나의 집을 건립한 뒤에 그 이름을 대빈원(待賓院)이라 하여 대소(大小)의 빈려(賓旅)를 접대하기로 한다. 또 민가(民家) 2호를 모집하여 대빈원을 지키게 하되, 관청에서 기명, 시저(匙箸), 마판과 구유 등 여러 도구를 조달해 주는 동시에 전 40냥을 떼어 주어 본전을 놔두고 이자를 취하게 함으로써 1년 동안 역졸의 찬가(饌價) 비용을 충당하도록 하고, 하호(下戶)의 쇠잔한 백성이 공궤(供饋)를 담당하게 한 규정은 일절 폐지하기로 한다.

이상 세 조목의 고질적인 폐단이 이제부터 모두 없어지게 되었으니, 이는 참으로 읍촌 민인(民人)의 큰 경사라고 할 것이다. 거행하는 절목(節目)은 조목별로 아래와 같이 열거한다.-절목은 기록하지 않는다.-

양근군에서 제생에게 유시한 글 임진년(1772, 영조48) 7월

楊根郡諭諸生文 壬辰七月

학교를 설치한 목적은 단지 선사(先師)를 높이 떠받들고 제수(祭需)를 진설해 제향하려는 것만이 아니라, 대개 사자(士子)에게 학업에 전념할 공간을 제공하여 그들로 하여금 여기에서 함께 생활하고 여기에서 강습하며 연마하게 하려 함이다. 그리하여 들어가서는 효제(孝悌) 충신(忠信)하여 그 향리의 풍속을 선하게 하고, 나아가서는 단방(端方) 정직(正直)하여 세상의 쓰임에 부응하기 위함이니, 그 관계되는 바가 얼마나 중하다고 하겠는가. 그런데 근년 이래로 이른바 학교라고 하는 것이 이름만 있을 뿐 내용은 없어져서, 그저 먹고 마시는 장소나 시끄럽게 다투는 장소에 지나지 않게 되었으니, 이를 생각하면 기가 막힐 따름이다.

당직(當職)이 부임하고 나서 1년이 되는 동안 본군(本郡)의 장보(章甫)의 풍성(風聲)과 습기(習氣)에 대해서 이미 익히 보고 들은 바가 있다. 표현하는 기술은 난숙하지만 근본적인 내용은 아무래도 결함이 있다는 느낌이 드는데, 기송(記誦)을 풍부하게 하고 저술을 민첩하게 하는 것은 단지 과장(科場)에서 기예를 다투는 도구가 되기에 족할 따름이다. 이와 반면에 옛날에 소학(小學)과 태학(大學)에서 가르친 바, 쇄소응대하고 애경 충제(愛敬忠弟)하는 방도와 궁리 정심(窮理正心)하고 수기치인(修己治人)하는 도리에 대해서는, 아직도 여기에 뜻을 두고서 강해하며 발명하지 않으니, 이것이 바로 왕성(王城)과 지극히 가까운 지역에 있으면서도 민속이 날로 야박해지고 사행(士行)이 날로 야비해지며 이륜(彝倫)이 날로 어두워지고 이욕이 날로 치성해져서, 오히려 왕성과 멀리 떨어진 지역에 비해 수치스럽게 된 소이(所以)라고 하겠다.

이에 불녕(不佞)이 삼가 자신의 분수를 헤아리지 않고서 나름대로 한번 바로잡아 보고 싶은 생각이 들기에, 이번에 석채(釋菜)의 전례(典禮)를 계기로 감히 강학하자는 의론을 먼저 제기하는 바이다. 그러니 경내의 여러 군자(君子)가 만약 나의 이 말을 불가하다고 여기지 않는다면, 기일에 앞서서 일제히 모여 치재일(致齋日)에 명륜당(明倫堂) 안에서 《대학》을 강독하고, 이와 함께 절목을 상의한다면 매우 다행이겠다.

고청의 절목
雇廳節目

진상품을 실어 나르는 역(役)은 실로 본군(本郡)의 막대한 폐단이니, 고우(雇牛)의 규정을 설치한 것은 대개 이 때문이라고 하겠다. 그러나 그 소의 수효가 워낙 적어서 전담(全擔)할 수 없기 때문에 짐바리〔馱〕의 수효가 적을 경우에는 고우로 실어 나르지만, 봄과 겨울 두 차례에 걸쳐 약재를 진상할 때에는 짐바리의 수효가 17, 8에 이르는 만큼 예전에 하던 대로 민우(民牛)를 쓰지 않을 수가 없다. 이 때문에 고읍(古邑)과 동종(東終)과 서시(西始)[37]의 3개 면(面)이 유독 그 고통을 받아서 백성의 소원(訴冤)이 분분히 일어나는데, 이를 어떻게 개혁할 수가 없으니 참으로 개탄스러운 일이다.

게다가 본군은 기전(畿甸)의 대로(大路) 옆에 있는 관계로, 능행할 때에 지대(支待)하는 것과 사객(使客)을 영송(迎送)하는 것은 물론이요, 그 밖에 공사(公私)의 일을 책응(策應)할 적에 어쩔 수 없이 말을 써야 할 곳이 매우 많은데, 관청에는 한 필의 말도 없고 민간에도 말을 가진 곳은 거의 없다시피 하므로, 그때에 임해서 고립(雇立)하다 보면 가는 곳마다 생경하게 되어서 체면이 말이 아니게 되니, 단연코 변통하지 않으면 안 될 것이다.

37 동종(東終)과 서시(西始) : 관아를 중심으로 볼 때 동쪽에 위치한 마지막 면과 서쪽에 위치한 첫 번째 면을 가리킨다. 동서남북의 면도 모두 이런 식으로 칭할 수 있다.

나름대로 생각건대 장시(場市)에서 수세(收稅)하여 공가(公家)의 수요를 보충해 쓰는 것은 원래 팔도에서 통행하는 규례인데 유독 본군에만 이런 것이 없는 만큼, 무용(無用)한 것을 전환하여 유용하게 만들 방도[38]를 강구하는 것이 마땅하겠기에, 마침내 영문(營門)에 논보하여 경내(境內)의 장시 여섯 곳에서 약소하게 수세를 하되, 세금이 걷힐 때마다 곧바로 말을 매입하여 8, 9필 혹 10필에 이르면 수세하는 일을 중단하기로 하였다. 그리하여 고우와 합쳐서 20여 필이 되게 하여, 진상할 짐바리 수효가 적을 경우에는 예전대로 소에 싣고, 두 차례 약재를 진상하는 경우에는 소와 말을 합쳐서 협력하여 운송할 것이니, 이렇게 된 뒤에는 3개 면의 민우를 조발(調發)하는 폐단을 영구히 혁파할 수 있을 것이다. 거행하는 절목을 조목별로 열거하면 다음과 같다.-절목은 기록하지 않는다.-

38 무용(無用)한……방도 : 182쪽 주34 참조.

관선과 관련한 절목 계사년(1773, 영조49) 3월

官船節目 癸巳三月

본군(本郡)의 위치가 강변(江邊)에 있는 관계로 전세(田稅)와 대동미(大同米)를 실어 나르는 역(役)을 전적으로 지토선(地土船)에 떠맡기고 있다. 그런데 경창(京倉)에 상납할 때에 인정 잡비(人情雜費)를 또한 선인(船人)에게 부담시키기 때문에, 상납할 때를 당해서는 선인들이 경강(京江)에서 빚을 내어 미봉(彌縫)하곤 하는데, 해마다 이런 식으로 부채가 쌓여 독촉을 받게 되면 선박을 팔아서 그 빚을 갚을 수밖에 없다.

대개 당초에 지토선의 수효가 많을 때에는 선인이 감당하는 잡비가 그래도 엄청나게 많지는 않았는데, 급기야 선박이 날이 갈수록 줄어들면서는 잡비가 날이 갈수록 늘어나게 되었고, 잡비가 날이 갈수록 늘어나면서는 선박이 또 날이 갈수록 줄어들게 되었다. 그리하여 과거에 3, 4척의 선박에게 요구하던 것이 지금은 그만 1, 2척의 선박에 요구하게 된 나머지, 1척의 선박이 감당하는 액수가 무려 수십 냥에 이르게 되었으니, 북쪽 앞 강의 선인들이 이로 인해 패산하는 일이 계속 이어지고 있는 실정이다.

그래서 경내(境內)에서 선박으로 생활하는 자들 거의 모두가 각 군문(軍門)이나 여러 궁가(宮家) 및 세력 있는 경중(京中)의 사부(士夫)에 빌붙어 의탁하고 있으니, 그 이름은 지토선이라고 해도 본군에 예속된 것은 낡고 망가진 서너 척의 소선(小船)에 불과할 따름이다. 이 때문에 전세를 상납해야 할 때마다 실어 나를 선박이 없어서 소요 사태를 막을 수가 없는데, 이런 식으로 계속해서 또 1, 2년을 보내고 나면 이제는 이 서너 척의 선박마저 없어지고 말 것이니, 이 배가 없어지고 나면 막중한 삼세(三稅)를 어떻게 운송하여 납부하겠는가. 이는 참으로 한 읍(邑)의 막대한 폐단이니, 조속히 개혁하지 않으면 안 될 것이다.

당직(當職)이 부임한 이래로 이 일에 뜻을 두었지만, 읍의 재력(財力)이 결딴나서 어떻게 손을 댈 수가 없었다. 그러다가 이듬해 봄에 비로소 어렵사리 100냥의 돈을 모아 경내의 부호(富戶)들에게 나누어 주고 가을철에 100섬의 곡물을 무역한 뒤에 본전은 놔두고 이자를 취하게 하였으며, 또 다른 곳에서 돈을 더 보태어 250냥을 마련해서 5척의 선박을 사들인 뒤에 강변에 거주하는 백성들 중 선박에 익숙한 자들에게 분속(分屬)하여 다들 힘을 합쳐 실어 나르게 하며 한마음으로 상납하게 하였다. 또 과조(科條)를 엄히 세워서 일이 생길 때마다 그들을 돌보아 주는 한편, 경내의 짐바리는 전적으로 지토선에 일감을 몰아주고 다른 선박에는 싣지 못하게 하였으며, 인읍(隣邑)에서 붙잡을 경우에는 곧바로 임무를 마치고 돌아가는 배라고 증빙해 주어 그 전선(全船)을 침해하지 못하게 하였다.

대저 이와 같이 하면 선박이 일단 조금씩 늘면서 선박 1척이 상납하는 비용도 과다하지 않게 되고 역이 또 줄면서 짐바리를 실어 나르는데 따른 소득으로 충분히 생활을 영위할 수가 있다. 따라서 지금 여기에 있는 선인들은 그 직업을 편안하게 여겨 도피하려는 마음을 내지 않을 것이고, 외방에서 오는 선박들은 그 이익을 탐내어 귀부(歸附)하려는 부류가 점점 많아질 것이니, 그렇게 되면 본군의 지토선이 달마다 해마다 증가하여 여강(驪江)과 병칭되지 않을지 또 어찌 알겠는가. 관(官)과 민(民)이 모두 온편(穩便)해진 가운데 영구히 폐단이 없어질 것이라고 기대하면서, 거행하는 절목(節目)을 아래에 상세히 제시하는 바이다. 그리고 힘닿는 대로 보수(補修)하여 바람직한 방향으로 수거(修擧)해서 폐이(廢弛)되지 않게 하는 일은, 또 삼가 뒤에 오는 군자를 기다리지 않을 수 없다.

지난봄에 관에서 전(錢) 100냥을 마련하였지만 이 읍에서는 달리 이자를 취할 방법을 찾을 수가 없었다. 그런데 삼세(三稅)의 미태(米太 쌀과 콩)를 거둬들일 때마다 인근의 많은 산골 촌민(村民)들이 돈을 가지고 와서 미태값을 납부하는 그 액수가 시장 가격에 비해 조금 많았는데도, 해당 색리(色吏)는 무취(貿取)하는 것을 꺼려해서 혹 기꺼이 받지 않으려고 하였다.

지금 만약 곡물을 무역하여 창소(倉所)에 쌓아 두고는 백성이 돈으로 납부할 때를 기다렸다가 그 곡물로 대신 충당하고 그들의 돈을 사용한다면, 관은 곡물을 내다가 판매하는 번거로움이 없이 앉아서 그 이익을 취하고, 민은 곡물을 무역하여 운반하는 수고로움이 없이 간편하게 납부하여, 공(公)과 사(私) 양쪽 다 이롭게 될 수 있으니 이보다 더 좋은 방법은 없을 것이다.

그래서 이러한 뜻으로 각 면(面)에 전령(傳令)을 하되, 부민(富民) 100호(戶)를 가려낸 뒤에 1호마다 전 1냥씩을 지급하고는 가을철에 1섬의 곡물을 마련해 납부하게 하였다. 그리고 이때에 조(租 벼)가 되든 태(太 콩)가 되든 오직 원하는 대로 바치게 하였는데, 이는 대개 본읍(本邑)의 구례(舊例)가 조와 태와 목맥(木麥 메밀) 세 가지 곡물을 서로 통용하여 구애(拘礙)하는 바가 없었기 때문이다.

그런데 지난가을은 흉년이 들어서 곡식이 귀했기 때문에 미리 사두었던 곡물의 수익이 상년(常年)에 비해서 조금 많았다. 그래서 금년

이후에는 장차 전 160냥을 자본금으로 삼아 곡물 160섬을 교역할 것인데, 이를 세곡(稅斛)으로 다시 되질하면 155섬이 될 것이다. 그런데 1섬당 가전(價錢)은 비록 풍년이 들더라도 2냥보다 못하지는 않을 것인 만큼, 곡물 155섬이 전으로는 310냥이 될 것인데, 이 중에서 160냥은 다시 분급(分給)하여 곡물을 무역하게 하고 150냥은 선척(船隻)을 매입하는 것을 매년 상식(常式)으로 삼을 것이다. 그리고 세곡으로 개량할 때에 흠축(欠縮)나는 수량이 혹 5섬을 넘을 때에는 관에서 모곡(耗穀)으로 보충하여 반드시 155섬의 수량을 채워야 할 것이니, 그렇게 해야만 가로막히는 일이 없게 될 것이다.-절목은 기록하지 않는다.-

대미를 거두는 것을 혁파한 일에 대한 본말 6월

收大米革罷本末 六月

본군(本郡)이 선혜청(宣惠廳)에 납부하는 대동수미(大同收米)는 예로부터 순전히 전미(田米 조)만으로 상납해 왔다. 그러다가 신사년(1761, 영조37)에 연분(年分)을 정할 때에 홀연히 선혜청에서 "본군에 이미 답결(畓結 논의 결복(結卜))이 있는 이상 순전히 소미(小米 좁쌀)만 받을 수는 없으니, 답결은 대미(大米 쌀)로 징납하라."라고 하면서 별도의 공문으로 통지하였으므로, 그 뒤로부터 대동수미 중에 처음으로 대미의 명색(名色)이 있게 되었다.

답(畓) 1결(結)당 받아들일 것이 무려 7, 8말에 이르렀고 그 수효를 통틀어 계산하면 모두 7, 8십 섬이나 되었는데, 일찍이 그 수량을 전부 채워 상납한 적이 없었고 납부한 것이라고 해야 10여 섬 혹은 7, 8섬에 불과하였으며, 그 나머지는 죄다 색리(色吏)가 농간을 부려 착복하는 결과가 되고 말았다.

임진년(1772) 가을을 기점으로 전(田)과 답(畓)을 따질 것 없이 1결당 단지 대미 2되만 받아들여 그 대미 상납의 숫자를 채워서 납부하게 하고, 그 나머지는 모두 전미로 마련(磨鍊)하는 것으로 정식(定式)을 만든 뒤에 이를 민간에 전령하고 효유하여 시행하게 되었다.

상납할 때가 되어 또 해당 색리에게 분부하되, 거두어들인 대미를 상납하지 말고 시험 삼아 선혜청의 서리(書吏)를 상대할 때 사리에 입각하여 쟁집하면서 전량(全量)을 소미로 진납해 보라고 하니, 서리가 과연 아무 말 없이 받아들였다. 이는 대개 대미를 징납하는 것은 원래 조정과 상관이 없는 일로 완전히 서리가 중간에서 농간을 부려 그렇게 된 것이었다.

지금 이미 그런 사실을 안 이상 비록 2되의 쌀이라도 결코 옛날 그대로 민결(民結)에서 징봉할 수는 없는 일이다. 이 사태의 근본 원인을 설파하며 선혜청에 논보해서 영구히 혁파하려는 여지를 마련하려고 하였는데 회제(回題 상급 관청의 회답)가 도착하기 전에 당직(當職)이 체직되었기에, 당초에 민간에 통지한 전령의 초고(草稿) 및 선혜청에 논보한 초고를 뒤에다 기록해 둠으로써 나중에 참고할 자료로 쓰게 하였다.-전령의 초고와 논보한 초고는 기록하지 않는다.-

성천부에서 향중의 장로에게 체문을 내려 유시한 글 갑오년(1774, 영조50) 8월

成川府帖諭鄕中長老 甲午八月

당직(當職)이 경성(京城)에 있을 때부터 "서로(西路)는 향임(鄕任)을 쟁취하려는 폐단이 팔도 가운데에서 가장 심하고, 서로 가운데에서도 성천(成川)이 더욱 심하다."라는 말을 익히 들었는데, 이 부(府)에 부임해서 그 속습(俗習)을 말없이 관찰해 보고는 과연 그 소문이 틀리지 않았다는 사실을 확인하게 되었다

대저 조관(朝官)과 향관(鄕官)은 비록 조정의 명을 받고 받지 않는 차이는 있지만, 관(官)이 되는 것은 매한가지이다. 현자(賢者)는 나아가 직위에 거하고 불초자는 물러나 초야에 있는 것이야말로 천지(天地)의 상경(常經)이요 고금(古今)의 통의(通義)이니, 만약 용사(用舍)할 즈음에 현과 불초를 기준으로 하지 않고 오직 사(私)만을 따른다면 나라는 나라답게 될 수가 없고 고을은 고을답게 될 수가 없을 것이다.

아, 사도 오히려 좇으면 안 되는데, 하물며 뇌물을 쓰는 일이겠는가. 이름이 사자(士子)이면서 뇌물을 써서 자신을 진출시킨다면 어떻게 세상에 설 수 있겠으며, 신분이 관장(官長)이면서 뇌물 때문에 사람을 쓴다면 또 어떻게 그 관직에 거할 수 있겠는가. 사람은 비록 속일 수 있을지라도 마음속으로는 유독 부끄럽지 않겠으며, 또 더군다나 열 개의 눈이 지켜보고 열 개의 손이 가리켜서 속일 수 없는 점이 있는데야 더 말할 것이 있겠는가.

이 성천부가 멀리 서쪽 변방에 있으면서 그 이름과 지역이 중국의

파촉(巴蜀)과 우연히 비슷하기에, 당직이 삼가 분수를 헤아리지 못하고서 나름대로 문옹(文翁)의 교화와 공명(孔明)의 법치(法治)에 뜻을 두게 되었는데,[39] 교화해도 따르지 않을 경우에는 법치를 수반(隨伴)하는 것 또한 자연스러운 형세라고 할 것이다. 다만 먼저 향중(鄕中)의 장로(長老)들과 그 절목을 상의하여, 이를 영구히 준수하며 풍속을 좋게 바꿀 방도로 삼고자 하니, 여러 장로는 모월 모일에 일제히 모여 주기를 간절히 바라는 바이다.

39 이……되었는데 : 파촉의 수도인 성도(成都)와 여러모로 비슷한 성천부에서 민풍(民風)을 바람직한 방향으로 변화시키겠다는 결의를 밝힌 말이다. 한 경제(漢景帝) 때에 문옹(文翁)이 촉군 태수(蜀郡太守)로 부임하여 저잣거리에 학교를 세우고 부역을 면제시키는가 하면 성적이 우수한 자를 관리로 임용하는 등 획기적인 문교 정책을 실시하여 문풍(文風)을 크게 진작한 결과 옛날의 제(齊)나라와 노(魯)나라처럼 변화시켰다는 고사가 전한다.《漢書 文翁傳》 또 성도에 수도를 둔 촉한(蜀漢)의 초대 황제 유비(劉備)가 죽은 뒤에 즉위한 후주(後主) 유선(劉禪)이 유약(幼弱)한 점을 고려하여, 승상(丞相)의 신분으로 국정을 총괄한 제갈량(諸葛亮)이 인은(仁恩)보다는 법치의 원칙을 앞세워, 원수에게도 상을 주고 친지에게도 벌을 내리는 엄명상벌(嚴明賞罰)의 정책을 시행한 고사가 전한다.《삼국지(三國志)》의 저자 진수(陳壽)가 지은 〈진제갈량집표(進諸葛亮集表)〉에 "제갈량은 법령을 엄히 밝히고 상벌을 반드시 신실하게 행하여, 악은 징치하지 않음이 없고 선은 드러내지 않음이 없었다. 나아가 관리가 농간을 부리는 것을 용납하지 않고 사람마다 스스로 경계하는 마음을 품게 함으로써 길에 버려진 물건도 줍지를 않고 강포한 자가 연약한 자를 침해하지 않는 등 풍화가 숙연해졌다."라는 내용이 보인다.《三國志 蜀書 諸葛亮傳》

향임에 대해 변통한 절목
鄕任變通節目

읍(邑)의 향관(鄕官)은 바로 옛날의 승(丞)과 주부(主簿)의 직임에 해당하니, 비록 조정에서 명을 받지는 않았다고 하더라도, 수재(守宰)를 보좌하여 백성을 다스리고 공무(公務)에 이바지하는 만큼 그 소임이 중하다고 하겠다.

삼대(三代)의 시대에는 공(公), 경(卿), 대부(大夫), 사(士) 모두에 대해서 향리(鄕里)에서 천거하는 제도를 적용하였다. 그리하여 향(鄕)을 거쳐서 태학(太學)에 들어오고 태학을 거쳐서 조정에 올라가는 그 법제(法制)가 지극히 공정하고 엄밀하였기 때문에, 인재가 계속 출현하여 치교(治敎)가 맑고 밝아졌다. 그러다가 후세에 내려와서는 과거 제도가 융성해짐에 따라 이 법제가 마침내 폐기되면서, 사의(私意)가 멋대로 난무하고 공도(公道)가 행해지지 않았으며, 이로 말미암아 점점 말세의 현상을 보이면서 쇠란의 시대로 전락하였으니, 참으로 개탄할 일이다. 그러나 조가(朝家)에서 인재를 채용하는 법제는, 참으로 조가에서 크게 진작하고 크게 변통하지 않는 한 옛날로 돌아가기는 실로 어려운 일이다.

하지만 향관으로 말하면 애당초 과거 제도를 통하는 것도 아니고, 향중(鄕中)에서 가려 뽑아 채용하는 것에 불과하니, 이런 상황에서 대략 《주관(周官 《주례(周禮)》)》의 유법(遺法)을 본받아서 사(私)를 제거하고 공(公)을 확장하며 이를 정제(定制)로 만들어 오래도록 시행한다면, 백 리(里)가 태고(太古)처럼 되어[40] 풍속이 크게 뒤바뀌는 것을 보게 될 것인데, 지금 개혁하는 것이 그 실마리가 되지 않을지 또 어찌 알겠는가.

본주(本州)에서 향임(鄕任)이 되려고 다투는 폐단에 대해서는 체문(帖文)을 내린 내용 가운데에서 이미 언급하였지만, 신분이 사자(士子)이면서 뇌물을 써서 진출한다면 인간의 수치 가운데 이보다 더 큰 것이 어디에 있겠는가. 그리고 빌붙어 청탁함으로써 그 직임에 차출된다면, 관장(官長)이 된 자가 직접 그 뇌물을 받지 않았다고 하더라도 그런 행위는 뇌물을 준 것이나 별반 차이가 없다고 할 것이다.

아래로는 스스로 자기 몸을 욕되게 하고 위로는 관가(官家)에 누를 끼치다니, 조용히 생각해 보면 어찌 얼굴이 화끈 달아오르지 않겠는가. 당직(當職)이 삼가 분수를 헤아리지 못하고서 나름대로 그 본원(本源)을 끝까지 캐내어 말끔히 씻어 내고 다시 새롭게 함으로써 백 년 동안 계속된 고질적인 폐단을 한번 개혁해 보려고 한다. 이에 향중의 장로(長老)들과 상의하여 거행할 절목을 다음과 같이 조목별로 나열하는 바이다.-절목은 기록하지 않는다.-

40 백……되어 : 목민관의 선정 덕분에 사방 백 리 되는 한 고을이 평화로운 태고 시대처럼 변화하는 것을 말한다. 이백(李白)의 시에 "이곳 백 리의 고을만은 태고 시대처럼 순박하여, 흥겹게 태고 시대의 사람으로 누워 지낸다.〔百里獨太古 陶然臥羲皇〕"라는 구절이 나온다.《李太白集 卷11 經亂離後天恩流夜郎憶舊遊書懷贈江夏韋太守良宰》

녹문집

제26권

詩 시

사정 가는 도중에 역천 이형[1]에게 주다 2수○신해년(1731, 영조7)

沙亭途中呈櫟泉姨兄 二首○辛亥

설악의 안개 낀 물가엔 용과 범의 굴혈이요	雪嶽煙汀龍虎窟
석문의 모래 언덕에는 노루 사슴의 소리로다	石門沙岸麞麑聲
아슬아슬 오솔길은 종일 인적 끊기고	棧蹊竟日輪蹄絶
들 나루엔 사람 없이 배만 누워 있네	野步無人舟楫橫
벼슬길 세상살이 공연히 흰머리만	纓組世間空白髮
글 읽는 단칸방 절로 맑은 이름일세	詩書陋巷自淸名
곤고하고 못살아도 우리 도를 따라야지	艱難苦淡從吾道
조만간에 이웃하며 묵은 소원 이루리라	早晩東家宿願成

저물녘에 사정에 말을 세우고	立馬沙亭暮
머리 돌리니 오악이 비꼈어라	回頭五嶽橫

1 역천(櫟泉) 이형(姨兄) : 송명흠(宋明欽, 1705～1768)으로, 본관은 은진(恩津), 자는 회가(晦可), 호는 역천이다. 송준길(宋浚吉)의 현손(玄孫)으로, 이재(李縡)의 문인이며, 녹문과 이종사촌 간이다.

시서를 논한 간밤의 모임이요　　詩書昨夜會
풍월을 즐긴 백 년의 정이었네　　風月百年情
구이가 논설한들 어찌 주도하리오　　口耳論何到
여황이라 안목이 밝아지려 했다오[2]　　驪黃眼欲明
헤어지고 나면 끝도 없는 그리움이　　別來無限意
산 위의 구름처럼 종일 피어나리라　　盡日嶺雲生

오악(五嶽)은 옥천(沃川)의 산 이름이다.

2 구이(口耳)가……했다오 : 주도(周到)하지 못한 녹문의 변변찮은 학식이 송명흠의 탁월한 식견에 의해 계발되어 시서(詩書)의 의미를 분명히 알게 되었다는 말이다. 구이는 귀로 듣고서 입으로 곧장 내놓는다는 뜻으로, 되새김질하여 자기의 것으로 만들지 못하고 섣불리 밖으로 드러내어 과시하려 한다는 뜻의 겸사이다. 《순자(荀子)》 〈권학(勸學)〉의 "소인이 공부하는 것을 보면, 귀로 듣고는 곧바로 입으로 내놓는다. 입과 귀의 거리는 불과 네 치일 따름이니, 일곱 자나 되는 이 몸을 어떻게 아름답게 할 수가 있겠는가.〔小人之學也 入乎耳 出乎口 口耳之間則四寸耳 曷足以美七尺之軀哉〕"라는 말에서 나왔다. 여황(驪黃)은 검고 누런 암컷 말과 수컷 말이라는 뜻의 여황빈모(驪黃牝牡)의 준말로, 색깔이나 모양 등의 외면에 구애되지 않고 그 내면의 깊은 뜻을 파악하는 뛰어난 능력을 비유하는 말이다. 준마(駿馬)를 잘 알아보는 것으로 유명한 춘추 시대의 백락(伯樂)이 진 목공(秦穆公)의 부탁을 받고는 자기의 벗인 구방고(九方皐)를 추천하여 천리마를 찾게 하였다. 그런데 그가 석 달 뒤에 돌아와서 누런 암컷 말〔牝而黃〕을 구해 왔다고 하였으나 실제로 확인해 본 결과 검은 수컷 말〔牡而驪〕이었으므로 목공이 백락을 책망하자, 백락이 "그는 말의 천기(天機)만을 볼 뿐, 바깥에 드러나 있는 모양이나 색깔 등은 보지 않기 때문에 그렇게 된 것입니다."라고 찬탄하였는데, 나중에 보니 과연 천하의 둘도 없는 양마(良馬)였다는 이야기에서 유래하였다. 《列子 說符》

비 내리는 저녁에 두 공부의 시[3]에 차운하다
雨夕次杜工部韻

텅 빈 차가운 산속 흰 눈이 쌓이는데　寥廓寒山白雪中
띳집은 일도 없이 술 단지 텅 비었네　茅齋無事酒樽空
쓸쓸히 내리는 비에 매화는 반쯤 떨어지고　梅花半落蕭蕭雨
솔솔 부는 바람결에 까마귀는 짝지어 나네　鴉子雙飛細細風
세 개의 오솔길 고요한 장씨의 원림이요[4]　蔣氏園林三徑靜
사철 내내 꺼지지 않는 위옹의 노화로세[5]　魏翁爐火四時紅
이 속의 참 의미를 누가 알 수 있을는지　箇中眞味誰能識
이따금 청려장 짚고 계총[6]에 물어보노라　時倚青藜問桂叢

3 두 공부(杜工部)의 시 : 《두소릉시집(杜少陵詩集)》 권18의 〈모춘(暮春)〉 시를 가리킨다. 두 공부는 검교 공부원외랑(檢校工部員外郎)을 지낸 두보(杜甫)의 별칭이다.

4 세……원림(園林)이요 : 초야에 묻힌 선비의 집에 찾아오는 벗도 없이 적막하게 지낸다는 말이다. 후한(後漢) 말의 장후(蔣詡)가 벼슬을 그만두고 고향에 돌아온 뒤에, 산보하는 길 세 개를 만들어 놓고는 오직 절친한 벗인 양중(羊仲), 구중(求仲) 두 사람과 소요하며 즐겼던 고사가 전한다. 《三輔決錄 逃名》

5 사철……노화(爐火)로세 : 《주역참동계(周易參同契)》 같은 서적을 탐독하면서 건강을 챙기고 학문을 계속 연구한다는 말이다. 위옹(魏翁)은 후한의 도사(道士) 위백양(魏伯陽)을 이른다. 그가 《주역》과 황로(黃老)와 노화 3가(家)를 하나로 조화하여 《주역참동계》를 지었는데, 주희가 《주역참동계고이(周易參同契考異)》라는 주석서를 지으면서부터 성리학자들의 애독서 중 하나가 되었다.

6 계총(桂叢) : 계수나무 떨기라는 뜻으로, 세상을 피해 숨어 사는 곳, 혹은 그런 사람을 비유하는 말인데, 《초사(楚辭)》 〈초은사(招隱士)〉의 "계수나무 덤불져 우거진 그윽한 산속.〔桂樹叢生兮山之幽〕"이라는 구절에서 유래하였다.

〈금릉도〉에 적어 넣다[7]

題金陵圖

멋지고 화려한 금릉 땅은 성조가 거하신 곳[8]	佳麗金陵聖祖居
그림의 일 추억하매 눈물이 옷깃을 적시누나	丹靑想像淚沾裾
석두성(石頭城) 사자 위 채색 노을은 옛날 그대로	石頭獅子雲霞古
현무호(玄武湖) 과주 옆 나룻배는 어쩌다 보일 따름	玄武瓜洲舟楫疎
한 시대 의관과 궁전이 여기에 있었거니	一代衣冠宮殿在
백 년 세월 일월과 산하가 허전하여라[9]	百年日月山河虛
한조가 중천한다는 옛사람의 말이여	中天漢祚昔人語

7 금릉도(金陵圖)에 적어 넣다 : 녹문의 부친 임적(任適)이 함흥 판관(咸興判官)으로 재직할 당시에 〈금릉승개도(金陵勝槪圖)〉라는 제목의 그림을 발견하고는 화사(畫師) 박지무(朴枝茂)에게 부탁하여 조금 더 크게 모사(模寫)하게 한 뒤에 그 내력을 기록한 〈금릉도기(金陵圖記)〉가 그의 문집인 《노은집(老隱集)》 권2에 실려 있는데, 녹문이 이 그림에 대한 감상을 시로 읊은 것이다.

8 멋지고……곳 : 명 태조(明太祖) 주원장(朱元璋)이 금릉, 즉 남경(南京)에 수도를 정한 것을 말한다. 그 뒤 성제(成帝)가 조카인 혜제(惠帝)와 내전을 벌여 승리를 거둔 뒤에 자신의 근거지인 북경(北京)으로 도읍을 옮겼다. 남조(南朝) 제(齊)나라의 시인 사조(謝朓)가 "장강(長江) 남쪽 멋지고 화려한 땅, 금릉은 바로 제왕의 고을이라오. 〔江南佳麗地 金陵帝王州〕"라고 금릉을 찬미하였는데, 이로부터 가려지(佳麗地)라는 말이 남경, 강남(江南) 혹은 수도의 별칭으로 쓰이게 되었다. 《謝宣城集 卷2 鼓吹曲 入朝曲》

9 백……허전하여라 : 명나라가 멸망한 뒤로 지금까지 약 100년 동안 일월과 산하가 제향(帝鄕)을 옹위(擁衛)하지 못하고 공허하게 펼쳐진 채 이민족인 청나라의 지배를 받게 되었다는 말이다.

어찌해 지금껏 오래도록 적요하기만 한지[10] 何迺于今久寂如

10 한조(漢祚)가……한지 : 명 태조는 금릉에 수도를 정하고 북진 정책을 펼쳐서 원(元)나라를 멸망시키고 한족(漢族)의 정통성을 되찾았는데, 지금은 유감스럽게도 청나라를 무찌르고 명나라를 중흥했다는 소식도 없이 그저 조용하기만 하다는 말이다. 한조는 한나라 조정의 황위(皇位)와 국통(國統)을 말한다. 《양자법언(揚子法言)》 권10 〈효지편(孝至篇)〉에 한나라 양웅(揚雄)이 "한나라가 일어난 지 210년, 중천을 아마도 바랄 수 있으리.〔漢興二百一十載 而中天其庶矣乎〕"라고 한 말이 나온다. 이는 한나라의 황통(皇統)이 210여 년 만에 왕망(王莽)에게 넘어갔으나, 천하가 그를 증오하고 한나라의 덕을 사모하는 만큼 한의 중흥을 기대할 수 있다는 말인데, 그 뒤 10여 년 만에 광무(光武)가 과연 난세를 평정하고 후한(後漢)의 시대를 열었다. 중천(中天)에 대해서 당(唐)나라 유종원(柳宗元)은 하늘의 중간이라고 생각하여, 210년을 "한나라의 운세가 바야흐로 절반이 될 뿐이다.〔漢祚之方半耳〕"라고 하였으나, 중천은 중흥이라는 해석이 대세이다.

흉년을 읊다

凶年

큰 가뭄이 봄철 휩쓸고 그대로 여름까지	大旱經春仍涉夏
가을 들어 시골 동네는 날마다 시끌벅적	秋來鄕谷日騷然
들판은 쩍쩍 갈라져 벼 없이 황량하고	郊原滌滌荒無稻
촌락은 쓸쓸하게 연기도 없이 냉랭하네	村落蕭蕭冷不煙
주상은 지성으로 백성을 불쌍히 여기건만	主上至誠憐赤子
현관은 예전대로 빈 밭에 세금을 매기누나	縣官依舊賦空田
서생도 나름대로 어설픈 소견이 있다마는	書生漫有迂疎見
근폭[11]을 무슨 수로 임금님에게 바치리오	芹曝何緣徹九天

11 근폭(芹曝) : 변변찮지만 성의(誠意)를 다해 올리는 예물이라는 뜻의 겸사인데, 어떤 시골 사람이 미나리 맛이 좋다면서 윗사람에게 바쳤다가 핀잔을 받았다는 헌근(獻芹)의 고사와 겨울에 따스한 햇볕을 임금에게 바치려고 했다는 헌폭(獻曝)의 고사를 합친 말이다.《列子 楊朱》여기서는 포의(布衣)의 신분인 녹문이 국가 정책에 대해 건의하는 것을 비유하는 말로 쓰였다.

도악으로 이형을 찾아갔다가 돌아오며 시를 지어 화답을 구하다

訪姨兄陶嶽歸而作此求和

한번 헤어진 뒤 이삼 년 동안	一別兩三歲
해마다 애태우며 몽상만 할 뿐	歲歲勞夢想
의문이 있어도 물어볼 사람 없이	有疑誰相扣
그저 속으로 한탄만 하다가	有懷徒慷慨
동짓달 날씨도 청명한 날에	仲冬天氣清
필마로 신명 나게 찾아갔나니	匹馬聊尋往
구령이 험악해도 걱정하지 않는데	不憂龜嶺險
용호가 드넓다고 어찌 겁내리오	況憚龍湖廣
어스름 저녁에 어렵사리 들어가니	薄暮艱辛入
산에 기대 지어 놓은 서재 안에서	依山開書幌
난형난제인 형제 두 분이	元方及季方
《서경》과 《역경》을 함께 공부하다가	典謨與象象
나의 모습 보고는 활짝 웃으면서	爲余開笑顔
무릎 끌어당기고 유쾌히 얘기했나니	促膝更抵掌
헤어졌던 아쉬운 정 말할 필요도 없이	不須敍契闊
청담을 논하며 함께 수답하되	淸言共和唱
먼저 자사의 글을 강론하면서	先講子思書
율우에서 거슬러 올라 정장에까지[12]	栗牛溯程張
명리에 물들어도 안 되겠지만	名利不可染

양심도 놓쳐서는 안 되고말고 良心不可放
밤의 기운이 평안하고도 고요해서 夜氣澹且靜
함양하는 장소로도 여기가 최적이요 此中好涵養
지금 이 시간이 또 언제이냐 하면 問玆何時與
둥근 달이라 감상하기도 정말 좋은 때 圓月正堪賞
냇물 따라 실컷 읊고 노래하며 緣流饒吟弄
지팡이 끌고서 높이 올라갔나니 登高曳藜杖
호량은 우리의 도가 못 되어 濠梁非吾道
축융을 멀리 앙모하였다오[13] 祝融遠景仰
만류하는 형들의 호의가 고맙소마는 感君苦相挽
뜻대로 못하는 내 사정을 어떡하나요 奈吾勢難强
이불 함께 덮은 지 겨우 사흘 밤에 聯衾甫三夜
말머리 돌려 첩첩산중 빠져나오려니 回駕出疊嶂
상봉할 때에는 말없는 자 같았어도 相逢似無言
헤어지매 다시금 마음을 못 잡겠네 相別更惘惘
마음을 못 잡으면 어떻게 해야 하나 惘惘如之何
흐르는 물과 함께 출렁이며 갈 수밖에 流水共泱泱

12 먼저……정장(程張)에까지 : 자사(子思)가 지은 《중용》을 강론하며 조선의 율곡(栗谷) 이이(李珥)와 우계(牛溪) 성혼(成渾)을 비롯해서 송나라의 정호(程顥), 정이(程頤) 형제와 장재(張載)의 학설에 이르기까지 치밀하게 검토했다는 말이다.

13 호량(濠梁)은……앙모하였다오 : 도가류(道家類)의 유희 방식 대신 유가류(儒家類)의 호기(豪氣)를 마음껏 발산해 보았다는 말이다. 《장자》 〈추수(秋水)〉에 장자(莊子)가 자기 친구인 혜시(惠施)와 함께 호수(濠水)의 징검다리〔濠梁〕 위에서 물고기가 노니는 것을 바라보며 물고기의 즐거움에 대해 대화를 나눈 이야기가 나온다. 축융은 중국 5대 명산 중 하나인 형산(衡山)의 정상 축융봉(祝融峯)을 말한다.

홰나무의 까치

槐鵲

뜰 앞에 서 있는 늙은 홰나무에　　庭前老槐樹
종일 한 쌍의 새가 번득거리네　　盡日翻雙翼
□를 즐기려 해서가 아니오라　　非爲樂其□
먹을 만한 열매가 있어서라오　　爲有實可食
위에는 한 조각 구름장이 덮여 있고　　上有孤雲覆
아래에는 검푸르게 파인 물웅덩이　　下有水深黑
물이 맑으니 목마르면 쪼아 먹고　　水淸渴可啅
구름이 두터우니 몸을 숨길 수도　　雲深身可匿
날렵하게 내려왔다 다시 올라갔다　　翩翩下復上
천년토록 함께 서로 어울리면서　　千載共相得
몸을 의탁할 곳을 이미 얻었으니　　托身旣得所
주살 따위 겁낼 필요 뭐가 있으랴　　何須畏矰弋

스스로 경책한 시 임자년(1732, 영조8)

自警 壬子

열다섯에 학문에 뜻을 두었건만　十五志于學
이십이 되어도 아무런 소견이 없이　二十無所見
굽어봐도 쳐다봐도 우회[14]가 많아　俛仰多尤悔
표박하는 꼴이 〈기변〉에 부끄럽기만[15]　飄泊愧頍弁
해와 달이 사두마차처럼 치달려서　日月奔如駟
오늘 아침 한 해가 또 바뀌었나니　今朝歲又變
세월의 변화를 멈출 수 없는 만큼　歲變不可住
사람도 생에 연연하면 안 되겠지　人生不可戀
아름다운 자태로 떠오르는 아침 햇빛도　嬋娟朝日華

14 우회(尤悔) : 허물과 후회라는 말인데, 여기서는 널리 학습하며 정밀하게 가려내지 못한 잘못을 의미한다. 《논어》 〈위정(爲政)〉에 "많이 듣고서 의심스러운 것은 빼놓고 그 나머지만을 신중히 말하면 허물이 적을 것이다. 많이 보고서 확실하지 않은 것은 빼놓고 그 나머지만을 신중히 행하면 후회가 적을 것이다.〔多聞闕疑 愼言其餘則寡尤 多見闕殆 愼行其餘則寡悔〕"라는 공자(孔子)의 말이 나오는데, 이에 대한 주희(朱熹)의 해설에 "많이 듣고 보는 것은 학습하는 것이 광박한 것이요, 의심스럽고 확실하지 않은 것을 빼놓는 것은 가려내기를 정밀하게 하는 것이다.〔多聞見者 學之博 闕疑殆者 擇之精〕"라고 하였다.

15 표박(飄泊)하는……부끄럽기만 : 안정을 찾지 못하고 이리저리 떠돌며 방황하는 자신의 처지가 〈기변(頍弁)〉 시를 보면 더욱 부끄럽게 느껴진다는 말이다. 〈기변〉은 《시경》 〈소아(小雅)〉의 편명으로, 형제와 친족이 정답게 모여 술잔을 주고받으면서 언제 죽을지도 모르는 인간의 삶을 생각하며 이날만이라도 실컷 즐겨 보자는 내용이다.

저녁엔 어느새 싸라기처럼 알량해지고	向夕已如霰
쑥 위에 내린 이슬도 축축이 적시다가	厭浥蕭上露
날이 맑고 따스하면 금방 말라 버린다네	見晛卽熯熯
꿈과 허깨비 같은 백 년의 시간 속에서	百年夢幻間
칠십에 이르는 것도 드물기만 하니	七十至者鮮
이것이 바로 옛날 성현들께서	所以古聖賢
열심히 노력하며 전환하는 일이 없이	孜孜未或轉
아무리 다급해도 반드시 이렇게 하며	造次必於是
언제 어디서나 전전긍긍한 까닭이라네	淵氷一幽顯
심령의 근원은 원래 호호탕탕하건만	靈源自浩浩
나약한 탓으로 온갖 병통이 생기나니	百病在懦輭
식욕과 색욕 그리고 명성과 이익 등이	食色與名利
이에 인연하여 마구 번어 나간 결과	緣玆致蔓衍
잘해 보려 해도 항상 그리로 끌어당겨	欲進肘常掣
입으로만 말할 뿐 발로는 밟지 못한 채	有言足未踐
샘물이 솟아나도 진흙이 막아 버리면서[16]	泉達黃泥壅

16 샘물이……버리면서 : 선(善)의 씨앗이 어렵게 싹을 틔워도 이욕(利慾)이 짓눌러 막아 버린다는 말이다. 샘물이 솟아난다는 것은 이제 막 처음으로 물이 올라와서 아직은 그 힘이 미약하지만 앞으로 창대(昌大)해질 가능성을 지니고 있는 것을 비유한 말이다. 맹자(孟子)가 사단(四端)을 설명하면서 "우리 안에 있는 사단을 모두 확충할 줄 알면, 마치 불이 타오르기 시작하고 샘물이 솟기 시작하는 것과 같을 것이다. 이를 제대로 확충한다면 사해도 보존할 수 있겠지만, 확충하지 못한다면 부모도 섬길 수 없을 것이다.〔凡有四端於我者 知皆擴而充之矣 若火之始然 泉之始達 苟能充之 足以保四海 苟不充之 不足以事父母〕"라고 하였다.《孟子 公孫丑上》

불난 집에 부채질하듯 기승을 부린다네	火燒春風煽
지금부터는 한번 용약 분발하여	從今一奮躍
계속 전진해서 기필코 뚫을지니	向前期透穿
쓸개를 걸어 놓은 회계의 뜻을 지니고[17]	懸膽會稽志
배를 불태운 거록의 전투를 벌이면서[18]	焚舟鉅鹿戰
이치를 확충하여 양기(陽氣)가 자라남을 보고	擴理看陽長
사욕을 극복하여 구름이 걷힘을 볼지로다	克己視雲捲
어려운 일 먼저 하고 얻는 것은 뒤로 하며[19]	先難而後獲
밤낮으로 부지런히 자강불식할지니	乾乾日夕勵

17 쓸개를……지니고 : 과거의 실패를 또다시 되풀이하지 않고, 각고면려(刻苦勉勵)하여 자강(自强)의 계책을 도모하는 것을 비유하는 말이다. 춘추 시대 월(越)나라의 제2대 왕 구천(句踐)이 오(吳)나라 왕 부차(夫差)와 싸우다가 크게 패하여 회계산(會稽山)에서 굴욕적인 화의(和議)를 체결하고 귀국한 뒤에 복수할 것을 잊지 않으려고, 겨울에도 항상 얼음을 가슴에 품고, 여름에도 외려 불을 손에 쥐었으며, 노심초사하며 문에다 쓸개를 매달아 놓고 출입할 때마다 맛보곤 하였는데, 그렇게 한 결과 마침내 부차를 죽이고 오나라를 멸망시켜 회계의 치욕을 씻은 고사가 있다.《吳越春秋 句踐歸國外傳》《史記 越王句踐世家》

18 배를……벌이면서 : 퇴로를 끊어 버리고서 필사적으로 대결해 보겠다는 결의를 표명한 말이다. 초(楚)나라 항우(項羽)가 조(趙)나라를 구하기 위해 거록(鉅鹿)으로 진군할 적에, 도하하고 나서는 배를 모두 가라앉히고, 가마솥과 시루를 깨부수고, 막사를 불태우고, 사흘 치 식량만 가지고 감으로써 사졸들에게 필사의 각오를 보여 주었다. 결국 진(秦)나라 군대를 격파하고 대승을 거두었다.《史記 項羽本紀》 배를 불태웠다고 한 것은 정확하게 말하면 배를 가라앉힌 것이 옳다. 분주파부(焚舟破釜)와 파부침주(破釜沈舟)의 비슷한 용례가 있기 때문에 녹문이 착각한 듯하다.

19 어려운……하며 : 하기 어려운 공부에 먼저 도전하고, 그 뒤에 얻어질 결과는 미리 생각하지 않고서 뒤로 제쳐 둔다는 말이다.《論語 雍也》

하늘이 만약 나에게 수명을 빌려준다면	天若假我年
지극한 도를 천명할 수 있을 것이요	至道庶可闡
그렇잖으면 잘못이 나에겐 있지 않으니	不然匪在己
생사 간에 부끄러워할 것이 없으리라	存沒無所靦

우제

偶題

혼륜하여 본래 자취도 없이 昆侖本無迹
사람 마음 홀연히 어디든 종횡무진 人心忽天淵
과거에 공자가 나오지 않았다면 往非尼聖出
지극한 도가 어떻게 전해졌으랴 至道何逌傳
운대[20]가 뒤를 이어 해설하여 雲臺繼有作
미세한 점까지 환히 밝혀졌나니 萬微日星然
다행히 두 분의 뒤에 태어나서 幸生二子後
취향이 치우치지 않을 수 있었어라 趨向得不偏
속진의 번잡함 없는 텅 빈 방에서[21] 虛室無塵雜
경서의 현묘한 뜻에 마음 기울이며 遺經注心玄
강해에 적셔지듯 넉넉하고 여유 있게 優遊江海潤
옥석을 연마하듯 정밀하고 깊이 있게 精深玉石硏
열심히 날마다 부지런히 힘쓸 것이요[22] 俛焉日孳孳

20 운대(雲臺) : 운대진일(雲臺眞逸)의 준말로, 주희(朱熹)의 별호이다. 주희가 화주(華州)의 운대관 사관(雲臺觀祀官)을 지낸 데에서 유래하였는데, 그의 〈역학계몽서(易學啓蒙序)〉 말미에 "운대진일은 직접 기록한다.〔雲臺眞逸手記〕"라는 말이 보인다. 《晦庵集 卷76》

21 속진(俗塵)의……방에서 : 진(晉)나라 도잠(陶潛)의 〈귀원전거(歸園田居)〉 시에 "문과 뜰에는 속진의 번잡함이 없고, 텅 빈 방에는 남은 한가로움만이 있네.〔戶庭無塵雜 虛室有餘閑〕"라고 하였다. 《陶淵明集 卷2》

나머지는 저 하늘에 맡길 것이로다 其餘聽彼天

22 열심히……것이요 : 《시경》 〈소아(小雅) 차할(車舝)〉의 "높은 산은 누구나 우러러보게 마련이고, 큰길은 누구나 함께 걸어가게 마련이다.〔高山仰止 景行行之〕"라는 말에 대해서, 공자(孔子)가 "시에서 인을 좋아함이 이와 같다. 사람들은 큰길을 걸어가다가 힘이 다해서 계속 걸을 수 없을 때에야 중도에 그만둔다. 마찬가지로 몸이 이미 늙은 것도 잊고서 앞으로 남은 세월이 얼마 되지 않는 것도 염두에 두지 않은 채 열심히 날마다 부지런히 힘쓰다가 죽은 뒤에야 그만두어야 하는 것이다.〔詩之好仁如此 鄉道而行 中道而廢 忘身之老也 不知年數之不足 俛焉日有孶孶 斃而後已〕"라고 평하였다. 《禮記 表記》

이형을 생각하며

有懷姨兄

정원에는 온갖 꽃들 줄지어 섰고　　園林列衆榮
빗방울 흩날려 푸른 대 씻어 주네　　飛雨洒綠筠
냇물의 노래 속에 물고기 뛰어놀고　　川鳴魚遊樂
안개가 걷히자 구름 모습 새로워라　　霧歇雲容新
단지의 술 혼자 떠서 마시노라니　　獨斟樽中物
내 그리는 사람 간절히 생각나네　　願言自懷人
어찌 친척과 벗이 없기야 하겠소만　　豈無親與故
생각하면 그대의 지업이 순수한데　　念子志業淳
가는 길이 멀고 구불구불해서　　道路迂且曲
언제나 얼굴 볼지 막연하여라　　會面邈難因
높다랗게 활줄 당긴 초승달이요　　亭亭初月弦
아득하게 솟아오른 청련 봉우리　　杳杳青蓮巒
청련은 어찌 그리 높기도 하고　　青蓮一何高
용호는 어찌 그리 넓기도 한지　　龍湖一何漫
책상 위에 여러 책들 쌓아 놓고서　　案上堆群書
읽어 보려 해도 난해한 점이 많아　　欲讀多疑難
공연히 울적한 기분만 더해져서　　徒然增鬱陶
책을 덮고 그저 길게 탄식한다오　　掩卷聊永嘆

마음 가는 대로 읊다
漫吟

비가 잠깐 개자 계곡물 불어나고	雨歇溪流漲
수목들 사이는 어둑어둑 음침하기만	陰陰樹木閑
사립문은 손님 없이 낮에도 닫혀 있어	柴門閉白日
동이 술 떠서 청산과 대작(對酌)한다오	樽酒對靑山
도를 알면 됐지 변론할 것이 뭐 있으랴	悟道何須辨
시 읊으면 됐지 다듬을 것이 뭐 있으랴	吟詩不容刪
기심[23]을 이미 오래전에 잊은 지라	機心久已忘
새가 날아와서 자리 끝에 내려앉네	飛鳥下筵端

23 기심(機心) : 기교(機巧)를 부려 사리(私利)를 꾀하는 마음을 말한다. 자공(子貢)이 도르래를 이용해서 물을 쉽게 퍼 올리는 법을 설명해 줌에도 불구하고, 한음(漢陰)의 농부가 수고스럽게 계속해서 물동이로 물을 길으며 "기계가 있으면 반드시 기사가 있게 마련이요, 기사가 있으면 반드시 기심이 생기게 마련이다.〔有機械者必有機事 有機事者必有機心〕"라고 충고하였다.《莊子 天地》《열자(列子)》〈황제(黃帝)〉에 바닷가에 사는 사람이 매일 아침 수백 마리의 물새와 벗하며 어울려 노닐었다. 그의 부친이 자기가 데리고 놀 수 있도록 잡아 달라고 부탁하자, 그다음 날 아침에는 물새들이 그 기심을 눈치 채고는 한 마리도 내려와 앉지 않았다는 이야기가 나온다.

맑게 갠 저녁
霽夕

비가 그치자 빛이 나는 맑은 경치	雨歇澄景光
별자리는 어쩌면 이렇게 또렷한지	列宿何歷落
산골 물 격동하매 음향이 그윽하고	山磵激幽響
빽빽한 나무숲엔 구름장 얇게 걸렸는데	密樹雲容薄
냇물을 굽어보며 기지개 한번 켜니	臨流一弘舒
심란했던 기분이 대번에 확 트이네	煩抱頓開廓
친지와 멀리 떨어져 있다 해도	親知雖云遠
물새와 깊이 교분을 맺었나니	鷗鳥深契托
여기에서 오래 노니노라면	於焉久遊盤
이삭[24]도 위로받을 수 있으리	可以慰離索

24 이삭(離索) : 《예기(禮記)》 〈단궁 상(檀弓上)〉에 나오는 '이군삭거(離群索居)'의 준말로, 친지나 벗들과 헤어져서 혼자 외로이 사는 생활을 뜻한다.

맑게 갠 저녁에 집 앞의 숲 속을 거닐며

霽夕薄遊前林

이 멋진 나무숲이 사랑스러워	愛此嘉樹林
지팡이 끌고 자주 와서 머물렀는데	杖屨數留連
더구나 오늘 저녁 날이 막 개어	況玆新霽夕
경치가 한결 더 맑고 산뜻함에랴	雲物更澄鮮
청량하여라 계곡의 물소리여	淸泠幽澗響
아리따워라 초월의 곡선이여	嬋娟初月弦
잎을 부여잡고 검은 개구리 울어대고	玄蛙抱葉啼
모래톱에 기대어 흰 물새 잠 들었네	素禽依沙眠
어두침침 밤은 계속 깊어 가는데	沈沈夜將半
깊은 시름 여전히 남아 있다가	悄悄猶未遷
가슴속이 말끔히 씻겨 나가면서	沖襟一蕭散
저 멀리 산 정상이 눈에 들어오네	緬然睇曾巓
생각하면 예전에 마음 같이하는 벗이	念昔同心友
여기에서 말 타고 함께 노닐었는데	於焉遊騎聯
지금 그 사람은 보이지 않고	今來人不見
괜히 혼자서만 흥에 이끌리누나	徒然孤興牽

입에서 나오는 대로 흥얼거리다
口號

우연히 눈병을 얻은 뒤로	偶得阿睹病
여름이 가도록 낫지를 않아	徂夏未云瘳
시서는 높은 다락 위에 묶어 두고	詩書束高閣
약 먹을 때나 간간이 휴식하며	藥石時間休
시선을 거둬 심령의 근원에 집중하고	收視注靈源
전심(專心)하여 수작(酬酌)을 일절 끊었어라	專精絶衆酬
좌망[25]을 어찌 감히 흉내 내리오	坐忘豈敢效
선사의 큰 가르침이 전해지나니	先師懿訓垂
체본을 강조한 연평의 법도[26]와	體本延平法

25 좌망(坐忘) : 도가(道家) 용어로, 주객(主客), 물아(物我), 선악, 시비의 차별상을 모두 잊고 자연의 대도(大道)와 합치하는 정신세계를 말하는데, 불가(佛家)의 삼매(三昧)와 비슷한 의미를 지니고 있다. 《장자(莊子)》 〈대종사(大宗師)〉에 "사지와 몸통을 떨어 버리고, 귀 밝고 눈 밝음을 쫓아낸다. 그리하여 형체를 여의고 알음알이를 제거하여 대도와 동화되는 것, 이것을 좌망이라고 한다.〔墮肢體 黜聰明 離形去知 同於大通 此謂坐忘〕"라고 하였다.

26 체본(體本)을……법도 : 체본은 '체인대본(體認大本)'의 준말로, 대본을 체인한다는 뜻인데, 대본은 미발(未發)의 중(中)을 말한다. 연평은 세상에서 연평선생(延平先生)으로 칭해진 이동(李侗)을 말한다. 그는 40년 동안 세상과 단절하고 정좌(靜坐)를 좋아하며 말없이 앉아 마음을 맑게 하고 천리를 체인할 것을 주장하였는데, 제자인 주희(朱熹)에게 편지를 보내면서, 예전에 자신이 나종언(羅從彥)에게 배울 때의 일을 술회하며 "선생이 나에게 고요한 가운데에서 '희로애락미발지위중'의 미발을 어떠한 기상으로 지어 보아야 하는가라는 문제를 주셨다.〔先生令靜中看喜怒哀樂未發之謂中

연사에 대한 회옹의 규계[27]로세 捐事晦翁規
참으로 이는 나를 속일 말씀이 아니라서 諒此非欺余
아침저녁으로 당연히 받들어 지녔나니 夙夕宜奉持
하루아침에 이 고질병이 떠나간 걸 보면 一朝沈痾去
안과 밖은 모르긴 해도 서로 도와주나 봐 外內庶相資

未發作何氣象〕"라고 말하고는, 주희에게도 이 문제를 궁구해 보도록 권하였다. 그리고 주희도 하숙경(何叔京)에게 답한 편지에서, 연평이 사람을 가르칠 적에 "고요한 가운데에서 대본, 즉 미발의 기상을 체인하기를 분명하게 하도록 했다.〔令於靜中體認大本未發時氣象分明〕"라고 언급하였다.《心經附註 卷1 天命之謂性章》

27 연사(捐事)에……규계(規戒) : 일방적으로 내면의 마음공부에만 치우치고 밖으로 당연히 행해야 할 일들을 무시하면 이단(異端)에 빠질 염려가 있다고 경계한 것을 말한다.《논어》〈자장(子張)〉 6장의 해석과 관련하여, 정호(程顥)는 "마음이 밖으로 치달리지 않는다.〔心不外馳〕"라고 하여 인(仁)의 체(體)에 주목하고, 정이(程頤)는 "일에 모두 유익함이 있다.〔事皆有益〕"라고 하여 인의 용(用)에 주목하였으며 '근사(近思)'에 대해서도 정호는 "생각하는 것을 자기와 멀지 않게 하는 것〔思之以不遠乎己耳〕"이라는 식으로 해석하고, 정이는 유추(類推)하는 것이라고 하여 "생각함에 순서가 있게 하는 것이 근이다.〔以思之有序爲近也〕"라는 식으로 해석하였다. 혹자가 주희에게 이 차이를 묻자 "백자의 말도 물론 그 근본을 얻었지만, 유추의 설을 참작하지 않는다면 장차 현실적으로 당면하는 일들을 방기(放棄)한 채 전적으로 반사묵조하는 것만을 공(功)으로 여긴 나머지 자기도 모르는 사이에 이단의 세계에 빠져들 것이다. 이렇게 본다면 두 분의 설명에 비록 차이가 있다고 하더라도, 요컨대는 어느 한쪽을 무시해서는 안 될 것이다.〔伯子之言 固亦得其本者 然不參以類推之說 則將有捐事棄物 專以反思默造爲功 而不自知其陷於異端者 是則二子之說雖殊 要之 不可以偏廢也〕"라고 대답하였다.《四書或問 論語 子張》

멀리 노닐다

遠遊

어렸을 때부터 사방에 뜻을 두고서	夙歲志四方
팔방의 극지(極地)라도 지척으로 여기며	八荒視咫尺
한번 마음대로 유람하고 싶었는데	誠願一遨遊
지역적으로 워낙 멀리 떨어졌나니	絶然壤地隔
남으로 노닐자면 한라나 찾고	南遊探漢拏
북으로 노닐 땐 장백이 끝이요	北遊窮長白
서쪽으로 오르자면 묘향 꼭대기	西登妙香巓
동으로는 개골의 등뼈 정도랄까	東跨皆骨脊
위를 쳐다보면 창궁이 요원한데	仰視蒼穹遠
굽어보면 삼한이 한쪽 모퉁이라	俯視三韓僻
표표히 긴 여행 다 마칠 수 있다면	飄飄遂永擧
나의 등산화에 부끄럽지 않으련만	庶不愧吾屐
중년에 우환을 보듬고 살며	中歲抱憂患
지난날의 장한 뜻 내버려 둔 채	壯志違宿昔
텅 빈 방에 홀로 우두커니 앉아	虛室坐塊然
아침저녁 하릴없이 죽치노라니	悠悠淹朝夕
아침 이슬처럼 일찌감치 세상 떠나	深恐朝露先
뒷사람이 혀를 찰까 몹시 겁도 나기에	空使後人惜
속리산에서 나의 말 배불리 먹이고서	離山秣吾馬
나의 객과 손잡고 화악을 가게 되었는데	華嶽携吾客

날은 저물고 앞으로 갈 길은 아득하니　日暮前程邈
한 번의 이 말채찍이 백번 천번에 맞먹기를　一策期千百

서울로 돌아가는 사촌 형을 전송하다 2수○계축년(1733, 영조9)

送四兄歸京師 二首○癸丑

내가 이 산골에 돌아온 뒤로	自我歸玆峽
붕우와 소식 없이 떨어져 살아	翳然朋遊隔
세 오솔길[28]엔 쑥대만 돋아나고	三逕生蒿蓬
빈 뜰에 들리는 건 솔바람 소리뿐	空庭響松柏
술이 있으면 이따금 홀로 마시고	有酒時獨斟
감회가 들면 공연히 탄식하였는데	有懷空歎惜
고맙게도 형이 나를 경시하지 않고	荷君不鄙夷
동짓달에 나의 집을 왕림하시어	仲冬枉余宅
봄 석 달 연마하며 머무는 동안	硏磋淹三春
조석으로 시주를 즐김은 물론이요	詩酒樂晨夕
여기에 또 마을 안으로 들어가서	況復墟曲中
한가롭게 나란히 거니는가 하면[29]	悠然聯笻屐
꽃구경하며 만경대를 등반하여	玩花陟萬景
수풀 헤치고 올라가 피리도 불고	攀林上吹篴
어슬렁어슬렁 함께 감상하며	徘徊共欣賞

28 세 오솔길 : 붕우와 함께 산책하는 길을 말한다. 207쪽 주4 참조.

29 여기에……하면 : 시골 마을의 주민들과 스스럼없이 어울리며 즐거운 한때를 보냈다는 말이다. 도잠(陶潛)의 〈귀전원거(歸田園居)〉 시에 "때로는 또 마을 안으로 들어가서, 풀 헤치며 농부와 함께 왔다 갔다 하네.〔時復墟曲中 披草共來往〕"라고 하였다. 《陶淵明集 卷2》

휘파람 불어 번민을 씻어 버렸나니	舒嘯煩襟滌
연래에 없었던 멋진 홍치를 맛보면서	年來無玆勝
해 질 녘에야 남쪽 밭두둑 따라왔다오	薄暮遵南陌
아 세상일에 끌려다니는 몸인지라	吁嗟世故牽
사람 일이 홀연히 뒤바뀌는 바람에	人事倏遷易
맑은 새벽에 행장을 차리고는	淸晨理行裝
멍에 매고 돌아갈 길 찾노라니	駕言歸路覓
길섶 나무엔 흰 구름이 자욱하고	白雲迷逕樹
푸른 풀엔 말발굽이 어지러워라	靑草亂馬迹
그동안 노닌 것이 외려 꿈만 같고	舊遊翻如夢
다시 만날 날 기약하기 어려워서	重會良難獲
두 손 잡고 막상 서로 헤어지려니	握手欲相分
말없이 바라다보는 이별의 정이여	離情兩脈脈
말없이 바라다본들 어떻게 하나	脈脈如之何
비바람 치듯 속이 괜히 싸해지는걸	風水空淅瀝

사람이 천지 사이에 태어나서	人生天地間
소임이 참으로 가볍지 않나니	所任良不輕
소임이 과연 어떤 일인가 하면	借問任底事
정을 단속하여 중정하게 됨이라	中正以約情
몸 밖의 물건을 어찌 일삼으리오	身外寧有事
천작[30]의 귀함은 비할 것이 없는데	天爵貴莫幷

30 천작(天爵) : 사람이 주는 작위(爵位)라는 뜻의 인작(人爵)과 상대되는 말로, 도

어찌하여 이 세상 사람들은　　如何世之人
녹록하게 명리만 좇는 것인지　　碌碌趨利名
몸과 마음 중한 것은 알지 못한 채　　不知身心重
그저 봉록과 직위의 영예만 바란다마는　　但願祿位榮
그것이 어찌 애쓴다고 얻어지는 것이리오　　祿位豈力致
평생을 그르치기에 족할 따름인데도　　秖足誤平生
세상이 온통 이 고질병에 걸린 나머지　　擧世成膏肓
이 싹을 자르는 이는 매우 보기 드물도다　　尠能絶芽萌
혼우한 자가 그러면 이상할 게 없지만　　無怪昏與愚
재능 있고 영민한 자라면 정말 애석하고말고　　可惜才且英
형처럼 재능 있고 영민한 분이　　才英如君者
여기에 또 지식을 아울러 밝혀　　更兼知識明
걸림 없이 한번 크게 깨닫는다면　　脫然倘一悟
도를 이루지 못할 걱정이 뭐가 있으리오　　何愁道莫成
무엇이 크고 중한지 분간을 해서　　大小輕重分
깊이 정밀하게 판단함이 온당할 터　　辨之宜深精
헤어짐에 달리 드릴 선물이 없으니　　臨別無以贐
한번 여기에 마음을 기울여 보시기를　　且將心膽傾

덕을 수양하여 사람들의 존경을 받는 천연(天然)의 작위라는 뜻이다. 《맹자》 〈고자상(告子上)〉에 "인의 충신과 선을 좋아하여 게을리하지 않는 이것이 바로 천작이요, 공경대부 같은 종류는 인작일 뿐이다.〔仁義忠信 樂善不倦 此天爵也 公卿大夫 此人爵也〕"라고 하였다.

민 장령 익수 의 죽음을 애도하다 계해년(1743, 영조19)

哭閔掌令 翼洙 癸亥

향초가 쑥 덤불 됨은 세상이 온통 그러한데[31] 芳草爲蕭擧世同
우리 공만 우뚝 솟은 노국의 전각[32]이었어라 巋然魯國獨吾公
강상을 붙들어 일으킨 삼엄한 그 주장이여 森嚴議論綱常際
화복이 걸린 중에서도 쇄락했던 그 회포여 灑落襟懷禍福中
직이라는 글자는 주문이 전한 바른 법도 直字朱門傳正法
곧은 절조 철벽이라 높은 풍도 앙망했네 貞標鐵壁仰高風

31 향초가……그러한데 : 사람들 대부분이 처음에 지닌 바른 신념을 저버리고 세상의 풍조에 휩쓸려 타락하는 것을 비유한 말이다. 굴원(屈原)의 〈이소경(離騷經)〉에 "난초와 지초는 변하여 향기를 잃고, 전초와 혜초는 바뀌어 띠 풀이 되었네. 어찌하여 옛날엔 향기롭던 이 풀들이, 지금은 단지 이처럼 쑥 덤불이 되었는가. 여기에 무슨 다른 까닭이 있으리오, 수행을 좋아해서 받은 해가 아니던가.〔蘭芷變而不芳兮 荃蕙化而爲茅 何昔日之芳草兮 今直爲此蕭艾也 豈其有他故兮 莫好修之害也〕"라고 하였다. 여기서 쑥 덤불은 절조를 고수하지 못하고 변질된 사람들을 풍자한 말이다.

32 노국(魯國)의 전각(殿閣) : 한 경제(漢景帝)의 아들인 노국의 공왕(恭王)이 산동성 곡부(曲阜)에 건립한 영광전(靈光殿)을 가리키는데, 변고를 겪고 나서 유일하게 제대로 남아 있는 물건이나 사람을 비유하는 말로 쓰인다. 여기서는 끝까지 홀로 남아 지조를 지킨 사람이라는 뜻으로 사용하였다. 후한(後漢)의 왕연수(王延壽)가 지은 〈노영광전부(魯靈光殿賦)〉에 "서경의 미앙과 건장 등 궁전을 비롯해서 모든 궁궐이 파괴되어 허물어졌는데도, 영광전만은 우뚝 솟아 홀로 남아 있다.〔自西京未央建章之殿 皆見隳壞 而靈光巋然獨存〕"라고 하였다.《文選 卷11》 송(宋)나라 섭인(葉茵)의 시에 "함곡관(函谷關)에서 노자를 만났다고 할까, 우뚝 솟은 노나라의 영광전이로세.〔疑是函關逢老子 巋然魯國有靈光〕"라는 표현이 있다.《兩宋名賢小集 卷294 順適堂吟稿續集 崇道叔慶七十》

곤궁은 본시 하늘 탓이라 어쩔 수 없다 해도	阨窮固是天無奈
무슨 까닭에 그 수명은 유독 길지 못했는지	何故其年獨不豐

유자공 숙기 에 대한 만사
俞子恭 肅基 挽

대궐에 숙직하며 우연히 만나	邂逅禁省直
십 년 만에 뵙고 인사드렸는데	重拜十年顔
삼가 보건대 기상은 청랑하고	竊瞷襟韻爽
태도는 전보다 한결 느긋하셨지요	儀度更夷嫺
서로 마주하여 극론하며 평할 적에	相對劇談評
학술과 시국의 어려운 문제에 대해	經疑與時艱
심오한 주장 모두 정곡을 짚었고	谹議悉中窾
오묘한 해석은 고칠 것이 없었어라	妙解無可刪
동호 가에 별장을 두고	東湖有別墅
노년을 거기에서 보내겠다며	謂將老其間
정녕 멋진 약속을 남기셨기에	丁寧留佳約
조만간 뒤따르리라 다짐했는데	早晩期追攀
아 오늘 영구를 보내 드리려니	嗚呼今日送
눈물만 공연히 흘러내립니다	涕淚空潸潸

윤중옥에 대한 만사

尹仲沃挽

이름은 모른다.

세상은 비굴하게 아첨하느라 바쁜데	末俗競夸毗
공은 홀로 허정하고 담박한 경지에서	公獨保沖泊
고전에 뜻을 두고 완상하며	玩心古墳典
넉넉하게 애오라지 즐길 뿐이었네	優哉聊以樂
황종[33]을 극히 세밀하게 분석하였고	黃鐘辨絲忽
경례 삼백을 뚜렷이 밝혔으며[34]	經禮燦三百
여사로 기예에 두루 통했나니	餘事通技藝
자세히 고증하지 않음이 없었어라	蓋無不精核
이런 풍부한 경륜을 지니고서	抱此好經綸
오연(傲然)히 자족하며 살아갔나니	囂囂安耕鑿
이름이 추천장에 오르기도 하였으나	名或登薦書

33 황종(黃鐘) : 고대 타악기의 이름인데, 율려(律呂) 혹은 율력(律曆)의 뜻으로도 쓰인다.

34 경례(經禮)……밝혔으며 : 윤중옥(尹仲沃)이 큰 예법과 관련하여 여러 가지 문제에 대한 해답을 분명히 제시했다는 말이다. 기본적인 대강령의 예법을 경례라고 하고 구체적인 예의(禮儀)의 작은 절목들을 곡례(曲禮) 혹은 위의(威儀)라고 하는데, 《예기(禮記)》〈예기(禮器)〉에 "경례가 300가지요, 곡례가 3000가지인데, 그 정신은 하나이다.〔經禮三百 曲禮三千 其致一也〕"라고 하였고, 《중용장구》 제27장에도 "크고 넉넉하도다. 예의가 300가지요, 위의가 3000가지로다.〔優優大哉 禮儀三百 威儀三千〕"라고 하였다.

속에 쌓인 원통함이야 어찌 풀릴까 奈玆至痛積
붉은 만장(輓章)에 쓰인 처사라는 글자여 丹旌處士字
시대를 생각하매 괜히 탄식만 나오네 爲時空歎惜

윤공 노팽 지술 을 천장할 때 지은 만사
尹公老彭 志述 遷葬挽

기절은 예로부터 온전히 하기 어려운 법	氣節由來鮮克全
공처럼 우뚝 솟구침은 또 누가 앞서리오	如公卓卓更誰先
인륜이 땅에 떨어짐을 개탄하였을 뿐	秪嘆倫紀將委地
형틀이 앞에 놓일 것은 겁내지 않았다오	不怕鋸刀便在前
밝은 시대 백 년에 하나의 선비를 길렀나니	昭代百年養一士
높은 이름 천고에 세 분 현인[35]과 나란하리	高名千古竝三賢
과섭은 원래 허물이 아님을 알아 둘지니	須知過涉元非咎
도로의 진실한 평가가 영원히 전하리라	陶老眞評可永傳

도암(陶菴)이 일찍이 공을 논하여 "모(某) 같은 자야말로 '과섭멸정흉무구(過涉滅頂凶無咎)'[36]라는 말에 해당한다."라고 평했으므로, 결구(結句)에서 이렇게 말하였다.

35 세 분 현인 : 윤황(尹趪), 윤길(尹趌), 윤제민(尹濟民)을 가리키는 듯하다. 윤황은 정유재란 때에 수군(水軍)으로 참전하여 왜적을 매도(罵倒)하며 죽었고, 윤길은 장령의 신분으로 1615년(광해군7) 능창군(綾昌君) 추대 사건에 연루되어 장살(杖殺)되었으며, 윤제민은 송시열(宋時烈)이 죽은 뒤에 산중에 숨어 살다 세상을 마쳤는데, 이들을 윤씨 삼현(尹氏三賢)이라고 한다는 기록이 보인다. 《松沙集 卷18 三賢亭記》

36 과섭멸정흉무구(過涉滅頂凶無咎) : 《주역》 〈대과괘(大過卦) 상육(上六)〉의 효사이다. 주희의 《본의(本義)》에서는 역량이 부족해서 성공하지는 못했어도 의리상으로는 허물이 없으니 살신성인의 일에 속한다고 긍정적으로 평가하면서 "지나치게 건너 이마까지 빠지니, 흉하나 허물은 없다."라고 해석하였는데, 녹문은 도암 이재(李縡)가 《본의》의 해석에 입각하여 평한 것으로 받아들였다.

연경에 가는 학사 조익장 중회 을 송별하며 짓다 2수
奉別趙學士益章 重晦 赴燕 二首

여릉의 송백에 저녁 구름 휘감긴 채	驪陵松柏暮雲縈
유한이 천추토록 답답하게 맺혔어라	遺恨千秋鬱未平
피폐를 해마다 괜히 달려가 바치다니	皮幣年年空走拜
어디에 형경이 있는지 알지 못하겠네[37]	不知何處有荊卿

37 여릉(驪陵)의……못하겠네 : 효종(孝宗)의 청나라 정벌 계획이 무산된 뒤로, 사신을 파견하여 조공(朝貢)을 바치는 일이 연례행사가 되었는데, 청나라에 제대로 복수하여 치욕을 씻어 줄 인물이 과연 어디에 있는지 모르겠다는 말이다. 조중회(趙重晦)는 이재(李縡)의 문인으로 녹문과 동갑인데, 1751년(영조27) 11월 사은 겸 동지사(謝恩兼冬至使)의 서장관(書狀官)으로 청나라에 다녀왔다. 이때 정사(正使)는 낙창군(洛昌君) 이탱(李樘)이었고, 부사(副使)는 신사건(申思建)이었다. 여릉은 여주(驪州)에 있는 효종의 능침인 영릉(寧陵)을 말한다. 피폐(皮幣)는 모피와 비단으로, 옛날에 빙향(聘享)할 때에 쓰던 귀중한 예물이다. 《맹자》〈양혜왕 하(梁惠王下)〉에 "옛날 태왕이 빈 땅에 거주할 적에 적인이 침략하자 짐승의 가죽과 비단을 가지고 그들을 섬겼지만 화를 면하지 못하였다.〔昔者大王居邠 狄人侵之 事之以皮幣 不得免焉〕"라고 하였다. 형경(荊卿)은 전국 시대 위(衛)나라의 자객 형가(荊軻)를 말한다. 연(燕)나라 태자 단(丹)이 진왕(秦王)을 죽여서 원수를 갚으려고 할 때, 전광(田光)이라는 고사(高士)가 그를 천거하였다. 이에 형가가 암살 계획을 숨기려고 진(秦)나라에서 망명한 번오기(樊於期)의 목과 연나라 독항(督亢)의 지도를 미끼 삼아 함양(咸陽)으로 향했다. 역수(易水) 가의 송별하는 자리에서 "바람은 쓸쓸하고 역수는 차갑도다. 장사가 한번 떠나가면 돌아오지 못하리라.〔風蕭蕭兮易水寒 壯士一去兮不復還〕"라는 비장한 노래를 부르고 떠났으나, 결국에는 진왕의 소매를 손으로 붙잡고서도 죽이려는 목적을 이루지 못한 채 살해되고 말았다. 진왕은 뒤에 진 시황(秦始皇)이 되는 영정(嬴政)을 말한다. 《史記 刺客列傳 荊軻》

병갑[38] 이후로 지금 어언 일백여 년　　丙甲如今百載餘
중음 어디에서 일양의 기운이 나오려나[39]　　重陰何處一陽噓
그대여 비가의 지사에게 말 좀 전해 주오　　憑君寄語悲歌士
여자의 글을 은밀하게 잘 간수하시라고[40]　　密密護持呂子書

38 병갑(丙甲) : 병자호란이 일어난 병자년(1636, 인조14)과 명나라 마지막 황제인 의종(毅宗)이 목매어 자결하고 청나라가 북경(北京)에 도읍을 정한 갑신년(1644)을 말한다.

39 중음(重陰)……나오려나 : 음기(陰氣)가 중첩되어 기승을 부리는 땅 밑바닥에서부터 우르릉 뇌성이 울리며 양(陽)의 기운이 처음 돋아나기 시작하는 동짓달 지뢰복(地雷復)의 괘상(卦象)처럼, 이적인 청나라가 판치는 지금의 형세를 뒤집어엎고 명나라를 중흥할 수 있는 계기가 마련되면 좋겠다는 녹문의 희망과 기대가 뒤섞인 표현이다.

40 그대여……간수하시라고 : 비가(悲歌)의 지사(志士)는 형가처럼 죽음을 두려워하지 않고 청나라에 복수하여 치욕을 씻어 줄 인물을 가리킨다. 여자(呂子)는 진 시황의 생부(生父)로 일컬어지는 여불위(呂不韋)를 말한다. 그래서 영정을 여정(呂政)이라는 멸칭(蔑稱)으로 부르기도 한다. 형가의 이야기가 수록된 《사기(史記)》 〈여불위열전(呂不韋列傳)〉에 실린 태사공(太史公)의 논평에 "여불위도 노애(嫪毐)가 패망함에 따라 자연히 축출되었는데, 공자가 표리부동하여 세상에 이름이 널리 알려지는 경우라고 말한 것이 바로 여자에게 해당된다고 하겠다.〔呂不韋由此絀矣 孔子之所謂聞者 其呂子乎〕"라고 하여 여불위를 여자로 표현한 말이 나온다. 여자(呂子)의 글을 간수한다는 것은 여자가 쓴 글을 가지고 가면 형가가 미끼로 삼았던 번오기의 목이나 독항의 지도보다도 훨씬 더 쉽게 진 시황에게 접근할 수 있는 만큼, 임무에 실패한 형가와는 달리 어쩌면 큰일을 성취해 낼 수도 있을 것이라는 뜻이다.

검담서원[41]을 참배하다 계미년(1763, 영조39)

拜黔潭書院 癸未

선생이 간 뒤에 빈 못만 덩그러니 남아	先生去後但空潭
못 그림자와 산 빛이 서로 어려 비치네	潭影山光相映涵
낙엽은 연기와 뒤섞여 골 입구에 깔려 있고	落葉和煙迷谷口
고깃배는 빗발을 띠고 촌 남쪽에 돛 걸렸네	漁舟帶雨掛村南
금산(錦山)의 송백인가 곧은 절조 보여 주고	樹疑錦柏貞標托
화양동(華陽洞) 냇물인가 원한을 품었어라	波接華流至恨函
다행히도 역중[42]에 좋은 후손이 건재하여	且幸櫟中好孫在
옳은 직언이 호호탕탕 천지에 가득하네	昌言汪汪滿輿堪

41 검담서원(黔潭書院) : 송준길(宋浚吉)의 학문과 덕을 기리기 위해 세운 서원으로, 충북 청원군(淸原郡) 문의면(文義面)에 있다.

42 역중(櫟中) : 역(櫟), 즉 참나무가 당산나무처럼 우뚝 서 있는 고향 마을이라는 뜻으로 송씨 문중(門中)을 가리키는 듯한데, 송준길의 현손(玄孫)인 송명흠(宋明欽)의 호가 또 역천(櫟泉)이기 때문에 이렇게 쓴 것으로 보인다.

검담에서 재거하는 막내아우에게 지어 주다 2수○갑신년(1764, 영조40)

贈季弟黔潭齋居 二首○甲申

낙엽 지고 텅 빈 산에 눈이 매화 비추나니　木落山空雪映梅
밝은 창가 책상 앞에 의취가 유장(悠長)해라　明窓棐几意悠哉
툭 터져 활달한 진짜 풍미를 알고 싶은가　欲知昭曠眞風味
가슴속 동동왕래[43] 모쪼록 끊어 버리기를　須斷胸中憧憧來

내 듣건대 옛사람이 글을 읽는 날에는　聞道古人讀書日
집 편지를 죄다 불속에 던져 태웠다네　家書盡擲火中燒
뭣 때문에 산재의 청정한 지역에서　何事山齋淸靜地
애들과 재잘재잘 수다를 떨 일인가　細言剌剌和兒曹

43 동동왕래(憧憧往來) : 사심(私心)을 가지고 조바심을 내며 어느 한쪽으로 치우쳐 추구하는 것을 말한다. 《주역(周易)》 〈함괘(咸卦) 구사(九四)〉에 "곧으면 길하여 뉘우침이 없겠지만, 왕래하기를 끊임없이 하면 벗들만 네 생각을 따를 것이다.〔貞吉悔亡 憧憧往來 朋從爾思〕"라고 하였는데, 이에 대해 《정전(程傳)》에서 "대저 곧고 한결같으면 감동하는 바에 불통함이 없겠지만, 왔다 갔다 하기를 끊임없이 하여 사심을 써서 남을 감동시킬 경우에는 생각이 미치는 것들은 감동시킬 수 있어도 미치지 못하는 것은 감동시키지 못한다. 이는 그 붕류가 되어야만 그 생각을 따르는 것이다. 한 군데에 매인 사심을 가지고 이미 한 귀퉁이와 한 가지 일만을 주로 하는 상태에서, 어떻게 확연히 불통함이 없을 수 있겠는가.〔夫貞一 則所感無不通 若往來憧憧然 用其私心以感物 則思之所及者有能感而動 所不及者不能感也 是其朋類則從其思也 以有係之私心 旣主於一隅一事 豈能廓然無所不通乎〕"라고 하였다.

이 옥과 장회 에 대한 만사 을유년(1765, 영조41)

李玉果 長淮 挽 乙酉

말세의 풍습이 날로 소란해지는 속에	衰周風氣日蕭然
공의 경우는 돈박을 유독 타고났어라	敦朴如公獨先天
지조에는 초옹[44]의 집안 법도가 들어 있고	志操草翁家法在
경륜은 옥과 고을의 전설로 전해진다네	經綸玉縣口碑傳
친지를 통해 오래전에 이미 명성 알았는데	已從知舊聞譽久
인친 관계 맺으면서 그 의리 경모하였다오	自結姻親慕義專
환갑연에서 축배를 든 것이 어제만 같기에	壽席稱觴如昨日
멀리서 영구 배웅하며 눈물 줄줄 흘립니다	遙瞻歸翣涕泫泫

44 초옹(草翁) : 초려(草廬) 이유태(李惟泰)를 말한다. 김장생(金長生)의 문인으로, 김집(金集), 송시열(宋時烈), 송준길(宋浚吉), 권시(權諰)와 함께 충청 오현(忠淸五賢)으로 칭해졌다.

김 참봉[45] 덕운 에 대한 만사 정해년(1767, 영조43)

金參奉 德運 挽 丁亥

우뚝 솟은 노국 궁전[46]의 명망이 높으신 분	魯國巋然譽望尊
송옹[47]의 발아래에 훌륭한 손자가 계셨구려	松翁脚下有賢孫
형문에서 궁벽에 도달하지 못한 채	衡門不到周弓璧
늙도록 능참봉으로 세월을 허비했네[48]	黃髮虛糜漢寢園
거문고와 책 채운 방에 삼경[49]은 조용하고	滿室琴書三逕靜

45 김 참봉(金參奉) : 김덕운(金德運)으로, 본관은 경주(慶州), 자는 득보(得甫), 호는 진정재(眞靜齋)이다. 김경여(金慶餘)의 증손이다.

46 우뚝……궁전 : 환란을 겪으면서도 절조를 변치 않은 인물을 비유하는 말이다. 231쪽 주32 참조.

47 송옹(松翁) : 호가 송애(松崖)인 김경여를 말한다. 김장생(金長生)의 문인(門人)으로, 동문인 송시열(宋時烈), 송준길(宋浚吉), 김집(金集) 등과 교유하였다.

48 형문(衡門)에서……허비했네 : 조정의 고관으로 경륜을 펼쳐 보지 못한 채 종9품의 말단 벼슬로 불우하게 살다가 생을 마쳤다는 말이다. 형문은 나무를 가로질러 만든 문이라는 뜻으로, 누추하지만 자족하며 사는 은자(隱者)의 거처를 이른다. 《시경》 〈진풍(陳風) 형문〉에 "형문의 아래에서 한가히 지낼 만하고, 졸졸 흐르는 물에 굶주림 달랠 만하네.〔衡門之下 可以棲遲 泌之洋洋 可以樂飢〕"라고 하였다. 궁벽(弓璧)은 동궁(彤弓)과 석벽(石璧), 즉 붉은 칠을 한 활과 돌을 쪼아 만든 구슬을 말하는데, 여기서는 조정에 조회(朝會)하는 것을 비유하는 말로 쓰였다. 전국 시대 제(齊)나라 관중(管仲)이 주(周)나라 천자에게 "천하 제후로서 주나라 선왕의 사당에 참배하고 주나라 왕실을 참관하려는 자는 동궁과 석벽을 쓰지 않으면 안 되니, 동궁과 석벽을 지니지 않은 자는 입조하지 못하게 하소서.〔令使天下諸侯朝先王之廟觀於周室者 不得不以彤弓石璧 不以彤弓石璧者 不得入朝〕"라고 청하자, 천자가 그렇게 하도록 허락한 고사가 전한다. 《管子 卷24 輕重 丁》

백 년 인생에 남은 것은 어조의 한 생각뿐[50] 百年魚鳥一絲存
지금도 생각나네 정답게 만났던 왕년의 일 猶思往歲承顔款
은근했던 옛날이야기 차마 잊지 못하겠소 話舊慇勤未忍諼

공이 신임(辛壬)의 화(禍)[51]를 당한 뒤에 과거 공부를 그만두고 고향에 돌아오고 나서 다시는 한수(漢水)를 건너지 않았으므로 제6구에서 그렇게 말한 것이다.

49 삼경(三逕) : 세 오솔길이라는 뜻으로, 벗과 동행하는 산책로를 말한다. 207쪽 주4 참조.

50 백……생각뿐 : 물고기와 새를 보며 만년을 보내겠다는 생각 이외에 다른 것은 없었다는 말이다. 삼국 시대 위(魏)나라 혜강(嵇康)의 〈여산거원절교서(與山巨源絶交書)〉에 "산과 못에서 노닐고 물고기와 새를 보면서 마음속으로 매우 즐기고 있는데, 한번 가서 관리가 되면 이런 일을 모두 그만두어야 할 것이다.〔遊山澤 觀魚鳥 心甚樂之 一行作吏 此事便廢〕"라고 하였다.

51 신임(辛壬)의 화(禍) : 신임옥사(辛壬獄事)를 말한다.

입춘에 입에서 나오는 대로 읊다 2수○무자년(1768, 영조44)

立春日口占 二首○戊子

태주의 율관 속에서 재가 풀썩 일어날 듯	大簇管中灰欲飛
봄바람 부는 한밤중에 부슬부슬 내리는 비	東風一夜雨霏霏
가만히 보건대 쌓인 눈을 봄빛이 뚫었으니	靜觀積雪春光透
어디선가 천옹이 조화의 기계를 돌리나 봐	何處天翁轉化機

총각 시절 도를 배워 지금은 늙은 얼굴	髫齡學道到蒼顏
육십 년 동안의 일 어느 곳에 끼이랴만	六十年來何所班
오직 평생토록 진리를 향한 열정만은	惟是平生聞可意
한마음 밝디밝아 틈이 있지 않았다오	一心炯炯未亡間

미호의 시에 차운하여 〈신기음〉 3편을 짓고 나서 재차 그 운자를 사용하여 내용을 보충하기 위해 〈심성잡영〉 36수를 짓다[52] 기축년(1769, 영조45)

次渼湖神氣吟三篇再疊因足成心性雜詠三十六首 己丑

원래 담일[53]은 천과 인을 관통하니	元來湛一貫天人
성대히 유행하는 그 자체가 신이로다	盛大流行自是神
유일하므로 신이고 신이 곧 실이니	惟一故神神便實
기 심 성의 변별은 이것이 참이로다	氣心性辨此爲眞

52 미호(渼湖)의……짓다 : 미호는 김원행(金元行, 1702~1772)으로, 본관은 안동(安東), 자는 백춘(伯春), 호는 미호·운루(雲樓)이다. 신임옥사(辛壬獄事) 때에 종조(從祖)인 김창집(金昌集)이 노론 사대신(老論四大臣)의 한 사람으로 사사(賜死)되고 일가가 모두 유배될 적에 모친의 배소(配所)에서 공부하였으며, 1725년(영조1) 부조(父祖)가 신원(伸冤)된 뒤에도 벼슬길에 나아가지 않고 학문에만 힘썼다. 당시 호락(湖洛)의 학파 중에서 인물성동론(人物性同論)을 주장하는 낙론(洛論)을 지지하였으며, 그의 학풍은 주리(主理)와 주기(主氣)를 절충하는 경향을 보였다. 성리학의 여러 주제에 관해 녹문과 많은 토론을 하였으며, 저서로 《미호집(渼湖集)》이 있다. 미호의 시는 〈양계달의 "심에 두 개의 기가 있다" 시와 윤병계 어른의 "기질은 심을 가리킨다" 설을 보고서……〔觀楊季達心有二氣吟尹屛溪丈氣質指心之說……〕〉이다. 《渼湖集 卷1》

53 담일(湛一) : 담연(湛然)하고 순일하다는 뜻으로, 성리학에서 기의 본체를 뜻하는 말로 쓰인다. 《정몽(正蒙)》〈성명(誠明)〉에 "담일은 기의 본체이고, 공취는 기의 충동이다.〔湛一氣之本 攻取氣之欲〕"라는 명제가 나오는데, 이에 대해서 주희(朱熹)가 "담일은 외물을 감촉하기 이전의 담연하고 순일한 것이니 이는 기의 본체이고, 공취는 예컨대 눈이 색을 원하고 귀가 성을 원하는 것이니 이는 기의 충동이다.〔湛一是未感物之時湛然純一 此是氣之本 攻取如目之欲色耳之欲聲 便是氣之欲〕"라고 하였다. 《朱子語類 卷98 張子書之一》

기(氣)와 성(性)과 심(心)은 하나이니, 가리키는 것이 무엇이냐의 차이가 있을 따름이다. 정자(程子)가 말하기를 "형체를 가지고 말할 때에는 천(天)이라고 하고, 주재(主宰)하는 쪽에서 말할 때에는 제(帝)라고 하고, 묘용(妙用)의 시각에서 말할 때에는 신(神)이라고 하고, 성정(性情)을 가리켜 말할 때에는 건(乾)이라고 한다."[54]라고 하여, 위아래로 지극히 분명하게 정리하였는데, 여기에서 천은 기이고 건은 성이고 제와 신은 심이다.

알아 둘 것은 담일을 사람마다 품부받아	須知湛一賦人人
요나 걸이나 원래 이 신은 동일하다는 것	堯桀元來同此神
기도 같고 신도 같아 성도 바로 그러하니	同氣同神眞卽一
기와 신이 다르다면 성도 역시 다르리라	氣神殊處亦殊眞

기의 본체는 담일할 따름인데, 이 담일한 것이 나뉘어 음양(陰陽)이 되고, 또 나뉘어 오행(五行)이 된다. 그런데 사람은 음양오행의 수

54 형체를……한다 : 《주역》〈건괘(乾卦)〉 괘사(卦辭)의 《정전(程傳)》에 "건은 천이니, 천은 천의 형체이고 건은 천의 성정이다. 건은 굳셈이니, 굳세어 쉼이 없는 것을 건이라 이른다. 대저 천은 전지(專指)하여 말하면 도이니, 하늘도 어기지 못한다는 것이 이것이다. 그러나 분별해서 말한다면, 형체를 가지고 말할 때에는 천이라 하고, 주재하는 쪽에서 말할 때에는 제라 하고, 공용의 측면에서 말할 때에는 귀신이라 하고, 묘용의 시각에서 말할 때에는 신이라 하고, 성정을 가리켜서 말할 때에는 건이라 한다. 〔乾 天也 天者 天之形體 乾者 天之性情 乾 健也 健而無息之謂乾 夫天 專言之則道也 天且弗違是也 分而言之 則以形體謂之天 以主宰謂之帝 以功用謂之鬼神 以妙用謂之神 以性情謂之乾〕"라는 해설이 나온다. 녹문은 '以功用謂之鬼神'과 '以妙用謂之神'의 내용이 겹친다고 생각하여, '以功用謂之鬼神'을 생략하고 인용한 것으로 보인다. 《중용장구》 귀신장의 해설에서 정이(程頤)는 귀신을 "천지의 공용(功用)이요, 조화(造化)의 자취이다."라고 하였고, 장재(張載)는 "귀신은 음양의 양능(良能)이다."라고 하였다.

기(秀氣)를 품수하고 태어나서 방촌(方寸)이 텅 비고 통명(通明)하니, 바로 이 텅 비고 통명한 곳에 나아가서 담일한 본체가 분명하게 드러나는 것이다. 요(堯)도 이 담일인 것이고, 걸(桀)도 이 담일인 것이니, 이 담일이 이미 같다면 신(神 심)과 성(性)이 같은 것은 자연히 그 안에 들어 있는 것이다. 만약 이 담일에 분수(分數)가 있다고 한다면 신이 어떻게 유독 동일할 수 있겠으며, 이 신에 차등이 있다고 한다면 성에 어떻게 구별이 없을 수 있겠는가.

혹자는 말하기를 기도 같고 신도 같다면	或言同氣又同神
예부터 범인과 성인이 왜 다르냐고 하는데	從古何分凡與神
알아 둘 것은 이 기에는 사재가 있는 만큼	須知此氣有渣滓
사재가 두터우면 곧 신을 엄폐한다는 것	渣滓重時卽揜神

비록 수기를 품수한다고 말은 하지만, 이 수기의 안에도 사재(渣滓)가 없을 수는 없으니, 청탁(淸濁)과 수박(粹駁)이 같지 않게 되는 것은 단지 이 사재의 후박(厚薄)의 차이에 연유할 따름이다. 사재가 두터우면 담일이 은폐되고, 담일이 은폐되면 신과 성도 이에 따라 혼탁해지는 것이다.

탁기 역시 신령하다고 말을 하지 말라	休言濁氣亦靈神
일단 기가 탁해지면 신령하지 못하니라	纔氣濁時便不神
척교[55]에게 만약 담일의 본체가 없다면	跖蹻若無湛一本

55 척교(跖蹻) : 도척(盜跖)과 장교(莊蹻)의 병칭인데, 흉악한 범죄자의 비유로 많이 쓰인다. 도척은 노(魯)나라의 도적이고 장교는 초(楚)나라의 도적이었다.

이 소소한 신령을 어떻게 받을 수 있으랴　安能稟此昭昭神

근세 제유(諸儒)의 주장을 보면, 담일의 본체에 대해서 그다지 착안하지 못하고 있는 점이 많이 눈에 띈다. 그래서 이를 낮게 보는 자들은 기가 심에 부정적인 영향을 끼친다고 하여 경철정추(鏡鐵精粗)의 설[56]을 제기하고, 이를 높게 보는 자들은 심을 기에서 떼어 내어 기의 탁박(濁駁)은 심체(心體)와 관계가 없다고 말하는데, 이는 척교(跖蹻)처럼 완악(頑惡)한 자도 호연지기(浩然之氣)를 품수하여 소소영령(昭昭靈靈)한 것이 그 본래의 체단(體段)에서 나온다는 사실을 전혀 알지 못하는 것이다. 만약 나의 말이 옳지 않아서 방촌의 구역이 원래 탁기로 꽉 막혀 있다고 한다면, 이른바 신이라고 하는 것이 비록 여기에 나아가 존재하지 않은 적이 없다고 하더라도, 소소영령한 체(體)가 어느 곳을 통해 빠져나와 보이기에 척교의 명덕(明德)이 성인(聖人)의 그것과 같다고 말할 수 있겠는가.

정평 단직함은 형체가 옳게 부여된 것　正平端直賦形眞
담일이 원래 신령스럽다고 하더라도　湛一元來卽是神
방촌의 텅 비고 통명한 곳이 아니라면　然非方寸空通處
이 기가 필경 어디로 빠져나와 보이겠나　此氣透昭竟孰因

형체를 바르게 품부받았기 때문에 방촌이 텅 비고 통명한 것이요,

56　경철정추(鏡鐵精粗)의 설 : 거울을 만드는 쇠에도 정추의 차이가 있는 것처럼, 《대학장구》에 나오는 삼강령(三綱領) 중의 명덕 역시 기의 측면에서 본다면 그 품급이 각기 다를 수밖에 없다는 남당(南塘) 한원진(韓元震)의 이른바 '명덕분수설(明德分數說)'을 말하는데, 《녹문집》 권5 〈이백눌에게 답하는 글〔答李伯訥〕〉의 여러 편에 이에 대한 논변이 자세히 실려 있다.

방촌이 텅 비고 통명하기 때문에 담일의 전체가 이를 통해 노출되어 밝게 드러나서, 발휘하고 운용하는 것이 천지와 통하게 되는 것이다.

금수에게 담일의 기가 없는 것은 아니지만　　禽獸非無湛一眞
기가 엉길 때 체가 편하고 신도 편한지라　　凝來偏體亦偏神
신이 편하면 성(性)도 그렇게 되는 만큼　　爲是偏神眞亦爾
성이 완전하다는 주장은 근거가 없느니라　　謂眞全具也無因

형체를 부여받은 것이 치우치기 때문에 심규(心竅)[57]도 치우치며 막히게 되고, 담일이 발현하는 것도 형체에 국한되어 치우치고 작게 된다. 그렇다면 신과 성이 치우치고 작게 되는 것 또한 자연히 그 안에 들어 있는 것이다.

이 이가 엄밀하면 이 기도 신묘한 법　　這理眞森這氣神
심이 치우치는 순간 성도 치우치나니　　神纔偏也則偏眞
심이 치우쳤는데도 성이 완전하다면　　偏心若不妨全性
부곽의 참 해설도 오도(誤導)한 것이 되리라　　郛郭眞詮亦誤人

소자(邵子)가 말하기를 "성은 도의 형체이고, 심은 성의 부곽(郛郭)이다."[58]라고 하였는데, 이는 지극히 고명한 말이다. 그런데 심이

57 심규(心竅) : 심장 안에 뚫린 구멍이라는 뜻인데, 옛사람들은 이 구멍을 통해 신(神), 즉 심(心)이 드나들기 때문에 이 구멍이 잘 뚫려 있으면 정신이 맑아지고 이 구멍이 막히면 혼미해진다고 생각하였다.

58 성은……부곽(郛郭)이다 : 소옹(邵雍)의 《격양집(擊壤集)》 〈자서(自序)〉에 "성은 도의 형체이니, 성이 상하면 도도 따라서 상한다. 심은 성의 부곽이니 심이 상하면 성도 따라서 상한다. 신은 심의 구우이니 신이 상하면 심도 따라서 상한다. 물은 신의

치우쳤는데도 성은 온전해서 성이 심의 밖으로 벗어난다면, 심은 성의 부곽이 될 수 없고, 성은 도의 형체가 될 수 없을 것이다.

성과 각이 심이요 허와 기가 성이라고　　性覺爲心虛氣性
횡거가 진정한 심과 성을 보여 주었건만[59]　　橫渠模出眞心性
금인은 대체로 근원을 모르고 헤매면서　　今人大抵源頭迷
성을 빼고 심을 논하고 기를 빼고 성을 논하네　　外性論心外氣性

성을 제외하고서 심을 논하면 성은 크고 심은 작아져서 심이 성을 통합하지 못하게 되고,[60] 기를 제외하고서 성을 논하면 기는 치우치고 성은 온전해져서 성이 형색(形色)의 밖으로 벗어나게 된다.

선악의 정이 청탁의 기에 따른다 함은　　善惡情由淸濁氣
율옹의 잘못이라고 주옹[61]이 논했는데　　洲翁曾議栗翁差

주거이니 물이 상하면 신도 따라서 상한다.〔性者 道之形體也 性傷 則道亦從之矣 心者 性之郛郭也 心傷 則性亦從之矣 身者 心之區宇也 身傷 則心亦從之矣 物者 身之舟車也 物傷 則身亦從之矣〕"라고 하였다. 부곽은 외성(外城)을 말하는데, 주위의 울타리라는 뜻으로 많이 쓰인다.

59 성과……주었건만 : 횡거(橫渠) 장재(張載)가 "태허를 말미암아 천의 이름이 있게 되었고, 기화를 말미암아 도의 이름이 있게 되었으며, 태허와 기화를 합하여 성의 이름이 있게 되었고, 성과 지각을 합하여 심의 이름이 있게 되었다.〔由太虛有天之名 由氣化有道之名 合虛與氣 有性之名 合性與知覺 有心之名〕"라고 주장한 것을 말한다. 《張子全書 卷2 太和篇》

60 성을 제외하고서……되고 : 장재의 이른바 "심이 성과 정을 통합한다."라는 심통성정설(心統性情說)에 의거한 논리이다. 성리학의 주요 명제(命題) 중 하나인 이 말은, 《장자전서(張子全書)》 권14 〈성리습유(性理拾遺)〉에 수록되어 있다.

율옹은 그래도 말실수였다고 하겠지만　　栗翁猶是說時過
주옹은 정견에 누를 끼침이 적지 않도다　　正見洲翁累不些

농암(農巖)이 일찍이 율곡(栗谷)의 〈인심도심설(人心道心說)〉에 나오는 "선은 청명한 기가 발한 것이고 악은 혼탁한 기가 발한 것이다."[62]라는 한 대목을 논하여 "기 중에서 청명한 것은 물론 불선(不善)의 요소가 없겠지만, 선한 정은 모두 청명한 기에서 나온다고 말한다면 그것은 옳지 않다. 또 정 중에서 악한 것은 물론 혼탁한 기에서 발하겠지만, 혼탁한 기가 발하면 그 정이 모두 악하다고 말하는 것은 옳지 않다."라고 평한 내용이 〈연보(年譜)〉에 상세히 보인다. 그리고 삼연(三淵)은 말하기를 "주도(主導)하는 것이 기에 있다는 것만 알았지, 성이 선한 것은 중시하지 않았으니, 이는 또한 《맹자》의 설과는 다른 것이다."라고 하였다.[63]

61 주옹(洲翁) : 별호가 삼주(三洲)인 김창협(金昌協)에 대한 존칭이다.

62 선은……것이다 : 《율곡전서(栗谷全書)》 권14 〈인심도심도설(人心道心圖說)〉에 나온다.

63 삼연(三淵)……하였다 : 삼연은 김창협의 아우 김창흡(金昌翕)의 자(字)이다. 그가 이이(李珥)의 설을 위와 같이 비판하고 나서, 김창협의 "기가 지극히 청명한 자는 악한 정이 발하는 경우가 전혀 없으니, 이를 통해서 성은 본디 악함이 없는 것이고 악은 단지 기 때문이라는 것을 알 수 있다. 한편 기가 지극히 혼탁한 자라도 선한 정이 발할 수도 있으니, 이를 통해서 선은 성에 뿌리를 둔 것으로 기가 끝내 가릴 수 없다는 것을 알 수 있다.〔氣至淸者 絶無惡情之發 此見性之本無惡而惡只是氣之爲也 氣至濁者容 有善情之發 此見善之根於性 氣終有不能蔽也〕"라는 말을 인용한 뒤에 중씨(仲氏)의 이 말이야말로 "확론이라고 말할 만하다."라고 평한 내용이 《삼연집》 권33 〈일록(日錄)〉 3월 7일에 나온다.

순선의 이가 담일의 기를 타고서　　純善理乘湛一氣
수기 묘응하는 것을 신이라 하니　　隨機妙應卽名神
안과 밖이 환히 밝아 모두 좋으나　　表裏洞然都是好
사재 때문에 원기가 엄폐되느니라　　秪緣渣滓揜元眞

순선의 이와 담일의 기가 융합하여 하나가 된 가운데 사단(四端)이 기틀에 따라 감응하는 것이야말로 사람 모두에게 일어나는 현상이니, 이것이 바로 "안과 밖이 환히 밝아진다.〔表裏洞然〕"[64]라고 하는 것이다. 다만 그 기가 합해져서 질(質)을 이룰 때에는 사재가 뒤섞이는 일이 없을 수 없다. 그렇기 때문에 일단 동(動)하는 일과 관련이 되면 이 사재가 혹 많이 개입하여 그 본체의 담일을 어지럽히는 관계로 악한 정(情)이 출현하게 되는 것이다.

탁박의 사재가 담일의 본체를 가리면　　濁駁滓拘湛一本
원초의 맑음이 없었던 것 같다가도　　恰如無了元初淸
홀연히 측은지심이 어디선가 발동하면　　瞥然惻隱何從出
담일이 예전처럼 사재를 가르고 나오리라　　湛一依前闢滓呈

사재가 두터우면 담일이 은폐되는데, 사재가 지극히 두터워서 척교의 지경에까지 이르면, 완전히 탁박해져서 더 이상 그 본체가 담일한 것을 볼 수 없을 것처럼 되기도 한다. 그러나 어쩌다가 어린아이가

64 안과……밝아진다 : 《대학혹문(大學或問)》에 "오직 성현의 마음은 안과 밖이 환히 밝아서 털끝만큼도 가려지는 것이 없다. 그래서 연속적으로 광명하여 자연히 경하지 않음이 없으므로 머무는 곳마다 모두 지극히 선하게 되는 것이다.〔唯聖賢之心 表裏洞然 無有一毫之蔽 故連續光明 自無不敬 而所止者 莫非至善〕"라고 하였다.

우물 안으로 기어 들어가는 것 같은 사건이 발생해서 별안간 감촉하는 일이 있게 되면 애연(藹然)히 선단(善端)이 불쑥 발동하게 되는데, 이는 이(理)가 탁기에 편승해서 그런 것도 아니고 이가 조작해서 그런 것도 아니다. 이것은 예전 그대로 인의(仁義)의 성이 저절로 본연의 담일한 기를 타고서 사재를 가르며 뚫고 나오는 것일 따름이다. 이와 같이 살펴본 뒤에야 비로소 성이 진짜로 지선(至善)함을 보게 될 텐데, 깊이 체득하여 음미하면 이를 알 수 있을 것이다.

탁기가 선정을 발한다는 말이 신기하지만　　濁氣善情語屬新
본체의 진상에 대해서는 다 알지 못한 듯　　似於本體未窮眞
가령 천지가 원래 담일한 것이 아니라면　　若敎天地原非湛
조화의 유행도 응당 인하게 되지 못하리라　　造化流行應未仁

천지가 담일한 것이 아니라면 화육이 이루어지지 않을 것이고, 인심(人心)이 담일한 것이 아니라면 달도가 행해지지 않을 것이니, 이(理)가 면전에 있는 만큼 눈을 뜨면 곧장 보일 것이다. 율옹(栗翁)이 청기 탁기 운운한 것[65]으로 말하면, 마치 두 개의 기가 가슴속에 나란히 서서 서로 교대하여 나오는 것처럼 보이니 이 점은 물론 타당하지 못한 듯도 하지만, 전후의 맥락을 살펴서 융통성 있게 보면 이 말도 통할 수가 있다. 그러나 농암이 "탁기도 선정을 발할 수 있다."라고 주장한 것으로 말하면, 오히려 이 기의 본체는 성인과 범부가 일치한다는 사실에 대해 미처 생각하지 못한 것으로, 기질을 변화시키는

65 율옹(栗翁)이……것 : 선은 청기가 발하고 악은 탁기가 발한다는 이이(李珥)의 설을 말한다. 《율곡전서》 권14 〈인심도심도설〉에 나온다.

공부가 급하지 않은 일이 되고 말 것이니, 정견(正見)에 하나의 누가 됨을 면치 못할 듯싶다.

율옹의 글에도 약간 의심스러운 점이 있으니　　栗翁書亦有些疑
이통기국은 근원을 끝내 둘로 만들었다 할까　　通局源頭終二之
그보다는 정문의 이일분수의 말이 좋으니　　豈若程門理分句
꿰맴도 없고 틈도 없어 절로 기특하도다[66]　　無縫無隙自然奇

일원(一原)의 측면에서 말하면 이(理)가 일(一)일 뿐만 아니라 기도 일이니 일이고 보면 통(通)인 것이다. 만수(萬殊)의 측면에서 말하면 기가 만(萬)일 뿐만 아니라 이도 만이니 만이고 보면 국(局)인 것이다. 지금 통과 국을 이와 기에 나누어 소속시키면 끝내 두 개의 물건이 있는 것 같다는 의심이 들게 한다. 그보다는 이일분수(理一分殊)의 설이 혼연(渾然)하여 이어진 틈새가 없는 것만 못하다. 평이(平易)한 가운데에 '지극히 묘하고 지극히 묘한 것'이 들어 있는 것이다.

도기[67]가 두 물건으로 나뉜 지 이미 오래　　道器分成二物久

66 율옹(栗翁)의……기특하도다 : 녹문이 이이(李珥)의 이통기국설(理通氣局說)과 정이(程頤)의 이일분수설(理一分殊說)을 어떻게 인식하고 비교 평가했는지에 대해서는 《녹문집》 권19 〈녹려잡지(鹿廬雜識)〉에 산견되는 내용이 보인다.

67 도기(道器) : 도(道)는 무형의 추상적인 도리를 뜻하고 기(器)는 유형의 구체적인 사물을 뜻하는 용어인데, 《주역》 〈계사전 상(繫辭傳上)〉의 "형이상의 것을 도라고 하고 형이하의 것을 기라고 한다.〔形而上者謂之道 形而下者謂之器〕"라는 말에서 나왔다. 여기서는 이기(理氣)와 성심(性心)을 뜻하는 말로 쓰였다.

이한[68]의 다툼도 그 병근이 똑같다네　　李韓爭鬩病同源
편전[69]이나 선악이나 똑같이 두 개로 보는 것　　偏全善惡均之二
용어를 서로 교환해도 그 말이 그 말일 뿐　　互換猶成一色言

심과 성을 편(偏)과 전(全)으로 나눌 수 없는 것은 그것을 선과 악으로 나눌 수 없는 것과 같다. 그럼에도 각각 한 단면을 잡고서 상호 배격하다 보니 그 설이 자연히 서로들 맞지 않게 되었는데, 이것이 마치 함께 목욕하며 상대방의 나체를 기롱하는 격이라서 사람의 폭소를 유발하고 있다. 만약 한원진(韓元震)이 선악을 논한 것을 가져다가 이간(李柬)이 편전을 논한 것에 배합해 보고, 이간이 선악을 논한 것을 가져다가 한원진이 편전을 논한 것에 배합해 보면, 그것이 옳고 그른 것은 따지지 않더라도 그 설들이 유유상종하여 각각 모순되는 걱정거리가 사라지게 될 것이다.

맹자의 호기는 장자의 담일과 잘 어울리고　　孟浩易和張湛一
회옹의 생기 운운은 그 말이 더욱 엄밀해라　　晦翁生氣語愈密
충신의 한 조목은 팔자타개[70]를 한 것이니　　忠信一條八字開

68 이한(李韓) : 인물성동론(人物性同論)을 제기한 이간과 인물성이론(人物性異論)을 제기한 한원진을 가리킨다.

69 편전(偏全) : 치우침과 온전함, 부분과 전체, 소와 대의 차이 등을 나타낼 때 쓰는 성리학의 용어이다.

70 팔자타개(八字打開) : 팔자 모양의 형태로 문을 활짝 열어젖혀서 가려져 있던 앞산을 보여 주었다는 뜻으로, 조금도 숨김없이 분명하게 설명해 주는 것을 비유한 말이다. 주희의 편지에 "요즈음 《대학》을 보다가 이러한 뜻이 매우 분명하다는 것을 알았다. 성현이 이미 팔자타개를 해 주었건만 사람들이 스스로 깨닫지 못하고서 오히려 밖으로

정문이 도를 논함은 어두운 거리의 태양일세　　程門論道昏衢日

《역》〈건괘(乾卦) 단전(彖傳)〉의 본의(本義)에서 원형이정(元亨利貞)을 논하기를 "이 사덕(四德)의 사이에 생기(生氣)가 유행(流行)하여 애당초 간단(間斷)함이 없으니, 이것이 바로 원(元)이 사덕을 포함하여 하늘을 통합하는 까닭인 것이다."라고 하였는데, 이는 맹자의 호기(浩氣 호연지기)나 횡거(橫渠 장재)의 담일과 의미를 같이 하면서도 그 표현이 더욱더 엄밀하다. 그리고《근사록(近思錄)》수권(首卷 제1권 〈도체(道體)〉)에서 명도(明道 정호(程顥))가 충신진덕(忠信進德)[71]에 관한 설을 논하기를 "상천(上天)의 일은 소리도 없고 냄새도 없는데, 그 체(體)의 측면에서는 역이라고 이르고, 그 이(理)의 측면에서는 도(道)라고 이르고, 그 용(用)의 측면에서는 신(神)이라고 이른다. 그리고 사람에게 명하면 성(性)이라고 이르고, 이 성을 따르면 도라고 이르고, 이 도를 품절(品節)[72]하면 교(敎)라고 이른다. 맹자는 이 가운데에 나아가서 또 호연지기를 발휘해 냈으니, 극진하다고 이를 만하다."라고 하고, 또 이어서 논하기를 "형이상의 것을 도라 하고, 형이하의 것을 기(器)라 한다고 하였다. 말은 물론 이와 같이 해야겠지만, 사실은 기도 도이고 도도 기인 것이다."

미친 듯이 치달리고 있다.〔近日因看大學 見得此意甚分明 聖賢已是八字打開了 但人自不領會 却向外狂走耳〕"라고 하였다.《晦庵集 卷35 與劉子澄》

71 충신진덕(忠信進德) :《주역》〈건괘(乾卦) 구삼(九三) 문언(文言)〉의 "군자는 덕을 진전시키고 업을 닦나니, 충신은 덕을 진전시키는 것이요, 말을 닦고 성실함을 세움은 업을 쌓는 것이다.〔君子進德修業 忠信 所以進德也 修辭立其誠 所以居業也〕"라는 말에서 발췌한 것이다.

72 품절(品節) : 등급과 차서를 살펴 매기고 절제(節制)를 가하는 것이다.

라고 하였는데, 이는 정말 방망이로 내려쳐서 한 가닥 혈흔이 생기게 하고 손바닥으로 때려서 혈인(血印)이 생기게 했다[73]고 말할 만한 것으로 참으로 어두운 거리에 태양을 걸어 놓은 것과 같다고 하겠다.

이가 순일한 것은 기도 순일하지만	理之純者氣之純
기가 불순하면 이도 어찌 순일하랴	氣不純時理豈純
매양 사재를 무리하게 원체에 관련시켜	每將渣滓賺元體
성의 순일함을 말하나 실은 순일치 못하다네	謂此性純實未純

이의 측면에서 말하면 이가 본래 순일하므로 기도 자연히 순일하지만, 기의 측면에서 말하면 기가 순일해서 바로 이가 순일한 것이다. 이가 순일하지 못하면 기가 물론 스스로 순일하지 못하겠지만, 기가 순일하지 못하면 이가 장차 공중에 걸린 채 홀로 순일하겠는가. 오늘날 사람들이 기를 논할 때면 매양 사재를 무리하게 본체와 관련시켜 말하기를 "사람이 품수한 기에는 본래 맑은 것도 있고 탁한 것도 있다."라고 하니, 이는 입으로는 비록 성선(性善)을 말하지만 사실 그것은 진짜로 순일한 선은 되지 못하는 것이다.

73 방망이로……했다 : 원래는 선종(禪宗)에서 쓰던 말인데, 뒤에 와서는 성현이 사람들에게 간절하게 일러 준 가르침, 혹은 그 가르침을 사람들이 절실히 받아들여야 함을 비유하는 말로 쓰이게 되었다. 《주자어류(朱子語類)》 권34에 "대개 성인이 하시는 일은 예를 들면 방망이로 한 번 내려쳐서 한 가닥 혈흔이 생기게 하고 손바닥으로 한 번 때려서 혈인이 생기게 하는 바로 그런 것과 같은 것이다.〔大概聖人做事 如所謂一棒一條痕 一摑一掌血 直是恁地〕"라고 하였고, 권10에 "모름지기 방망이로 한 번 내려치고 손바닥으로 한 번 때려서 혈흔이 생기는 것처럼, 다른 사람의 문자를 볼 때에도 이와 같이 해야 할 것이니, 어찌 대충 보며 소홀히 해서야 되겠는가.〔須是一棒一條痕 一摑一掌血 看人文字 要當如此 豈可忽略〕"라고 하였다.

맹자의 호연지기가 태양처럼 밝으니	鄒書浩氣日同明
성선설의 성립도 이 호연지기가 필수적인데	性善旨猶待此成
어떡하다 기질의 설이 도리어 눈을 가려	如何氣質還成翳
제설이 분분히 다투며 떠들게 되었는가	諸說紛紛爭自鳴

《맹자》의 호기와 성선 2개 장(章)은 실로 서로들 표리가 된다. 호기가 아니면 성선을 분명히 할 수 없으니, 이 기를 가지고 이 성에 배합해야만 진짜로 지선(至善)이 되는 것이다. 정자(程子)와 장자(張子)의 기질에 대한 설이 비록 전인(前人)이 드러내지 못한 것을 드러낸 것이기는 하나, 잘 살펴보지 않으면 사람의 눈을 멀게 하기 쉽다. 뒤에 와서 분분하게 논쟁이 일어난 것은 모두 여기에서 연유하니, 이에 대해서는 명백하게 변별하여 판단하지 않을 수 없다.

기질지성은 이발(已發)의 상태를 말한 것이요	氣質性從發後言
탁박을 가지고 진원과 혼합한 것이 아니라네	非將濁駁混眞源
남당(南塘)이 한평생 입이 닳도록 변론한 것은	塘老一生苦口辨
기껏해야 순양[74]의 문에 기어 들어간 것이로세	秖成匍匐荀揚門

주자(朱子)가, 정자가 '재(才)' 자를 해설한 것을 논하면서 바로 장자가 말한 기질지성이라고 하였고, 그 '재' 자를 해석하면서는 "사람이 잘하는 것이다.〔人之能〕"라고 하고 "성에서 발하는 것이다.〔發於性〕"라고 하였으니,[75] 이것을 보면 기질지성을 발후(發後 이발(已發))의

74 순양(荀揚) : 성악설(性惡說)을 주장한 순자와 성선악혼재설(性善惡混在說)을 주장한 양웅을 말하는데, 그 설은 각각 《순자(荀子)》 〈성악(性惡)〉과 《법언(法言)》 〈수신(修身)〉에 실려 있다.

측면에서 말한 것이 분명하다. 그리고 혹자가 율곡에게 묻기를 "주자가 '정(情)에는 선악이 있어도 성(性)은 완전히 선하다.'라고 하였다. 그렇다면 기질지성에도 불선이 없는 것인가?"라고 하자, 답하기를 "기질지성은 본래 선악이 같지 않은 점이 있다. 다만 주자가 말한 성은 미발(未發)을 전지(專指)해서 말한 것이다. 사람이 비록 지극히 악하더라도 미발의 때에는 본래 불선이 없지만, 일단 발하면 그때 바로 선악이 있게 되는데, 악한 것은 기품이나 물욕에 매이고 가려져서 그런 것이지, 그 성의 본체는 아니다. 그래서 주자가 성은 완전히 선하다고 말한 것이다."라고 하였으니, 이에 의거하면 율옹(栗翁)의 뜻을 또한 알 수 있다. 그럼에도 남당은 미발에 나아가 단지(單指)한 것을 본연지성으로 삼고 겸지(兼指)한 것을 기질지성으로 삼으려 하여, 그만 "단지하고 겸지한 것이 단지 한곳에 있다."[76]라고 하였으

75 주자(朱子)가……하였으니 : 《맹자집주》 〈고자 상(告子上)〉에, 정자가 "재는 기에서 받는데, 기에는 맑고 흐린 차이가 있다.〔才稟於氣 氣有淸濁〕"라고 하였고, 장재가 "형체가 생긴 뒤에는 기질지성이 있게 된다.〔形而後有氣質之性〕"라고 하였는데, 이에 대해서 주희가 "맹자는 오로지 성에서 발하는 것만을 가지고 말했기 때문에 재에는 불선이 없다고 하였지만, 정자는 기에서 받은 것까지 겸해서 가리켰기 때문에 사람의 재질에 원래 어둡고 밝은 것과 강하고 약한 차이가 있게 되었다고 한 것이니, 장자가 말한 기질지성이 바로 이것이다.〔孟子專指其發於性者言之 故以爲才無不善 程子兼指其稟於氣者言之 則人之才固有昏明强弱之不同矣 張子所謂氣質之性是也〕"라고 하였다. 또 6장의 "불선하는 것으로 말하면 재의 죄가 아니다.〔若夫爲不善 非才之罪也〕"라는 경문(經文)의 주석에 "재는 재질과 같으니, 사람이 잘하는 것이다.〔才猶材質 人之能也〕"라는 주희의 해설이 나온다.

76 단지하고……있다 : 단지는 "기질은 제외하고 이만을 가리켜 말한다.〔捨氣質而單指其理〕"라는 뜻이고, 겸지는 "기질도 포함해서 이와 함께 가리켜 말한다.〔兼氣質而幷指其理〕"라는 뜻이다. 단지는 전지(專指)라고도 하고, 겸지는 병지(幷指)라고도 한다.

니, 그러고 보면 이는 참으로 순자(荀子)와 양웅(揚雄)의 견해라고 해야 할 것이다.

단지와 겸지의 설이 사람을 많이 그르쳤나니	單兼指說誤人多
심의 악을 끝내 성의 악으로 귀결시켰도다	心惡終歸性惡科
만약에 영대가 원래 탁박한 것이라면	果使靈臺元濁駁
허공에 걸린 이가 이 몸을 어떻게 하랴	懸空理奈此身何

《성학집요(聖學輯要)》 기질지성조(氣質之性條)에 이르기를 "본연지성과 기질지성은 두 개의 성이 아니다. 기질의 위에 나아가 그 이(理)만을 단지하면 본연지성이라고 하고, 이와 기질을 합쳐서 명명하면 기질지성이라고 한다."라고 하였는데, 남당 등 제공(諸公)이 서로 전하며 지켜 온 단지와 겸지의 설은 대개 여기에서 나왔다. 그러나 상장(上章)에서 인용한바 율옹이 혹인(或人)에게 답한 말을 가지고 살펴보건대 이른바 단지와 겸지라고 하는 것은 대개 정(靜)과 동(動)의 뜻과 통하는 것으로 그냥 범범하게 말한 것일 뿐이요,

단지는 본연지성과 미발의 대칭으로, 겸지는 기질지성과 이발의 대칭으로 쓰이기도 한다. 한곳〔一處〕이란 대본(大本)의 동일한 곳이라는 뜻인데, 미발의 동일한 때라는 뜻의 일시(一時)와 합쳐서 일시일처라는 말을 사용하여 녹문이 한원진을 자주 공박하였다. 미발과 대본은 《중용장구》 제1장의 '중화(中和)' 구절 중에서 추출한 말이다. 기질지성이 이발에만 있지 않고 미발에도 있다는 것이 한원진의 주장인 반면, 오직 이발에서만 가능하다는 것이 녹문의 주장이다. 《남당집(南塘集)》 권10 〈답이공거(答李公擧)〉에 "이를 단지한 것이 본연지성이고, 기를 겸지한 것이 기질지성이다. 심이 미발한 것이 성이고, 심이 이발한 것이 정이다. 단지와 겸지는 단지 한곳에 있고, 미발과 이발은 각각 경계가 있다.〔理之單指者爲本然之性 氣之兼指者爲氣質之性 心之未發者爲性 心之已發者爲情 單指兼指只在一處 未發已發各有境界〕"라고 하였다.

전적으로 미발의 위에 나아가 성(性)의 체(體)를 가리킨 것은 아니다. 그런데도 남당은 또 기질을 심의 체로 만들어 보고 싶은 나머지 "심이 비록 탁박하더라도 이 성의 단지의 선에는 해가 될 것이 없다."라고 하였으니, 이는 범범하게 기질을 말한 것과는 또 같지 않다고 할 것이다. 대저 심과 성을 나누어 두 개의 물건으로 보는 것은 성현이 말씀하시지 않은 것이니, 악심(惡心)이 선성(善性)에 저장되는 것은 이치상 결코 있을 수 없기 때문이다. 설령 공중에 매달린 태극이 있어서 상면(上面)에서 배회한다고 하더라도, 이를 확충할 수 있는 심이 없다면 나에게 무슨 상관이 있겠는가.

인과 물의 편전에 대한 말은 옳지만 人物偏全語則是
그 사이에 병통이 또 많기도 한데 其間疵纇亦云多
근본이 잘못된 걸 설할 게 뭐 있으랴 大源旣錯何須說
구구절절 같아도 구구절절 다른 것을 句句還同句句差

그가 인물의 오상(五常)에 대해서 논한 것을 보면 비록 병통이 많기는 하나 대체로는 옳다고 할 것이다. 하지만 심성의 본체인 직절(直截 간단 명백)한 근원에 대해서 파악한 것이 완전히 잘못되었고 보면, 이른바 옳다고 하는 그것이 어찌 진짜로 옳은 것이겠는가. 정자가 불교를 논하여 "구절마다 같고 일마다 합치하지만 그래도 같지 않다."[77]라고 말한 것이 바로 이런 경우에 해당한다고 하겠다.

77 구절마다……않다 : 정호(程顥)의 말이다. 《회암집(晦庵集)》 권59 〈답오두남(答吳斗南)〉에 "불학이 오유와 서로 비슷한 곳이 약간 있지만, 이는 바로 모습은 같아도 마음은 다르고 옳은 것 같아도 그르다고 하는 것이니, 자세히 살피지 않으면 안 될

외암의 웅변은 앞설 자가 없는데　　巍巖雄辯莫之先
근원을 한 꺼풀 못 벗긴 게 유감일세　　一膜源頭惜未穿
심과 성이 별개의 둘이 아님을 알았다면　　心性若知無二致
선악으로 편전을 왜 반증하지 못했을까　　盍將善惡反偏全

외암(巍巖 이간)의 직절하고 통쾌한 면은 한 시대의 제유(諸儒)가 모두 그를 앞서지 못하였다. 그런데 아쉽게도 이기(理氣)의 원두(源頭)에 대해서는 다소 투철하지 못한 점이 있었는데, 하늘이 만약 그에게 수명을 빌려주었다면 어찌 끝내 깨닫지 못했겠는가. 대저 심과 성은 두 가지가 아니라고 외암이 일찍이 누차 말했는데, 참으로 두 가지가 아니라서 선악의 측면에서 둘로 나눌 수 없다고 한다면, 유독 편전만 둘로 나눠서야 되겠는가. 이것을 일러 삼우반(三隅反)[78]을 못 했다고 하니, 정말 소홀했다고 말할 만하다.

일본에서 만수가 됨은 원래 실리이니　　一本萬殊自是實
분수가 이의 일에 무슨 방애가 되리오　　分殊何礙理之一
부디 알 것은 만 곳에 여전히 일이 있나니　　須知萬處還一在
이를 말하든 동을 말하든 오직 이 물건임을　　說異說同只此物

것이다. 명도 선생이 '구절마다 같고 일마다 합치하지만 그래도 같지 않다.'라고 말한 것이 참으로 맛이 있다.〔佛學之與吾儒 雖有略相似處 然正所謂貌同心異 似是而非者 不可不審 明道先生所謂句句同事事合 然而不同者 眞是有味〕"라는 주희의 말이 실려 있다. 《사서혹문(四書或問)》 권37과 권38 〈맹자〉에도 비슷한 내용이 실려 있다.

78 삼우반(三隅反) : 하나의 사실에 근거하여 나머지를 유추해서 아는 것을 말한다. 《논어》 〈술이(述而)〉에 "한 모퉁이를 가르쳐 주었는데도 나머지 세 모퉁이를 알아채어 반증하지 못한다면 더 가르쳐 줄 것이 없다.〔擧一隅不以三隅反 則不復也〕"라고 하였다.

일기(一氣)가 유행(流行)하며 나뉘어 만(萬)이 되는 과정에서 편전과 소대(小大) 등으로 면모가 각각 달라지니, 이는 바로 실리가 원래 그러하다. 그것이 만의 이(異)에 나아간다 해도 그것은 바로 일(一)의 동(同)이니 '만'을 설하든 '일'을 설하든 원래 오직 이 물건일 뿐이요, 이 '만' 이외에 다시 '일'이 있어서 '만'을 말하면 '일'에 해가 되는 것이 아니다. 그런데 논설하는 자들은 매양 '일'을 이(理)에 소속시키고 '만'을 기에 소속시키고는, 사람이 '만' 가운데에서 '이'를 설하는 것을 보기만 하면 크게는 경악을 하고 작게는 괴이하게 여겨 떼로 일어나 공격을 가하면서 "이는 하나일 뿐이니, 어떻게 만이라는 것이 있겠는가."라고 하니, 이것도 정말 우스운 일이다.

성이 같다고 말할 때에 다름이 동시에 있고	謂性同時同有異
다르다고 말해도 같음이 여전히 존재한다는	謂之異也又還同
회옹의 한마디 한마디 진정 어린 말씀이여	晦翁片片赤心說
어지러운 논쟁들을 이로써 절충할 수 있도다	淆亂群言可折衷

주자가 일찍이 말하기를 "같다고 말을 하자니 같은 것 속에 다름이 있고, 다르다고 말을 하자니 미상불 같다."[79]라고 하였는데, 이 두

79 같다고……같다 : 《회암집》 권61 〈답엄시형(答嚴時亨)〉에 "오행과 태극의 관계는 바로 생지위성과 서로 비슷한 점이 있다. 같다고 말을 하자니 같은 것 속에 다름이 있고, 다르다고 말을 하자니 미상불 같다.〔五行太極 便與生之謂性相似 以爲同 則同中有異 以爲異 則未嘗不同〕"라는 주희의 말이 나온다. 녹문이 이 말에 대해서 "아래로 흘러가는〔潤下〕 물의 담일은 곧 위로 타오르는〔炎上〕 불의 담일과 같은 만큼 이물(二物)이 아니기 때문에 동(同)이라고 말을 하지만, 이와 함께 각기 윤하와 염상의 성(性)을 이룬다는 측면에서는 이(異)라고 말을 할 수밖에 없다."라는 취지로 설명하였다. 《鹿門集 卷6 答金伯高》

구절로 형용한 것이 지극히 정밀하고 타당하여 털끝만큼도 착오가 없으니, 참으로 '한마디 한마디가 속마음에서 우러나와 사람들에게 설명해 준 것'[80]이라는 말과 같다고 하겠다. 뒤에 와서 분분하게 일어나는 논쟁들은 이 말을 가지고 절충하면 충분할 것이다.

성만 유독 그런 것이 아니라	亦非是性獨爲然
기나 심의 경우도 그렇지 않음이 없는데	若氣若心無不然
성은 같지만 심은 다르다고 말하면서	謂性卽同心則異
두 물건이 아니라 하면 말이 되겠는가	曰非二物豈其然

성의 동이(同異)만 그런 것이 아니라 심이나 기의 경우도 모두 그렇지 않음이 없다. 지금 인(人)과 물(物)이 성은 같아도 심은 다르다고 하면 심과 성이 판연히 다른 두 개의 물건이 되고 말 것이다.

성이 중함은 하늘이 둥근 것과 같으니	性之中似天之圜
성에 중이 없다면 과연 말이 되겠는가	有性無中果孰傳
짐승에게 이 중 자를 적용하기 어려움은	走飛難下此中字

80 한마디……것 : 《논어》 〈술이(述而)〉에서 공자가 "진리에 뜻을 두고, 덕에 의거할 것이요, 인에 의지하고, 예의 세계에 노닐어야 한다.〔志於道 據於德 依於仁 游於藝〕"라고 말한 대목을 주희가 해설하는 과정에서 "하늘이 만물의 본체가 되어 하나도 빠뜨리지 않는 것은, 인이 일의 본체가 되어 어디에도 있지 않음이 없는 것과 같다.〔天體物而不遺 猶仁體事而無不在也〕"라고 한 장재의 말을 인용한 뒤에 "이는 횡거가 한마디 한마디 속마음에서 우러나와 사람들에게 설명해 준 것이니, 순자나 양웅 같은 이가 언제 일찍이 이런 말을 했겠는가.〔此是橫渠赤心片片說與人 如荀揚何嘗有這樣說話〕"라고 하였다. 《朱子語類 卷34》

단지 심이 편하면 성도 편하기 때문일세　　　只爲心偏性亦偏

외암이 말하기를 "물(物)은 성이 인(人)과 같으나, 다만 중(中)이라고 말할 수 없을 뿐이다."라고 하였다. 대저 중이라는 것은 성의 덕(德)으로, 성이 반드시 중한 것은 마치 하늘이 반드시 둥글고 땅이 반드시 모난 것과 같다. 지금 이 '성'은 있으나 이 '중'은 없다고 말한다면 천지는 있으나 방원(方圓)은 없다고 말하는 것과 같으니, 이것이 과연 말이 되겠는가. 말이 안 되는 곳에 대해서 끝내 돌이켜 생각해 보려 하지 않았으니, 옛날에 궁리를 잘하는 이들은 이와 같이 하지 않았을 것 같다.

심을 빼고 성을 논하면 하늘로 날아가 버리나니　　　外心論性騰空去
성이 심에 뿌리를 안 두면 나와 무슨 상관이랴　　　性不根心干我何
심이 성과 정을 통합한다는 정절한 말씀이여　　　心統性情精切語
언제 인과 물의 심을 분별한 적이 있었던가　　　何曾分別人禽麽

'편심(偏心) 전성(全性)'의 주장이나 '악심(惡心) 선성(善性)'의 주장은 똑같이 심을 제외하고 성을 논하는 것이니, 그렇게 되면 성이 문득 하늘로 날아가 버리고 만다. 주자가 말하기를 "성과 정의 글자를 보아도 모두 마음심 변으로 되어 있다. 그래서 심이 성과 정을 통합한다고 말한 것이다."[81]라고 하였는데, 만약 외암의 설과 같다면,

81 성과 정의……것이다 : 《주자어류》 권5에 "사람들이 많이 성을 설하면서 심을 설하곤 하니, 먼저 심을 설해야 한다고 사료된다. 고인이 글자를 만들 때에도 먼저 심 자를 만들었으니, 성과 정의 글자를 보아도 모두 마음심 변으로 되어 있다.……만약 먼저 성을 설하면 성 가운데에 따로 하나의 심이 있는 것처럼 되니, 횡거가 심은 성과 정을 통합한다고 말한 것이 지극히 좋다.〔人多說性方說心 看來當先說心 古人制字 亦先制得

금수(禽獸)의 심은 곧 성을 통합할 수 없게 될 것이다.

차제와 직업이라는 심상한 말씀이여 差除職業尋常言
평실한 중에 지묘의 근원을 함축했나니 平實中含至妙源
물의 성이 실사가 아니라고 말하지 마오 物性休言非實事
실사가 아니라면 성을 뭐 하러 논하리오 旣非實事性何論

주자가 말하기를 "명(命)이라는 글자는 조정에서 관직을 임명하는 것과 같고, 성이라는 글자는 관원이 자기의 직무를 처리하는 것과 같다. 그래서 이천(伊川) 선생이 '천(天)이 부여한 것을 명이라고 하고, 물(物)이 받은 것을 성이라고 한다.'라고 하였으니, 그 도리가 매우 분명하다. 그러므로 옛 성현들이 성과 명을 설한 것을 보면 모두 실사(實事)에 나아가서 설한 것이다."라고 하였다. 그런데 지금 외암은 말하기를 "물(物)의 성은 인(人)과 같다."라고 하고는, 또 문득 말하기를 "이것은 이(理)일 따름이니 어찌 실사이겠는가."[82] 라고 하였다. 대저 실사가 아니라면 직업이 아닐 것이니, 직업이 아니라면 또 어떻게 성이라고 말할 수가 있겠는가. 주자의 설이 지극히 평실(平實)하면서도 지극히 미묘(微妙)하여 의미가 무궁하니,

心字 性與情皆從心……若先說性 却似性中別有一箇心 橫渠心統性情語極好〕"라는 주희의 말이 나온다.

82 이것은……실사이겠는가 : 《외암유고(巍巖遺稿)》 권12 〈미발유선악변(未發有善惡辨)〉에 "그러나 이것은 이일 따름이니, 어찌 실사이겠는가. 이른바 실사라고 하면 반드시 이기 동실과 심성 일치의 조건이 갖추어진 뒤에야 비로소 실사라고 말할 수 있는 것이다.〔然是理而已 豈實事哉 所謂實事 則必待夫理氣同實 心性一致 然後方可謂實事〕"라고 하였다.

마음을 가라앉히고서 익히 완색(玩索)하지 않으면 안 될 것이다.

이라고 하든 동이라고 하든 모두가 본연이니	曰異曰同皆本然
이에서 동을 인식해야 참된 통찰이 될 것인데	識同於異乃眞詮
단지 상면이 겹겹의 관문에 가로막힌 까닭에	秖緣上面重關隔
매양 이는 기원[83]을 초월한다고 오인한다네	每認理爲超器圓

하나의 이(理)가 혼연하여 만 개의 상이 삼연(森然)하고 보면, 인과 물의 성이 같은 것이야 당연히 그 본체라고 하겠지만, 다른 것이라고 해서 유독 그 본체가 고유한 것이 아니라고 할 것인가.-이는 일원(一原)의 측면에서 말한 것이다.- 오직 그 '다른 것'에 나아가서 미상불 '같은 것'을 인식해야만 제대로 된 인식이라고 할 것이다.-이는 만수(萬殊)의 측면에서 말한 것이다.- 지금 '다른 것'은 기질일 뿐이지 본연은 아니라고 한다면, 장차 그 '다른 것'은 일(一)에 뿌리를 두지 않고서 일이 있을 때마다 생겨난다고 말할 것인가. 그렇다면 이른바 본연지성이라고 하는 것은 단지 공허하고 동떨어진 물건이 되어 형기(形器)와는 아무런 관계도 없을 것이니, 이것이 어찌 될 말이겠는가.

수이거나 일이거나 모두가 형이상으로서	若殊若一摠形上
현에 즉하고 미를 지함[84]을 전지라고 말한다네	卽顯指微是曰專

83 기원(器圓) : 그릇이 둥글면 그 안에 담긴 물도 둥글어지고, 그릇이 모나면 물도 모난다는 뜻으로, 녹문이 형기(形器)를 비유하는 시어로 쓴 것이다. 여기에서 물은 이(理)를, 그릇은 기(氣)를 가리킨다.

84 현(顯)에……지(指)함 : 현에 나아가 미(微)를 가리킨다는 말인데, 여기서 현은 드러난 현상 즉 분수(分殊)를, 미는 내면의 본질 즉 이일(理一)을 지칭한다.

전지와 각지로 나눈 것도 공박을 많이 당하는데　　專各分來多見碎
또 어째서 각지를 바꿔서 편지라고 했단 말인가　　又胡將各改爲偏

남당의 삼층설(三層說)로 말하면 예로부터 이런 식으로 말한 적이 없었다. 분수라고 하고 이일이라고 하는 것 모두가 전지한 것이니, 이 분수와 이일에 즉(卽)하는 이외에는 다시 층위가 없는데도 불구하고, 지금 전지하는 것 이외에 다시 각지(各指)라는 일위(一位)를 설정하였다. 그리하여 오상(五常)을 각지로 하여 그것을 인과 물이 같지 않은 성이라고 하였고, 태극(太極)을 전지로 하여 그것을 인과 물이 모두 같은 성이라고 하였으며, 다시 기질지성을 겸지로 하여 그것을 인과 인, 물과 물끼리 같지 않은 성이라고 하였다.[85] 이는 일물(一物)의 안에 삼위(三位)의 성(性)이 방촌(方寸)의 사이에서

85 남당의……하였다 : 《남당집》 권31 〈경의기문록(經義記聞錄)〉에서 일원분수(一原分殊)를 세 개의 원〔三圈〕으로 나누어 설명하였다. 1권(圈)은 태극이 형기를 범하지 않은 것으로서 이(理)를 단지한 것이니 이것이 일원(一原)이라고 하고, 2권은 건순(健順)과 오상으로서 음양오행의 이(理)를 각지하는 동시에 그 기의 선악을 '뒤섞지 않고' 말한 것이니 이것이 분수(分殊)라고 하고, 3권은 선악의 성으로서 이기를 겸지하여 말한 것이니 이것이 '분수의 분수'라고 하였는데, 이에 대해 녹문이 여기에서 비판을 가한 것이다. 한원진이 말한 단지에 대해서는 "단지는 전지라고 말하는 것과 같으니, 기 중에 나아가 기를 섞지 않고 그 이(理)를 전적으로 가리키는 것을 말하는데, 그렇다고 해서 형기를 초탈하여 동떨어지게 그것 하나만 말하는 것도 아니고, 또 모두 합쳐서 그것을 요약하여 말하는 것도 아니다."라고 하고, 또 이 글에서 특히 문제로 삼은 각지에 대해서는 "대개 단지와 겸지의 설을 인하여, 단지와 겸지 사이에 각지라는 한 항목을 별도로 세워서 분수와 각구(各具)의 일위를 안배한 것인데, 이는 단지의 한 항목이 이미 이일(理一) 통체(統體)와 분수 각구의 두 가지를 포괄하여 부족함이 없다는 것을 전혀 모른 것이다."라고 비평한 내용이 《녹문집》 권5 〈이백눌에게 답하는 글〔答李伯訥〕〉 을사년(1725, 영조1) 5월에 실려 있다.

머리를 나란히 하고 다리를 함께 뻗고 있는 격이니, 정말 가소롭기 짝이 없다. 외암이 항상 그의 주장을 극력 공격하였는데, 또 문득 이를 받아쓰면서 단지 각지의 '각(各)' 자를 '편(偏)' 자로 고쳤으니, 정말 이해할 수가 없다. 이에 대한 설은 아래에 보인다.

별의별 용어를 제멋대로 내뱉고 삼키면서	種種名言漫吐呑
당연이니 전지니 어쩌면 그리도 복잡한지	當然專指一何繁
도는 솔성과 성의 둘로 나눌 것이 아니니	道非率性性分二
애석하다 평심으로 대원을 보지 못함이여	惜不平心看大源

외암이 현언명(玄彦明)에게 준 글에서 말하기를 "솔성(率性)의 성은 본연으로서 두뇌(頭腦)가 되지만, 하나의 '솔(率)' 자를 부착하면 그것은 당연지도(當然之道)로서 분파된 조리(條理)가 되어 편과 전의 갖가지 같지 않은 점이 있게 되니, 이는 내가 말하는 인물지성(人物之性)인 것이다. 자사(子思)가 말한 취지로 말하면, 전지하는 것은 상구(上句)의 천명(天命)에 있고, 겸지하는 것은 하구(下句)의 수도(修道)에 있으며, 이 솔성의 구(句)는 그 중간에서 당연을 편지(偏指)하는 까닭에 성이라고 말하지 않고 도라고 말한 것이니, 편과 전을 가지고 말할 수는 있어도 선과 악을 가지고 논할 수는 없는 것이다. 본연과 당연의 이(理)는 비록 일체(一體)라고 하더라도 원(源)과 유(流), 체(體)와 용(用)의 경계가 원래 있고 보면 이것을 본연으로 지목할 수는 없는 일이요, 편과 전의 같지 않음이 있긴 하더라도 가리키는 것이 성과 도에 있을 뿐 기에 대해서는 아예 언급하지 않았고 보면 이것을 기질로 지목할 수도 없는 일이다. 그래서 내 생각으로는, 이 구는 본래 도를 가지고 말해야 마땅하지 성을

가지고 말하면 부당하다고 여겨지는데, 그래도 반드시 '성' 자를 붙여서 지목하려고 한다면, 모름지기 인물지성이라고 말해야만 비로소 정밀하고 확실해질 것이다."[86]라고 하였다.-외암의 말은 여기까지이다.- 대저 당연지리(當然之理)는 곧 성의 덕으로서 심에 갖추어져 있는 것이다. 그런데 지금 당연과 본연을 나누어 둘로 하고는 당연은 편하고 본연은 전하며 당연은 이(異)하고 본연은 동(同)하다고 하여 성과 도를 판연히 두 개의 물건으로 갈라놓고, 체와 용을 절연(截然)히 두 개의 분단으로 끊어 놓았다. 이는 정말 말이 되지 않을뿐더러 의리에도 결코 맞지 않는다. 그가 삼층으로 나누어 주장하는 것이 남당의 설과 하나라도 맞지 않는 것이 정말 없지만, 그가 본연과 당연으로 구분해 놓은 것은 또 남당에게서는 볼 수 없었던 것으로 그 면목(面目)이 더욱 차이가 난다고 하겠다. 대저 이 두 분이 이(理)와 기의 원두에 대해서 모두 애매모호함을 면하지 못했기 때문에 비록 그들의 말에 서로 득실이 있고 상호 배척하는 점이 있기는 하지만, 그런 와중에서도 왕왕 약속하지 않았으면서도 서로 들어맞는 점이 있는 것이 또한 이와 같다고 하겠다.

본연은 성이요 도는 인과 물이라 하여 本然爲性道人物
체와 용을 두 물건으로 잘못 나누었네 體用分成兩箇物
모쪼록 알지니 천명부터 교까지의 말은 須知天命至於教
가감의 여지 없이 오직 물에다 붙였음을 無損無加只付物

86 솔성(率性)의……것이다 : 《외암유고》 권7 〈여현언명(與玄彦明)〉에 나오는데, 녹문이 필요한 부분만 발췌하여 인용하였다.

정자(程子)가 말하기를 "천명(天命)부터 교(敎)까지의 말에 대해서는 내가 가감을 할 수가 없다."라고 하였다. 지금 만약 "성에는 편과 전이 없지만, 도에는 편과 전이 있다."라고 말한다면 도와 교의 관계에서는 원래 가감한 것이 없다고 하더라도, 성과 교의 관계에서는 가감함이 없다고 할 수가 없을 것이다. 그렇다면 "물의 성을 극진히 한다.〔盡物之性〕"[87]라는 말과도 맞지 않게 될 것이다. "성에 따르는 것을 도라고 하고, 도를 닦는 것을 교라고 한다."라고 하였으니, 하나의 '성' 자가 곧바로 관통하여 아래까지 내려온다는 것에 대해서는 조금만 문리(文理)를 아는 자라면 당연히 스스로 알 수 있을 것이다.

심을 설하든 성을 설하든 본래 태허라고	說心說性本太虛
양계처럼 그 누가 제대로 말을 하였으랴	梁溪譚道孰能如
다만 습기를 완전히 떼어 내지 못한 탓으로	秖緣習氣未全脫
경문을 강해한 말들이 더러 서툴렀을 따름	講解經文語或疎

허공(虛空)이 바로 기인데, 이 기의 신이 심이요 이 기의 덕이 성이니, 사실은 하나의 기일 뿐이다. 따라서 이 기 이외에 따로 심이 있어서 저것은 순수하고 이것은 잡박한 것도 아니요, 이 심 이외에 다시 성이 있어서 하나는 국한하고 하나는 통달하는 것도 아닌데,

87 물(物)의……한다 : 《중용장구》 제22장의 "자기의 성을 극진히 할 수 있으면 타인의 성을 극진히 할 수 있으며, 타인의 성을 극진히 할 수 있으면 물의 성을 극진히 할 수 있으며, 물의 성을 극진히 할 수 있으면 천지의 화육을 도울 수 있으며, 천지의 화육을 도울 수 있으면 천지와 더불어 같은 반열에 참여할 수 있다.〔能盡其性 則能盡人之性 能盡人之性 則能盡物之性 能盡物之性 則可以贊天地之化育 可以贊天地之化育 則可以與天地參矣〕"라는 말에서 추출하였다.

정주(程朱) 이후로 이런 사실을 철저하게 인식하고서 투명하게 설명해 준 자는 양계(梁溪)[88] 한 사람이 있을 뿐이다. 다만 이 명나라 사람의 경우에는 습기(習氣)를 미처 죄다 뽑아내지 못한 나머지 기꺼이 성현의 말씀을 평심으로 숙완(熟玩)하며 융화하고 관통해 보려 하지 않은 탓으로, 경문(經文)의 해석에 서투른 점이 많고 용어의 선택에 혹 차질을 빚곤 하였으니, 이 점은 정말 애석한 일이다.

사람이 천지의 태화의 기를 받았나니	人受天地太和氣
바로 이것이 심이요 이것이 중이로다	卽此是心卽是中
형이상 형이하를 분명히 설파하였으니	截得分明形上下
정문이 논한 도와 은연중에 똑같도다	程門論道沕然同

양계가 말하기를 "우리는 장차 어떻게 중(中)을 구할 것인가. 곧바로 그 근원을 궁구하지 않으면 안 되는데, 《중용》에서 '희로애락이 발하기 이전을 중이라고 한다.'라고 설하였으니, 이것이 참으로 궁구해야 할 근원이라고 하겠다. 그러나 이것만으로는 아직 미흡하니,

88 양계(梁溪) : 명나라 고반룡(高攀龍, 1562~1626)으로, 자는 존지(存之), 호는 양계·경일(景逸)이다. 만력(萬曆) 17년(1589)의 진사(進士) 출신으로 행인(行人)의 관직을 제수받고 왕석작(王錫爵)을 탄핵하는 소를 올려 좌천되었다가 사귀(辭歸)한 뒤에 집에서 30년을 보내는 동안 고헌성(顧憲成)과 함께 동림서원(東林書院)에서 강학하여 당시에 유학(儒學)의 종장(宗匠)이 되었다. 희종(熹宗)이 즉위하자 관직에 복귀하여 다시 정풍운동(整風運動)을 벌였으나, 위충현(魏忠賢)이 권세를 장악하고는 그의 죄를 조작하여 조남성(趙南星)의 동당(同黨)으로 무고(巫蠱)하자, 스스로 화를 면하지 못할 것을 알고는 못에 몸을 던져 자결하였다. 숭정(崇禎) 초에 충헌(忠憲)의 시호를 내렸으며, 저서에 《고자유서(高子遺書)》, 《춘추예의(春秋禮義)》, 《정몽석(正蒙釋)》 등이 있다. 《明史 高攀龍列傳》

이 중은 과연 어느 곳으로부터 왔다고 할 것인가. 위대한 상제가 아래 백성들에게 충(衷)을 내려 주고 백성들이 천지의 중을 받아 태어났으니,[89] 한쪽에서 충을 내려 주고 한쪽에서 중을 받아들인 이것이 바로 중이 있게 된 까닭이라고 하겠다. 그러나 어떤 것을 가지고 중이라고 할 것인가. 그것은 천지(天地) 사이의 하나의 태화(太和)의 기일 뿐임을 알아야 할 것이니, 《역(易)》에서 '천지가 인온(氤氳)한다.'[90]라고 말한 이것이 이른바 태화라고 하는 것이다."라고 하였다.-양계의 말은 여기까지이다.- 이것은 기가 바로 중이라고 인식한 것이 아니다. 중은 기가 화합하는 곳에 있으니, 이것이 바로 이른바 이(理)라고 하는 것이다. 명도(明道)가 말하기를 "형이상의 것을 도라 하고, 형이하의 것을 기라 한다고 하였다. 말은 물론 이와 같이 해야겠지만, 사실은 기도 도이고 도도 기이다."라고 하고, 또 말하기를 "음과 양도 형이하에 속하건만 도라고 말하였으니, 오직 이 말이 형이상과 형이하의 관계를 가장 분명하게 단언(斷言)하였다. 원래

89 위대한……태어났으니 : 《서경》 〈탕고(湯誥)〉의 "위대한 상제가 아래 백성들에게 충을 내려 주어, 그 자연적인 성품을 따르게 하였다. 그러니 그 길을 따르도록 안정시켜 이끌어야만 임금의 자격이 있다고 할 것이다.〔惟皇上帝降衷于下民 若有恒性 克綏厥猷惟后〕"라는 탕왕(湯王)의 말과 《춘추좌씨전(春秋左氏傳)》 성공(成公) 13년의 "백성들이 천지의 중을 받아 태어났으니, 이것이 이른바 명이라는 것이다.〔民受天地之中以生所謂命也〕"라는 유자(劉子)의 말을 발췌한 것이다. 충은 치우침 없는 선한 덕이라는 뜻이고, 중은 중정한 기운이라는 뜻이다.

90 천지가 인온(氤氳)한다 : 하늘의 양의 기운과 땅의 음의 기운이 만나 조화를 이룬다는 말이다. 인온은 인온(絪縕)이라고도 한다. 《주역》 〈계사전 하(繫辭傳下)〉에 "하늘과 땅은 음과 양의 두 기운을 화합하여 만물을 생성하고, 남자와 여자는 정기(精氣)를 화합하여 자식을 낳아 기른다.〔天地絪縕 萬物化醇 男女構精 萬物化生〕"라고 하였다.

오직 이것만이 도이니, 요컨대 사람이 묵묵히 마음속으로 인식하는 데에 달려 있다고 하겠다."라고 하였다. 정호와 고반룡의 말이 은연중에 합치하여 차이가 없으니, 그 향기가 마치 난초 같다.

지극히 허령한 데다 조리가 또 있는 至虛靈又有條理
기에 나아가 성과 심을 지시했나니 卽氣指言性與心
천추의 척안[91]임을 그 누가 알아줄까 千秋隻眼無人識
거듭 남긴 글 음미하며 홀로 옷깃 여미노라 三復遺編獨斂襟

양계가 또 말하기를 "천지 사이에는 혼연한 하나의 기가 있을 뿐이니, 장자(張子)가 '허공(虛空)이 바로 기이다.'[92]라고 말한 것이 이것이다. 이것은 지허(至虛)하고 지령(至靈)하며 조(條)가 있고 이(理)가 있다. 지허하고 지령한 까닭에 사람에게 있으면 심이 되는 것이고, 조가 있고 이가 있는 까닭에 사람에게 있으면 성이 되는 것이다."라고 하고, 또 말하기를 "기와 심을 어떻게 구별하리오. 천지 사이를 가득 채워 틈이 없는 것은 오직 기일 뿐인데, 기의 정령이 심이고 심의 내용물이 기이니, 둘이 있는 것이 아니다."라고 하였다. 이와 같은 말은 예전에 있었던 말을 답습한 것이 아니라 이기의 원두에 대해서 곧바로 밑바닥까지 궁구하여 팔자타개함으로써 더 이상 꺼

91 척안(隻眼) : 독특한 안목이라는 뜻의 선림(禪林) 용어이다. 범부의 육안(肉眼)이 아니라 진실한 정견(正見)을 갖춘 혜안을 말한다. 정문안(頂門眼), 활안(活眼), 법안(法眼)이라고도 한다.

92 허공(虛空)이 바로 기이다 : 《정몽》 〈태화(太和)〉 7장에 "허공이 바로 기라는 것을 알면 유와 무, 은과 현, 신과 화, 성과 명이 하나로 통하여 둘이 없게 될 것이다.〔知虛空卽氣 則有無隱顯神化性命 通一無二〕"라고 하였다.

림칙한 것이 없게끔 철저히 꿰뚫어 후련하게 설명한 것이다. 도를 아는 자가 아니라면 어떻게 이런 것을 알 수 있겠는가.

〈정좌설〉로 남긴 글이 구구절절 진실한데	靜坐遺篇句句眞
평상과 일색 등 용어로 새롭게 발휘했네	曰常曰一發揮新
이 중에서 진짜 추환[93]을 아는 이가 있다면	箇中若識眞蒭豢
범부를 넘어 입신했다고 그를 인허하리라	許爾超凡便入神

양계의 〈정좌설(靜坐說)〉을 보건대 그 대략에 "정좌하는 법은 억지로 안배하는 것을 털끝만큼도 허용하지 않으니, 단지 평평(平平)상상(常常)하게 묵연(默然)히 정(靜)을 향해 나아가면 된다. 이 평상(平常)이라는 두 글자를 용이하게 간과하면 안 되니, 이것이 바로 성의 체인 것이다. 획(畫)을 긋기 이전의 역(易) 즉 태극이 이것과 같고, 인생이정이상(人生而靜以上)[94]이 이것과 같고, 희로애락(喜怒

93 추환(蒭豢) : 추와 환은 각각 초식 가축과 잡식 가축으로 요리한 맛있는 음식을 뜻하는데, 여기서는 의리가 사람의 마음을 즐겁게 하는 것을 비유하는 말로 쓰였다. 《맹자》〈고자 상(告子上)〉의 "사람들이 마음속으로 똑같이 옳다고 여기는 것은 무엇인가? 그것은 즉 의리이다. 성인은 사람들이 마음속으로 똑같이 옳다고 여기는 것을 먼저 알았다. 따라서 의리가 우리의 마음을 즐겁게 하는 것은 마치 고기 음식이 우리의 입을 즐겁게 하는 것과 같다고 할 것이다.〔心之所同然者 何也 謂理也 義也 聖人先得我心之所同然耳 故理義之悅我心 猶芻豢之悅我口〕"라는 말에서 나왔다.

94 인생이정이상(人生而靜以上) : 사람이 태어나 외물과 접촉하기 이전의 순수한 시점을 말한다. 《예기(禮記)》〈악기(樂記)〉에 "사람이 태어나서 아직 고요한 상태에 있는 것은 하늘의 성이요, 외물에 접촉해서 작동하는 것은 성의 욕이다.〔人生而靜 天之性也 感於物而動 性之欲也〕"라고 하였고, 《정몽》〈성명(誠明)〉에 "담일한 것이 기의 본체이고, 공취하는 것이 기의 욕이다.〔湛一 氣之本 攻取 氣之欲〕"라고 하였다.

哀樂)이 미발(未發)한 상태가 이것과 같다. 천리(天理)가 절로 그러한 것인 만큼 모름지기 사람마다 각각 자체적으로 끌어내야만 비로소 자득하게 될 것이다. 대저 조금만 의사(意思)를 덧붙여도 얻지 못하고 조금만 소견(所見)을 덧붙여도 얻지 못하니, 일단 한 생각이 첨가되기만 하면 곧바로 본색을 잃고 말 것이다. 정(靜)에서 동(動)으로 향할 때에도 단지 평평 상상하게 담연히 동(動) 쪽으로 나아가기만 하면 된다. 정할 때도 동할 때와 일색(一色)이요 동할 때도 정할 때와 일색이니, 이렇게 되면 하나의 평상에 지나지 않는다. 그래서 '동도 없고 정도 없다.'라고 하는 것이다. 정 가운데에서 득력해야만 비로소 동 가운데에서 참으로 득력할 것이요, 동 가운데에서 득력해야만 비로소 정 가운데에서 참으로 득력할 것이다. 이른바 경(敬)이라고 하는 것이 바로 이것이고, 이른바 인(仁)이라고 하는 것이 바로 이것이고, 이른바 성(誠)이라고 하는 것이 바로 이것이다. 이것이 바로 성(性)의 본색을 회복하는 것이다."라고 하고, 또 말하기를 "반드시 신심(身心)을 수렴하여 일(一)을 주(主)로 해야 하니, 일(一)은 바로 평상의 체이다. 대개 심 가운데에 일이 없는 것을 일(一)이라고 하니, 심에 의사(意思)를 붙이면 일(一)이 되지 못한다. 의관(衣冠)을 정제하고 시선을 엄숙히 하면,[95] 심이 저절로 일(一)이 되어 시간이 갈수록 익으면서 평상이 되어 갈 것이다. 그러므

95 의관(衣冠)을……하면 : 《논어》 〈요왈(堯曰)〉에 공자가 자장(子張)에게 다섯 가지 미덕을 가르쳐 주면서 "군자는 의관을 정제하고 시선을 엄숙히 한다.〔君子正其衣冠尊其瞻視〕"라고 하였다. 정이(程頤)가 주일(主一)하는 방법으로 제시한 내용 중에도 "정의관(整衣冠) 존첨시(尊瞻視)" 이 두 가지 절목이 포함되어 있는데, 그 내용이 《성리대전(性理大全)》 권46과 《주자어류(朱子語類)》 권12에 나온다.

로 주일(主一)하는 것이야말로 학문의 처음과 마지막을 이루는 것이라고 하겠다."라고 하였다. 이와 같은 설화를 보건대 참으로 체험을 통해서 터득한 것이 있지 않다면, 어떻게 이처럼 친절하면서도 정취 있게 설명해 줄 수가 있겠는가.

도의 체가 가는 곳마다 밝게 드러나 있으나	道體昭森隨處是
침잠 사색의 공이 얕으면 또 알기 어려우리	潛思功淺亦難知
이 말 중에 한 글자라도 만약 잘못되었다면	此言一字如非理
하늘이 나를 버리리라 하늘이 나를 버리리라[96]	天厭之兮天厭之

성과 명의 비밀이 일용 사이에 드러나 있으니, 일용처(日用處)에 숙달하면 도의 체가 곧 확연히 드러나 보일 것이다. 그러나 만약 일용상에 깊이 침잠하여 계속 쌓아 가는 공부가 없이, 그저 한때의 총명만을 가지고 언어와 문자의 말단에서 취해 처리하려 한다면 그르치고 말 것이다.

96 이……버리리라 : 녹문이 지금까지 주장한 말들은 하늘에 질정해도 떳떳하다는 뜻의 자부심 어린 표현이다. 공자가 위(衛)나라 영공(靈公)의 부인으로서 음란한 행위가 있었던 남자(南子)를 만나자 자로(子路)가 좋아하지 않았다. 공자가 "나의 행위가 잘못되었다면 하늘이 나를 버리시리라, 하늘이 나를 버리시리라.〔予所否者 天厭之 天厭之〕"라고 하였다. 《論語 雍也》

녹사잡영 12수○을미년(1775, 영조51)

鹿舍雜詠 十二首○乙未

삼 년이나 병들어 신음하다 보니 三年淹一病
자연히 책과는 소원해질 수밖에 自與簡編疏
때때로 침상에서 외워 보는 것은 時時枕上念
《주역》 그리고 《상서》 〈우서〉의 글들 周易兼虞書

아이들의 일과는 《시경》과 《맹자》 兒曹課詩孟
조석으로 열심히 송독하네 晨夕勤誦讀
강해하느라 정력을 소모하지만 講解雖費力
그래도 복습을 할 수 있으니까 亦足爲溫繹

소싯적에 《주역》의 〈계사〉를 읽고 少時讀繫辭
얼마나 기쁜지 춤추고 싶었나니 歡喜欲蹈足
길흉의 예측과 의리의 분석이 卜筮與義理
관통하여 심목 안에 들어왔다네 貫通在心目

천지는 건곤이 열린 것이요 天地乾坤闢
상형은 변화에 따른 것이라 象形變化因
점치면 뭐든지 들어맞는 것은 揲扐頭頭合
원래 하나의 신이기 때문일세 元來一箇神

용문은 의리를 설파하였고　龍門義理譚
회옹은 복서를 파헤쳤는데　晦翁卜筮訣
아쉽게도 상은 전해 주지 않아　無奈象不傳
완결하지 못한 흠을 남겼다네[97]　終欠十分徹

내자가 전문한 역학[98]으로 말하면　來子專門學
상에 너무 천착한 흠은 있으나　說象猶多鑿
괘변을 종[99]으로 총괄한 그 안목은　卦變綜以了

97 용문(龍門)은……남겼다네 : 《주역》에 내해서 성이(程頤)가 철학적으로 해설한 《정전(程傳)》을 남기고, 주희(朱熹)가 점사(占辭)를 위주로 설명한 《본의(本義)》를 남겨 불후의 업적으로 전해진다. 그러나 상(象), 즉 상수(象數)를 소홀히 한 것만은 아무래도 옥에 티 같은 느낌이 든다는 말이다. 용문은 만년에 용문 남쪽에서 강학했던 정이를 가리킨다. 회옹(晦翁)은 주희의 만년의 호이다.

98 내자(來子)가 전문(專門)한 역학(易學) : 명(明)나라 내지덕(來知德)이 고안한 역학을 말한다. 내역(來易) 혹은 내씨역(來氏易)이라고도 한다. 자는 의선(矣鮮), 호는 구당(瞿塘)이다. 약 30년 동안 산속에 은거하며 《주역》 연구에 몰두하여 독창적인 해석으로 당대에 절학(絶學)이라는 칭송을 받았다. 상수(象數)에 의리(義理)를 결합해서 《역》을 해석하였다. 지나치게 상(象)을 중시한 나머지 상 이외에는 이(理)가 없다고 하는 등 다소 편파적으로 천착하는 경향을 보이긴 하였으나, 상수 이론을 체계화했다는 점에서 역학사(易學史)에 한 획을 그었다고 평가된다. 저술 중에 특히 《내주주역집주(來註周易集註)》가 후대에 많은 영향을 끼쳤다. 《내구당선생역주(來瞿塘先生易註)》, 《주역집주》, 《내선생역경(來先生易經)》이라고도 한다.

99 종(綜) : 착종(錯綜)의 준말로, 《주역》 〈계사전 상(繫辭傳上)〉의 "삼으로 세고 오로 세어 변하며, 그 수를 착하고 종한다.〔參伍以變 錯綜其數〕"라는 말에서 나왔다. 삼으로 세고 오로 세어 변한다는 것은, 이렇게 저렇게 여러 가지로 바꿔 본다는 뜻이다. 착종은 교착(交錯)과 종합(綜合)의 뜻으로, 동서와 남북으로 음양이 서로 복잡하게 뒤섞여 결합하는 것을 말한다. 내역(來易)은 〈계사전〉의 이 "착종기수(錯綜其數)"라는

독보적이라 평가해도 무방하리라 不妨隻眼屬

가령 서합(噬嗑)을 그대로 세워 놓고 보면 화뢰서합괘(火雷噬嗑卦)가 되지만, 거꾸로 세워 놓고 보면 산화비괘(山火賁卦)가 되는데, 내자(來子)는 이것을 종(綜)이라고 명명(命名)한다. 그리하여 비괘(賁卦)의 유래강상(柔來剛上)[100]에 대해서 "서합괘의 육오효(六五爻)가 비괘의 육이효(六二爻)로 내려와서 강(剛)을 문식(文飾)하고, 서합괘의 초구효(初九爻)가 비괘의 상구효(上九爻)로 올라가서 유(柔)를 문식하고 있다."라고 말하고 있다.

《위편》이 너덜너덜 끊어질 지경이니 韋編翻欲絶
큰 허물은 적겠지만[101] 어렵기는 마찬가지 大過寡猶難
하늘이 나에게 몇 년 정도 시간을 더 주신다면 天假我年幾
아침에 듣고서 저녁에는 편안해질 수 있으련만 朝聞夕乃安

말에 착안하여 《주역집주》 〈원서(原序)〉에서 "64괘를 보면 그 가운데에 착이 있고 종이 있어서 음양 변화의 이치를 분명히 보여 주고 있다. 착은 교착(交錯)하며 대대(對待)하는 명칭이니, 양이 왼쪽에 있고 음이 오른쪽에 있는 것과 음이 왼쪽에 있고 양이 오른쪽에 있는 것을 말하고, 종은 높고 낮게 직종(織綜)을 하는 명칭이니, 양이 위로 가고 음이 아래로 가는 것과 음이 위로 가고 양이 위로 가는 것을 말한다."라고 하였다.

100 유래강상(柔來剛上) : 《주역》 〈비괘 단(彖)〉의 "유가 와서 강을 문식하기 때문에 형통하다. 강을 나누어 올라가 유를 문식하기 때문에 가는 바를 둠이 조금 이로운 것이다.〔柔來而文剛 故亨 分剛上而文柔 故小利有攸往〕"라는 말에서 발췌하였다.

101 큰 허물은 적겠지만 : 《논어》 〈술이(述而)〉에 "하늘이 나에게 몇 년의 세월을 더 살도록 허락하여 《역》에 대한 공부를 마치게 해 주신다면, 큰 허물이 없게 될 수 있으련만.〔假我數年 卒以學易 可以無大過矣〕"라고 하였다.

《정전》과 《본의》가 발휘한 것이 밝긴 하지만　　傳義發揮明
나의 의혹이 간혹 풀어지지 않나니　　管疑或未釋
무호는 음을 위해 꾀해 준 것이라든가　　無號爲陰謀
불계를 황복과 같이 해석한 것 등이라　　不戒同隍復

음(陰)이 쾌괘(夬卦)에서 다했다가 구괘(姤卦)에서 다시 생기는 것은 양(陽)이 박괘(剝卦)에서 다했다가 복괘(復卦)에서 다시 생기는 것과 같다. 양기(陽氣)가 극도로 왕성할 때에는 음기(陰氣)가 엉겨 모이는 것을 경시하여 개의(介意)하지 않기 때문에, 척촉(躑躅)[102]의 상(象)이 이미 잘 보이지 않는 어두운 곳에서 발동했다는 사실을 알지 못한다. 쾌괘에 호(號)[103]의 상이 있는 것은 태괘(兌卦)가 구설(口舌)이 되고 또 호손(互巽)[104]이 되기 때문이다. 상육(上六)은 장차 변할 예정인데 그럴 경우에는 태(兌)도 아니고 호손도 아니게

102 척촉(躑躅) : 발을 굴러 팔짝팔짝 뛴다는 뜻으로, 척촉(蹢躅)이라고도 한다. 《주역》〈구괘 초육(初六)〉에 "아무리 파리한 돼지라도 언제든 날뛰려는 심보를 갖고 있다.〔羸豕孚蹢躅〕"라고 하였다. 약한 돼지가 비록 강하고 사납지는 않으나 마음속으로는 언제나 날뛰려고 생각하는 것처럼 소인들도 항상 군자를 해치려고 노리고 있으니, 그들의 힘이 미약하더라도 미리 조심하여 방지해야 한다는 경계의 뜻이 들어 있다.

103 호(號) : 〈쾌괘〉에서 괘사(卦辭)와 단사(彖辭)와 효사(爻辭)에 따라 호령, 호소, 부르짖음, 불러 모음, 경계 등의 뜻으로 조금씩 달리 쓰인다.

104 호손(互巽) : 태괘의 호괘가 손(巽)이 된다는 말이다. 호괘는 상, 하 2괘의 중괘(重卦) 안에서 2효(爻)에서 4효까지 하나의 괘를 취하고 3효에서 5효까지 하나의 괘를 취해 얻는 괘체(卦體)를 말하는데, 이때 2효, 3효, 4효로 이루어진 괘를 내호괘(內互卦)라고 칭하고, 3효, 4효, 5효로 이루어진 괘를 외효괘라고 칭한다. 태괘에서 내호괘는 건(乾)이 되고, 외호괘는 손(巽)이 되는데, 《주역》〈설괘전(說卦傳)〉에 의하면 태에는 입과 혀〔口舌〕, 손에는 풍(風)의 속성이 들어 있다.

되어서 불러 모을 데가 없으니〔無號〕, 불러 모을 데가 없으면 음이 자라나는 것을 막을 수 없어서 흉하게 된다. 그래서 〈쾌괘 상육 상(象)〉에서 "불러 모을 데가 없는 흉함은 끝내 장구할 수가 없다."라고 한 것이다. 〈박괘 상구(上九)〉에서는 "군자가 수레를 얻는다."라고 하였으니, 이것은 군자를 위해서 기뻐한 것이요, 〈쾌괘 상육〉에서는 "불러 모을 데가 없으니 끝내 흉함이 있다."라고 하였으니, 군자를 위해서 경계한 것이다. 《역》은 군자를 위해 꾀해 주고 소인을 위해 꾀해 주지 않으니, 성인(聖人)의 뜻을 알 수가 있다. 지금 《본의(本義)》에서 "소인은 패거리가 이미 없어져서 불러 모을 데가 없으니 끝내 흉함이 분명히 있을 것이다."라고 하였는데, 그렇다면 이것은 소인을 위해 꾀해 주는 것이다. 그럴 경우에는 위와 아래의 호(號)라는 글자가 어떤 것은 군자에 속하고 어떤 것은 소인에 속하게 되니, 어찌 이처럼 이랬다저랬다 바뀔 수가 있겠는가. 정자(程子)는 또 말하기를 "소인이 변화하여 바뀌게 하면 이는 바로 소인의 도가 망하는 것이다. 도가 망하는 이것이 바로 흉한 것이다."라고 하였으니, 이 포승길(包承吉)이나 소이정(小利貞)과는 어긋나는 것이 아니겠는가.[105] 정자의 해설처럼 정말 소인이 모조리 변화하여

105 포승길(包承吉)이나……아니겠는가 : 포승길은 《주역》 〈비괘(否卦) 육이(六二)〉의 "포가 승이니 소인은 길하다.〔包承 小人吉〕"라는 말을 줄인 것이다. 이것은 육이가 가슴에 품은 뜻이 〈상괘(上卦) 구오(九五)〉의 임금을 떠받들려고 하니 길하다는 말이다. 본문에 나오는 전의(傳義)의 논리대로라면 이 경우 역시 소인의 도는 망하는 것이 되니 흉하다고 해야 할 것인데 왜 길하다고 했느냐는 것이 녹문이 의문을 제기하는 근거이다. 포승길에 대해 《정전》에서는 "음유(陰柔)한 소인이 아래에서 비색(否塞)한 상황을 모면하기 위해 윗사람을 받들어 순종하려는 마음을 품고 있으니, 소인으로서는

군자가 되게 한다면 이보다 더 큰 길(吉)이 어디에 있겠는가. 이러한 곳은 아무래도 의심스럽다. 《정전(程傳)》의 포승길에 대한 해석도 의심스럽기는 마찬가지이다.

○ 태괘(泰卦)의 초구(初九)와 육사(六四), 구이(九二)와 육오(六五)는 "상하가 사귀어 그 뜻을 같이한다."[106]라고 하는 것에 해당한다. 그러므로 초구에서 "그 동류(同類)와 함께 감이니 길하다."라고 하고, 육사에서 "부유하지 않아도[107] 그 이웃과 함께하고, 경계하지 않아도 서로 믿는다."라고 하였는데, 그 이유에 대해서 상전(象傳)에서 "중심으로 원하기 때문이다."라고 하였다. 구이에서 "중도(中道)에 합할 수 있다."라고 하고, 육오에서 "제을(帝乙)이 여동생을 현신(賢臣)에게 시집보냄이니, 이로써 복을 받고 크게 길할 것이다."라고 하였는데, 그 이유에 대해서 상전에서 "중도로써 원하는 것을 행하기 때문이다."라고 하였다. 대개 위와 아래가 서로 응하는 것은 구이와 육오에만 해당하는 것이 아니다. 상육(上六)에 이른 연후에 태괘가 극(極)에 달하여서는 성이 무너져서 해자로 되돌아가

길하다."라는 뜻으로 해설하였는데, 이 해설에 대해서도 녹문은 본문의 말미에 나오는 것처럼 동의하지 않고 있다. 소이정(小利貞)은 둔괘(遯卦)의 괘사(卦辭)인데, 《정전》에는 "조금 정(貞)함이 이롭다."라고 하고, 《본의》에는 "소인은 정함이 이롭다."라고 하였다. 이 괘는 아래에서 음이 생겨 2효까지 올라와서 양이 점점 물러나 피하려 하기 때문에 둔(遯)이라는 이름을 얻은 것인데, 이 역시 포승길과 같은 이유로 녹문이 쾌괘에 대한 전의의 해석에 의문을 제기하는 증거로 제시하였다.

106 상하가……같이한다 : 《주역》 〈태괘 단(彖)〉에 "천지가 사귀어 만물이 통하고, 상하가 사귀어 그 뜻을 같이한다.〔天地交而萬物通也 上下交而其志同也〕"라고 하였다.

107 부유하지 않아도 : 대본에는 '不當'으로 되어 있는데, 《주역》 〈태괘 육사〉에 근거하여 '當'을 '富'로 바로잡아 번역하였다.

는 상(象)이 있긴 하였으나, 이것도 구삼(九三)의 "가기만 하고 돌아오지 않는 것은 없다."와 역시 서로 응하고 있는 것이다. 그런데 전의(傳義)에서는 불계이부(不戒以孚)에 대해서 또 복황(復隍)의 뜻으로 말을 만들어 설하였으니,[108] 이것 역시 주공(周公)과 공자(孔子)의 본의(本意)가 아닐 듯싶다.

소축의 연과 견은 서로 응하나니 小畜攣牽應
중부의 이와 오에서 알 수 있도다 中孚二五知
인이라는 글자가 마음에 걸린다면 如以隣爲礙
우약[109]의 말을 한번 들여다보시기를 請看牛禴辭

〈소축괘(小畜卦) 구이(九二)〉에 "끌어당겨 회복함이니 길하다.〔牽復 吉〕"라고 하고, 〈소축괘 구오(九五)〉에 "신실(信實)함이 있어서 손으로 끌어당기듯 하고 부유하되 그 이웃과 함께한다.〔有孚攣如富以其隣〕"라고 하였다. 대개 구이와 구오가 두 개의 양(陽)으로 뜻을 같이하여 서로 응하면서 상하가 끌어당겨 나아가는 것이니, 여기

108 전의(傳義)에서는……설하였으니 : 《주역》 〈태괘 육사(六四)〉의 불계이부에 대해서 《정전》에는 "육사는 이미 중을 지났으니 이치상 반드시 변하게 되어 있다. 그래서 오로지 시종 반복하는 도를 말한 것이다.〔四已過中矣 理必變也 故專言始終反復之道〕"라고 하고, 《본의》 역시 "이미 중을 지난 만큼, 태가 이미 극에 이른 것이다.〔已過乎中 泰已極矣〕"라고 함으로써, 상육(上六)의 성복우황(城復于隍)처럼 극도에 이르면 다시 되돌아올 수밖에 없다는 뜻으로 해석한 것을 지적한 것이다.

109 우약(牛禴) : 《주역》 〈기제괘(旣濟卦)〉를 가리킨다. 〈기제괘 구오〉에 "동쪽 인근 마을에서 거창하게 소 잡는 것보다는 서쪽 인근 마을에서 조촐하게 제사를 지내고 복을 나눠 받는 것이 훨씬 낫다.〔東隣殺牛 不如西隣之禴祭 實受其福〕"라는 말이 나오기 때문에 녹문이 이렇게 표현한 것이다.

에서 견(牽)과 연(攣) 두 글자에 주목할 필요가 있다. 〈중부괘(中孚卦) 구이〉에 "내가 너와 함께 여기에 연결되어 있다.〔吾與爾靡之〕"라고 하고, 〈중부괘 구오〉에도 "신실함이 있어서 끌어당기듯 한다.〔有孚攣如〕"라고 하였는데, 여기의 미(靡)와 연(攣)도 위와 똑같은 경우이다. 주공(周公)의 효사(爻辭)를 보면 글자를 내려놓는 교묘함이 바로 이와 같으니, 후자를 가지고 전자를 논증하면 의심할 여지가 없음을 더욱 느끼겠다.

《본의》에서는 〈소축괘〉 부련(孚攣)에 대해서 구오가 육사(六四) 및 상구(上九)와 힘을 합쳐서 양(陽)을 저지하는 것으로 해석한 듯한데,[110] 대개 인(隣)이라는 글자가 근방의 효〔傍爻〕를 가리키는 것 같기 때문에 그렇게 해설하였다. 그러나 〈기제괘(旣濟卦) 구오〉의 동린(東隣)과 서린(西隣)은 바로 육이(六二)와 구오 두 효를 가지고 말하였으니, 그렇다면 〈소축괘 구오〉의 '인(隣)' 자만 어찌 구이를 가지고 해석하면 안 된단 말인가. 이 단락은 응당 《정전》을 따라야 할 것이다.

대월로 건건을 해설하였으니　　對越訓乾乾
정문의 실천이 독실하고[111]　　程門踐履實

110 본의에서는……듯한데 : 주희가 "손체인 상괘(上卦)의 세 효가 힘을 함께하여 건체(乾體)인 하괘(下卦)의 세 효를 저지하니 이웃의 상이 된다.〔巽體三爻 同力畜乾 隣之象也〕"라고 해설한 것을 말한다. 주희가 '부이기린(富以其隣)'을 《정전》과는 달리 "구오가 존위(尊位)에 처하여 그 부유함을 이용해서 이웃인 육사와 상구를 좌지우지한다."라는 취지로 해석한 것을 녹문이 여기에서 반박하고 있다.

111 대월(對越)로……독실하고 : 《이정유서(二程遺書)》 권1 〈단백전사설(端伯傳師

소소로 다식을 증빙하였으니 昭昭證多識
학산의 해석이 엄밀하도다[112] 鶴山妙解密

학산(鶴山)의 설은 〈대축괘 대상(大象)〉의 소주(小註)에 보인다.

공경하는 자세로 자기를 닦으면 敬恭以修己
천하 백성이 절로 평안해지고 天下自安平
관불천을 하여 믿음성이 있으면 有孚盥不薦
신도가 사시에 모두 행해진다네 神道四時行

"자기를 닦아서 백성 모두를 안정시킨다."라고 하고 "독실하고 공경하게 행함으로써 세상 사람이 이를 본받아 안정되게끔 한다."라고 하였으며 "관은 손을 씻고 제물을 아직 올리지 않았을 때처럼 하면 믿음성이 있어서 모두 우러러보는 괘이다.〔觀 盥而不薦 有孚顒若〕"[113]라고

說)〉에 정호(程顥)가 "해가 지도록 건실한 자세를 유지하는 것은, 군자가 해가 지도록 하늘을 대하듯 행해야 함을 의미한다.〔終日乾乾 君子當終日對越在天也〕"라고 하였다.

112 소소(昭昭)로……엄밀하도다 : 학산(鶴山)은 송나라 위요옹(魏了翁)의 호이다. 《주역》〈대축괘(大蓄卦) 대상(大象)〉에 "하늘이 산 가운데에 있는 것이 대축이니, 군자가 이를 보고서 옛 성현들의 말씀과 지나간 행실을 많이 알아 덕을 쌓는다.〔天在山中 大畜 君子以多識前言往行 以畜其德〕"라고 하였는데, 이에 대해서 학산은 "산중(山中)의 천(天)은 심(心)의 체(體)를 비유한 것이요, 말과 행동을 보고 듣고서 심문(審問), 사변(思辯), 독행(篤行)함은 심의 덕(德)을 쌓기 위함이다."라고 전제하고는 "밝고 밝은 많은 성현의 언행들이 모여서, 마치 〈간괘(艮卦)〉에서 이른바 등지고 있는 것〔艮其背〕처럼 보이지 않는 곳에 그쳐서 무욕(無欲)과 망아(忘我)의 경지에 이르는 것이니, 이 때문에 축적할수록 더욱 새롭게 되는 것이다.〔昭昭之多 止於所不見 是以愈畜而愈新〕"라는 취지로 설명하였다. 《鶴山集 卷48 長沙縣四先生祠堂記》《大學衍義補 卷71 治國平天下之要 崇敎化 明道學以成敎》

113 관(觀)은……괘이다 : 풍지관괘(風地觀卦)의 괘사(卦辭)이다. '관이불천(盥而

하고 “하늘의 신도(神道)를 보면 사시(四時)가 어긋나지 않는다. 성인이 이 신도로 가르침을 베푸니 천하가 복종한다.”라고 하였다. 성인이 천하를 다스리는 것은 단지 하나의 성경(誠敬)일 뿐인데, 이는 또한 단지 하나의 신도일 뿐이다. 이것이 바로 위로 통달한 최고 정점의 경지로 지극히 신령하고 지극히 오묘하며 지극히 연심(淵深)하고 지극히 정미(精微)하니, 더 이상 나아갈 곳이 없다.

잊지도 말고 조장하지도 말 것이니 勿忘復勿助
무엇을 염려하고 무엇을 생각하랴[114] 何慮亦何思
솔개 물고기와 똑같이 활발발함이여[115] 鳶魚同潑潑

不薦)'에 대해서, 《정전》은 강신(降神)한 뒤에는 아무래도 정성이 처음만 못하다고 해석하였으나, 《본의》는 “관은 장차 제사 지내려 하여 손을 깨끗이 씻는 것이요, 천은 술과 밥을 받들어 제사하는 것이다. 옹연은 존경하는 모양이다. 지극히 청결하게 하고 가볍게 멋대로 행동하지 않으면 신실함이 마음속에 있어서 존경하며 우러러볼 만함을 말한 것이다.〔盥 將祭而潔手也 薦 奉酒食以祭也 顒然 尊敬之貌 言致其潔淸而不輕自用 則其孚信在中 而顒然可仰〕”라고 해석하였는데, 여기서는 《본의》의 해설을 따랐다. 《정전》과 다르게 해석한 이유에 대한 질문을 받고, 주희가 “관이라는 말의 의미는 단지 손을 씻는다는 것일 뿐이지, 술을 땅에 부어 귀신이 강림하도록 하는 것이 아니다. 이천은 선유의 잘못을 답습하였다. 만약 제물을 올리고 난 뒤에는 성의가 줄어든다고 말한다면, 선왕이 제사를 지낼 적에 단지 강신할 때까지는 그래도 성의가 남아 있다가 막상 제물을 올린 뒤에는 모두 예법을 제대로 이루지 못하는 것이 되고 말 것이다.”라고 대답하였다. 《朱子語類 卷70》

114 무엇을……생각하랴 : 《주역》〈계사전 하(繫辭傳下)〉 5장의 “하늘 아래의 무엇을 생각하고 무엇을 염려하겠는가. 천하의 모든 것이 돌아가는 곳은 같으나 가는 길은 다르며, 이치는 하나이나 생각은 백 가지이니, 천하의 무엇을 생각하고 무엇을 염려하겠는가.〔天下何思何慮 天下同歸而殊塗 一致而百慮 天下何思何慮〕”라는 공자의 말을 발췌한 것이다.

역의 신묘한 변화는 헤아릴 수 없도다 神化未之知

115 솔개……활발발함이여 : 《중용장구》 제12장의 "《시》에 이르기를 '솔개는 날아서 하늘에 이르고, 물고기는 못에서 뛴다.'라고 하였으니, 이는 천지의 도가 높은 하늘이나 낮은 못이나 모두 똑같이 행해지고 있음을 말한 것이다.〔詩云鳶飛戾天 魚躍于淵 言其上下察也〕"라는 말에 대해서, 정호가 "이 한 단락은 자사가 긴요하게 사람을 위해 말해 준 것으로 '필유사언이물정심'의 뜻과 활발발한 경지를 함께하는 것인데, 이런 도리를 체득할 때에는 활발발하겠지만 체득하지 못할 때에는 그저 정신만 수고롭게 할 것이다.〔此一段 子思喫緊爲人處 與必有事焉而勿正心之意 同活潑潑地 會得時活潑潑地 不會得時只是弄精神〕"라고 하였다. 《二程遺書 卷3 謝顯道記憶平日語)》 '활발발(活潑潑)'은 생기(生氣)가 충만한 것을 말한다.

거처를 산호에 정하고 임인년(1782, 정조6)

卜居山湖 壬寅

산호는 원주(原州)의 동(洞) 이름이다.

피할 곳 찾아 동쪽 산골 들어오니	避地入東山
산이 깊어 경내가 마냥 그윽하기만	山深境幽絶
쳐다보면 우잠이 우뚝하게 솟아 있고	牛岑仰嶒崒
굽어보면 용계가 깨끗하게 푸르른 곳	龍溪俯紺潔
전야가 널찍하니 펼쳐진 속에	田野閑且曠
시골집들 빗살처럼 늘어섰는데	村閭如比櫛
섬강이 밖으로 고리처럼 휘감으며	蟾江外環繞
굽이굽이 숲 그늘 많이도 차려 놨네	曲曲多淸樾
어찌 맑은 정취만 넉넉할 뿐이리오	豈徒饒淸趣
생활의 즐거움도 만끽할 수 있나니	生理亦可悅
논에는 벼의 어린 싹이 돋아나고	水田稻秔苗
밭에는 기장과 콩이 촘촘하다오	旱田稷菽密
반찬으로 맛보는 희디흰 물고기요	白白入饌魚
소반에는 듬뿍 향기로운 고사리라	馥馥登盤蕨
소요(逍遙)하기엔 여기가 적격이니	於焉可盤旋
느긋하게 한 해를 보내도 되겠네	優哉歲云卒
책 있으니 나 혼자서 즐기면 되고	有書聊自樂
술 있으니 때로 갈증을 풀면 그뿐	有酒時解渴
치택[116]은 지금 나의 일이 아니거니	致澤非吾事

경착[117]하며 태평성대 노래할 따름일세　　耕鑿歌聖烈
황우가 어찌 요원하다 하리오　　黃虞豈云邈
내 마음이 원래 태일인 것을[118]　　吾心自太一

116 치택(致澤) : 치군택민(致君澤民), 즉 벼슬길에 올라 자기 임금을 요순(堯舜) 같은 성군으로 인도함으로써 백성들이 실질적인 혜택을 받게 하는 것을 말한다.

117 경착(耕鑿) : 밭 갈고 우물을 판다는 뜻의 경전착정(耕田鑿井)의 준말로, 자급자족하며 태평하게 지내는 것을 비유하는 말로 쓰인다. 요(堯) 임금 시대에 80세 노인이 "해 뜨면 일어나고 해 지면 쉬면서, 내 우물 파서 물 마시고 내 밭 갈아 밥 먹는데, 임금님의 힘이 나에게 도대체 무슨 상관인가.〔日出而作 日入而息 鑿井而飮 耕田而食 帝何力於我哉〕"라고 했다는 고사가 진(晉)나라 황보밀(皇甫謐)의 《제왕세기(帝王世紀)》에 전한다.

118 황우(黃虞)가……것을 : 마음의 본체는 원래 담일(湛一)한 원기(元氣)로 되어 있는 만큼 태고의 성군 시대와도 멀리 떨어져 있지 않고 그 기운이 직통한다는 말이다. 황우는 황제(黃帝)와 우순(虞舜)의 병칭이다. 태일(太一)은 천지가 분화(分化)되기 이전의 혼돈한 태허(太虛)의 기(氣)를 말한다.

또 산호를 노래하다

又詠山湖

하늘이 산옹을 위해 이 산을 열었나니	天爲山翁闢是丘
몇 년이나 숨겨 놓고 찾기를 기다렸을까	幾年慳秘待人求
용호의 부연 달빛 천 길 절벽에 은은하고	龍湖煙月千尋壁
구오의 단풍 숲은 만 골짜기에 가을일세	龜塢楓林萬壑秋
생활하기 충분한 넓은 들판 농작물이요	野曠稻秫足生理
찬거리 제공하는 맑은 강물 물고기로세	江淸鱖鯉供盤羞
서대에다 조만간 초가집 하나 엮어 놓고	西臺早晩成茅棟
울의 국화 뜰의 매화와 한가로이 놀아야지	籬菊庭梅優且游

산호에 들어와서 산옹이라고 자호하다

入山湖自號山翁

이 산은 예로부터 있어 왔지만	玆山自古有
지금은 산옹의 주택이 되었다네	今作山翁宅
산은 옹을 얻어 주인이 되고	山得翁爲主
옹은 자신을 산에다 의탁했다네	翁以山自託
산은 옹을 기다려 비밀의 문을 열어 주고	山待翁擘秘
옹은 산에 기대 정적의 세계로 돌아왔네	翁依山返寂
옹과 산은 양쪽 다 취미가 맞는지라	翁山兩相宜
명합(冥合)해서 도무지 자취가 없네	窈冥都無迹

어떤 노우 하나가 백거이의 "누에는 늙도록 고치를 지어도 제 한 몸 못 가리고, 꿀벌은 굶으며 꿀을 모아도 남 좋은 일만 하네. 알지어다 늙도록 집 걱정하는 이들이여, 누에나 꿀벌처럼 헛고생할 수도 있음을."[119]이라는 시를 외우고는 이치에 통달했다고 감탄하였다. 이에 내가 말하기를 "누에가 실을 뽑는 것이나 벌이 꿀을 모으는 것은 바로 천기요 천직이니, 이는 "국궁진췌하여 죽은 뒤에야 그만둘 것이요, 성공과 실패나 이로움과 불리함은 미리 헤아릴 수 있는 바가 아니다."라는 것과 은연중에 서로 계합한다. 지금 이 시에서 제 한 몸이니 남 좋은 일이니 헛고생이니 하는 말들은 모두 하나의 '사' 자일 뿐 어떻게 이치에 통달했다고 말할 수 있겠는가."라고 하고는, 마침내 그 뜻과 반대로 화운하여 시를 짓다 계묘년(1783, 정조7)

有一老友誦白居易詩云蠶老繭成不庇身蜂飢蜜熟屬他人須知年老憂家者恐似二蟲虛苦辛因嘆其達理余謂蠶繭蜂蜜乃天機也天職也與鞠躬盡瘁死而後已成敗利鈍非所逆睹暗相契今此詩曰身曰人曰虛苦辛都是一私字何得謂達理遂反其意而和之 癸卯

누에가 실 뽑고 벌이 꿀 모음은 천직을 행함이요　蠶絲蜂蜜職修天
비신(庇身)과 속타인(屬他人)은 모두가 망연이라　庇己屬人摠妄緣
알지어다 이 몸이 죽지 않는 그날까지　須識此身未滅日
집안 걱정 나라 걱정은 당연한 일임을　憂家憂國是當然

119 누에는……있음을 : 《백낙천시집(白樂天詩集)》 권17 〈금충(禽蟲)〉 12장(章) 중 네 번째 시이다.

병중에 입에서 나오는 대로 읊다 정미년(1787, 정조11) 봄
病中口占 丁未春

열흘 내내 앓는 이질의 병증	浹旬患泄痢
밤이고 낮이고 멈출 줄 몰라	日夜不停息
옷과 이불 곳곳에 핏자국이요	衣衾處處血
몸뚱이는 온통 오물투성이	通身隣穢惡
그런데 다행히도 이 주인옹은	幸玆主人翁
초연히 맑은 향기 속에 보유하여	超然保馨馠
숨결이 실낱같이 이어지는 속에서도	氣息雖縷綿
하나의 생각은 언제나 건척[120]인지라	一念常乾愓
되는 대로 몇 마디 말을 엮어서	聊綴數句語
고몽[121]을 대신하여 읽게 하노니	庸代瞽矇讀
측간에 오를 때는 필히 갓을 바루고	登厠必正冠
자리에 누워서는 손발을 가지런히	委席須斂足
목소리는 정돈되고 여유 있게	聲氣務整暇
행동거지는 경망스럽지 않게	動作戒輕錯
아무리 급한 때를 당하더라도	雖値急遽時

120 건척(乾愓) : 항상 두려워하는 심정으로 조심하며 자기 단속을 철저히 하는 것을 말한다.

121 고몽(瞽矇) : 맹인인 악관(樂官)을 말한다. 고대에 소경인 악사(樂師)가 항상 임금 곁에 있으면서 시를 외워 주며 규간(規諫)을 한 고사가 있다. 《周禮 春官宗伯 瞽矇》

당황하지 말고 성심껏 할 것이요 　　　　愼勿弛洞屬
《주역》과 《논어》는 예전의 일과대로 　　　　羲魯舊誦課
하루도 공부를 그만두지 말 것이라 　　　　不可一日閣
평생의 일을 점검해 보건대 　　　　仍檢平生事
우회를 이루 다 지적할 수 없지만 　　　　尤悔不勝摘
근래에 하늘의 영령이 도와주신 덕분에 　　　　邇來賴天靈
이 천리(天理)가 항상 마음속에 깃들어 　　　　此理常心目
찬란하게 신광이 환히 비치면서 　　　　炯炯神光燭
시원하게 천지인을 관철하였다오 　　　　曠然徹三極
정일[122]과 극기복례 　　　　精一與克復
계구와 신독[123] 등 　　　　戒懼及愼獨
선성의 평상의 말씀을 보면 　　　　先聖平常語
진실하고 간절하기가 봉괵[124] 같으니 　　　　眞切如棒摑

122 정일(精一) : 정밀하게 살피고 한결같이 지키면서 중도를 행하는 것을 말한다. 《서경》 〈대우모(大禹謨)〉의 "인심은 위태하고 도심은 은미하니, 오직 정밀하고 일관되게 하여 그 중도(中道)를 진실로 잡아야 한다.〔人心惟危 道心惟微 惟精惟一 允執厥中〕"라는 16자를 압축해서 말한 것인데, 주희(朱熹) 등 송유(宋儒)가 이것을 요(堯), 순(舜), 우(禹) 세 성인이 서로 도통(道統)을 주고받은 십육자심전(十六字心傳)이라고 강조한 뒤로부터, 개인의 도덕 수양과 치국(治國)의 원리로 숭상해 왔다.

123 계구(戒懼)와 신독(愼獨) : 계구는 《중용장구》 제1장에 "도라는 것은 잠시도 떠날 수가 없는 것이다. 떠날 수가 있다면 그것은 도가 아니다. 그런 까닭에 군자는 보이지 않을 때에도 경계하고 근신하며, 들리지 않을 때에도 걱정하고 두려워한다. 숨어 있는 것보다 더 잘 드러나는 것이 없으며, 미세한 것보다 더 잘 나타나는 것이 없다. 그러므로 군자는 홀로 있을 때를 삼가는 것이다.〔道也者 不可須臾離也 可離非道也 是故君子戒愼乎其所不睹 恐懼乎其所不聞 莫見乎隱 莫顯乎微 故君子愼其獨也〕"라는 말에서 추출한 것이다.

세월이 흘러 석양에 이르렀다 해도	歲月縱晼晩
조금씩 도움을 기대할 수도 있으리	猶可冀寸益
주공의 꿈이야 나와 무슨 상관이 있으랴만	夢周非干事
《태현》을 초하면서 많이 멋대로 헤아렸고[125]	草玄多妄測
《주서차의(朱書箚疑)》는 아직 정리를 못한 데다	朱疑功未了
경차를 마무리할 빚도 오래도록 묵혔다네	經箚債亦宿
《소학》의 주소에 대한 뜻도 일찍부터 지녔고	小學疏志夙
사례의 의절에 대한 원고도 약소하기만 한데	四禮儀藁略
《춘추》를 재해석할 서원을 새로 또 발했나니	麟經新發願
주나라의 도는 곧기가 마치 화살 같으니까[126]	周道如矢直
하늘이 만약 몇 년 정도 더 살게 해 준다면	天若假數年
그런대로 보은하고 색책(塞責)할 수도 있으련만	庶可粗酬塞

124 봉괵(棒摑) : 방망이와 손바닥으로 후려쳐서 핏자국이 생기게 한다는 뜻으로, 성현의 간절한 가르침을 비유하는 말이다. 257쪽 주73 참조.

125 주공(周公)의……헤아렸고 : 감히 공자에 비길 바는 아니지만 나름대로 도를 밝히기 위해 열심히 저술 활동을 해 보았다는 뜻의 겸사(謙辭)이면서도 자부심 어린 녹문의 표현이다. 공자가 젊어서는 주공의 도를 행하려는 의지가 강했기 때문에 간혹 꿈속에서 주공을 만나기도 하였으나, 노쇠하여 도를 행할 가망이 없어지면서 그런 꿈도 꿀 수 없게 되자 "내가 너무도 쇠해졌구나, 꿈속에서 주공을 다시 뵙지 못한 지 오래되었으니.〔甚矣吾衰也 久矣吾不復夢見周公〕"라고 탄식하였다. 《論語 述而》 태현(太玄)은 한(漢)나라 양웅(揚雄)이 《주역》을 본떠서 지었다는 《태현경(太玄經)》을 말한다.

126 춘추를……같으니까 : 《춘추》의 대의명분(大義名分)에 입각하여 명과 청과 조선의 관계를 재조명해 보려는 뜻이 행간에 들어 있는 것으로 보인다. 《시경》 〈소아(小雅) 대동(大東)〉에 "주나라 가는 길 숫돌처럼 판판한데 곧기가 마치 화살 같도다.〔周道如砥 其直如矢〕"라고 하였다.

지금 병세가 홀연히 이와 같으니	今病忽如此
죽어서 길이 한을 풀지 못할 듯	遺恨恐千億
혹시 아는가 내 소원 들어줄는지도	其或遂吾願
하늘의 밝은 뜻 공손히 기다려야지	敬恭聽明爀

재차 첩운하여 이백눌에게 화답하다
再疊和李伯訥

담일이 바로 기의 본체로서	湛一氣之本
건곤을 비식에서 징험하나니[127]	乾坤驗鼻息
위대하도다 낳고 낳는 역이여	大哉生生易
유행함에 순일하여 악이 없도다	流行純無惡
사람에게 있으면 그 이름이 명덕으로	在人曰明德
성인이나 범부나 똑같이 맑고 밝나니	聖愚同瑩皭
신명한 그것이 지리를 포용하여	神明涵至理
강자 가득 모두가 출척이로세[128]	滿腔都怵惕
공맹(孔孟)으로부터 정주(程朱)에 이르기까지	洙泗至洛閩

127 담일(湛一)이……징험하나니 : 우주의 담일한 기의 실체를 인간의 몸 속에서 직접 확인할 수 있다는 말이다. 건곤은 《역》의 건괘(乾卦)와 곤괘(坤卦), 천지(天地), 일월(日月), 음양(陰陽), 귀신(鬼神), 출입(出入) 등을 총칭하는 개념이다. 비식(鼻息)은 코로 숨 쉬는 것을 말한다. 주희(朱熹)가 장재(張載)의 "귀신은 음양의 양능(良能)이다."라는 말을 긍정적으로 평가하며 "코로 숨 쉴 때에 내쉬는 것이 신(神)이요, 들이마시는 것이 귀(鬼)이다."라고 문인의 물음에 대답한 고사가 전한다. 《朱子語類 卷63 中庸16章》《西山讀書記 卷40 鬼神》

128 사람에게……출척(怵惕)이로세 : 가령 어린아이가 우물 속으로 기어 들어가려는 것을 보면 어떤 범부라도 부지불식간에 깜짝 놀라면서〔怵惕〕 측은지심이 발동하여 구해 주려 하는데, 이것도 바로 만물을 살리려는 천지의 마음을 부여받아 명덕을 보유하였기 때문에 가능한 것이라는 말이다. 강자(腔子)는 사람의 가슴과 배 사이에 있는 빈 곳으로, 옛사람들이 심장 부근을 지칭한 말인데, 몸의 내면을 뜻하는 말로 쓰인다.

이구동성으로 다른 설이 없나니　　一辭無異讀
유리병에 맑은 물이 담기듯　　琉瓶貯澄流
맑고 투명하게 온갖 선을 갖췄도다　　瀅澈萬善足
어째서 이를 경철[129]에 비유하는지　　如何鏡鐵比
갖가지로 모순이 많이 발생하는걸　　種種多繆錯
사재를 본체로 오인하면　　渣滓作本體
영실[130]이 각각 다른 데로 귀속되어　　靈實異歸屬
순자나 양웅과 맥락이 같은 만큼　　荀揚與同條
《대학》은 읽지 말고 묶어 둬야 하리　　大學將束閣
진배는 의당 존중하고 경외해야 하니　　前輩宜尊畏
어떻게 감히 멋대로 가혹하게 평하리오　　何敢恣苛摘
다만 금설[131]이 혹시라도 잘못 떨어지면　　但恐金屑墜
한순간에 사람 눈을 가릴까 걱정일 뿐　　駸駸翳人目
얼마나 다행인가 우리 연지옹[132]이　　何幸蓮池翁
초연히 태극에 계합하고는　　超然契太極

129 경철(鏡鐵) : 248쪽 주56 참조.

130 영실(靈實) : 허령불매(虛靈不昧)와 진실무망(眞實無妄)의 병칭으로, 각각 심(心)과 성(性)을 비유하는 말로 사용되기도 한다.

131 금설(金屑) : 황금 부스러기라는 뜻의 선종(禪宗) 용어로 "황금 부스러기가 비록 귀하기는 하지만, 사람의 눈 안에 떨어지면 앞이 보이지 않게 된다.〔金屑雖貴 落眼成翳〕"라는 말에서 나왔다. 《五燈會元 卷11 黃檗運禪師法嗣》 불경(佛經)에 나오는 말이기는 하지만 완전치 못한 어설픈 법어(法語) 몇 마디를 지칭하는데, 훌륭한 사람의 말이라도 잘못된 내용이 있을 수 있음을 비유할 때 쓰이곤 한다.

132 연지옹(蓮池翁) : 한양 동부(東部) 연화방(蓮花坊) 연지동(蓮池洞)에 살았던 이민보(李敏輔)를 말한다.

마음을 같이하여 난초 향기 풍기며[133]	同心臭如蘭
혼자인 나를 겁나지 않게 해 줬나니	使我不懼獨
끊임없이 들려준 심오한 말들이여	亹亹深造語
정절하기가 손바닥 혈인[134] 같았어라	精切血一摑
현륙이 비록 빛나는 것은 아니라도	莧陸雖未光
타산의 유익함에야 무슨 상관이리오[135]	何妨他山益
예를 논한 것은 더더욱 황공하오만	禮論增皇恐
아무쪼록 이측[136]을 믿어 주셨으면	願言信蠡測
자운[137]을 후세까지 기다릴 것이 있으리오	子雲何須後
답시(答詩)도 예전에 지어 놓은 것 같은 걸요	和章如搆宿
건련[138]은 논할 바가 아니라 하더라도	蹇連非所論

133 마음을……풍기며 : 이민보가 녹문과 의기투합하여 금란(金蘭)의 지기(知己)가 되었다는 말이다.

134 손바닥 혈인(血印) : 핍진한 가르침을 비유하는 말이다. 257쪽 주73 참조.

135 현륙(莧陸)이……상관이리오 : 녹문의 주장이 현륙, 즉 쇠비름처럼 보잘것없다고 해도 이민보가 타산지석으로 삼을 수는 있을 것이라는 뜻의 겸사이다.

136 이측(蠡測) : 표주박으로 바다의 깊이를 측량하는 것처럼, 녹문 자신의 국량과 식견이 천박하기는 하지만, 그래도 터득한 점이 없지 않다는 뜻의 겸사로 쓴 말이다. 한(漢)나라 동방삭(東方朔)의 "대롱 구멍으로 하늘을 엿보고, 표주박으로 퍼서 바닷물을 재며, 풀줄기로 종을 치는 격이다.〔以管窺天 以蠡測海 以筳撞鍾〕"라는 말에서 유래하였다. 《文選 卷45 答客難》

137 자운(子雲) : 한(漢)나라 양웅(揚雄)의 자이다. 보통 당대에는 알아줄 사람이 없어서 후세에 제대로 평가해 줄 만한 식견이 높은 사람을 기다린다고 할 때 요부(堯夫), 즉 송나라 소옹(邵雍)과 함께 거론되는 인물이다.

138 건련(蹇連) : 가지가 서로 뒤엉겼다는 뜻의 언건연권(偃蹇連蜷)의 준말로, 뜻이 맞는 사람끼리 산골에서 은둔하며 오붓하게 지내는 것을 말한다. 한나라 회남왕(淮南

이택이야 어찌 그만둘 수 있으리오　　麗澤庸可略
성을 토론하며 허령(虛靈)과 각지(覺知)를 융회하고　　論性融虛覺
《역》을 얘기하며 방과 직[139]을 체득하면　　譚易體方直
최고선을 지향하는 두 노인의 수업도　　兩翁竿頭業
수와 색[140]을 온전히 할 가망이 있으리다　　庶期全帥塞
서산에 해 기울었다 슬퍼하지 마오　　莫云離昃嗟
하늘의 해는 억만년토록 드리울 테니　　天日垂萬億
다만 한스러운 것은 근폭[141]의 성의를　　秖恨芹曝美
천혁의 지척[142]에서 바치지 못하는 것　　莫獻尺天爀

王) 유안(劉安)이 지은 〈초은사(招隱士)〉에 "계수 떨기 더부룩한 그윽한 산골, 이리 구불 저리 구불 가지 서로 뒤엉켰네.〔桂樹叢生兮山之幽 偃蹇連蜷兮枝相繚〕"라고 하였다.

139 방(方)과 직(直) : 《주역》〈곤괘(坤卦) 문언(文言)〉의 "군자는 경(敬)으로써 안을 곧게 하고, 의로써 밖을 바르게 하니, 이렇게 경과 의가 확립되면 그 덕이 외롭지 않다.〔君子敬以直內 義以方外 敬義立而德不孤〕"라는 말에서 추출하였다.

140 수(帥)와 색(塞) : 장수와 채움이라는 뜻으로, 성(性)과 체(體), 영(靈)과 육(肉)을 말한다. 장재(張載)의 〈서명(西銘)〉에 "천지를 가득 채운 기(氣)가 나의 체가 되고, 천지의 기를 이끄는 장수인 지(志)가 나의 성이 되었다.〔天地之塞 吾其體 天地之帥 吾其性〕"라고 하였다.

141 근폭(芹曝) : 변변찮지만 정성껏 위에 바치는 예물을 뜻하는 말인데, 여기서는 녹문이 자신의 의견을 조정에 올리는 것을 비유하는 말로 쓰였다. 210쪽 주11 참조.

142 천혁(天爀)의 지척(咫尺) : 임금과 가까운 곳이라는 뜻으로, 조정을 가리킨다. 천혁은 천위(天威)와 같은 말로, 시운(詩韻)을 맞추기 위하여 바꿔 쓴 말이다. 제 환공(齊桓公)이 규구(葵丘)에서 제후들과 회맹할 적에 "천자의 위엄이 나의 얼굴에서 지척도 떨어져 있지 않다.〔天威不違顏咫尺〕"라고 하며, 절을 하고 하사품을 받았던 고사가 전한다.《春秋左氏傳 僖公9年》

상이 지은 대로사[143]의 비문을 삼가 읽고 느낌이 있어서 짓다
奉讀御製大老祠碑有感而作

영릉에는 소나무 잣나무가 울울창창하고	寧陵松柏鬱蒼蒼
대로사 앞에는 성상의 필적이 휘황해라	大老祠前聖筆煌
풍호 운룡의 옛날 일이 멀리 생각나는데	風虎雲龍起遐想
어느 곳에 남양이 있는지 알지 못하겠네[144]	不知何處有南陽

143 대로사(大老祠) : 송시열(宋時烈)의 사당이다. 1785년(정조9) 9월 영릉(寧陵)이 있는 여주(驪州)에 송시열의 서원을 세운 뒤 대로사라고 이름하였다. 그리고 그 편액의 글씨를 정조가 직접 써서 사액하고 묘정(廟庭)에 비를 세웠으며 제문(祭文)을 지어 근시(近侍)를 보내 치제(致祭)하게 하였다.

144 풍호(風虎)……못하겠네 : 효종과 송시열이 서로 의기투합하며 북벌(北伐)을 추진했던 옛날의 일이 새삼 생각나는데, 지금 그 같은 명군(明君)과 양신(良臣)의 관계를 또 어디에서 찾을 수 있을지 모르겠다는 말이다. 풍호와 운룡(雲龍)은 《주역》 〈건괘(乾卦) 문언(文言) 구오(九五)〉의 "같은 소리끼리 서로 감응하고, 같은 기운끼리 서로 구한다. 그래서 물은 습한 곳으로 흐르고, 불은 건조한 곳으로 나아가며, 구름은 용을 따르고, 바람은 범을 따르는 것이다.〔同聲相應 同氣相求 水流濕 火就燥 雲從龍 風從虎〕"라는 말에서 발췌하였다. 남양(南陽)은 제갈량(諸葛亮)이 유비(劉備)의 삼고초려(三顧草廬)를 받기 전에 농사지으며 은거했던 곳이다.

녹문집

부록

행장
行狀

공은 휘(諱)가 성주(聖周)이고 자(字)는 중사(仲思)이다. 만년에 공주(公州)의 녹문(鹿門)에 거하였으므로, 학자들이 이것으로 호(號)를 삼았다.

우리 임씨(任氏)는 세계(世系)가 풍천(豐川)에서 나왔다. 본래는 중국 소흥부(紹興府) 자계현(慈溪縣) 사람인데, 고려 때에 휘 온(溫)이 은자광록대부(銀紫光祿大夫)의 신분으로 처음 동방에 와서 호적(戶籍)에 등재(登載)되었다. 그로부터 5세(世)를 내려와서 어사대부(御史大夫) 감문위 대장군(監門衛大將軍) 휘 주(澍)에 이르렀다. 이분의 소생인 휘 자송(子松)이 충혜왕(忠惠王) 때에 적신(賊臣) 조적(曺頔)을 주벌하여 서하부원군(西河府院君)에 봉해지고 시중(侍中) 판삼사사(判三司事)에 임명되었는데, 그 행적이 《고려사(高麗史)》에 드러나 있다. 이와 같이 2세에 걸쳐서 훈업이 혁혁(赫赫)하였으므로, 마침내 우리 동방의 망족(望族)이 되었다.

시중이 휘 덕유(德儒)를 낳았으니 벼슬은 판도 판서(版圖判書)이고 봉호는 풍산군(豐山君)이며 시호는 문간(文簡)이다. 문간이 휘 구(球)를 낳았는데, 아조(我朝)에 들어와서 참지문하부사(參知門下府事)가 되었다. 이로부터 관직을 세습하다가 다시 5세를 내려와 휘 열(說)에 이르는데, 이분은 문학(文學)으로 중한 명성을 이루고 발영시(拔英試)에 발탁되어 화요직(華要職)을 두루 역임하였으며, 중종(中宗), 인종(仁宗), 명종(明宗), 선조(宣祖) 네 조정을 섬기면서 벼슬이 한성부 판윤과 예문관 제학에 이르렀으니, 시호는 문정(文靖)이고 호는 죽애(竹崖)이다. 문정의 소생인 휘 영로(榮老)는 중시(重試)를 거쳐 종부시 정(宗簿寺正)이 되었고 승정원 도승지에 추증되었으며, 승지의 소생인 휘 연(兗)은 좌승지로 이조 참판에 추증되었다.

참판의 소생인 휘 의백(義伯)은 호(號)가 금시당(今是堂)이다. 당시에 효묘(孝廟 효종)가 천하에 큰 뜻을 품고서 한두 명의 신하와 긴밀하게 기밀을 논의하였는데, 이때를 당하여 공이 재유(才猷)와 기식(器識)으로 크게 상하의 중한 신임을 받았다. 그리하여 여섯 차례나 방면(方面 방백(方伯))의 직분에 응하여 평안도 관찰사로 관직을 마치고 이조 판서에 추증되었으니, 이분이 공에게 고조(高祖)가 된다. 증대부(曾大父) 휘 승(陞)과 대부(大父) 휘 사원(士元)은 모두 뛰어난 재질로 사우(士友) 사이에서 중하게 기대를 받았는데, 불행히도 이른 나이에 세상을 버렸다.

고(考) 휘 적(適)은 호가 노은(老隱)이다. 문장(文章)과 재학(才學)으로 일세(一世)를 압도하여 당시의 명망 있는 재사(才士)들과 이름을 나란히 하였으며 모두 공보(公輔)의 그릇이라고 인정하였는데, 또 불행히도 일찍 세상을 떠나 관직이 함흥 판관(咸興判官)으로 그쳤다.

비(妣) 숙인(淑人) 파평 윤씨(坡平尹氏)는 호조 정랑 증(贈) 이조 판서 휘 윤부(尹扶)의 딸인데, 마음이 너그럽고 자애로우며 어질고 신중하여 부덕(婦德)을 순일하게 갖췄다. 5남 2녀를 낳았는데, 공은 그중 둘째 아들로 신묘년(1711, 숙종37) 7월 17일 묘시(卯時)에 청풍(淸風)의 노은동(老隱洞) 별장에서 탄강(誕降)하였다.

공은 태어나면서부터 자태와 용모가 마치 얼음이 담긴 유리병처럼 밝고 순수하였으며 아무 때나 소리 내어 울지 않았다. 일단 말을 배우기 시작하자 노은공(老隱公)이 문자를 가르쳐 주었는데 한번 들으면 잊어버리지 않았다. 3세 때에 벽 위에 “임모의-소자(少字)는 사동(獅同)이었다.- 배 속에는 글이 오백자〔任某腹中書五百字〕”라고 적어 놓으니, 들어가서 보는 자들이 기이하게 여겼다. 장난치며 놀이할 적에도 말과 행동에 상도(常度)가 있어서 여느 아이들과 달랐다. 그리고 다급하게 소리를 지르거나 걸어 다니는 일이 없었으므로 같이 어울려 노니는 여러 종형제가 공을 보고서 가고 멈추곤 하였다. 조금 자라나서는 스스로 학습에 힘쓸 줄을 알아 굳이 감독할 필요가 없었으며, 돈후하고 인자하고 효제(孝悌)하여 행동에 과오가 없었다. 그래서 노은공이 일찍이 말하기를 “이 아이는 하늘이 낸 학자이니, 우리 집안을 크게 일으킬 자는 필시 이 아이일 것이다.”라고 하였다.

10여 세 되었을 무렵에 공은 이미 성인(聖人)의 학문이 있다는 것을 알았다. 계묘년(1723, 경종3) 봄에 손으로 대성(大聖)의 화상(畫像)을 모사하여 거하는 누대에 봉안하고는, 아침저녁으로 여러 형제와 함께 의대(衣帶)를 바르게 하고 참배하였다. 물러 나와서는 조석으로 어버이에게 문안드리는 일 이외에는 문을 닫고서 글을 읽었으며, 법도대로 행동하고 발걸음을 옮기는 등 엄연(儼然)히 덕을 이룬 기상이 있었다. 공은 소싯적에 스스로 글을 지어 말하기를 “나이 16에 율옹(栗翁 이이(李珥))의 글을 보다가 천인합일(天人合一)의 묘리(妙理)가 있다는 것을 알고서 크게 뜻을 세우게 되었다.”라고 하였다. 대개 공이 학문을 좋아하고 성인을 흠모하는 등 어려서부터 순수할 수 있었던 것은 물론 천부적으로 자질이 뛰어나서 자연히 도에 가까웠기 때문이라고 하겠지만, 사람이 하늘처럼 될 수 있다는 것을 알고서 우뚝하게 성현이 되겠다고 스스로 기필했던 것으로 말하면, 16세 때부터 시작되었다고 할 것이다. 이런 일이 있은 뒤로는 어느 상황에서나 여기에 뜻을 두었으므로, 이 세상의 어떤 것도 공이 좋아하는 이 학문과 바꿀 수가 없었다.

을사년(1725, 영조1)에 노은공이 함흥(咸興)으로 부임할 적에 따라갔다. 함흥은 평소에 가무(歌舞)하는 기녀가 유명했는데, 공은 한 번도 눈을 들어 바라보지 않았으며, 자기가 앉은 자리에 "명도(明道)처럼 마음속에 기녀가 없게는 못 하더라도, 요부(堯夫)처럼 눈에 음사(淫邪)를 멀리함을 배우련다."[1]라고 써 놓았다. 그러나 연음(宴飮)하는 모임에 참석하여 장자(長者)의 명이 있을 때에는 공이 또한 모나게 행동하지 않고서 태연히 아무 일이 없는 것처럼 처신하곤 하였다.

정미년(1727)에 노은공을 따라 서울의 집으로 돌아왔다. 이때 조비(祖妣)인 이 부인(李夫人)이 건강에 이상이 없었고 노은공 형제도 서로 이웃하여 거하였는데, 공이 좌우에서 기쁘게 해 드리며[2] 친애와 공경을 모두 지극히 하여 제당(諸堂)의 환심을 깊이 얻었다.

무신년(1728) 봄에 노은공이 자녀를 버리고 세상을 떠나자, 공이 통곡하고 가슴을 치며 마치 살고 싶어 하지 않는 것 같았다. 장례를 치르고 나서 공이 병들까 이 부인이 염려하여 고깃국을 억지로 먹게

1 명도(明道)처럼……배우련다 : 정자(程子) 형제가 사부(士夫)의 술자리에 초청받았을 때에 두 명의 기녀가 술시중을 들자, 정이(程頤)는 소매를 떨치고 그 자리를 떠나갔고 정호(程顥)는 태연히 즐기다가 돌아왔는데, 이튿날 정이가 여전히 노한 기색을 띠고 있자 정호가 웃으면서 "어제 술자리에 기녀가 있었으나 나의 마음에는 원래 기녀가 없었다.……그런데 오늘은 밥상머리에 본래 기녀가 없는데도 아우의 마음속에는 도리어 기녀가 있구나."라고 하니, 정이가 부끄러워했다는 고사가 전한다.《人譜類記 卷下》 요부, 즉 소옹(邵雍)의 고사는 미상이다.

2 기쁘게 해 드리며 : 대본에는 '惋愉'로 되어 있는데, 문맥에 근거하여 '惋'을 '婉'으로 바로잡아 번역하였다.

하고는 공이 사양해도 허락하지 않았다. 공이 먹긴 하면서도 차마 삼키지 못한 채 눈물을 계속 흘렸는데, 밥을 먹을 때마다 이와 같이 하였으므로 옆 사람들이 이 모습을 보고는 함께 울었다.

기유년(1729) 봄에 백씨(伯氏 임명주(任命周))와 함께 모친을 모시고 청주(淸州)의 옥화대(玉華臺)로 들어갔다. 영전(靈前)에 제물을 올리고 조석으로 문안을 올리는 여가에 바깥일은 완전히 끊어 버리고 날마다 여러 형제 및 학자들과 함께 유경(遺經)을 강독하면서 침잠하고 사색하며 극력 연구하여 조예(造詣)가 날이 갈수록 깊어졌다. 공은 일찍이 말하기를 "글을 읽어 이치를 밝히는 목적은 장차 그대로 시행하기 위해서인데, 시행하는 방도로는 집 안에서 행하는 것보다 앞서는 것이 없다."라고 하고는, 백씨와 의논하여 온공(溫公)의 〈거가의(居家儀)〉[3]를 모방한 홀기(笏記)를 만들어서 준행(遵行)하였다. 이에 규문(閨門)의 안에서 예의(禮儀)가 성대히 행해져 너끈히 법도를 이루었으므로 향린(鄕隣)에서 이를 전송(傳誦)하였다.

내가 아직도 기억하건대 어렸을 적에 매양 정조(正朝)와 동지(冬至)와 삭망(朔望) 때가 되면 여러 형제 및 형수와 자매가 동틀 녘에 소세(梳洗)하고 용모를 다듬고서 의관(衣冠)을 바르게 하고 모친에게 나아가 북쪽을 향해 동쪽과 서쪽으로 나누어 서서, 장부(丈夫)는 재배(再拜)를 행하고 부인(婦人)은 사배(四拜)를 행한 뒤에 각자의 자리로

3 온공(溫公)의 거가의(居家儀) : 송(宋)나라 사마광(司馬光)이 집 안에서의 각종 예절에 관하여 서술한 글인데, 주희(朱熹)의 《가례(家禮)》에 〈사마씨거가잡의(司馬氏居家雜儀)〉라는 제목으로 실려 있다. 온공은 온국공(溫國公)의 준말로 사마광의 봉호(封號)이다.

나아갔는데, 신씨(申氏) 집안에 출가한 누이가 어린 시절에 언해로 번역한 계사(誡辭)를 읽던 그 낭랑한 목소리가 지금도 귓가에 남아 있다. 그런 뒤에는 비복(婢僕)들이 뜰아래에 좌우로 나눠 차례대로 서서 참례(參禮)하며 재배하였는데, 이량(已良)이라는 이름의 노복이 또 큰 소리로 계비복사(戒婢僕辭)를 읽으면-언해로 번역한 것이다.- 재배하고들 물러갔다. 다른 날에는 단지 장부만 예(禮)를 행하였는데, 이때 장자(長者)는 읍(揖)하고 소자(少者)는 배(拜)를 하였다.

존장(尊長)의 앞에서는 반드시 스스로 이름을 불렀지 감히 나[我]라고는 칭하지 않았으며, 존장이 출입할 때에는 반드시 자리에서 일어났고, 장유유서와 남녀유별의 예법을 준수하였다. 나도 6, 7세 때에 벌써 이런 의리를 잘 알고서 감히 여러 형수의 곁에 다가가지 않았으며, 비록 비복이더라도 예의가 중요하다는 것을 알아서 싸움질하고 속여 먹는 행태가 점점 바뀌어 갔다. 만약 오래도록 멀리 이렇게 행하면서 이를 확대 적용하여 미비한 점을 보완해 나갔더라면 일가의 선속(善俗)을 이루었음은 물론 나아가 세상 사람들의 모범이 되었을 터인데, 애석하게도 그 뒤에 동쪽 서쪽으로 뿔뿔이 흩어져서 일정한 거처가 없게 된 나머지 이 예법이 마침내 폐해지고 말았다. 공이 매양 이야기하다가 이 일에 미치면 깊이 한스럽게 여기곤 하였다.

계축년(1733)에 모친의 뜻을 받들어 백씨와 함께 사마시(司馬試)에 응시하여, 귀신을 묻는 대책문(對策文)에서 모두 고등(高等)의 성적을 거두었다. 이때 고관(考官)인 조공 명리(趙公明履)가 공의 답안지를 수석의 자리에 올려놓고는 오래도록 사람들에게 칭선하였는가 하면, 마치 자기의 말을 외우듯이 하면서 대유(大儒)가 아니면 지을 수 없는 글이라고 말하곤 하였다.

공은 선우후락(先憂後樂)의 뜻을 지니고서 매양 말하기를 "후세에 사람을 임용하는 것은 오로지 과거를 통해서이니, 비록 이윤(伊尹)이나 부열(傅說) 같은 재질의 소유자라도 이 길을 통하지 않으면 그 뜻을 행할 수가 없다."라고 하였다. 대과(大科)에도 때로 애써 응시하였으며, 천하의 일에 대해서도 예컨대 삼대(三代)의 경계(經界), 공거(貢擧), 예악(禮樂), 형정(刑政)으로부터 한(漢), 당(唐), 송(宋)과 우리나라의 제도 및 문물에 이르기까지 이해하여 회통하고 융회하고 관통하여 그 득실에 대해 변론하지 못하는 것이 없었다. 공은 일찍이 당세에 행할 일을 논하며 말하기를 "세상의 수준이 비록 낮아져서 어떻게 할 수 없는 것처럼 보일지라도, 만약 명도(明道 정호)에게 이 일을 담당하게 한다면 어찌 삼대의 치세(治世)를 만회하지 못하겠는가."라고 하였다.

공의 총명하고 슬기로운 자질은 하늘로부터 얻은 것이지만, 궁리(窮理), 격물(格物)의 공부를 통해서 또 곧바로 그 오묘한 경지에 나아갈 수 있었기 때문에, 그 견처(見處)가 워낙 뛰어나서 동유(東儒)의 구이(口耳)의 누습(陋習)을 한꺼번에 씻어 낼 수 있었던 것이다. 그래서 당시에 뜻을 같이한 선비로서 예컨대 역천(櫟泉) 송공 명흠(宋公明欽)과 그 아우인 한정당(閑靜堂) 송문흠(宋文欽), 그리고 미호(渼湖) 김공 원행(金公元行)과 운평(雲坪) 송공 능상(宋公能相)과 함일재(涵一齋) 신공 소(申公韶)와 지암(止庵) 김공 양행(金公亮行) 등 여러 분이 모두 공을 추허(推許)하고 존중하면서 스스로 따라갈 수 없다고 하였다.

갑인년(1734)에 《사전(思傳《중용장구》)》을 들고 홀로 화양산(華陽山) 속에 들어가서 50일 동안 고요히 앉아 익숙하게 반복하고 정밀하게 연구하여 《의의(疑義)》 1권을 지었는데, 사우(師友)가 이것을 보고는 모두 투철하게 깨달았다고 탄복하였다. 그러나 공은 만년에 이르러 스스로 "수절(首節)의 대원(大源)이 되는 곳에 대해서 아직도 끝내지 못한 문제가 남아 있다."라고 하고는, 마침내 그 설을 개정하였다.

병진년(1736) 겨울에 또 송씨(宋氏)의 제현(諸賢)과 함께 회덕(懷德)의 옥류각(玉溜閣)에서 《대학》을 강독하였는데, 이때 소책자를 비치해 두고는 터득한 것이 있을 때마다 번번이 서로 돌려 가며 기록하기를, 마치 주희(朱熹), 장식(張栻), 여조겸(呂祖謙) 세 분 선생의 〈지언의의(知言疑義)〉의 고사[4]같이 하였다. 심오한 뜻을 탐색하고 은미한 내용까지 파고들면서 문제가 해결되지 않으면 그만두지 않았으므로, 이로부터 사리를 분석하고 개념을 이해하는 것이 짧은 시간 안에 향상되면서 조예(造詣)가 훨씬 깊어지게 되었다. 공은 평일에 매양 이 강회(講會)의 즐거움에 대해 말하면서 이때에 가장 많이 득력했다고 스스로 말하곤 하였다.

이 강회는 매양 동트면 기상해서 첫닭이 울면 취침하였는데, 하루는 한밤중에 제공(諸公)이 자신도 모르게 꾸벅꾸벅 졸다가 깨어나 보니 공이 우뚝 앉아서 글을 읽는 소리가 마치 금석(金石)에서 나오는 것 같았다. 운평 송공(宋公)이 차탄하며 공에게 말하기를 "우리들이 죽은 뒤에 거둬 줄 사람은 오직 우리 공일 것이다."라고 하였는데, 그 뒤에

4 지언의의(知言疑義)의 고사 : 주희가 호굉(胡宏)의 저술인 《지언(至言)》 중에서 의심나는 부분에 대하여 자신의 논평을 붙여서 〈지언의의〉라는 글을 지은 뒤에, 장식, 여조겸과 서신으로 문답하며 토론한 것을 말한다. 《晦庵集 卷73 胡子知言疑義》《東萊集 別集 卷7 與朱侍講》《南軒集 卷20~21 答朱元晦秘書》 당시에 이 세 사람은 절친한 벗들로 '동남(東南)의 삼현(三賢)'이라고 일컬어졌다. 호굉은 호안국(胡安國)의 아들로, 장식의 스승이기도 한데, 장식이 스승의 학설이라고 하여 무조건 따르지 않고 공도(公道)에 입각해서 주희의 비평을 일부 수용한 것이 후대에 많은 사람의 입에 오르내렸다.

제공이 실제로 앞서거니 뒤서거니 세상을 떠나고 공만 홀로 팔순의 수명을 향유하였다. 비록 공의 정력이 남보다 뛰어나서 그렇다고 하더라도, 이를 통해서 공의 학력이 깊은 것은 지기(志氣)가 청명(淸明)해서 그런 것임을 알 수가 있다.

정사년(1737) 겨울에 모친을 모시고 여강(驪江)으로 옮겨 우거하였다. 이때 백씨가 청주(淸州)에 있었으므로 공이 대신해서 집안일을 주관하였는데, 직분에 따라 농사일을 맡기면서 숙수(菽水)[5]의 즐거움을 다하였다. 그런 가운데에서도 한가한 날에는 민섬촌(閔蟾村 민우수(閔遇洙)), 김미호(金渼湖) 등 제공과 함께 강학하는 일을 중단하지 않으면서 도의(道義)를 가지고 서로 갈고닦았다. 공은 숙특(淑慝)과 주자(朱紫 정사(正邪))를 분변하는 점에서 매우 엄격하였다. 그래서 항상 박상 세채(朴相世采)의 사람됨을 혐오하였는데, 주자(朱子)가 희풍(熙豐)과 원우(元祐)의 당(黨)[6]을 논한 일을 인용하여 민공(閔公)에게 누차 글을 보내 변별하고 질정(質正)한 내용이 모두 수백 언에 이르렀다. 이때 박세채의 문집이 막 나왔었는데 그 심술이 은미하여 사람들이

5 숙수(菽水) : 콩죽과 맹물이라는 뜻으로, 가난하지만 효자가 어버이를 극진하게 봉양하는 것을 비유하는 말이다. 자로(子路)가 집안이 빈궁해서 효도를 제대로 행하지 못한다고 탄식하자, 공자가 "콩죽을 끓여 먹고 맹물을 마시더라도 기쁘게 해 드리는 일을 극진히 행한다면, 그것이 바로 효이다.〔啜菽飮水盡其歡 斯之謂孝〕"라고 위로했던 고사에서 나왔다. 《禮記 檀弓下》

6 희풍(熙豐)과 원우(元祐)의 당(黨) : 희풍은 송 신종(宋神宗)의 연호인 희령(熙寧)과 원풍(元豐)의 병칭이고, 원우는 철종(哲宗)의 연호인데, 희풍 연간에는 왕안석(王安石) 등이 득세하였고, 원우 연간에는 사마광(司馬光) 등이 집권하였다. 주희는 희풍과 원우의 당을 각각 소인의 당과 군자의 당의 대칭으로 사용하였으며, 녹문은 희풍을 소론, 원우를 노론과 비슷하다고 여겼다.

변별하지 못하다가, 공이 글을 지어 밑바닥까지 파헤치면서 그의 진짜 속마음을 모두 노출시켰으므로, 민공이 극구 칭찬하며 세도(世道)에 큰 도움이 되었다고 평하였다.

계해년(1743) 봄에 다시 여강에서 경구(京口)로 옮겨 왔는데, 경사(京師)의 학사(學士)와 대부(大夫) 들이 모두 공의 얼굴을 한번 보고 싶어 하였다. 경오년(1750)에 익위사 세마(翊衛司洗馬)에 조용(調用)되었다가 임신년(1752)에 시직(侍直)으로 옮겼다. 공이 비록 음보(蔭補)로 진출했으나 시강(侍講)하는 제인(諸人)이 모두 사양하면서 보도(補導)하는 책임을 공에게 기대하였으며, 공도 충성(忠誠)을 다하여 자신이 아는 것은 모두 말씀드렸다. 이에 장헌세자(莊獻世子)가 마음을 기울여 듣고 받아들였으며, 여러 의론이 서로 같지 않을 때에는 공의 의견을 많이 참작하였다. 계유년(1753)에 종부시 주부(宗簿寺主簿)로 승진했다가 다시 수부랑(水部郎 공조 좌랑)으로 옮겼다.

갑술년(1754) 가을에 태묘 영(太廟令 종묘서 영(宗廟署令))을 거쳐 임실 현감(任實縣監)으로 나갔다. 이 현은 서울에서 멀리 떨어진 곳으로 서리(胥吏)가 교활하고 인민이 잔포하여 평소에 다스리기 어렵다고 일컬어졌으므로, 공이 공명(公明)하고 인서(仁恕)하면서도 강경하고 엄준한 방식을 병용하였다. 정사(政事)를 행할 적에도 백성을 보기를 다친 사람 보듯 하고 자기를 바르게 하여 남을 바로잡는 것을 근본 원칙으로 삼았다. 그러면서도 항상 말하기를 "문옹(文翁)의 교화(教化)는 오래전의 일이니, 제갈(諸葛)이 촉(蜀)을 다스린 방법을 후세에 와서 또한 무시할 수가 없다."[7]라고 하고, 또 말하기를 "이례(吏隷 서리

7 문옹(文翁)의……없다 : 말세에 와서는 백성을 다스릴 때에 문교(文教) 정책도 물

와 관노(官奴))도 나의 백성이니, 먼저 가르치고 나서 처벌하는 것이 옳다."라고 하였다. 그리하여 동짓날에 이해(吏廨)[8]에다 시행할 조목을 게시하되, 개과천선하고 마음을 다해서 공사(公事)를 봉행해야 한다는 뜻으로 효유하고, 또 말하기를 "회개하지 않는 자는 용서하지 않을 것이다."라고 하였다. 서리 중에서 범법 행위를 하여 백성을 해치는 자가 있으면 통렬히 제재(制裁)를 가하고 조금도 봐주지 않았다.

이 현에는 옛날부터 보민청(補民廳)이라는 것이 있어서 해마다 미조(米租)를 백성에게 거두어 경비를 보충하곤 하였는데, 고을의 크나큰 폐단이 되었으므로 공이 마음을 다해 경영하고 관리하여 수천 냥의 재화를 비축하였다. 이를 향약계(鄕約契) 안에다 붙여 두되, 주자의

론 중요하지만 법치주의(法治主義)를 병행해 나가지 않으면 안 된다는 말이다. 한 경제(漢景帝) 때에 문옹이 촉군 태수(蜀郡太守)로 부임하여 저잣거리에 학교를 세우고 부역을 면제하는가 하면 성적이 우수한 자를 관리로 임용하는 등 획기적인 문교 정책을 실시하여 문풍(文風)을 크게 진작한 결과 옛날의 제(齊)나라와 노(魯)나라처럼 변화시켰다는 고사가 전한다.《漢書 文翁傳》 촉한(蜀漢)의 초대 황제 유비(劉備)가 죽은 뒤에 즉위한 후주(後主) 유선(劉禪)이 유약(幼弱)한 점을 고려하여, 승상(丞相)의 신분으로 국정을 총괄한 제갈량(諸葛亮)이 인은(仁恩)보다는 법치(法治)의 원칙을 앞세워 원수에게도 상을 주고 친지에게도 벌을 내리는 엄명상벌(嚴明賞罰)의 정책을 시행한 고사가 전한다.《삼국지(三國志)》의 저자 진수(陳壽)가 지은 〈진제갈량집표(進諸葛亮集表)〉에 "제갈량은 법령을 엄히 밝히고 상벌을 반드시 신실하게 행하여, 악은 징치하지 않음이 없고 선은 드러내지 않음이 없었다. 그리고 나아가 관리가 농간을 부리는 것을 용납하지 않고 사람마다 스스로 경계하는 마음을 품게 함으로써 길에 버려진 물건도 줍지를 않고 강포한 자가 연약한 자를 침해하지 않는 등 풍화가 숙연해졌다.〔科敎嚴明 賞罰必信 無惡不懲 無善不顯 至於吏不容奸 人懷自厲 道不拾遺 彊不侵弱 風化肅然也〕"라는 내용이 보인다.《三國志 蜀書 諸葛亮傳》

8 이해(吏廨) : 인리청(人吏廳), 즉 서리(胥吏)가 근무하는 곳을 말한다. 연청(椽廳), 작청(作廳), 길청(吉廳), 질청(秩廳)이라고도 한다.

사창법(社倉法)[9]에 의거하여 조약(條約)을 정하고 이 재화를 분급하고 원리금을 받게 하여 그 잉여(剩餘)를 취함으로써 민역(民役)의 비용을 대신 치르게 하고 백성들에게서 거두는 것은 죄다 면제하였다. 그 밖에 가령 양후진(量後陳)[10]같이 그동안 백성을 괴롭혀 온 4, 5개 조목을 일체 개혁하는 등 백성의 편에 서서 멀리 내다보고 꾀해 주었으므로 백성들이 지금까지 그 혜택을 받고 있다.

또 인재를 양성하는 규정을 만들어서 고을의 준수한 자들을 선발하고는 윤번(輪番)으로 거재(居齋)하게 하되, 도암(陶菴 이재(李縡)) 이

9 주자의 사창법(社倉法) : 주희가 남송 효종(南宋孝宗) 건도(乾道) 7년(1171)에 건녕부(建寧府) 숭안현(崇安縣) 오부리(五夫里) 적계방(籍溪坊)에서 자신이 그동안 시험해 본 진대(賑貸)의 방법을 오부사창(五夫社倉)이라고 명명하고, 순희(淳熙) 8년(1181)에 연화전(延和殿)에서 효종에게 건의하여 제군(諸郡)에 실시하게 한 방법을 말한다. 나중에 고을 사람들이 주희의 은혜를 잊지 않기 위해 원래의 이름인 오부사창 대신 주자사창(朱子社倉)이라고 이름을 바꿨다. 주희는 건도 4년에 본부(本府)에 신청해서 상평미(常平米) 600섬을 확보한 뒤에, 풍흉의 정도에 따라 적절히 이식(利息)을 거두어 사창의 곡식을 점차 불려 나가다가, 나중에는 이식은 일절 거두지 않고 모미(耗米) 3되만 받았는데, 《회암집(晦庵集)》 권13 〈신축연화주차(辛丑延和奏箚) 4〉에 이 내용이 자세히 나온다. 관 대신 민간 주도로 운영되는 이 사창법은 조선조에서 진대하는 방식을 논할 때마다 환곡의 운영상의 문제점을 극복하기 위한 하나의 방안으로 인용되면서 크게 영향을 미쳤고, 실제로 율곡 이이 등 많은 인사에 의해 시행되기도 하였다.

10 양후진(量後陳) : 토지 측량 뒤의 진전(陳田)이라는 뜻인데, 정확히는 그 진전에 대해서 강제 징수하는 폐단을 말한다. 개량(改量), 즉 토지를 새로 측량할 때에는 수확이 있는 실결(實結)로 파악하였으나, 실제로는 그 뒤에 여러 가지 사정에 의해서 농사짓지 못하고 진전에 무턱대고 세금을 부과하여 징수하곤 하였다. 진전은 과세(課稅) 대상인 실결과 달리 과세의 등급에서 제외하는 것이 원칙인데, 세율(稅率)을 적용하기 위해 토지를 조사할 때에 아전의 일종인 서원(書員)들이 묵밭으로 버려진 것을 확인하여 감면하려 하지 않고 그냥 경작하는 토지의 실결로 잡아서 납세하게 하는 폐단이 만연하였다.

선생(李先生)의 도봉학규(道峯學規)에 의거하여 달마다 한두 번씩 회강하였다. 그럴 때면 공이 몸소 구두(句讀)를 바로잡아 주고 경문(經文)의 뜻을 해석해 주는 등 반복해서 간절히 교유(敎諭)하였는데, 매양 학자들에게 말하기를,

"하늘이 사람을 낸 소이(所以)와 사람이 사람으로 된 소이로 말하면, 인(仁)이라고 하는 것에 지나지 않는다. 이 인을 구하는 방도로 말하면 물론 한 가지가 아니겠지만, 그 요체는 또 글을 읽고 이치를 밝혀서 궁행 실천(躬行實踐)하는 데에 있을 뿐이다."

하였다. 또 양사재(養士齋)의 이름을 바꿔서 군자당(君子堂)이라고 하고는, 제생(諸生)에게 유시(諭示)하기를,

"제군(諸君)은 단지 과거(科擧)가 중한 것만 알 뿐이요, 도의(道義)가 즐거운 것인 줄은 알지 못하고 있다. 이에 정 부자(程夫子)의 '군자다운 유자(儒子)는 자신을 위해 공부한다.'[11]라는 말을 취하여 당의 이름을 지었으니, 부디 여기에서 노닐며 거하는 자들은 이름을 돌아보고 그 뜻을 생각하여 두려워하는 마음으로 새로 출발하기 바란다."

하였다. 제생이 처음에는 의아하게 생각하다가 중간에는 믿게 되었고 나중에는 마음속으로 기뻐하였다. 그리하여 이 군자당에 출입하는 자들 대부분이 법도를 준행하며 언행이 일치하여 호학(湖學)[12]의 기풍(氣

11 군자다운……공부한다 : 《논어》 〈옹야(雍也)〉에 공자가 자하(子夏)에게 "너는 군자다운 유자가 될 것이요, 소인 같은 유자는 되지 말지어다.〔女爲君子儒 無爲小人儒〕"라고 일러 준 말이 나오는데, 이에 대한 정이의 해석이다.

12 호학(湖學) : 송나라 지방 교육 기관인 호주주학(湖州州學)의 준말이다. 당시에는 대체로 사부(辭賦)를 숭상하였는데, 호원(胡瑗)이 호학의 교수로 있으면서 사부 대신

風)이 있게 되었다.

공은 정치를 도와주고 풍속을 좋게 하는 것으로 향약(鄕約)보다 나은 것이 없다고 생각하였다. 그러나 부임한 지 오래되지 않아 위아래에 아직 믿음이 없었고 또 거듭 흉년을 당했기 때문에 생각은 있어도 행할 겨를이 없었다. 병자년(1756) 가을에 와서야 비로소 향중(鄕中)의 부로(父老)들과 함께 진실한 마음으로 강구하여 시행하였는데, 1년이 채 못 되는 사이에 그동안 교화시키기 어렵다고 칭해졌던 서리(胥吏)와 백성 들도 죄짓는 것이 부끄럽고 선을 행하는 것이 귀한 줄을 제대로 알게 되었다. 그리하여 사송(詞訟)이 점점 줄어들고 감옥 안이 누차 텅 비곤 하였으므로, 공이 찬미하여 말하기를 "이 백성들은 과연 삼대의 유민(遺民)들이다."라고 하였다. 얼마 뒤에 공이 문부(文簿)를 정리하고 돌아가려 할 즈음에, 고을의 인사(人士)들이 뛰어나와 길을 막고 만류하였으나 뜻대로 되지 않자, 비석에 글을 새겨 공의 덕정(德政)을 칭송하며 동향(桐鄕)[13]의 사모하는 뜻을 부쳤다.

경의(經義)와 사무(事務)를 중시하여, 경의재(經義齋)와 치사재(治事齋)를 설치하고 실학(實學)을 지향함으로써 한 시대의 문교 정책을 일신하였다. 그래서 "호학에는 수재들이 많다."라는 세간의 평가를 받았으며, 우수한 성적으로 급제하는 자들이 줄을 이었고, 정사를 행하는 것도 세상의 쓰임에 적합하다는 호평을 받았다. 송 인종(宋仁宗) 경력(慶曆) 연간에 태학(太學)을 설립할 적에도 이 호학의 교육 방식을 많이 모방하였다. 《仕學規範 卷1 爲學》《小學集註 卷6 善行》《宋史 選擧志 律學》

13 동향(桐鄕) : 선정을 베푼 목민관에 대해 그가 떠난 뒤에도 백성들이 그리워하는 것을 비유할 때 쓰는 지명이다. 한(漢)나라의 대사농(大司農) 주읍(朱邑)이 일찍이 동향의 관리가 되어 은혜를 베풀어 인심을 얻었으므로, 자기가 죽으면 이곳에 묻어 달라고 유언했는데, 과연 그 뒤에 고을 백성들이 사당을 세우고 대대로 제사를 지내주었던 고사에서 유래하였다. 《漢書 循吏傳 朱邑》

공이 어버이를 극진히 섬긴 것은 천성에서 우러났다. 대부인(大夫人)의 연세가 높아 병들어 눕게 되자, 공이 공무(公務)가 없을 때면 그 곁을 떠나지 않았으며, 마음속으로 생각하시는 것이 있으면 반드시 사전에 받들어 행하면서 어렵고 쉬운 것을 따지지 않았다. 그리고 백씨(伯氏 임명주(任命周)) 및 두 자매와 두 아우를 관사(官舍)로 불러들여 틈날 때마다 화락하게 지내면서 한방에 같이 모여 모친을 즐겁게 해 드리려고 노력하였다.

병자년(1756)과 정축년(1757) 사이에 백씨와 숙씨(叔氏 임병주(林秉周))가 불행히도 서로 잇따라 세상을 떠났다. 이에 앞서 을축년(1745) 겨울에 공이 제3제(第三弟 임경주(任敬周))를 잃었으므로, 매양 그의 기이했던 재질을 생각하면서 항상 베갯머리에 눈물을 적시곤 했었는데, 이때에 와서 울부짖고 통곡하며 더욱 세상에 대한 생각이 없어져서 마침내 관직에 있는 것을 달가워하지 않았다.

무인년(1758) 봄에 모친을 판여(板輿)에 모시고 녹문으로 돌아왔다. 얼마 지나지 않아서 대부인의 건강이 악화되자 공이 몇 달 동안 허리띠를 풀지 않고 약물을 맛보고 음식을 올리는 것을 꼭 직접 행하였는데, 그해 겨울 끝내 모친상을 당하고 말았다. 공은 그때에 이미 몸이 쇠해져서 병이 많이 든 상태였으나 거상(居喪)하며 예(禮)를 극진히 행하는 것이 일체 젊었던 시절과 같았으며, 이와 함께 묘소 아래에 초막을 짓고는 날마다 무덤에 올라가 배곡(拜哭)을 하였는데, 엄동설한이나 무더운 여름철이라도 이렇게 하는 것을 그만두지 않았다. 형수가 과부(寡婦)가 되어 궤전(饋奠)을 받들 수 없는 데다 자신이 평일에 집에서 봉양했던 점을 감안하여 3년의 거상 기간 내내 궤연을 봉안하고는, 정성스럽게 제구(祭具)를 세척하고 살피는 것과 애통하게 곡읍하는 것이 처음부터 끝까지 한결같았는데, 이때에 흰 제비가 초막에 날아와 둥지를 틀자 사람들이 공의 효성에 감동한 소치(所致)라고 하였다.

임오년(1762)에 당저(當宁 영조)가 동궁(東宮)을 책립(冊立)하고 나서 보도(輔導)할 책임을 맡을 만한 자를 고를 적에 공을 맨 먼저 위솔(衛率)에 임명하였는데, 이윽고 대신(大臣)이 한목소리로 공을 조정에 천거하며 "경례(經禮)와 학행으로 지금 세상에서 짝할 자가 없습니다."라고 하면서 공에게 임무를 맡겨 성공을 책임 지우도록 청하자, 상이 윤허하고는 공을 소견하였다. 상이 공에게 산야(山野)의 기상(氣像)이 있다고 장려하면서 마음을 다해 광정(匡正)하여 보도하게 하자, 공이 명을 받들고는 감격하여 감히 물러나겠다고 말하지 못하였다. 오늘날 하고많은 세상일 중에서도 오직 동궁의 학문을 성취시키는 것이 가장 중요하다고 생각하고는, 춘방(春坊)의 제공과 더불어 정성을 다해 보도하였다. 공은 진강할 때마다 하루 전에 미리 재계(齊戒)하고서 분명하고 간절하게 설명을 드려 저하(邸下)가 그 말을 듣고 감동하였으므로, 당시에 진정한 강관이라는 칭호가 있었다. 이 자리에 1년 남짓 있다가 병으로 체차되었다.

계미년(1763)에 역천(櫟泉) 송공(宋公)이 소명(召命)을 받았을 적에 성상의 돌보심이 융숭하여 임헌십사(臨軒十使)[14]의 거조(擧措)가

14 임헌십사(臨軒十使) : 임금이 인재를 우대하며 간절히 기다리는 것을 비유하는 말이다. 임헌은 황제가 정전(正殿)에 좌정하지 않고 전(殿) 앞에 나와 임하는 것을 말하는데, 그 전 앞의 당폐(堂陛) 사이의 양쪽 난간이 초헌(軺軒)과 비슷해서 붙여진 이름이다. 진 목제(晉穆帝)가 직접 임헌을 하고는 채모(蔡謨)를 사도(司徒)의 관직으로 부르면서 속히 오라고 사신을 10여 차례나 보낸 고사에서 유래하는데, 이때 채모는 끝내 나가지 않았다. 《晉書 蔡謨列傳》

있기까지 하였다. 이때 사우들이 역옹(櫟翁)의 처지를 생각해서 모두 출사하지 않는 것이 더 좋겠다고 말하였으나, 공만은 출사를 권하면서 말하기를,

"유자(儒者)의 출처에는 원래 평정(平正)한 도리가 있다. 임금의 명이 이렇게까지 돈박(敦迫)한데도 끝내 응하지 않는다면, 이는 저닉(沮溺)[15]의 행위와 다를 것이 없다. 나갈 만하면 나갔다가 지우(知遇)를 받지 못하면 돌아오면 되니, 그러면 나의 거취가 어찌 여유작작하지 않겠는가."

하였다. 나중에 매양 말하기를,

"유자가 소명에 응했을 때에는 우선 성의(誠意) 정심(正心)의 학문과 당우(唐虞)의 정치를 가지고 정성을 계속 쌓아 가며 감동시켜야 한다. 그런데 역옹이 행한 당일의 일을 보면, 그가 건백(建白)한 내용이 진절(眞切)하고 진퇴가 순정(醇正)한 점에서는 만세(萬世)에 떳떳이 말할 수 있는 점이 있지만, 사직하고 돌아오는 것에 급급한 나머지 진언(進言)하는 것이 너무 성급했던 것은 교천언심(交淺言深)[16]의 경계를 범한 점이 있다고 하겠다."

15 저닉(沮溺) : 춘추 시대 초(楚)나라 장저(長沮)와 걸닉(桀溺)의 병칭으로, 세상일에는 아예 관여하지 않고 숨어 사는 은자(隱者)를 가리키는데, 《논어》 〈미자(微子)〉에 이들에 대한 이야기가 나온다.

16 교천언심(交淺言深) : 교정(交情)이 아직 얕은데도 심각한 내용까지 언급하는 경솔함을 말한다. 풍기(馮忌)가 조왕(趙王)을 처음 만났을 적에 복자(服子)의 "나를 보고 미소를 지은 것은 아첨한 것이요, 담화를 하면서 스승을 일컫지 않은 것은 사은(師恩)을 저버린 것이요, 사귐이 얕은데도 심각한 내용을 언급한 것은 차서가 없는 것이다.〔望我而笑是狎也 談語而不稱師是倍也 交淺而言深是亂也〕"라는 말을 인용하면서 진언하기를 주저한 고사에서 유래하였다. 《戰國策 趙策4》

하였는데, 식자(識者)들이 그 논평에 수긍하였다.

정해년(1767)에 태창(太倉 광흥창(廣興倉))의 주부(主簿)에 임명되었으나, 잠깐 나아갔다가 곧바로 돌아왔다. 기축년(1769)에 다시 위솔(衛率)에 임명되었으나 곧바로 체차되었다. 경인년(1770)에 또 사옹원 주부(司饔院主簿)가 되었다.

신묘년(1771) 봄에 양근군(楊根郡)의 수재(守宰)로 나갔는데, 관직 생활과 정사(政事)를 행하는 것을 일체 임실(任實)에 있을 때같이 하였다. 당시 이 군에는 세 가지 큰 폐단이 있었으니, 첫째는 대소의 공역(公役)을 행할 적에 관청에 고마(雇馬)가 없어서 민간에까지 소요를 끼치는 것이요, 둘째는 삼세(三稅)를 상납할 적에 운송할 선박이 없어서 공사(公私) 간에 일이 발생하는 것이요, 셋째는 산골 백성의 대미(大米 쌀)는 그 토지에 매길 것이 아닌데도 잘못된 관례로 부세(賦稅)를 징수하는 것이었다. 공은 도임하자마자 순방(詢訪)하여 이를 구획해서 변통하였다. 그리하여 고마청(雇馬廳)을 세우고 관선(官船)을 설치하고 미곡의 징수를 개혁하는 등 온당하게 조치를 취해 영구히 폐단을 없앰으로써 양근의 백성들이 크게 혜택을 입게 하였다. 공이 돌아가고 나서 용문강(龍門江)을 지나는 선박이 있으면, 사람들이 "이것은 임후(任侯)의 선박이다."라고 하였으니, 이를 통해서도 민심이 어떠했는지 알 수가 있다.

또 어떤 권세가가 백성을 윽박질러 사천(私賤)으로 삼았는데, 전후로 청리(聽理)하는 자들이 그 기염(氣焰)을 두려워하여 대부분 권세가의 편을 들었다. 그러나 공은 그 억울함을 살펴보고는 즉시 판결문을 작성하여 백성의 편을 들어주었는데, 방백(方伯)이 사람을 보내어 넌지시 권세가를 비호하는 뜻을 보였지만 공은 꿈쩍도 하지 않았다.

계사년(1773)에 전주부(全州府)의 판관(判官)으로 자리를 옮겼으나, 전임 판관을 잉임(仍任)하는 바람에 다시 체차되었다. 뒤이어 영천군수(榮川郡守)에 임명되고, 또 갑오년(1774)에 사도시 첨정(司導寺僉正)을 제수받았다가 군자감 정(軍資監正)으로 승진하였으나, 모두 부임하지 않았다.

그해 가을 성천 부사(成川府使)에 임명되었다. 이에 앞서 노은공의 묘소를 양주(楊州) 중흥동(重興洞)에 임시로 마련했는데, 녹문의 묘역에 있는 선비(先妣)의 무덤과 거의 400리 정도나 떨어져 있었으므로, 공이 항상 역량이 부족해서 이곳으로 옮겨 부장(附葬)하지 못하는 것을 한스럽게 여겼다. 그러다가 이때에 와서 말하기를 "늙어서 벼슬을 그만둘 줄 모르는 것은 정말 혐오할 일이지만, 어버이 장례라는 큰일을 생각한다면 내가 어찌 잠시 부임하지 않을 수 있겠는가."라고 하였다. 20일이 채 되지도 않아서 경재관(慶再觀)이라는 자가 남의 사주(使嗾)를 받고서 "경술(經術)에는 넉넉한 점이 있어도 정무(政務)를 잘 처리하지 못한다."라는 내용으로 논계하여 공을 체직하였다. 이에 물의(物議)가 크게 일어나는 가운데, 대사간인 이석재(李碩載)가 상장(上章)하여 공이 전후로 선정(善政)을 베푼 것을 칭송하고 나서, 대신(臺臣)이 무망(誣罔)한 죄를 논하며 파직할 것을 청하니, 상이 윤허하였다.

이때 성천(成川)의 인사(人士)들이 마치 부모를 잃은 심정으로 영문(營門)에 공의 유임(留任)을 청하는 한편, 발을 싸매고 경사(京師)로 달려가서 비국(備局)에 호소하려고 하였다. 이에 노소(老少)가 모두 모여 돌아가는 공의 수레를 가로막고서 밤에 주위를 에워싸고 지켰으므로, 공이 하루를 더 머물러 있다가 용맹한 교위(校尉)를 앞세워 소매를 뿌리치고 떠나가니, 백성들이 서로 이끌고 경계까지 전송하고는

눈물을 뿌리며 돌아갔다. 그 뒤에 어떤 이가 묻기를,

"공이 무슨 덕정(德政)을 행했기에 열흘 사이에 관서(關西) 백성들을 이렇게까지 만들었는가?"

하니, 공이 웃으며 말하기를,

"우연일 뿐이다. 그러나 역시 지극히 어리석은 자가 신령스러운 법[17]이니, 나에게 백성을 사랑하는 참마음이 있다는 것을 그들이 알았기 때문에, 혹시라도 자기들을 구제해 주지 않을까 생각해서 그런 것일 따름이다."

하였다. 또 말하기를,

"가령 내가 기월(期月)[18] 정도의 기간만이라도 거기에 있었더라면, 꼭 실리(實利)를 백성에게 끼치지는 못했다고 하더라도, 그런 바탕을 마련하기에는 또한 넉넉했을 것이다."

하였다. 공은 일단 돌아와서는 문을 닫아걸고 객을 사절한 채 더욱 성학(聖學)에 마음을 침잠하고 아직 이르지 못한 부분을 추구하여 날이 갈수록 점차로 조화(造化)의 근원에 나아가면서 남아 있는 세월이 얼마 되지 않는 것도 깨닫지 못하였다. 그러나 임금을 사랑하고 나라를

17 지극히……법 : 민심이 곧 천심이니, 백성의 여론이 바로 정대한 공론(公論)이 된다는 말인데, 당(唐)나라 육지(陸贄)의 "이른바 일반 서민들이 지극히 어리석어도 신령스럽다고 하는 이유는 대개 다음과 같습니다. 어수룩한 자들이 혹은 혼미하고 혹은 비루하여 어리석은 것처럼 보이지만, 상의 잘잘못을 판단하지 못하는 것이 없고, 상의 좋아하고 싫어하는 바를 알지 못하는 것이 없고, 상이 비밀로 하는 것을 전하지 않는 것이 없고, 상이 하는 일을 본받지 않는 것이 없으니, 이 점에서 바로 귀신과 비슷하기 때문입니다."라는 주문(奏文)에서 유래하였다. 《翰院集 卷13 奉天請數對群臣兼許令論事狀》

18 기월(期月) : 1년을 말한다.

걱정하는 정성만은 잠시도 잊은 적이 없어서, 조정에서 명을 내릴 때마다 그것이 바람직하면 반드시 얼굴에 희색(喜色)을 떠올렸고, 혹 착오 과실이 있다는 말을 들으면 번번이 걱정하는 빛을 언어에 드러내면서 자기의 신분이 초야의 선비인 것도 잊어버리곤 하였다.

계사년(1773)과 갑오년(1774) 사이에 내가 세자익위사(世子翊衛司)에 몸담고 있었는데, 공이 주연(胄筵)에서 강설(講說)한 내용을 듣고는 깜짝 놀라면서 말하기를,

"우리 동방의 억만년 태평의 시대가 여기에 기초(基礎)할 것이다."

하고는, 나에게 급히 글을 보내어 말하기를,

"동궁의 학문의 수준이 보통을 훨씬 뛰어넘는 것은 옛날 제왕가(帝王家)에서는 거의 찾아볼 수 없던 일이다. 네가 계속해서 성의(誠意)를 쌓아 가며 마음을 다해 보도하기를, 마치 명도(明道)가 학교(學校)와 양현(養賢) 등에 관해서 차자를 올린 것[19]처럼 하고, 이천(伊川)이 태중(太中)을 대신해서 영종(英宗)에게 글을 올리고 18세에 인종(仁宗)에게 글을 올린 것[20]처럼 하면서, 항상 다반사처럼 진달

19 명도(明道)가……것 : 《이정문집(二程文集)》 권2 〈명도문집(明道文集) 2 주소표(奏疏表)〉에 〈청수학교존사유취사차자(請修學校尊師儒取士箚子)〉와 〈논양현차자(論養賢箚子)〉가 실려 있는데, 치세(治世)를 이루기 위해서는 현재(賢才)가 필수적이고 그 현재는 학교에서 양성하여 배출하는 만큼 사유(師儒)를 존중하며 학교를 재정비해야 한다는 내용이다.

20 이천(伊川)이……것 : 《이정문집》 권6 〈이천문집(伊川文集) 1 주소(奏疏)〉에 부친인 태중대부(太中大夫) 정향(程珦)을 대신해서 영종에게 지어 올린 〈위태중상황제응조서(爲太中上皇帝應詔書)〉와 〈대태중상황제서(代太中上皇帝書)〉가 나오고, 정이가 18세 때인 황우(皇祐) 2년(1050)에 인종에게 올린 〈상인종황제서(上仁宗皇帝書)〉가 나오는데, 모두 왕도정치(王道政治)를 권하는 내용이다.

하며 설명드린다면, 저하가 명백히 성훈(聖訓)을 반드시 믿을 수 있고 삼대(三代)를 반드시 회복할 수 있음을 알게 될 것이다. 그렇게 되면 뒷날 요순(堯舜)의 사업(事業)이 아무렇지도 않게 이 땅에 실현될 수 있을 것이니, 내가 살아서 그런 세상을 직접 볼 수 있을지 어떻게 알겠느냐."

하였다. 공이 진심으로 경애하고 원대하게 기망(期望)한 것이 이 정도로 지극하였다.

기해년(1779, 정조3) 가을에 정언(正言) 이양재(李亮載)가 당로(當路 홍국영(洪國榮))의 뜻에 맞추어, 공이 역괴(逆魁) 홍계능(洪啓能)과 친하다고 논계하였는데, 그 말이 매우 참혹해서 장차 어떤 화가 닥칠지 예측할 수 없었다. 그러나 상이 윤허하지 않고 연달아 "속히 정계(停啓)하라."라는 하교하자 그 일이 마침내 중단되었다. 처음에 집안사람들이 이 소식을 듣고는 모두 겁내고 불안해하며 조석(朝夕)으로 변고를 당할 것처럼 여겼으나, 공은 웃으면서 말하기를 "죽고 사는 데에는 명(命)이 있으니, 어찌 두려워하며 걱정한다고 면할 수 있겠는가."라고 하였다. 그러고는 태연히 아무런 기색도 보이지 않고 자고 먹는 것이나 강론하는 것을 평상시처럼 하였다.

공은 평소에 동관(東關 관동(關東))의 계산(溪山)이 깊숙하고 그윽한 것을 좋아하였고 또 신씨(申氏) 집안에 출가한 누이와 만년을 즐기고 싶었으므로, 임인년(1782) 봄에 가족을 이끌고 원주(原州)의 산호(山湖)로 들어갔다. 5년을 그곳에서 지내다가 다시 녹문의 옛집으로 돌아왔으니, 이는 대개 송추(松楸 선영(先塋))에서 목숨을 마치려는 생각에서였다. 공은 이때에 와서도 정력(精力)이 아직 쇠하지 않아 학자들과 더불어 피곤한 줄 모르고 강설(講說)하며 혹 한밤중까지 이어

가기도 하였는데, 자제들이 건강을 돌보시라고 말하면, 말하기를 "나는 원래 이런 일을 좋아한다."라고 하였다.

무신년(1788) 1월 17일 홀연히 설사병을 앓다가 점차 부창증(浮脹症)으로 옮겨 가더니 끝내는 3월 6일에 역책(易簀)하였다. 향년 78세였다. 이해 5월 2일 문의현(文義縣) 덕지리(德芝里) 축좌(丑坐)의 언덕에 장사 지냈는데, 맹 숙인(孟淑人)의 무덤과 묘역을 같이하면서 그 아래로 몇 발자국 떨어진 곳에 위치하였으니, 장차 좋은 해를 기다려 합부(合祔)하려 해서였다.

공은 전후로 모두 네 번 장가들었다. 원배(元配)는 바로 맹씨(孟氏)이니 신창(新昌) 사람 맹숙여(孟淑輿)의 딸이고, 다음 송씨(宋氏)는 은진(恩津) 사람 송낙원(宋洛源)의 딸이고, 다음 홍씨(洪氏)는 남양(南陽) 사람 홍만창(洪晩昌)의 딸인데, 모두 자녀를 낳아서 기르지 못하였다. 다음 성씨(成氏)는 창녕(昌寧) 사람 성도원(成道源)의 딸인데, 4남 2녀를 낳았다.

아들은, 첫째가 조(照)이고, 둘째와 셋째는 일찍 죽었으며, 막내 후(煦)는 16세에 부모의 상중(喪中)에 죽었다. 딸은, 첫째는 이용재(李容載)에게 출가하였는데 일찍 죽었고, 둘째는 김재환(金在瓛)에게 출가하였는데 남편이 죽자 약을 마시고 뒤를 따랐다. 조는 이경모(李敬模)의 딸에게 장가들어 재상(載常)과 대상(戴常)을 낳았으며 1남 1녀는 아직 어리다. 후는 숙부(叔父)의 후사(後嗣)로 나갔는데, 이양모(李亮模)의 딸에게 장가들었으나 또 아들을 두지 못해서 대상을 후사로 삼았다. 이용재의 처는 1녀를 두었으니 유한정(兪漢禎)이 그 사위이고, 김재환의 처는 1남을 두었는데 어리다.

공은 풍의(風儀)가 장중하고 정신(精神)이 심오하였으며 눈빛이 사람을 쏘는 듯하였다. 태어날 때에 품수한 것이 범인과 완전히 다른 데다 도(道)에 일찌감치 뜻을 두고 공부를 전일(專一)하게 수행하면서 거의 60년을 하루같이 정밀하게 사색하고 힘써 실천하였으므로, 확충하여 기른 것이 지극해지면서 신색(神色)이 안정되고 평화로웠으며 말에는 근거가 있고 행동에는 떳떳함이 있었다. 도리(道理)가 기육(肌肉)과 골수에 스며들고 충순(忠順)이 얼굴과 용모에까지 드러나서, 공을 찾아와 만나는 자는 마치 맛 좋은 술을 마시는 것 같은 느낌을 가졌으며 현자(賢者)나 우자(愚者)를 막론하고 유익한 점을 얻어 가곤 하였다. 평일에 공을 좋아하지 않던 자들이라 할지라도 그들의 내면을 살펴보면 공을 참되고 믿음직한 군자로 여기지 않는 이가 없었다.

공은 성품이 명통(明通)하고 이직(易直)하였으며, 가슴속의 회포가 소쇄(瀟灑)하였다. 평소에 거할 때에는 공순하여 평론하기를 좋아하지 않았으나, 어떤 일을 당하여 사정(邪正)을 변론해야 할 때에 한마디로 분별해서 결론을 내리면 아무도 그 뜻을 꺾지 못하였다. 일용의 사이에 선리(善利 의리(義利))가 나뉘는 곳에 대해서도 손대는 곳마다 양단간에 결판내어 곧장 앞으로 나아가면서 말하기를,

"천하의 일은 냉수가 아니면 열탕이 있을 뿐이다. 어찌 중간의 뜨뜻미지근한 것이 있겠는가."

하였다. 또 말하기를,

"눈앞의 물사(物事)에 대해서는 오직 이렇게 해야만 한다. 이와 같이 하지 않으면 마음속으로 불안함을 느낀다."

하였다. 아이들이 이부자리를 정리하는 데에도 반듯하지 않으면, 꾸짖기를,

"이와 같이 해야만 한다. 이런 곳에도 지선(至善)의 도리가 들어 있다."

하였다.

공은 자품(姿品)이 본시 관대하고 인자하였는데, 그럼에도 만년에 와서는 강극(剛克)[21]의 노력이 더해져서, 자기의 주장을 제기하고 일에 대처하는 것이 견확하고 직절(直截)하여 그 사이에 전혀 주저하거나 구차하게 행하지 않았다. 이는 공이 홀로 깨달아 가며 발전한 것이겠지만, 소제(小弟)도 말없이 살피면서 심복했던 점이었다. 세상에서 공을 논하는 자들을 보면, 한갓 타고난 자질이 고명(高明)하고 학문이 정심(精深)하며 조리(操履)가 순독(醇篤)한 것만을 볼 뿐, 만년의 조예(造詣)가 화(和)와 엄(嚴) 양쪽 모두 지극하여 덕우(德宇)가 혼연(渾然)히 이루어진 결과, 애연(藹然)히 춘풍이 불어오는 속에서도 저절로 참정절철(斬釘截鐵)[22]의 뜻이 담긴 것은 알지 못하니, 그렇다면 또 어떻게 공을 안다고 말할 수가 있겠는가.

공은 관직에 거할 적에 혁혁(赫赫)하게 명성을 드러내는 것을 좋아하지 않아서, 정사(政事)를 행하는 것이 맑으면서도 꼬장꼬장하지는 않았고, 밝으면서도 휘황하지는 않았다. 오직 순리(順理)에 따라 직분을 다하려고 힘쓰면서 한결같이 지성(至誠)과 측은지심에 뿌리를 두고, 제도를 마련하는 데에 특장(特長)을 발휘하여 근밀하게 일을 이루어 나갔다. 이 때문에 정령(政令)을 내려 조치하는 과정을 얼핏 보면

21 강극(剛克) : 강함으로 극복해 나간다는 뜻으로, 《서경》〈홍범(洪範)〉에 나오는 삼덕(三德) 가운데 하나이다. 삼덕은 정직(正直)과 강극과 유극(柔克)이다.

22 참정절철(斬釘截鐵) : 못을 부러뜨리고 쇠를 자른다는 뜻의 선종(禪宗) 용어로, 의심 없이 확고부동하여 과단성 있게 추진하는 것을 말한다. 《경덕전등록(景德傳燈錄)》〈도응선사(道膺禪師)〉에 "불법을 배우는 사람은 참정절철하는 것처럼 해야만 비로소 터득할 것이다."라고 하였다. 줄여서 참절(斬截)이라고도 한다.

다른 사람과 큰 차이가 없는 것처럼 보이기도 하지만, 1년을 단위로 해서 민읍(民邑)에 혜택을 끼치는 것을 계산해 보면 세상에서 이재(吏才)에 능하다고 칭해지는 자들이 미칠 바가 아니었다. 그래서 전후로 도백(道伯) 된 자들이 모두 공을 존중하였으며 혹 진짜 학문의 소유자라고 감탄하기도 하였다.

공은 동기간에 우애하는 마음이 지극히 돈독하였으며, 백씨(伯氏 임명주(任命周))를 섬기기를 마치 엄부(嚴父)를 모시듯 하였다. 백씨가 풍비(風痺)를 앓으며 몇 달 동안이나 낫지 않고 신음할 적에, 공이 애타는 심정으로 구호하면서 무슨 일이든지 있는 힘을 다하였다. 그리고 백씨가 사소한 일로 화를 내며 누워서 말을 하지 않자, 공이 민망하게 여겨 방문 밖에 앉아서 감히 물러나지 못하다가 백씨의 마음이 풀어진 뒤에야 물러나기도 하였다.

일찍이 원씨(元氏) 집안에 출가한 누이를 찾아갔을 적에 빚쟁이가 문 앞에 와서 매우 급하게 빚 독촉하는 상황을 우연히 만나게 되었다. 이에 공이 즉시 타고 온 말을 풀어서 그에게 내주었는데, 누이가 만년에 이르러서도 그날의 일을 추억하며 계속해서 되뇌곤 하였다.

신씨 집안에 출가한 누이에게는 여사(女士)의 식견과 품행이 있었으므로 공이 특별히 사랑하여 항상 말하기를 "우리 집안의 임사(姙姒)[23]이니, 정씨녀(程氏女)[24]는 대단할 것도 없다."라고 하였다. 그 누이가

23 임사(姙姒) : 가장 훌륭한 여성의 모범으로 꼽히는 태임(太姙)과 태사(太姒)의 병칭이다. 태임은 주 문왕(周文王)의 모친이고, 태사는 주 문왕의 처이다.

24 정씨녀(程氏女) : 정이의 질녀(姪女)라는 뜻인데, 숙부인 정이가 그녀의 묘지(墓誌)를 지은 이후로 식견과 품행이 뛰어난 여성을 비유하는 말로 종종 인용되곤 한다. 《二程文集 卷12 伊川文集 孝女程氏墓誌》

어느 날 해산(解産)할 즈음에 혼절하여 인사불성이 되자, 선비(先妣)가 부둥켜안고 애태우며 눈물을 흘렸다. 이에 공이 차마 보지 못하고서 외사(外舍)에 나가 묵도(默禱)를 올렸는데, 이때 자기도 모르게 앉아 있는 곳의 창틀을 손으로 문지르면서 조금 사이를 두고 손을 넣었다 뺐다 하기를 세 차례나 하였다. 그러다가 얼마 뒤에 누이가 순산하자 공이 크게 기뻐하였는데, 그때 처음으로 손바닥의 통증이 느껴져서 바라보니 피부가 모두 벗겨져서 피가 나 있었다. 하늘이 낸 공의 지극한 사랑이 이와 같았다.

계모(季母)가 곤궁하고 홀몸인 상황에서 의지할 곳이 없어지자, 공이 집으로 모셔 와서 모친같이 섬기며 그 충양(忠養)[25]을 다하였으므로, 계모가 자식이 없는 서러움을 잊을 수 있었다. 그러다가 계모의 상(喪)을 당하자 지극히 애통해하였으며, 계모가 병중에 먹고 싶어 했는데도 미처 올리지 못한 음식을 나중에 만나게 되면 오열하며 차마 먹지 못하였다.

공은 고아가 된 형제의 자녀들을 자기가 낳은 자식처럼 돌봐 주었으며, 장가들고 시집갈 적에도 반드시 마음을 다하였다. 그래서 집이 원래 가난했지만 혼수에 부족함이 없게 하였으므로 질녀들이 또 자기 부친이 없는 것을 잊을 수 있었다.

집 안에 거할 때에는 항상 예절을 준수하였고, 다급하고 구차하다고 해서 그 상도(常度)를 바꾸지 않았다. 공은 자제를 경계하여 말하기를

25 충양(忠養) : 공경하며 봉양하는 것으로, 《예기(禮記)》 〈내칙(內則)〉에 "효자가 노친을 봉양할 때에는……음식을 마련하여 충양을 한다.〔孝子之養老也……以其飮食忠養之〕"라고 하였다.

"사람이 동물과 다른 까닭은 예절을 가지고 있기 때문이다. 사람으로서 예절이 없다면 금수와 다를 것이 뭐가 있겠느냐."라고 하였다. 이와 함께 고인(古人)의 "예를 한 번 잃으면 이적(夷狄)이 되고, 두 번 잃으면 금수가 된다."[26]라는 말을 외우면서 "이는 진실한 말이다."라고 하고는 오래도록 풍영(諷詠)하였다.

또 학자가 학문의 요체(要諦)를 공에게 묻자, 대답하기를,

"먼저 뜻을 세워야 한다. 그러나 그때에도 발원하는 곳에 대해 우뚝하게 소견(所見)이 있어야 하니, 그래야만 나의 성(性)이 참으로 성(聖)이 될 수 있음을 알아서 뜻을 세울 수 있는 것이다. 조예(造詣)가 얼마나 깊어지느냐 하는 것은 얼마나 노력하고 노력하지 않느냐에 달려 있을 뿐이다."

하였다. 또 말하기를,

"학자는 한번 크게 힘을 다해서 기초를 세우지 않으면 안 되니, 그런 뒤에는 자연히 좋은 소식이 끝없이 나오게 될 것이다. 나는 모년(某年)에 암서(巖棲 산사(山寺))에서 《중용》을 읽었고, 모년에 옥류(玉溜)에서 《대학》을 읽었는데, 지금도 그때 공부한 것을 받아서 활용하고 있다. 내 공부가 타락하는 지경에 이르지 않은 것은 이때 한번 결행(決行)한 덕분이라고 해야 할 것이다."

하였다. 항상 세상에 뜻을 지닌 선비가 없는 것을 탄식하며 말하기를,

26 예를……된다 : 정이의 "예를 한 번 잃으면 이적이 되고, 두 번 잃으면 금수가 된다. 성인이 당초에 사람이 금수의 지경에 빠져들까 염려했기 때문에, 《춘추》의 법을 세울 적에 지극히 근엄하게 한 것이다.〔禮一失則爲夷狄 再失則爲禽獸 聖人初恐人入於禽獸也 故於春秋之法極謹嚴〕"라고 하였다. 《二程遺書 卷2上》《大學衍義補 卷75 治國平天下之要 崇敎化 本經術以爲敎》

"한결같이 이런 상황이 계속된다면 도학(道學)의 종자(種子)가 아마도 끊어지고 말 것이다."

하였다. 혹자가 어떤 후생(後生)이 좋은 뜻을 지니고 있고 어떤 후생이 좋은 재질을 지니고 있다고 말하면, 공이 마음속으로 정말 기뻐하면서 마치 자기 입에서 나온 것처럼 여길 뿐만이 아니었다.

공은 자제에 대해서 비록 자애(慈愛)가 매우 남달랐으나, 시비와 득실에 관련된 일이라면 반드시 정의(正義)에 입각하여 바로잡고 인도하여 도에 합당하게 되도록 하고야 말았다. 자제 중에 학업에 힘쓰는 자가 있으면 계속 공부해 나가도록 장려하면서 "앞으로 얼마나 발전할지 헤아릴 수가 없다."라고 칭찬하였다. 나는 아주 어릴 때부터 한결같이 공의 훈육(訓育)을 받아 왔는데, 지금 어느새 늙어서 흰머리가 되었다. 내가 근성(根性)이 우둔한 탓으로 책려하며 앞으로 나아가 한량없는 공의 은혜를 조금이라도 갚을 수는 없다고 하더라도 학문하는 방향을 약간이나마 알아서 세유(世儒)의 기문(記問)[27]의 누습(陋習)에 빠지지 않게 된 것은 누구의 은덕이라고 하겠는가. 매양 생각나는 일이 있다. 공이 내가 병에 잘 걸리는 것을 보고서 말하기를 "지금 세상에는 인재가 매우 드무니, 가슴속에 큰 뜻을 품은 자는 더더욱 자기 몸을 아껴야 한다."라고 걱정해 주고, 내가 혹 하나라도 얻은 것이 있으면 말하기를 "완전히 밝게 꿰뚫었으니, 내가 미칠 바가 아니다."라고 칭찬해 준 것이다. 나의 어리석음을 돌아보건대 어찌 공이 말한 것과 방불

27 기문(記問) : 독서하되 마음속으로 자득함이 없이 남에게 응대하기 위해 기억만 해 두는 것을 말한다. 《예기》〈학기(學記)〉에 "기억해 두었다가 남의 질문에 답하기나 하는 학문으로는 남의 스승이 될 수 없다.〔記問之學 不足以爲人師〕"라고 하였다.

(彷彿)한 점이 있기야 하겠는가. 그럼에도 불구하고 공이 반복해서 그렇게 말해 준 것은 이 또한 발전하라고 장려하는 뜻에서 나온 것이라고 하겠다.

공은 일찍이 나에게 《희경(羲經 《주역》)》에 힘을 기울일 것을 권하면서 말하기를 "선비로서 역(易)에 대해 잘 알지 못하면 정의이용(精義利用)[28]이 불가능한데, 너는 어째서 나를 한번 찾아와 함께 공부해 보려 하지 않느냐."라고 하였다. 내가 물론 마음속으로는 그래야 한다는 것을 오래전부터 알고 있었지만, 그 말대로 받아들여 감당하지 못한 채 지금의 상황에 이르렀으므로, 홀로 《주역》을 부둥켜안고서 눈물이 무종(無從)한 심정[29]을 가누지 못하고 있다.

아, 공은 조선(祖先)을 받드는 예절에서 성(誠)과 경(敬)이 동시에 지극하였다. 우리 동방의 풍속이 정제(正祭 사시(四時)의 제사)에 소홀한 것을 병통으로 여겨 말하기를 "제사는 풍성한 것을 중하게 여기지

28 정의이용(精義利用) : 역의 의(義)를 정밀히 연구하여 신묘한 경지에 들고, 역의 용(用)을 이용하여 몸을 편안히 함을 말한다. 《주역》 〈계사전 하〉의 "자벌레가 몸을 굽히는 것은 장차 펴기 위해서이고, 용과 뱀이 땅속에 들어앉은 것은 몸을 보존하기 위해서이다. 이와 마찬가지로 사람이 정의입신하는 것은 장차 극진하게 쓰기 위해서이고, 이용안신하는 것은 덕을 높이기 위해서이다.〔尺蠖之屈 以求信也 龍蛇之蟄 以存身也 精義入神 以致用也 利用安身 以崇德也〕"라는 말에서 나왔다.

29 눈물이 무종(無從)한 심정 : 슬퍼하기만 할 뿐 그에 따르는 실제 행동이 없다는 뜻의 후회와 자책감을 표현한 말이다. 《예기》 〈단궁 상(檀弓上)〉에 공자가 일찍이 예전 관사(館舍) 주인(主人)의 상(喪)을 만나서 참마(驂馬)를 풀어서 부의(賻儀)하라고 하면서 이르기를 "내가 방금 들어가 곡할 때에 한번 슬픈 감정이 북받쳐서 그만 눈물을 흘렸으니, 나는 눈물만 흘리고 '실제로 거기에 따르는 일이 없는 것'을 싫어한다.〔予鄕者入而哭之 遇於一哀而出涕 予惡夫涕之無從也〕"라고 하였다.

않고, 때에 맞춰 행하는 것을 중하게 여기는 법이니, 중봉(重峯 조헌(趙憲))이 예전에 행했던 일을 실로 후학은 본받아야 할 것이다."라고 하고는, 마침내 그 품수(品數)를 간략하게 하여 정제(定制)로 확립하였다. 종손(宗孫)의 집이 빈한하여 예법대로 할 수 없는 것을 염려하여 있는 힘껏 제수(祭需)를 마련하는 것을 도와주되, 1년 사시 중에 두 차례 제향(祭享)을 올리는 것으로 하여 오래도록 폐하지 않고 행할 수 있게 하였으므로, 사시의 제향이 점차로 회복될 수 있었다.

공이 관동(關東)의 산골에 있을 적에 가묘(家廟)가 멀리 떨어져 있어서 애모(哀慕)의 정성을 펼 수 없게 되자, 지자(支子)가 멀리 있을 때에는 지방(紙牓)으로 제사를 올려도 된다는 주자의 가르침을 인용하여 말하기를 "이렇게 하면 예(禮)를 변통하는 도리에 어긋남이 없이 그런대로 사정(私情)을 펼 수 있겠다."라고 하고는, 매양 부모의 기일(忌日)이 되면 정백(精白)하게 제구(祭具)를 갖추고 지방으로 위패(位牌)를 만들어 제사하곤 하였다. 이때 공은 이미 팔순에 가까웠으나, 치재(致齋)하는 날로부터 목욕재계하여 심신을 정결히 하고 정제(整齊) 근신(勤愼)하며 저존(著存)[30]의 정성을 다하였고, 제사를 지낸 뒤에는 밤새도록 슬퍼하며 애통해하기를, 초상을 당하여 단(袒 어깨의 옷을 벗음)을 하고 괄발(括髮)할 때처럼 했으므로, 옆 사람들이 그 애틋한 정에 감동하였다.

무신년(1788) 1월 25일은 바로 노은공이 하세한 지 60년이 되는 날이었다. 신정(新正) 이후로 공의 눈물이 거의 마를 날이 없었는데, 맏아

30 저존(著存) : 저존불망(著存不忘)의 준말로, 제사 지낼 때에 귀신이 드러나고 존재하는 것이 마음속에 뚜렷해지는 것을 말한다. 《禮記 祭義》

들 임조(任照)에게 명하기를 "내가 비록 병들었으나 다행히 조금 차도가 보이는 만큼, 반드시 직접 가서 제사에 참석할 것이니, 너는 행장을 수습하고 대기하라."라고 하였다. 그러나 끝내 갈 수 없는 상황이 되자, 그날을 당하여 새벽까지 울부짖고 애통해한 나머지 병세가 더욱 악화되어 어떻게 해볼 수 없는 지경에 이르고 말았다. 아, 하늘이 이 무신년에 우리 집안에 재앙을 내린 것이 어쩌면 이토록 참혹하단 말인가.

공은 글이라면 읽지 않은 것이 없었으며, 읽을 때에도 반드시 여유를 갖고 오래도록 탐구하면서, 날마다 몰랐던 것을 알아 가고 달마다 능한 것을 잊지 않았다. 자구(字句)의 사이에서 체득하여 이해하고 언의(言意)의 밖에서 말없이 회통(會通)하며, 그 근원으로 소급(遡及)하여 곧장 완벽하게 궁구하고 모든 유파(流派)를 돌이켜서 각각 그 요지를 끝까지 밝혀냈다. 성현(聖賢)이 입언(立言 저술)을 한 본지(本旨)와 의리가 원래 그러한 실체에 대해서 거의 모두 얼음이 풀리듯 녹여 내고 자연스럽게 논리가 따르게 하였으므로, 억지로 힘들여 탐색하거나 천착(穿鑿)하여 부회(傅會)하는 뜻을 전혀 볼 수 없었다.

특히 《역》에 대해서는 공부를 매우 깊이 하였는데, 만년에 와서는 더더욱 독실하게 좋아하는 것이 마치 맛있는 요리가 입을 즐겁게 해 주는 것과 같았다. 날마다 침상(枕上)에서 《노론(魯論)》과 함께 교대로 반복하여 풍송하였으며, 심지어는 역책(易簀)하기 며칠 전까지도 곧잘 묵념하면서 한 글자도 틀리지 않았다. 공은 일찍이 말하기를 "《역》을 배우는 자는 응당 《주역본의(周易本義)》를 위주로 해야겠지만, 의리가 충족된 것으로 말하면 《주역정전(周易程傳)》을 벗어날 수 없으니, 《본의》와 《정전》 중 한 가지라도 무시하면 안 된다."라고 하였다. 학자가 공에게 입언을 하기를 청하면 "나의 소견이 더욱 나아지기를 기다리려 한다."라고 답하였는데, 애석하게도 끝내 그 실현을 보지 못하였다. 그러나 유편(遺篇)의 여기저기에 보이는 것들 중에는 지언(至言)과 묘론(妙論)이 상당히 많고, 그 사이에는 또 전인(前人)이 드러내어 밝히지 못한 것들도 들어 있으니, 성경(聖經)을 보조하고 후인에게 은혜를 끼치는 점에서 또 어찌 보탬이 되는 것이 적다고 하겠는가.

우리 동방의 예학(禮學)은 사옹(沙翁 김장생(金長生))에 와서 크게 갖추어졌으나, 그럼에도 불구하고 절목들 사이에는 완전히 이정(釐正)되지 않은 것들이 더러 남아 있었는데, 공이 상호 참작하고 고증하며 하나씩 분변해서 밝혀냈다. 공은 말하기를,

"상제(祥祭 대상(大祥))를 지낸 뒤에 그 신주(神主)를 조부(祖父)의 사당에 부(祔)하는 것과 관련하여, 주자가 《가례(家禮)》에서는 속제(俗制)를 적용했지만, 만년에는 횡거(橫渠 장재(張載))의 의론을 따라 협제(祫祭)[31]가 끝난 뒤에 사당에 들이는 것이 올바른 예법이라고 하였으니, 이제 주자의 정론(定論)에 의거하여 응당 길제(吉祭)를 지내고 나서 곧바로 정감(正龕)으로 들이는 것이 옳다."

하였다. 또 말하기를,

"상주(喪主)가 추후에 복상(服喪)하는 경우 연제(練祭 소상(小祥))와 상제 두 제사를 어떻게 해야 하느냐에 대해 오래도록 예송(禮訟)이 이루어져 왔는데, 5, 6년 동안 계속 궤연을 철거하지 않는 것은 단연코 그런 이치가 없으니, 이제 《예기》 〈상복소기(喪服小記)〉의

31 협제(祫祭) : 합제(合祭), 즉 사당의 신위(神位)들을 모아서 함께 제사하는 것이다. 이 제사가 끝나면 신위(新位), 즉 새 신주(神主)를 조묘(祖廟)로 들이는데, 이를 입묘(入廟)라고 한다.

'제사를 지내는 것은 제상(除喪)[32]하기 위해서가 아니다.'라는 예문(禮文)에 의거하여, 제사는 응당 죽은 날짜를 기준으로 계산해서 행하고, 생자(生者 상주)는 예제를 바꾸어 복상한 날짜를 기준으로 계산해서 별도로 상례(喪禮)를 행하는 것이 옳다."

하였다. 또 말하기를,

"'부친이 죽으면 모친을 위해 자최삼년복(齊衰三年服)을 입는다.〔父卒則爲母〕'라는 《의례(儀禮)》의 경문(經文)에 대하여, 소가(疏家)에서는 이루 말할 수 없이 분분하게 다른 해설을 내놓았고, 후현(後賢)들 역시 획일적인 의론이 아직 나와 있지 않은데, 《의례》의 정신에 비춰 보고 사람의 일을 참작해서 살펴보면, 이 '졸(卒)'이라는 글자는 단지 부친상을 당했을 때에 속광(屬纊)의 시점을 기준으로 단정해야 한다."

하였다. 또 말하기를,

"장자(長子)를 위해 삼년복을 입는 것과 관련하여, 소(疏)의 해설에 비록 '적자에서 적자로 계승한다.'라는 말이 있긴 하지만, 전문(傳文)의 '정(正 적장(嫡長))과 체(體 부조(父祖)를 계승함)'라는 두 글자는 분명히 친생(親生)의 장자를 두고 말한 것인 만큼, 그렇다면 기예(己禰 자기 부친) 이상에게 이 소의 설을 끌어들여 논하는 것은 부당하니, 단지 '장자가 정체가 아니면 참최복을 입어 주지 않는 것'으로 단안을 내려야 마땅하다."

32 제상(除喪) : 상복을 벗는 것이 아니라 수복(受服), 즉 가벼운 상복으로 바꿔 입는 것을 말한다. 대개 추모하는 정이 지극해서 제사를 올리는 것이고, 슬픔이 감쇄하기 때문에 제상하는 것이다. 《禮記正義 喪服小記》

하였다. 또 말하기를,

"상제(祥祭)를 지내고 호관(縞冠)을 쓰는 것이 예(禮)인데, 여기서 말하는 호(縞)는 백색(白色)을 의미한다. 그런데 주자가 《시경》 〈소관(素冠)〉의 주(註)에서 우연히 조검(照檢)을 잘못하여 소(疏)의 '흑경백위(黑經白緯)'의 글을 인용하였기 때문에, 후인이 검토해 보지 않은 채 그대로 받아쓰고 말았으니,[33] 응당 고례(古禮)를 따라서 상제를 지낸 뒤에는 망건(網巾)을 백포(白布)로 만들어 써야 하는 것은 의심할 여지가 없다."

하였다. 또 말하기를,

"참최(斬衰)의 연복(練服)을 바꾸어 가장자리를 꿰매고 허리띠를 포(布)로 만드는 것이 비록 경문(經文)에 보이지 않는다고 하더라도, 상복은 슬픔의 정도에 따라 감쇄하고 상례(喪禮)는 점차 가볍고 길한 쪽으로 바꿔 가는 것을 귀하게 여기는 만큼, 참최의 복장을 공최(功衰)[34]같이 하고 효대(絞帶 저마(苴麻)로 만든 허리띠)를 포대(布帶)로 바꾼다는 전(傳)과 소(疏) 등의 제설(諸說)은 의례(義例)로 미루어 볼 때 의심할 여지 없이 의거할 수 있다."

33 주자가……말았으니 : 〈소관〉은 《시경》 〈회풍(檜風)〉의 편명으로, 사람들이 삼년상을 제대로 행하지 못하는 것을 풍자한 시인데, 그 안에 "행여 소관을 쓴 상인의 야윈 모습을 볼 수 있을까. 마음 괴로워 걱정하며 애태우노라.〔庶見素冠兮 棘人欒欒兮 勞心慱慱〕"라는 말이 나온다. 그 소(疏)에서 "검은 날줄에 흰 씨줄이 있는 것을 호라고 한다.〔黑經白緯曰縞〕"라고 해설하였는데, 주희가 《집전(集傳)》에서 이 설을 잘못 인용하여 채택한 탓에 《가례》에서도 참색(黲色)을 대상(大祥)의 복색(服色)으로 삼았고 이이와 김장생 등도 모두 그 설을 따르는 오류를 범했다고 녹문이 지적하고 있다.

34 공최(功衰) : 참최(斬衰)나 자최(齊衰)의 상을 당하여 연제 뒤에 입는 상복인데, 그 등급은 대공(大功)과 같다.

하였다.

그 밖에도 예컨대 동자(童子)가 입는 상복(喪服)을 차례대로 줄여 나가는 것은 고례에 비추어 보아도 근거가 없으니 응당 본복(本服)을 입어야 한다고 하고, 아침저녁으로 곡하고 전(奠)을 올리는 것을 두 개의 다른 항목으로 나누는 것은 예(禮)에 합당하지 않으니 응당 하나의 일로 합쳐서 행해야 한다고 하고, 현훈(玄纁)을 관개(棺蓋) 가운데에 놔두는 것은 마치 직접 그것을 준 것처럼 하기 위함이니 영구(靈柩) 옆에 놔두어 예의 본뜻에 어긋나게 하는 것은 부당하다고 하고, 생사(生死)에 따라 혹 슬퍼하고 혹 조문하는 것이 본래 치사(致辭)하기 위함이고 보면 죽은 사람을 알지 못한다고 해서 산 사람에게 조문만 하고 곡하지 않는 것은 부당하다[35]고 하고, 부친이 서자부(庶子婦)를 위해서 주상(主喪)을 하는 것은 옳은 예(禮)가 아니니 그 남편이 처를 위해서 상장(喪杖)을 짚고 담제(禫祭)를 행하는 것은 경문에 의거하여 그대로 행해야 마땅하다고 하고, 5대조(代祖)의 승중(承重)에 대해서 예에서 비록 말하지 않았다고 하더라도 그 중(重)[36]이 전해진 것은 어디로부터 내려온 데가 있으니 참최복을 입는 것이 당연하다고 하였다.

35 생사(生死)에……부당하다 : 《예기》 〈곡례 상(曲禮上)〉에 "산 사람을 아는 자는 조문하고, 죽은 사람을 아는 자는 슬퍼한다. 산 사람을 알고 죽은 사람을 알지 못하면 조문할 뿐 슬퍼하지 않으며, 죽은 사람을 알고 산 사람을 알지 못하면 슬퍼할 뿐 조문하지 않는다.〔知生者弔 知死者傷 知生而不知死 弔而不傷 知死而不知生 傷而不弔〕"라고 하였다. 치사(致辭)는 언어나 문자로 자기의 의사를 표현하는 것을 말한다. 당시에 조선의 지식인들이 "산 사람을 알고 죽은 사람을 알지 못하면 단지 위문만 하고 곡하지 않는다."라는 김장생의 설을 추종하는 것을 녹문이 비판한 것이다.

36 중(重) : 옛날 종법 사회(宗法社會)에서 적장자가 대종(大宗)을 계승하는 권한을 일컫는 용어이다.

이와 같은 종류로 또 6, 7개 조목이 있는데, 모두 고증하고 근거한 것이 명백하고 의리의 정대함을 깊이 얻었으므로, 당대에 예를 아는 집안에서 많이들 그 의론을 옳게 여겨 추종하였다.

공은, 주자가 예와 《춘추》에 대해서 미처 분명하게 훈석하지 못한 것을 천고(千古)의 한(恨)으로 여겼으므로, 만년에 이에 관련한 설을 지어서 회옹(晦翁 주희)이 미처 끝내지 못한 과업을 추가로 보완하고, 이와 함께 제경(諸經) 중에서 평일에 완전히 융회하지 못했던 것들을 두루 언급해 보려고 생각하였다. 병세가 위독해졌을 때에 이르러서도 정녕히 반복하여 말하기를,

> "내가 경의(經義)에 대해서 각고(刻苦)의 공부를 해 왔다마는, 지금 스스로 정력(精力)을 헤아려 보건대 아직도 해 볼 만한 점이 있으니, 하늘이 나를 어여삐 여겨 6, 7년 정도의 광음(光陰)을 빌려준다면, 내 힘으로 백척간두(百尺竿頭)에서 한 걸음 더 나아가 문가(聞可)의 뜻[37]을 조금 이룰 수도 있을 터인데, 화자(化子 조화(造化))의 처분이 어떠할지 모르겠다."

하고는, 한참 동안 수심(愁心)에 잠기기도 하였다.

공은 어려서부터 '순하여하(舜何予何)'의 뜻[38]을 지녔다. 18세 때에

37 문가(聞可)의 뜻 : 구도(求道), 즉 진리를 향해 나아가는 열정을 뜻하는데, 《논어》 〈이인(里仁)〉의 "아침에 도를 들으면 저녁에 죽어도 좋다.〔朝聞道 夕死可矣〕"라는 말에서 유래하였다.

38 순하여하(舜何予何)의 뜻 : 《맹자》 〈등문공 상(滕文公上)〉에 안회(顔回)가 "순은 어떤 사람이고, 나는 어떤 사람인가. 나도 순처럼 하면 또한 그렇게 되는 것이다.〔舜何人也 予何人也 有爲者亦若是〕"라고 한 데서 나온 말로, 지금은 범인이지만 앞으로 성인이 되도록 노력하겠다는 뜻이다.

《심경(心經)》의 후론(後論)을 읽다가 그 아래에 찌를 붙여 말하기를,

"도(道)는 어느 때이고 없어질 수 없고, 가르침은 어느 때이고 전해지지 않을 수 없으니, 비록 천백 년 뒤에 태어났다고 하더라도 참으로 이미 이루어진 그 가르침을 말미암아 지(知)와 행(行) 양쪽의 공부를 착실히 진행하여 날마다 그 덕을 새롭게 하면서 죽은 뒤에야 그만둘 수 있다면, 부자(夫子)가 소망했던 것이 꼭 이 몸을 기다려서 부응하지 않는다고 할 수도 없고, 이 도통(道統)이 꼭 나로부터 전해지지 않는다고 할 수도 없을 것이다."

하였다. 또 김미호(金渼湖)에게 보낸 글에서 말하기를,

"요즈음 일용하는 사이에 '잠시도 떠날 수 없는 것'[39]이 있음을 더욱 느끼는데, 그중에서도 '근독(謹獨)'이라는 두 글자가 더욱 절실하게 다가온다. 옛사람이 심광체반(心廣體胖)[40]을 하고 나아가 천지(天地)의 반열에 참여하며 천지의 화육을 돕는 경지[41]에 이를 수 있었던 것도 모두 여기에서 벗어나지 않는다. 눈으로 볼 때에는 자못 분명하게 깨달을 수 있는데, 단지 내 몸 위에서 곧장 힘쓰지 못하고 있을

39 잠시도……것 : 도(道)를 말한다.

40 심광체반(心廣體胖) : 마음속이 널찍하게 관대해지고 신체가 여유 있게 펴진다는 뜻으로, 부끄러울 것이 하나도 없는 군자의 모습을 표현한 말인데, 《大學章句 傳6章》

41 천지(天地)의……경지 : 《중용장구》 제22장에 "그 성을 극진히 할 수 있으면 인의 성을 극진히 할 수 있으며, 인의 성을 극진히 할 수 있으면 물의 성을 극진히 할 수 있으며, 물의 성을 극진히 할 수 있으면 천지의 화육을 도울 수 있으며, 천지의 화육을 도울 수 있으면 천지와 더불어 같은 반열에 참여할 수 있다.〔能盡其性 則能盡人之性 能盡人之性 則能盡物之性 能盡物之性 則可以贊天地之化育 可以贊天地之化育 則可以與天地參矣〕"라고 하였다.

뿐이다.”

하였다. 공이 중하게 자임하고 핍절하게 도를 견득(見得)한 것이 이와 같았다.

공은 만년에 ‘사천(事天)’이라는 두 글자를 앉아 있는 자리 앞의 문미(門楣)에 크게 써 붙여 놓고는 밤낮이나 공경히 우러러보았는데, 하루는 나에게 말하기를,

“성인(聖人)의 의리를 아는 공부가 도저(到底)해지면 그때는 자연히 걱정할 것이 없어진다. 곤충, 초목이나 비사(卑事), 천기(賤技) 같은 종류에 대해서는 모두 알기 어려운 면이 있는데, 성인처럼 모든 것에 통달한 경우에도 이런 종류에 대해서는 정자(程子)의 뇌기(雷起)의 고사[42]처럼 대처해야 하니, 이런 일을 문제 삼아 성인이 될 수 없다고 포기할 수는 없을 듯하다.”

하였다. 대개 공이 향상하는 공부의 과정에서 이미 열에 여덟아홉은 도달하여 성인이 되는 노선이 바로 눈앞에 보였기 때문에 자기도 모르게 이런 말을 하게 된 것이라고 생각한다.

주자는 일찍이, 어떤 승려가 도를 전할 사람이 없는 것을 염려하여 한밤중에 통곡했던 일을 거론하면서 그 진절(眞切)한 심정에 탄식을 발하였고, 강절(康節)은 《황극경세서(皇極經世書)》를 지어 놓고는 그 표지에 써넣기를 “요부(堯夫)가 요부에게 바친다.”라고 하였는데,[43] 공

42 정자(程子)의 뇌기(雷起)의 고사 : 소옹(邵雍)이 정이의 총명함을 시험해 보려고 우레가 어디에서 일어나는지 물어보자, 정이가 “일어나는 데에서 일어난다.〔起於起處〕”라고 대꾸하여 소옹을 무안하게 하였다. 《二程遺書 卷21上》

43 강절(康節)은……하였는데 : 요부(堯夫)는 소옹의 자이고, 강절은 그의 시호(謚號)이다. 당대에는 자기의 저술을 이해할 사람이 없으니 후세에 자기와 같은 수준의

이 또 일찍이 이 일화를 거론하며 탄식하기를,

"내가 감히 함부로 전현(前賢)에 비길 수는 없으나, 예(禮)를 강론하고 경(經)을 해설할 적에 '이런 말이 없으면 이런 이치가 잘 드러나지 않을 것이다.'[44]라는 생각을 할 때가 가끔 있었는데, 이런 것을 아는 자가 누가 있겠는가. 그저 장독 덮개〔覆瓿〕로나 쓰일 따름이다.[45]"

하였다. 공이 만년에 와서 자기가 저술한 것을 '부부(覆瓿)'라고 지칭한 것도 바로 이 때문이었다.

공은 강학할 즈음에 남에게 이기려고 우기거나 이기적으로 행동하는 폐단이 전혀 없었다. 비록 종일토록 변쟁(辨爭)을 하고 누차 서신을 주고받더라도 공평하고 개절(剴切)한 자세로 사기(辭氣)가 점잖았으며, 혹 남에게 조금이라도 나은 점이 있으면 비록 평생토록 자기가 주장해 온 것이라도 즉시 개정하며 조금도 아까워하지 않았다. 그러나 일단 정밀하게 이치를 변별한 뒤에는 비록 온 세상이 비난을 하더라도

사람이 나올 때까지 기다려야 할 것이라는 말이다. 《송자대전수차(宋子大全隨箚)》 권8 〈권지칠십사서(卷之七十四書)〉에 "요부가 《황극경세서》 끝에 '요부가 요부에게 바친다.'라고 써넣었으니, 이는 대개 후세의 양자운(揚子雲)을 기다린다는 뜻이다."라는 주해가 있다.

44 이런 말이……것이다 : 녹문이 추후에 부연해서 이렇게 설명해 놓지 않으면 경문(經文)의 본의(本意)를 사람들이 완전히 이해하지 못할 것이라는 뜻의 자부심 어린 표현이다. "사랑하는 이치가 곧 인(仁)인데, 천지와 만물이 없다면 이런 이치가 또한 잘 드러나지 않을 것이다."라는 주희의 말이 있다. 《晦庵集 卷32 答欽夫仁說》

45 그저……따름이다 : 남의 인정을 받지 못한 채 허드레 물건으로 취급될 것이라는 뜻의 자조적인 표현이다. 한나라 양웅(揚雄)이 《주역》에 견주어 《태현경(太玄經)》을 짓고, 《논어》에 견주어 《법언(法言)》을 지었는데, 유흠(劉歆)이 이 글들을 보고 나서 양웅에게 한 말에서 유래하였다. 《漢書 揚雄傳》

거들떠보지 않았다.

공은 인(人)과 물(物)의 성(性)을 변론하는 것과 관련하여, 소싯적부터 역천(櫟泉) 및 미호(渼湖) 등 제공(諸公)과 함께 한결같이 삼연옹(三淵翁 김창흡(金昌翕))의 "인과 물에 고루 오상이 갖춰졌다."라는 설을 위주로 하여 "물은 체(體)는 완전하지만 용(用)이 통하지 못했을 뿐이다."라고 주장하였다. 36, 7세에 《맹자》의 생지위성장(生之謂性章)을 읽은 것을 계기로 그 잘못을 크게 깨닫고는, 10여 년 동안 마음을 가라앉히고 묵묵히 탐구한 끝에 대원(大源)이 되는 곳에 대해서 걸림 없이 환하게 꿰뚫었다. 그런 뒤에는 예전의 견해를 모두 버리고 글을 지어 자신의 주장을 확립하였으며, 또 이와 함께 제공에게 급히 글을 보내어 이 사실을 알렸는데, 그 글에서 말하기를,

> "우리가 그동안 주장해 온 것이 민첩하고 묘하여 기뻐할 만하지 않은 것은 아니지만, 뒤돌아보면 너무도 상세한 정황이 없이 겨우 격벽청(隔壁聽)[46]하였을 뿐이니 이른바 '한 칸을 아직 도달하지 못했다.'[47]라고 하는 것이다."

하였다. 또 말하기를,

> "《맹자》에 나오는 성(性)이라는 여러 글자는 똑같은 하나의 성이요, 똑같이 본연의 성이다. 만약 견(犬)과 우(牛)와 인(人)의 성을 기질

46 격벽청(隔壁聽) : 눈으로 직접 보지 못하고 벽 너머로 듣기만 했다는 뜻으로, 알맹이 없이 큰 소리만 치며 대가(大家)처럼 행세하는 것을 말한다. 격벽청화(隔壁聽話)라고도 한다.

47 한……못했다 : 한나라 양웅의 《법언》 〈문신(問神)〉에 "애석하다. 공자는 문왕에게 마음을 침잠해서 그 경지에 이르렀는데, 안자가 또한 공자에게 마음을 침잠했건만 한 칸을 아직 도달하지 못했다."라고 하였다.

의 성으로 간주하여, 성선(性善)의 성과 분리해서 별개의 두 개로 한다면, 끝내 문리(文理)도 이루어지지 않고 도리(道理)도 이루어지지 않는다."

하였다. 또 말하기를,

"《중용》의 '물의 성을 극진히 한다.'의 성은 바로 '인의 성을 극진히 한다.'의 그 성이다. 명덕(明德)을 천하에 밝히는 것이 사람의 성을 극진히 하는 것이요, 소의 코를 뚫고 말의 머리에 굴레를 씌우는 것이 우마(牛馬)의 성을 극진히 하는 것이다. 인과 물의 성을 극진히 하는 것이 바로 교(敎)라고 하는 것이니, 정자(程子 정호)가 '천명(天命)으로부터 교에 이르기까지 내가 더하거나 줄일 수 없다.'라고 한 것이 이것이다. 지금 만약 '인과 물의 성이 같다.'라고 말하면 '물의 성을 극진히 한다.'라는 한 구절은 말이 되지 않는다."

하였다. 또 말하기를,

"명덕의 전체는 바로 오상의 전체이니, 따로 둘이 있는 것이 아니다. 그런데 지금 '금수에는 명덕의 전체는 없어도 오상의 전체는 있다.'라고 한다면, 이것은 곧 '심(心)은 편(偏)하고 성(性)은 전(全)하며 심은 소(小)하고 성은 대(大)하다.'라고 주장하는 것으로 '심은 악하고 성은 선하다.'라는 주장과 똑같이 심을 제외하고 성을 논하는 것이니, 성은 곧장 허공으로 날아가 버릴 것이다. 그렇다면 금수의 심은 유독 성과 정(情)을 통합할 수 없단 말인가."

하였다. 또 말하기를,

"일원(一原)은 본연의 체(體)이고, 만수(萬殊)는 본연의 용(用)이니, 체와 용이 일원이요 본(本)과 말(末)이 일치(一致)한다. 정자가 말하기를 '만물은 각각 하나의 이(理)를 갖추고 있고, 만리(萬理)는 똑같이 하나의 근원에서 나온다.'라고 하였으니, 일단 '똑같이 하나의 근원에서 나온다.'라고 했고 보면, 이른바 만리라고 하는 것이 본연이 아니고 무엇이겠는가."

하고, 또 말하기를,

"합해서 말하면 천하를 통틀어 하나의 성이니 이것이 이일(理一)이요, 나누어 말하면 만물이 그 성을 각각 하나씩 갖추고 있으니 이것이 분수(分殊)이다.[48] 비록 합한다고 말해도 일(一)의 가운데에 만(萬)이 갖춰져 있고, 비록 나눈다고 말해도 '만'의 가운데에 '일'이 포함되어 있으니, 실은 두 개의 물건이 있는 것이 아니다."

하였다. 공이 일찍이 이런 내용을 가지고 누차 제공(諸公)에게 말했지만, 제공은 옛 견해만을 고수하여 끝내 계합하지 못하였고, 심지어 어떤 이는 기(氣)를 이(理)로 오인한다고 공을 의심하기까지 하였다. 이에 공은 개연(慨然)히 말하기를,

"오도(吾道)가 외로웠던 것은 예로부터 그러하였다. 나는 장차 유경(遺經)을 부둥켜안고 백세(百世)의 뒤에 아는 이가 나오기를 기다리련다."

하였다.

공은 또 일찍이 "성인과 범부는 심(心)이 같지 않다."라는 주장은 잘못이라고 논하면서 말하기를,

"이 주장은 '인(人)과 물(物)에 고루 오상이 갖춰졌다.'라는 설과 똑

48 합해서……분수(分殊)이다 : 주희가 "대개 합해서 말하면 만물이 모두 하나의 태극을 본체로 하고 있고, 나누어 말하면 일물(一物)이 각각 하나의 태극을 갖추고 있다."라고 하였다. 《近思錄 卷1 道體》

같이 이와 기를 두 개의 물건으로 간주하는 잘못을 범하고 있다. 가령 앞으로 맹자의 '사람은 모두 요순이 될 수 있다.'라는 정언(定言)이 쓸데없는 공언으로 돌아가게 하여 성인이 되려는 사람의 뜻을 막는 불행한 사태가 발생한다면, 반드시 이 말이 빌미가 될 것이다."

하였다. 공은 또 어떤 사람에게 보낸 글에서 말하기를,

"사람은 오행(五行) 가운데 정(正)하고 통(通)한 것을 품수하여 태어난다. 그래서 방촌(方寸)이 공(空)하고 통하는데, 이 공하고 통한 것에 나아가 담일한 전체가 드러나며 밝게 드러나서 천지의 본기(本氣)와 통관(通貫)하여 하나가 되는 것이다. 거기에 '서로 같지 않은 현상〔不齊〕'이 있게 되는 것은, 바로 유기(游氣)가 형질(形質)을 이룰 즈음에 사재(渣滓)가 섞이는 작용이 있어서 그럴 뿐이니, 담일의 본색(本色)이 그렇지는 않다. 담일의 본색은 모름지기 미발(未發)의 시점에서 인식해야 할 것이다."

하였다. 또 말하기를,

"심은 이 담일한 본체가 신명(神明)한 것이고 성(性)은 그 덕(德 속성)이다. 대저 편체(遍體 전체)가 기질이고 그 편체가 담일해서 신명하다고는 해도, 일단 발동하게 되면 그 순간에 방촌을 통해서 작용하는 까닭에, 기기(氣機)가 한번 작동하면 사재가 용사(用事)하게 되니, 그렇게 되면 담일한 본체가 곧장 부정적인 영향을 받게 되면서 심과 성이 또한 모두 그 영향을 받게 마련이다. 그 영향을 받는다고 하더라도 일시적인 현상에 불과하니, 마치 맑은 물이 진흙이나 모래에 의해 탁해졌다가 그 물이 정지 상태가 되어 진흙이나 모래가 가라앉으면 물이 원래대로 맑아지는 것과 같아서, 심이 고요해져 사재가 병식(屛息)하면 담일한 것이 심과 성과 더불어 또 모두

예전처럼 순일하게 되는 것이다. 다만 '사재'라고 하는 것이 '진흙이나 모래'처럼 형체가 있는 물건이 아니고, 또 '첩복'이라고 말은 하지만 그 근맥(根脈)은 여전히 존재하는 것인 만큼, 모름지기 도옹(陶翁)의 음청(陰晴)의 설[49]을 합쳐서 완미해야 완전해질 것이다."

하였다. 또 말하기를,

"사람이 얻어서 마음으로 삼은 것은 바로 천지가 만물을 생육하는 마음이니, 이것이 바로 주자가 '생육하는 그것을 얻어서 일신(一身)의 주(主)로 삼지 않음이 없다.'라고 말한 것으로, 이(理)와 하나로 합해진 것이다. 따라서 하늘에 있다고 하여 남음이 있지 않고, 사람에게 있다고 해서 부족함이 있지 않으니, 이 어찌 사람이 얻은 것에 청탁(淸濁)과 후박(厚薄)이 있다고 말할 수 있겠는가."

하였다. 또 말하기를,

"경철정추(鏡鐵精粗)의 비유[50]야말로 남당(南塘)이 미혹되어 오류를

49 도옹(陶翁)의 음청(陰晴)의 설 : 날씨에 비유한 도암(陶菴) 이재(李縡)의 설이라는 말인데, 구체적인 내용은 미상이다. 임정주(任靖周)가 심의 담일한 본체를 설명하면서 "비유컨대 음산한 날씨에 구름이 하늘을 뒤덮어서 천체가 본래 어두운 것처럼 보일 때도 있지만, 급기야 구름과 안개가 걷혀서 하늘의 태양이 밝게 드러나면 조금이라도 태양을 가리는 것을 다시 찾아볼 수 없으니, 이때에 본래 밝은 그 체를 인식할 수가 있는 것이다."라고 날씨에 비유하여 언급한 대목이 나오는데, 이와 비슷한 내용이 아닐까 추측해 본다. 《雲湖集 卷1 與金領府憙論韓南塘心說》

50 경철정추(鏡鐵精粗)의 비유 : 거울을 만드는 쇠에도 정밀하고 거친 차이가 있는 것처럼, 《대학장구》 삼강령(三綱領)에 나오는 명덕(明德) 역시 기의 측면에서 보면 그 품급이 각기 다를 수밖에 없음을 비유한 것인데, 한원진(韓元震)이 이 비유를 들어 "명덕에도 분수가 있다.〔明德分數〕"라는 학설을 주장하였다. 《녹문집》 권5 〈이백눌에게 답하는 글〔答李伯訥〕〉의 여러 편에 이에 대한 논변이 자세히 실려 있다.

빛은 근본 원인으로 바로 여기에서 명덕에도 분수가 있다는 그의 주장이 나왔는데, 허령(虛靈)과 기품(氣稟)을 가리키는 것이 각각 다르다는 등 갖가지 잘못된 주장들도 전부 이 네 글자에 책임이 있다고 할 것이다. 대저 거친 쇠의 밝음도 비춰 주기는 비춰 주는 것이지만, 정밀한 쇠의 밝음이 차질 없이 비춰 주는 것과 어떻게 같을 수가 있겠는가. 허명(虛明)은 기상(氣像)으로서 그림자라고 한다면, 심기(心氣)는 본색으로서 실체라고 할 수 있다. 실체가 같지 않은데도 그림자가 같은 경우는 있지 않으니, 그림자가 그러하다면 허령의 본체도 여전히 오염되고 뒤섞인 것이 되고 말 것이다. 그러나 아무리 그의 분수의 설을 극력 배척하려 해도, 어느 누가 내 말을 믿어 주겠는가."

하였다. 또 말하기를,

"주자가 정자(程子 정호)의 '악(惡) 또한 성(性)이라고 이르지 않을 수 없다.'라는 말을 해석하여 말하기를 '본래는 모두 선한데 악으로 흘러갔을 뿐이다.'라고 하고, 정자의 '재(才)'라는 글자를 해석할 때에도 '사람이 잘하는 것이다.'라고 하고 '성에서 발하는 것이다.'라고 하였으니,[51] 이는 바로 기질지성을 발후(發後 이발(已發))의 측면에서 말한 것임이 분명하다. 율옹(栗翁)이 말하기를 '심의 허령함은 기질에 구애받지 않는다.'라고 하고,-《격몽요결(擊蒙要訣)》에 나온다.- 또 말하기를 '사람이 비록 지극히 악하더라도 미발의 때에는 불선이 없지만 발하자마자 바로 선악이 있게 되니, 그 악한 것은 기품과 물욕에 구애되고 은폐되는 데에 연유할 뿐이다.'라고 하였으니,-《성

51 주자가……하였으니 : 《근사록(近思錄)》 권1 〈도체(道體)〉 생지위성장(生之謂性章)의 해설과 《맹자집주》 〈고자 상(告子上)〉 제6장의 주석에 나온다.

학집요(聖學輯要)》에 나온다.- 이것을 보면 율옹의 뜻을 또 알 수 있다. 남당은 미발의 대본(大本) 위에 나아가 단지(單指)한 것을 본연지성으로 삼고 겸지(兼指)한 것을 기질지성으로 삼고 싶은 나머지 '단지와 겸지는 단지 일시(一時)와 일처(一處)에 있다.'[52]라고 하였는데, 이른바 겸지의 성이라는 것이 바로 기질의 선악의 성인 것이고 보면, 이는 정자가 '성 가운데에 원래 이 두 물건이 있어서 상대하여 나온 것'[53]이라고 말한 것에 해당하는 것으로 선과 악이 너무도 뒤섞인 것이니, 순양(荀揚)[54]의 견해와 무엇이 다르겠는가."

52 단지와……있다 : 단지는 "기질은 제외하고 이만을 가리켜 말한다.〔捨氣質而單指其理〕"라는 뜻이고, 겸지는 "기질도 포함해서 이와 함께 가리켜 말한다.〔兼氣質而幷指其理〕"라는 뜻인데, 한원진은 단지와 겸지를 각각 본연지성과 기질지성의 대칭으로 쓰기도 하였다. 일시와 일처는 미발의 동일한 때와 대본(大本)의 동일한 곳이라는 뜻인데, 《중용장구》 제1장의 중화(中和) 구절 중에서 추출한 말이다. 기질지성이 이발에만 있지 않고 미발에도 있다는 것이 한원진의 주장인 반면, 오직 이발에서만 가능하다는 것이 녹문의 주장이다. 《남당집》 권10 〈답이공거(答李公擧)〉에 "이를 단지한 것이 본연지성이고, 기도 겸지한 것이 기질지성이다. 심이 미발한 것이 성이고, 심이 이발한 것이 정이다. 단지와 겸지는 단지 일처에 있고, 미발과 이발은 각각 경계가 있다.〔理之單指者爲本然之性 氣之兼指者爲氣質之性 心之未發者爲性 心之已發者爲情 單指兼指只在一處 未發已發各有境界〕"라는 말이 실려 있다.

53 성……것 : 《근사록》 권1 〈도체〉 생지위성장에 "사람이 태어날 때의 기품에는 이치상 선악이 있게 마련이나, 성 가운데에 원래 이 두 물건이 있어서 상대하여 나온 것은 아니다."라는 정호의 말이 나온다. 두 물건은 선과 악을 말한다. 이 장 말미에 또 "선과 악이 성 가운데에 두 물건으로 있으면서 상대하여 각자 나오는 것이 아니다."라고 상응하는 말을 하여 위의 말을 재차 강조하고 있다.

54 순양(荀揚) : 성악설(性惡說)을 주장한 순자(荀子)와 성선악혼재설(性善惡混在說)을 주장한 양웅을 말하는데, 그 설은 각각 《순자》 〈성악(性惡)〉과 《법언》 〈수신(修身)〉에 실려 있다.

하였다. 또 말하기를,

"만약 그와 같이 설한다면, 기품의 본색이 방촌에 여전히 그대로 있는데, 다만 아직 작동하지 않기 때문에 용사하지 않는다고 말하는 것이 될 뿐이다. 그렇다면 박탁(駁濁)한 영대(靈臺)의 위에 순선(純善)의 성을 안치할 수 있을 것이니, 자사(子思)가 말한 미발의 중(中)이 성인과 범부를 통틀어 말한 것이 될 수 없을 것이다. 따라서 유구(由求)[55]와 이혜(夷惠)[56]로부터 걸척(桀跖)에 이르기까지 미발의 체(體)가 만 가지로 같지 않을 것이니, 이렇게 해서야 어떻게 천하의 대본이 될 수 있겠는가."

하였다. 또 말하기를,

"남당은 말하기를 '심이 비록 박탁하더라도 이 성의 단지(單指)의 선(善)에는 아무 해가 되지 않는다.'라고 한다. 대저 심과 성을 나누어 두 개의 물건으로 여기는 것은 성현(聖賢)이 말씀하지 않은 바이니, 이는 악심(惡心)이 선성(善性)을 저장한다는 것은 이치상 도저히 있을 수 없기 때문이다. 설사 공중에 매달린 태극(太極)이 상면(上面)에서 배회하고 있다고 하더라도, 이를 확충할 수 있는 심이

55 유구(由求) : 자로(子路)와 염유(冉有)의 병칭인데, 보통 적극적인 성격과 소극적인 성격의 소유자를 비유하는 말로 쓰인다. 《논어》 〈선진(先進)〉에 "염유는 뒤로 물러나기 때문에 앞으로 나아가게 한 것이요, 자로는 남보다 앞서기 때문에 뒤로 물러나게 한 것이다.〔求也退 故進之 由也兼人 故退之〕"라고 하였다.

56 이혜(夷惠) : 백이(伯夷)와 유하혜(柳下惠)의 병칭인데, 보통 청(淸)과 화(和)의 기품의 소유자를 비유하는 말로 쓰인다. 《맹자》 〈만장 하(萬章下)〉에 "백이는 성인 중의 맑은 분이요,……유하혜는 성인 중의 화한 분이다.〔伯夷 聖之淸者也……柳下惠 聖之和者也〕"라고 하였다.

없다면 나에게 무슨 상관이 있겠는가. 반드시 성선(性善)이라는 두 글자까지도 뒤집어엎어야만 그런 주장이 비로소 가능할 것이다." 하였다.

대저 이기(理氣)와 심성(心性)에 관한 설은 정주(程朱)가 철저히 천명(闡明)한 뒤로부터 매우 밝게 드러났는데, 다만 설명할 적에 혹 증세에 따라 처방을 달리하고 혹 질문에 따라 대답을 달리했던 까닭에, 참으로 대도(大道)의 근원에 대해서 말없이 인식하며 묘하게 계합하지는 못하고서, 구어(句語)의 말단에 붙잡혀 흘러가는 대로 따라가고 그림자나 뒤좇는다면, 언어에 집착하여 그 취지는 파악하지 못한 채 한쪽 귀퉁이에 정체되지 않는 경우가 드물 것이다. 그래서 재주가 높은 자는 허원(虛遠)한 데로 치달리고 재주가 낮은 자는 형적에 얽매여 각기 자기 소견만을 고집하며 서로 승복하지 못하는 것이다.

그리하여 한쪽에서는 "기(氣)는 편(偏)해도 이(理)가 전(全)함에는 아무 해가 없다."라고 하면서 "인과 물의 성이 같음〔人物性同〕"을 주장하니 이는 본디 기라는 글자를 보는 것이 경(輕)하다고 할 것인데, "성인과 범부의 심이 같음〔聖凡心同〕"을 논하는 대목에 와서는 "심이 악한데 성이 어떻게 선할 수 있으리오."라고 하니, 이는 또 기에 몫을 떼어 주는 것이 거꾸로 중(重)한 것이다. 반면에 다른 한쪽에서는 "기가 편하니 이가 어떻게 전할 수 있으리오."라고 하면서 "인과 물의 성이 다름〔人物性異〕"을 주장하니 이는 본디 기에 몫을 떼어 주는 것이 중하다고 할 것인데 "성인과 범부의 심이 다름〔聖凡心異〕"을 논하는 대목에 와서는 "심이 악해도 성이 선함에는 아무 해가 없다."라고 하니, 이는 또 기라는 글자를 보는 것이 거꾸로 경한 것이다.

요컨대 이들 모두 원두(源頭)의 곳에 대해서 눈꺼풀이 한 겹 덮여 잘 보지 못할 수 있기 때문에, 그 말이 자기도 모르게 이와 같이 모순(矛盾)되어 끝내는 "함께 목욕하면서 발가벗었다고 남을 흉본다."라는 기롱을 면치 못하게 된 것이다.

공이 설한 것을 보면 그렇지 않다. 공은 말하기를,

"이와 기는 동실(同實 실체가 같음)이요 심과 성은 일치하니, 이와 기를 편과 전으로 나눌 수 없는 것은 심과 성을 선과 악으로 나눌 수 없는 것과 같다. 따라서 똑같다고 말한다면 이만 같을 뿐이 아니라 기도 같아야 할 것이요, 다르다고 말한다면 심만 다를 뿐이 아니라 성도 달라야 할 것이니, 어떻게 이기가 혼융(混融)한 것에 대해서 혹은 분리하고-인물성동론(人物性同論)과 성범심이론(聖凡心異論)이다.- 혹은 통합하는 등-성범심동론(聖凡心同論)과 인물성이론(人物性異論)이다.- 하나로 정하지 못할 수가 있겠는가."

하였다.

공은 일찍이 정 백자(程伯子)의 "다만 이것이 바로 도(道)이니, 기(器) 역시 도이고 도 역시 기이다."라는 훈석[57]과 주 부자(朱夫子)가 원형이정(元亨利貞)과 생장수장(生長收藏)을 논하면서 하나의 이(以)라는 글자를 가지고 심(心)의 일면을 표현한 말[58]을 좋아하여 말하기를

57 정……훈석(訓釋) : 《주역》 〈계사전 상(繫辭傳上)〉의 "형이상의 것을 도라고 하고 형이하의 것을 기라고 한다.〔形而上者謂之道 形而下者謂之器〕"라는 말을 정호가 해설하면서 "기 역시 도이고 도 역시 기이다."라고 하고, 또 "원래 다만 이것이 바로 도이다."라고 언명하였다. 《二程遺書 卷11 師訓, 卷1 端伯傳師說》 도는 무형의 추상적인 도리를 뜻하고 기는 유형의 구체적인 사물을 뜻하는 용어인데, 여기서는 도(道)와 기(器), 즉 이(理)와 기(氣)가 서로 분리되지 않는다는 뜻으로 정호가 해석한 것이다.

58 주……말 : 주희의 《회암집》 권67 〈원형이정설(元亨利貞說)〉에 "원, 형, 이, 정은

"모름지기 이와 같이 설해야만 비로소 영롱하게 관통하여 아무리 내리쳐도 부서지지 않게 된다."라고 하였다. 대개 공은 상면(上面)의 진정(眞精)하고 묘합(妙合)한 곳에 대해서 견득(見得)한 것이 진절(眞切)하고 통쾌하였기 때문에 말하는 것이 종횡으로 주밀하였다. 그리하여 천류(川流)와 돈화(敦化)[59] 어느 곳에서나 융회(融會) 초탈(超脫)하면서 "물을 담아도 새지 않을 정도로 엄밀하다."라는 평을 받기에 충분하였으며, 성현의 말씀과 경전(經傳)의 취지를 상호 참작하고 회통함으로써 어디를 가든지 합치되었으니, 아, 참으로 세상에서 매우 보기 드문 자질을 소유하고, 내면에 성인의 지덕(至德)을 갖춘 학문을 이뤘다고 말해도 좋을 것이다.

공은 또래보다 총명함이 뛰어난 데다 평소 몸을 잘 보살펴 건강을 유지하였다. 시력과 심력이 말년에도 감소되지 않았으므로, 일상적으로 촛불을 켜고 글을 볼 적에 그 글씨가 대부분 파리 머리처럼 작았지만

성이고, 생하고 장하고 수하고 장하는 것은 정이며, 원으로 생하고 형으로 장하고 이로 수하고 정으로 장하는 것은 심이다. 인, 의, 예, 지는 성이고, 측은, 수오, 사양, 시비는 정이며, 인으로 애하고 의로 오하고 예로 양하고 지로 지하는 것은 심이다.〔元亨利貞 性也 生長收藏 情也 以元生以亨長以利收以貞藏者 心也 仁義禮智 性也 惻隱羞惡辭讓是非情也 以仁愛以義惡以禮讓以智知者 心也〕"라고 하였다. 이 말 바로 뒤에 "성은 심의 이이고, 정은 심의 용이고, 심은 성정의 주이다.〔性者 心之理也 情者 心之用也 心者 性情之主也〕"라는 말이 이어진다.

59 천류(川流)와 돈화(敦化) : 냇물의 흐름과 돈후한 교화라는 뜻으로, 작은 덕과 큰 덕을 비유하는 말이다. 《중용장구》 제30장에 "만물이 함께 길러지면서 서로 해치지 않으며, 도가 함께 행해지면서 서로 위배되지 않는다. 작은 덕은 냇물의 흐름과 같고, 큰 덕은 교화를 돈후히 하니, 이것이 바로 천지가 위대한 까닭이다.〔萬物竝育而不相害 道竝行而不相悖 小德川流 大德敦化 此天地之所以爲大也〕"라고 하였다.

한 글자도 그냥 지나치는 법이 없었으며, 의리가 정심(精深)하고 문자(文字)가 광박하여 비록 소장(少壯)의 심기(心氣)로써도 용이하게 영회(領會)하지 못할 것들까지도 곧장 전진하여 격파해 나가며 하나의 실수도 범하지 않았다. 때로는 목석처럼 하나의 경전을 손에 쥐고서 수십 일 동안 문밖을 내다보지 않기도 하였는데, 혹자가 말하기를,

"이와 같구나, 공이 학문을 좋아하여 몸이 늙어 가는 것도 잊어버림이여."

하면, 공은 웃으면서 말하기를,

"몸이 늙어 가기 때문에 분음(分陰)도 아깝게 여길 뿐이다."

하였다. 공은 일찍이 말하기를,

"사람들은 '쇠할 나이가 되면 총명도 쇠하는 법이니 독서해도 효과가 없다.'라고 말하지만, 내가 경험한 바로는 결코 그렇지 않다. 총명도 전일에 비해 손색이 없을뿐더러, 사색(思索)하는 것은 오히려 나을 때도 더러 있다. 스스로 공부를 점검해 보아도 근년 이래로 몇 단계는 장족의 발전을 한 것 같다. 사람은 독서하면서도 그 힘을 실제로 쓰지 못할 것을 걱정해야 하니, 참으로 마음을 한군데에 집중하여 실심(實心)으로 공부해 나갈 수만 있다면, 어찌 늙었다고 발전하지 못할 리가 있겠느냐."

하였다. 말년에 공의 병이 오래도록 낫지 않을 때에 내가 물어보기를,

"지금의 정력으로도 강학할 수 있겠습니까?"

하자, 공은 흔연히 대답하기를,

"이 일은 지금도 너끈히 할 수 있으니, 하루 종일 해도 피곤하지 않다."

하였다. 스스로 말하기를,

"어렸을 때부터 망상이나 잡념이 적었는데, 만년에 와서는 더욱 함양하는 공부에 힘쓰게 되었다."

하였는데, 내가 매양 보건대 글을 읽거나 일을 처리한 뒤에는 반드시 옷깃을 여미고 눈을 감은 채 마치 흙으로 빚은 조각처럼 앉아서 해가 기울도록 미동도 하지 않았다.

평일에는 말을 입에서 내지 않는 것 같았으나, 학자를 상대로 의리를 논설할 때에는 종횡으로 변별하고 세밀하게 분석하며 끝없이 논리를 전개해 나감으로써, 듣는 이들이 심취하여 피곤한 줄을 모르게 하였다. 공은 항상 말하기를,

"학자는 모름지기 궁리(窮理)하여 사사물물(事事物物)에 지선(至善)의 도리가 들어 있음을 견득(見得)한 연후에 함양해야 한다. 이 체(體)가 확립되어야만 대본을 마련하여 현인이 되고 성인이 되는 것도 더불어 의논할 수가 있는 것이다. 한갓 함양만을 일삼을 경우에는 곧 흐리멍덩한 체만 양성할 것이니, 그러고서야 어떻게 만사에 응하는 근본을 마련하여 성인처럼 동용주선(動容周旋)이 예(禮)에 맞게 할 수 있겠는가.[60]"

하였다. 대개 공부하는 힘든 과정을 싫어하고 지름길로 쉽게 질러가려는 자들을 경계하여 발언한 것이라고 하겠으나, 공이 어떻게 함양하고 학문했는지 여기에서도 엿볼 수 있다고 하겠다.

공의 문장은 내용이 풍부하면서도 표현이 유창하고 명백하여 수식을 가할 필요도 없이 문채가 환히 드러나서 읽기 좋았다. 그중에서도 특히

60 성인처럼……있겠는가 : 《맹자》 〈진심 하(盡心下)〉에 "동용과 주선이 예에 맞는 것은 성덕이 지극한 것이다.〔動容周旋中禮者 盛德之至也〕"라고 하였다.

이치를 논하고 경의(經義)를 설하는 데에 능해서, 정미한 의리가 들어 있는 곳이라 하더라도 때때로 그다지 생각해 보지 않는 것 같은데도 곧장 수백 언의 말을 쏟아 내곤 하였는데, 그 말이 요약적이면서도 뜻이 극진해서 다시 문제 될 것이 없었으니 "덕이 있는 사람은 반드시 이에 합당한 말을 하게 마련이다."라는 말이 그대로 들어맞았다고 하겠다.

공은 평생토록 주자의 글에 가장 깊이 힘을 기울였다. 일찍이 〈감흥시(感興詩) 20편〉[61]이야말로 학자가 마음을 다스리고 학문을 발전시킬 요체임에도 불구하고, 제가(諸家)의 주해(註解) 대부분이 한만(汗漫)하여 본지(本旨)를 잃었다고 하여, 마침내 이를 절충(折衷)하면서 그 사이에 자기의 의견을 덧붙이고는 그 이름을 《감흥시집람(感興詩集覽)》이라고 하였다.

또 《소학(小學)》의 본주(本註)가 하씨(何氏 하사신(何士信))의 《소학집성(小學集成)》에 보이는데, 읽는 이들이 제대로 살피지 못한 채 그것이 주자가 지은 것인 줄을 모른다고 하여, 한정(閑靜) 송공(宋公)과 함께 교정하고 내용을 간추려서 별본(別本)으로 정리한 것이 세상에 함께 행해지고 있다.

주자의 《주역본의(周易本義)》는 여씨본(呂氏本)에 따라 《고경(古經)》 12편(篇)을 옛날 그대로 되돌려 놓았는데, 《영락대전(永樂大全)》을 편찬할 때에 왕필본(王弼本)을 사용하여 전의(傳義 《정전(程傳)》과 《본의(本義)》)를 합쳐서 하나로 만들었다.[62] 그래서 후학들이 주

61 감흥시(感興詩) 20편 : 주희가 진자앙(陳子昂)의 〈감우시(感寓詩)〉를 본받아 지은 〈재거감흥이십수(齋居感興二十首)〉를 말한다. 〈무이도가(武夷櫂歌)〉와 서로 표리를 이루는데, 《회암집》 권4에 실려 있다.

자의 《본의(本意)》를 다시 알지 못하게 되었으므로, 공이 이를 병통으로 여겨 마침내 주자의 제설(諸說)을 참고해서 다시 수정하였다. 이때 송공(宋公) 역시 공과 같은 견해를 가지고 서로 상의하지 않고서 동시에 그 일을 진행하였는데, 두 사람이 편찬한 책이 마치 한 사람의 손에서 나온 것 같았다. 사람들이 이를 기이하게 여기면서도 여전히 믿지 않았는데, 나중에 연본(燕本 북경(北京)의 판본)의 《고역(古易)》을 얻어서 살펴보니 과연 두 분이 바로잡은 것과 같았다.

우옹(尤翁 송시열(宋時烈))의 《주서차의(朱書箚疑)》는 초고(草藁)만 작성했을 뿐 아직 완전하게 다듬지 못하였는데, 수옹(遂翁 권상하(權尙夏)) 등 제현(諸賢)이 초산(楚山)[63]에서 우옹이 부탁한 뜻을 받들어 이를 수정(修整)해서 완성하는 일을 미처 마치지 못하였다. 이에 공이 그 뒤를 이어 완성해 보려고 마음을 먹고는 《송자대전(宋子大全)》의 서두(書頭 두주(頭註))에서 본차(本箚)를 수록하되, 미비한 것을 보완하고 미진한 것을 바로잡으며, 십수 년 동안 공을 들인 끝에 그 일을 마치고는 제목을 《차의보(箚疑補)》라고 하였다. 그 은미한 말과 심오

62 주자의……만들었다 : 옛날 최초의 《주역》, 즉 《고역》은 〈상경(上經)〉, 〈하경(下經)〉과 공자(孔子)가 지은 〈십익(十翼)〉이 각자 편(編)을 이루어서 모두 12권이었는데, 그 뒤에 정현(鄭玄)과 왕필(王弼)이 처음으로 이 전(傳)들을 경(經)에다 붙여 갈라 놓고는 분류해서 소속시켰다. 송대(宋代)에 와서 정이는 왕필본을 가지고 《정전》을 지었고, 주희는 여씨본, 즉 여조겸(呂祖謙)이 경정(更定)한 《고역》을 가지고 《본의》를 지었는데, 명나라 성조(成祖)가 《영락대전》을 편찬할 적에는 왕필본을 사용하면서 《정전》과 《본의》를 한데 끌어다 붙였다.

63 초산(楚山) : 정읍(井邑)의 옛 이름이다. 송시열이 1689년(숙종15) 왕세자 책봉은 시기상조라는 이유로 반대 상소를 올렸다가 제주(濟州)에 안치된 뒤 국문(鞫問)을 받으러 상경하는 도중에 이 초산에서 사약을 받고 죽었다.

한 뜻이 담긴 언어와 문자 들이 책을 펼치면 마치 손바닥을 들여다보듯 환히 드러나서 우옹이 주자를 위하고 후학을 위해 고심한 그 혈침(血忱)이 비로소 유감(遺憾)이 없을 수 있게 되었다. 그럼에도 불구하고 공은 스스로 겸연쩍게 여기면서 혹 그 고증(考證)이 지극하지 못할 것을 두려워하여 임종할 때까지 그 일을 늘 생각하며 잊지 않았다.

아, 공이 절륜한 자질과 고인을 뛰어넘는 식견을 지니고서, 학문은 천인합일의 묘리를 관통하고, 지원(志願)은 당우(唐虞 요순(堯舜))의 성세(盛世)를 되돌리려 하였으니, 하늘이 성명(聖明)한 세상에 공을 특별히 낸 것은 우연이 아닌 것처럼 보이기도 한다. 그럼에도 불구하고 처음에는 군읍에서 재능을 썩히게 하고 계속해서 또 산골에서 은거하게 하여, 끝내는 그 덕과 그 업(業)의 전체와 묘용이 숨겨져 드러나지 않은 채 홀연히 대자연의 변화에 따라가게 하여, 어쩔 수 없이 밝은 시대의 일민(佚民 은일(隱逸))이 되게 함으로써 천고토록 지사(志士)들이 한스럽게 여기게 하였으니, 아, 이것이 무슨 도리란 말인가.

내가 일찍이 생각해 보건대 천지의 이간(易簡)의 도(道)[64]는 요순을 기다려 행해질 수 있었고, 요순의 정일(精一)[65]의 심(心)은 공맹(孔孟)을 기다려 전해질 수 있었으며, 공맹의 계개(繼開)[66]의 공(功)은 정주

64 이간(易簡)의 도(道) : 평이하고 간략한 《역(易)》의 선도(善道)라는 뜻으로, 《주역》 〈계사전 상(繫辭傳上)〉의 "이간의 선은 천지의 지극한 덕에 짝한다.〔易簡之善配至德〕"라는 말에서 나왔다.

65 정일(精一) : 정밀하게 살피고 한결같이 지키면서 중도를 행하는 것을 말한다. 《서경》 〈대우모(大禹謨)〉의 "인심은 위태하고 도심은 은미하니, 오직 정밀하고 일관되게 하여 그 중도(中道)를 진실로 잡아야 한다.〔人心惟危 道心惟微 惟精惟一 允執厥中〕"라는 말에서 나왔다.

(程朱)를 기다려 밝혀질 수 있었으니, 정주가 훈석하며 발휘한 그 뜻 같은 것도 다시 백세 뒤의 사람을 기다리지 않을 수 없다고 하겠다. 그렇다면 하늘이 공에게 정순(精純)하고 명예(明睿)한 자질을 부여해 놓고는 다시 때를 만나지 못하게 하여 임천(林泉)의 적막한 물가에 던져 놓음으로써, 전심(專心)하여 도예(道藝)의 공간에서 우유(優遊)하고 문학(問學)의 세계에 침잠하게 한 것도 자못 그럴 만한 이유가 있었다고 할 것이다.

그 진적(眞積)의 공부[67]가 만년에 이르러 더욱 패연히 여유가 있게 되어 융합하고 주밀(周密)해진 결과, 엉망으로 뒤엉긴 실타래가 손대는 대로 풀어지고, 가르기 어려운 긍경(肯綮)이 칼을 대는 대로 해체되어, 사우(師友)와 토론하는 즈음에 그 실상이 밝혀지고 강독하며 기술(記述)하는 사이에 그 전모가 드러나게 되었다. 그 내용을 보면 모두 성명(性命)의 대원(大源)을 발명(發明)하고 의리의 극치를 표장(表章)함으로써, 정자와 주자가 훈석하여 발휘한 그 뜻이 환연(煥然)히 더욱 세상에 밝혀져서 남은 문제점이 거의 없게끔 하고, 언어에 집착하여 본지(本旨)를 오해하는 후학들이 그런대로 절충할 수 있게 해 주었

66 계개(繼開) : 과거의 성인을 이어서 미래의 후학에게 열어 준다는 뜻의 '계왕성개래학(繼往聖開來學)'의 준말로, 주희의 〈중용장구서(中庸章句序)〉의 "우리 공 부자(孔夫子)로 말하면 비록 그 지위를 얻지는 못하였으나, 과거의 성인을 이어서 미래의 후학들에게 열어 주었으니, 그 공이 도리어 요순보다 더함이 있다.〔若吾夫子 則雖不得其位 而所以繼往聖開來學 其功反有賢於堯舜者〕"라는 말에서 나왔다.

67 진적(眞積)의 공부 : 참되게 꾸준히 쌓아 가는 공부를 말한다. 《순자》〈권학〉에 "참되게 쌓아 가며 오래도록 노력하면 학문의 길에 들어서게 되는데, 학문이란 죽은 뒤에야 그만두는 것이다.〔眞積力久則入 學至乎沒而後止也〕"라는 말이 나온다.

으니, 아, 훌륭하다고 하겠다. 내가 시험 삼아 위아래로 옛사람들을 논하면서 외람되이 품평해 보건대 공은 어쩌면 용문(龍門)[68]의 충순(忠純)한 신하요, 고정(考亭 주희)의 척안(隻眼)[69]이 아닐까 싶기도 하다.

공이 소싯적에 도암(陶菴)의 문하에서 노닐 적에, 선생이 매양 공이 강설하는 것을 보고는 말하기를 "이 사람이 창을 쥐고 방에 들어오는구나.〔此操戈入室也〕"[70]라고 하였으며, 학자가 도(道)를 분명히 보아야 함을 논할 때에는 반드시 공을 거론하여 말하곤 하였다. 미호(渼湖) 김공(金公)도 매양 공의 견처(見處)가 투철하다고 탄복하며 말하기를 "옛날에 오직 우리 할아버지 농암공(農巖公)의 설(說)만이 이런 경지에 이르렀으니, 우리는 부지런히 쫓아가도 도저히 따라잡기 어렵다."라고 하였다. 이공 민보(李公敏輔) 백눌(伯訥)은 공의 부음(訃音)을 접하고는 나에게 글을 보내 조문하기를 "덕이 아름다웠던 도학자(道學者)는 우리나라 수백 년 동안에 물론 여러 현인(賢人)이 계시지만, 정미하게 이치를 본 것으로 말하면 오직 돌아가신 당신의 중씨(仲氏)뿐일 것이다."라고 하였다. 뒤에 공을 알려고 하는 자들은 이상의 몇

68 용문(龍門) : 만년에 용문 남쪽에서 강학했던 정이를 가리킨다.

69 척안(隻眼) : 독특한 안목이라는 뜻의 선림(禪林)의 용어로, 범부의 육안(肉眼)이 아니라 진실한 정견(正見)을 갖춘 혜안을 말한다. 정문안(頂門眼), 활안(活眼), 법안(法眼)이라고도 한다.

70 이……들어오는구나 : 녹문이 스승을 능가하는 실력을 지녔다고 이재가 극찬한 말이다. 조과입실(操戈入室)은 청출어람(靑出於藍)과 같은 말이다. 후한(後漢)의 하휴(何休)가 《춘추(春秋)》 삼전(三傳)에 대해서 저술하였는데, 정현(鄭玄)이 그 내용을 반박하며 수정을 가하자, 하휴가 "강성(康成)이 나의 방에 들어와서는 나의 창을 쥐고서 나를 공격하는구나."라고 탄식하였다. 《後漢書 鄭玄列傳》

마디 말을 살펴보면 대개 알 수 있을 것이다.

아, 나는 이제 목숨이 조석에 달린 사람이니 하루아침에 홀연히 세상을 떠나 버리면, 공의 한마디 말도 기록하지 못하고 하나의 행동도 형용하지 못할까 참으로 두려웠다. 공이 지은 문자가 인몰하여 세상에 전해지지 않음으로써, 천년 뒤에 우리 동방에 임녹문(任鹿門) 선생이 계셨다는 사실을 다시 알지 못하게 한다면, 아, 이것이 누구의 책임이라고 하겠는가. 이에 마침내 유집(遺集) 26권을 편수하고 활자로 약간본(本)을 인행(印行)하는 작업을 사우(士友)와 함께 진행하고는, 이 기회에 다시 공의 사실(事實)을 이상과 같이 대략 기록하여 권미(卷尾)에 붙이게 되었다. 나는 그지 학식이 고루하고 천박하며 필력이 껄끄럽고 엉성해서 선관선언(善觀善言)[71]을 할 수 없었음은 물론이요, 여기에 또 중년 이전의 일에 대해서는 연배가 서로 현격히 다르고 지각이 더욱 몽매해서 더더욱 한두 가지 사항도 상세히 소개하지 못했으니, 이것으로 어떻게 공의 숨겨진 자취를 드러내어 공의 실상에 걸맞게 할 수가 있었겠는가. 아, 정말 슬플 따름이다.

숭정(崇禎) 세 번째 갑인년(1794) 단옷날에 막내아우 임정주(任靖周)는 삼가 적는다.

71 선관선언(善觀善言) : 잘 관찰하고 잘 형용했다는 뜻으로, 사람의 행적을 제대로 기술하는 것을 비유하는 말로 쓰인다. 자공(子貢)이 공자를 '온량공검양(溫良恭儉讓)'이라는 다섯 글자로 평가한 말에 대하여 사양좌(謝良佐)가 "자공은 성인을 잘 관찰했다고도 말할 수 있고, 그 덕행을 잘 형용했다고도 말할 수 있다."라고 해설한 말에서 유래하였다. 《論語集註 學而》

녹문집 발문 鹿門集跋文

이 책은 나의 종숙부(從叔父)인 녹문(鹿門) 선생의 유고(遺稿)이다. 선생은 이른 나이에 학문에 뜻을 두었는데, 노년에 들어서도 더욱 독실하게 공부하여 울연(蔚然)히 사우(士友)가 추존(推尊)하는 대상이 되었다. 평생 저술한 것이 매우 많았는데, 역책(易簀)하고 몇 년이 지났을 때에 계씨공(季氏公 임정주(任靖周))이 호읍(湖邑)의 수재(守宰)로 있으면서 위연(喟然)히 탄식하기를 "우리 중씨(仲氏)의 도학(道學)과 문장은 후세에 전하지 않으면 안 된다."라고 하였다. 이에 있는 힘을 다하여 활자를 구비하고 유문(遺文)을 수집하여 26권으로 정리하고는, 소자(小子)에게 명하여 말미에 발문(跋文)을 써넣도록 하였다.

아, 선생의 문학(問學)이 투오(透悟)하고 천리(踐履)가 순독하다는 것은 누구나 다 알 수가 있다. 그러나 그 조예가 정미한 것으로 말하면, 말학의 천견(淺見)으로 엿볼 수 있는 바가 아니니, 소자가 어떻게 감히 의논하겠는가. 다만 내가 기억나는 것을 여기에다 기록해 둘까 한다.

계사년(1773, 영조49)과 갑오년(1774) 사이에 선생이 동쪽 산골에서 객지 생활을 하실 적에 소자가 이웃 고을의 수재로 있으면서 때때로 텅 빈 산의 적막한 물가에서 가르침을 받들곤 하였다. 그런데 문병(門屛)에 나아갈 때마다 섬돌과 뜰이 소연(蕭然)하여 쓸쓸한 것이 마치 사람이 살지 않는 것 같았으며, 책상 가득 경권(經卷)만이 좌우에 수북이 쌓여 있었는데, 선생이 검은 관에 흰 의복 차림으로 옷깃을 여미고 단정히 앉아서 어깨와 등을 꼿꼿이 펴고 엄숙하고 장중하게 거하신 모습을 보면 마치 이소인(泥塑人)[1] 같았으므로, 이것만으로도 벌써 사람으로 하여금 숙연히 경외감을 일으켜 비루한 생각이 저절로 녹아 없어지게 하였다. 막상 선생 곁으로 다가가면 온화하게 맞아 주셨으므로 이번에는 또 자기도 모르게 봄바람 속에 앉아 있으면서[2] 오여점(吾與點)의 뜻을 지니게끔 하였다.[3]

이때에 선생은 연세가 이미 70여 세였는데, 계구(戒懼)[4]하며 임리

1 이소인(泥塑人) : 흙으로 빚은 조각상이라는 뜻인데, 정호(程顥)의 문인인 사양좌(謝良佐)가 "종일토록 단정히 앉아 계시는 모습이 흙으로 사람의 형상을 빚은 조각 같았다."라고 스승의 용모를 표현하였다. 《心經附註 卷2》

2 봄바람……있으면서 : 화기애애한 기상이 풍겨 나오는 것을 표현한 말로, 정호가 홀로 앉아 있을 적에는 석고상처럼 보이다가도, 일단 사람을 접하면 한 덩어리의 화기(和氣)가 뭉쳐 있는 것처럼 보였다는 고사가 전한다. 《二程全書 卷12》 또 《이락연원록(伊洛淵源錄)》 권4에 "주공섬(朱公掞)이 여주(汝州)에 가서 명도(明道) 선생을 만나 보고 돌아와서는 사람들에게 말하기를 '내가 한 달 동안이나 봄바람 속에 앉아 있었다.' 하였다."라고 한 내용이 나온다.

3 오여점(吾與點)의……하였다 : 어른이나 스승 등 윗사람을 뵙고 감탄하면서 호연한 기상을 지니게 되었다는 말이다. 《이락연원록》 권1 〈염계선생유사(濂溪先生遺事)〉에 "내가 주무숙(周茂叔)을 재차 뵙고 나서 음풍농월하며 돌아온 뒤로, 나는 점을 허여하겠다〔吾與點〕는 뜻이 있게 되었다."라는 정호의 말이 실려 있다. 점(點)은 공자의 제자 증점(曾點)으로, 공자가 그의 호연한 기상에 감탄을 하며 "나는 점을 허여하겠다.〔吾與點也〕"라고 했던 고사가 《논어》 〈선진(先進)〉에 나온다.

4 계구(戒懼) : 계신공구(戒愼恐懼)의 준말이다. 《중용장구》 제1장의 "도라는 것은 잠시도 떠날 수 없는 것이다. 떠날 수 있다면 그것은 도가 아니다. 그런 까닭에 군자는 보이지 않을 때에도 경계하고 근신하며, 들리지 않을 때에도 걱정하고 두려워한다.〔道也者 不可須臾離也 可離非道也 是故 君子戒愼乎其所不睹 恐懼乎其所不聞〕"라는 말에서 나왔다.

(臨履)[5]하는 공부가 유독(幽獨 정적(靜寂) 고독(孤獨))의 경계에서 늙어 갈수록 더욱 엄격하였으며, 그 영화(英華)가 밖으로 수앙(睟盎)[6]하는 것이 또 이와 같았으니, 참으로 체득한 것이 깊고 수양한 것이 두터워 도가 이루어지고 덕이 수립된 분이 아니면 어떻게 이럴 수가 있었겠는가. 지금 생각해 보아도 여전히 그 여훈(餘薰)이 사람을 엄습함을 느낀다. 애오라지 이를 기록하여 뒤에 보는 자들로 하여금 선생에 대해 가마솥 속의 고기 한 점이라도 맛볼 수 있게끔 하려고 하는 바이다.

숭정(崇禎) 세 번째 을묘년(1795, 정조19) 5월 그믐날에 종질(從侄) 임육(任焴)은 두 번 절하고 삼가 적는다.

5 임리(臨履) : 임연(臨淵)과 이빙(履氷)의 준말로, 매사를 신중하게 처리하는 것을 말한다. 《시경》 〈소아(小雅) 소민(小旻)〉의 "전전긍긍하여 심연에 임하듯, 얇은 얼음을 밟듯 한다.〔戰戰兢兢 如臨深淵 如履薄冰〕"라는 말을 발췌하였다.

6 수앙(睟盎) : 얼굴에 윤택이 나고 등에 후덕한 기품이 드러난다는 뜻의 수면앙배(睟面盎背)의 준말이다. 마음속이 널찍하게 관대해지고 신체가 여유 있게 펴진다는 심광체반(心廣體胖)과 함께 군자의 모습을 형용하는 말이다. 《孟子 盡心上》《大學章句 第6章》

지은이 **임성주(任聖周)**

1711년(숙종37)～1788년(정조12). 조선 후기의 학자로, 본관은 풍천(豐川), 자는 중사(仲思), 호는 녹문(鹿門)이다. 도암(陶菴) 이재(李縡)의 문인이며, 송명흠(宋明欽), 송문흠(宋文欽), 김원행(金元行) 등과 교유하였다. 1733년 사마시에 입격하였다. 1750년 익위사 세마가 되었고 이어 익위사 시직, 공조 좌랑, 임실 현감 등을 지냈다. 1758년 공주 녹문(鹿門)에 은거하였다. 1762년 익위사 위솔이 되어 세손이었던 정조(正祖)를 보도하였다. 이후 사옹원 주부, 전주 판관, 성주 부사 등을 역임하였다. 1774년 사직하고 공주 녹문, 원주 산호(山湖) 등지에서 은거하며 학문에 전념하였다. 초년에는 스승인 이재의 인물성동론(人物性同論)에 동조하였으나, 점차 기존 학설을 비판하고 이기동실(理氣同實)의 이기론(理氣論)을 정립하여 조선 성리학 6대가의 한 사람으로 일컬어진다. 1845년 대사헌 겸 성균관좨주에 추증되었다. 저서로《녹문집》등이 있다. 시호는 문경(文敬)이다.

옮긴이 **이상현(李相鉉)**

한문고전번역가. 1949년 전주에서 태어났다. 본관은 경주, 초명은 거출(巨出), 호는 저곡(杼谷)이다. 친구의 죽음을 접한 뒤 생사의 문제에 빠져들어 종교에 심취했다가 1968년 서울대 종교학과에 입학하였으며, 이후 자아의식의 기원 문제를 화두로 잡고 골몰하다가 1980년 몽환에서 깨어났다. 1982년부터 동국대 불교대학원과 민족문화추진회 국역연수원을 다녔으며, 1984년 삼계교(三界敎)에 관한 논문으로 석사과정을 마치고, 국역연수원 상임연구원이 되었다. 현재 진정한 광복을 이룬다는 신념으로, 우리 고전의 번역과 교육에 힘쓰고 있다. 신문에 연재한 한국역사인물 유적탐방기행문을 묶어《역사의 고향(상하)》을 냈으며, 〈추사의 불교관〉 등의 논문이 있다. 조선왕조실록 번역 사업에 참여한 뒤에, 한국문집총간 중《상촌집》,《계곡집》,《택당집》,《간이집》,《목은집》,《포저집》,《가정집》,《도은집》,《고운집》,《계원필경집》,《죽석관유집》,《고산유고》등을 번역하였고, 한국불교전서 중《원감국사집》,《대각국사집》,《기암집》,《부휴당대사집》,《침굉집》,《사명당대사집》,《송운대사분충서난록》,《무용당유고》,《청허당집》등을 번역하였다.

녹문집 7
임성주 지음 | 이상현 옮김

2020년 10월 30일 초판 1쇄 발행

발행인 신승운 | 발행처 한국고전번역원
등록 2008. 3. 12. 제25100-2018-000049호
주소 (03310) 서울시 은평구 진관1로 85
전화 02-350-4800 | 팩스 02-350-4994 | 홈페이지 www.itkc.or.kr

연구총괄 양기정 | 연구기획 정미경

책임편집 하현주 | 편집진행 박정열
편집교정 박성희 서세영 유정님 | 조판 정효진 | 제작 김형석
디자인 씨디자인 | 인쇄 ㈜가나씨앤피

값 20,000원
ISBN 978-89-284-0768-2 94810
978-89-284-0317-2 (세트)